भारतीय नाट्यशास्त्र की परम्परा एवं विश्व रंगमंच

राधावल्लभः

PRATIBHA

प्रतिभा प्रकाशन

दिल्ली भारत

प्रथम संस्करण : 1998

ISBN : 81-85268-81-9

मूल्य : ₹ 995

प्रकाशक
डॉ॰ राधेश्याम शुक्ल
(एम.ए.,एम.फिल्.,पी-एच.डी.)
प्रतिभा प्रकाशन
(प्राच्य-विद्या-प्रकाशक एवं पुस्तक-विक्रेता)
7259/23 शक्तिनगर, दिल्ली 110007
दूरभाष - 011-47084852, 09350884227
ईमेल् - pratibhabooks@ymail.com

मुद्रक - एस. के. ऑफसेट, दिल्ली

BHĀRATĪYA NĀṬYAŚĀSTRA KĪ PARAMPARĀ EVAṀ VIŚVARAṄGAMAÑCA

By

Radhavallabh Tripathi

PRATIBHA PRAKASHAN
DELHI-110007

First Edition : 1998

ISBN : 81-85268-81-9

Price : ₹995

Published by :
Dr. Radhey Shyam Shukla
M.A., Ph.D.
PRATIBHA PRAKASHAN
(Oriental Publishers & Booksellers)
7259/23, Ajendra Market,
Prem Nagar, Shakti Nagar
Delhi-110007
Ph. : (O) 011- 47084852, (M) 09350884227
e-mail : pratibhabooks@ymail.com

Printed at : **S.K. Offset,** Delhi

कविनट शिक्षार्थमेव सर्वमिदं प्रकरणम् ।

—अभिनवभारती, भाग १, पृ. ३२६

भूमिका

प्रस्तुत पुस्तक की रचना मेरे द्वारा निर्मित "नाट्यशास्त्रविश्वकोश" की भूमिका के रूप में की गई है। नाट्यशास्त्र का परिचय तथा उसके परिपार्श्व से जुड़े अनेक बिन्दुओं का विवेचन यहाँ प्रस्तुत किया गया है।

भारतीय कला के क्षेत्र में नाट्यशास्त्र का आशय मात्र एक ग्रन्थ नहीं, अपितु कई सहस्राब्दियों में फैली एक सम्पन्न नाट्य-परम्परा भी है। भारतीय रंगमंच की निजता और पहचान के संदर्भ में इस परम्परा की नाभिकीय स्थिति है। इस पुस्तक में नाट्यशास्त्र और उससे अनुषक्त कला-परम्परा के साथ संस्कृत नाटक और रंगमंच की भारतीय परम्परा के अनेक आयाम उन्मीलित हुए हैं। विशेष रूप से मेरा यह प्रयास रहा है कि भूमण्डलीय परिप्रेक्ष्य में नाट्यशास्त्र की परम्परा के महत्त्व को समझा जाय। इसलिये पश्चिमी नाट्यचिन्तन तथा विशेष रूप से पश्चिम के कतिपय महत्त्वपूर्ण रंग-निर्देशकों के अवदान की मीमांसा यहाँ की गई है, जिन्हें भारतीय नाट्यपरम्परा की पारस्परिकता में रख कर विश्वनाट्य की उभरती सम्भावनाएँ जानी जा सकती हैं।

मुझे विश्वास है कि यह पुस्तक रंगमंच व नाटक के अध्येताओं तथा कला के क्षेत्र में रुचि रखने वालों के लिए उपादेय होगी।

प्रतिभा प्रकाशन के व्यवस्थापक डॉ. राधेश्याम शुक्ल साधुवादार्ह हैं, जिन्होंने लगन और परिश्रम से इस पुस्तक का प्रकाशन किया।

—राधावल्लभ त्रिपाठी

संक्षिप्त-नामानुक्रमणी

अको.	अमरकोश
अद.	अभिनयदर्पण
अपु.	अग्निपुराण
अप्र.	अभिनयप्रकाशिका
आप्टे.	आप्टेज प्रैक्टिकल संस्कृत-इंग्लिश डिक्शनरी
अभा.	अभिनवभारती
असं.	अलङ्कारसारसङ्ग्रह
ऋ.	ऋग्वेद
काइप्र.	काव्येन्दुप्रकाश
कल्पद्रु.	कल्पद्रुमकोश
काप्र.	काव्यप्रकाश
का. मा.	काव्यमाला सीरीज, निर्णयसागर, बम्बई
काव्यानु. हेम.	हेमचन्द्रकृत काव्यानुशासन
काव्यानु.वा.	वाग्भटकृत काव्यानुशासन
काशा.	काव्यशास्त्र
काश्रौसू.	कात्यायनश्रौतसूत्र
चन्द्रा.	चन्द्रालोक
चिल.	चित्रलक्षणम्
द.	दत्तिलम्
दरू.,दश.	दशरूपक
नयभू.	नञ्जराजयशोभूषण
नाच.	नाटकचन्द्रिका
नालरको., नालको.	नाटकलक्षणरत्नकोश
नाद.	नाट्यदर्पण
नाप.	नाटकपरिभाषा
नाशाविको.	नाट्यशास्त्रविश्वकोश

नाशास.	नाट्यशास्त्रसङ्ग्रह
नृर.	नृत्तरत्नावली
नृत्या.	नृत्याध्याय
नृसं.	नृत्तसङ्ग्रह
नृरको.	नृत्तरत्नकोश
प्ररु.	प्रतापरुद्रीयम्
बाभ.	बालरामभरतम्
भको.	भरतकोश
भोजाज शृंप्र	भोजाज शृङ्गारप्रकाश (व्ही० राघवन्)
भाप्र.	भावप्रकाश
भभा.	भरतभाष्य
भरता.	भरतार्णव
मनु.	मनुस्मृति
मभा.	महाभारत
ममचं.	मन्दारमरन्दचम्पू
मान.	मानसोल्लास
मेदिनी.	मेदिनी कोश
युक.	युक्तिकल्पतरु
ररप्र.	रसरत्नप्रदीपिका
रस.	रसार्णवसुधाकर
रामा.	रामायण, वाल्मीकिकृत
लाश्रौसू.	लाट्यायन श्रौतसूत्र
वाजसं.	वाजसनेयिसंहिता
वाच.	वाचस्पत्यम्
विधपु.	विष्णुधर्मोत्तरपुराण (तृतीय खण्ड)
शकद्रु.	शब्दकल्पद्रुम
शृप्र.	शृङ्गारप्रकाश
स.	सहित
सं.	संस्करण
सकभ.	सरस्वतीकण्ठाभरण
सच.	सङ्गीतचन्द्र
समरा.	समराङ्गणसूत्रधार

संदा.	सङ्गीतदामोदर
संम.	सङ्गीतमकरन्द
संमा.	सङ्गीतमालिका
संर.	सङ्गीतरत्नाकर
संरा.	सङ्गीतराज
सासुसि.	साहित्यसुधासिन्धु
सिद्धे.	नालरको.-सिद्धेश्वर चट्टोपाध्यायकृत नाटकलक्षणरत्नकोश-ए स्टडी
हमु.	हस्तमुक्तावली
हला.	हलायुधकोश

ग्रन्थकारों के संक्षिप्त नाम

अभि.	अभिनवगुप्त
अमृता.	अमृतानन्दयोगी
अशोक.	अशोकमल्ल
जासे.	जायसेनापति
नन्दि.	नन्दिकेश्वर
धनं.	धनञ्जय
राम-गुण.	रामचन्द्र-गुणचन्द्र
शात.	शारदातनय
शार्ङ्ग.	शार्ङ्गदेव
सानं.	सागरनन्दी
सिंभू.	सिंहभूपाल
हेम.	हेमचन्द्र

अन्य

अ.	अध्याय
अनु.	अनुवाद
उद्.	उद्धृत
उदा.	उदाहरण
पु. मु.	पुनर्मुद्रण
भा.	भाग।

अनुक्रम

भूमिका

संक्षिप्त नामानुक्रमणी 	 ५

१. नाट्यशास्त्र : परिचय 	 १-३२

रचनाकाल - १, नाट्यशास्त्र का कर्तृत्व - ३, भरत शब्द की लाक्षणिक व्याख्या-६, नाट्यशास्त्र की प्रयोजनीयता- ६, नाट्यशास्त्र का कलेवर-७, नाट्यवेद तथा नाट्यशास्त्र-८, नाट्यशास्त्र में स्वीकृत व्याख्यापद्धति-८, नाट्यशास्त्र की महावाक्यता-१०, नाट्यशास्त्र के पाठ की संरचना के स्तर-१०, नाट्यशास्त्र में प्रक्षिप्त स्थलों की समस्या-१२, नाट्यशास्त्र की पाठ-परम्पराएँ-१४, नाट्यशास्त्र : आधुनिक गवेषणाएँ - १४, नाट्यशास्त्र और आधुनिक रंगमंच - २१, नाट्यशास्त्र की विषयवस्तु - २२, नाट्यशास्त्र में श्लोक संख्या - २४ नाट्यशास्त्र और लोकनाट्यपरम्परा-२५, नाट्यशास्त्रीय अभिनय की आधारभूमि-२६।

२. नाट्यशास्त्र का अन्य शास्त्रों से सम्बन्ध 	 ३३-३७

नाट्यशास्त्र तथा काव्यशास्त्र - ३३, नाट्यशास्त्र तथा व्याकरण - ३४, नाट्यशास्त्र तथा अन्य कलाएँ : ३४, नाट्यशास्त्र तथा चित्रकला - ३६, नाट्यशास्त्र तथा प्रतिमालक्षण - ३७।

३. नाट्यशास्त्र तथा संस्कृत साहित्य 	 ३८-७८

वेद और नाट्यशास्त्र - ३८, महाभारत और नाट्यशास्त्र - ४६, नाट्यशास्त्र तथा भास - ५३, नाट्यशास्त्र और कालिदास - ५७, नाट्यशास्त्र और भवभूति - ६६, नाट्यशास्त्र और राजशेखर - ७१।

४. संस्कृत नाटक की प्रयोग-परम्परा ७६-९३

५.नाट्यशास्त्र की आचार्य-परम्परा ९४-१०६

पृष्ठभूमि - ९४, कोहल - ९६, टीकाकार - ९७, सङ्ग्रहकार-९८, शातकर्णि - ९८, अश्मकुट्ट तथा नखकुट्ट - ९८, राहुल - ९९, शकलीगर्भ - ९९, कीर्तिधर - ९९, भट्टतण्डु - १००, मातृगुप्त - १००, उद्भट - १०२, हर्ष - १०२, लोल्लट - १०३, शङ्कुक - १०३, भट्टनायक - १०४, अभिनवगुप्त - १०५, कुमारगिरि - १०६, नाट्यशास्त्र की अन्य टीकाएँ - १०६।

६. नाट्यशास्त्र की परम्परा के परवर्ती ग्रन्थ १०७-१३४

विष्णुधर्मोत्तरपुराण (तृतीय खण्ड) - १०७, अग्निपुराण-१०८, अन्य पुराण-१०८, नाट्यसर्वस्वदीपिका - १०८, अभिनयदर्पण (नन्दिकेश्वर) - १०९, भरतार्णव - ११०, दशरूपक - धनञ्जय तथा उसके टीकाकार - ११९, अभिनवभारती-१११, शृङ्गारप्रकाश (भोज) - १११, काव्यानुशासन (हेमचन्द्र)-११२, नाट्यदर्पण (रामचन्द्र-गुणचन्द्र) -११३, मानसोल्लास (सोमेश्वर) - ११३, नाटकलक्षणरत्नकोश (सागरनन्दी) - ११४, शृङ्गारतिलक (रुद्रभट्ट) - ११५, सहृदयलीला (रुय्यक)-११६, भावप्रकाशन (शारदातनय) - ११६, नृत्याध्याय (अशोकमल्ल) - ११७, नृत्तरत्नावली (जायसेनापति) - ११८, एकावली (विद्याधर) - ११९, सङ्गीतरत्नाकर (शाङ्र्गदेव) - ११९, रसार्णवसुधाकर (सिंहभूपाल) - १२०, रसरत्नाकर-१२०, नृत्यसर्वस्व-१२०, सङ्गीतसमयसार - १२०, सङ्गीतमण्डन - १२१, सङ्गीतोपनिषत्सारोद्धार - १२१, कविकण्ठहार - १२२, नाट्यशेखर - १२३, अलङ्कारसङ्ग्रह - (अमृतानन्दयोगी) - १२३, प्रतापरुद्रयशोभूषण (विद्यानाथ) - १२४, काव्येन्दुप्रकाश-१२४, साहित्यदर्पण (विश्वनाथ)-१२४, नृत्तरत्नकोश - १२५, सङ्गीतचन्द्र (विप्रदास) - १२६, काव्यानुशासन (वाग्भट) १२६, रसमञ्जरी (भानुदत्त) - १२६, रसकौमुदी (श्रीकण्ठ) - १२६, सङ्गीतदामोदर (शुभङ्कर) - १२७, नर्तननिर्णयः (पुण्डरीकविट्ठल) -१२७, हस्तमुक्तावली (शुभङ्कर) - १२७, नाटकचन्द्रिका (रूपगोस्वामी) - १२८, शृङ्गारमञ्जरी (अकबरशाह) - १२८, सङ्गीतमालिका (मोहम्मदशाह)-१२८, नृत्तसङ्ग्रह - १२९, नाट्यमनोरमा (रघुनाथ) - १२९, रसरत्नहार (शिवरामत्रिपाठी) - १३०, गौडीय सम्प्रदाय के अन्तर्गत रचित ग्रन्थ, - १३०, अन्य ग्रन्थ (बारहवीं से सत्रहवीं शताब्दी) - १३१, नाट्यशास्त्रविषयक आधुनिक ग्रन्थ - १३३।

७. पश्चिमी-नाट्यचिन्तन तथा नाट्यपरम्परा **१३५-१५५**

अरस्तू - १३५, होरेस-१३६, बेन जॉनसन - १३७, गोइथे - १३७, कोलेरिज - १३८, हैजलिट - १३८, इब्सन - १३६, मैथ्यू अर्नाल्ड - १३६, जॉर्ज बर्नार्ड शा - १३६, ओटो ब्राम - १४०, डेविड बेलास्को - १४०, मैक्स रीनहार्ट - १४१, स्तानिस्लाव्स्की - १४२, जैक्स कोप्यू - १४४, तैरोफ - १४४, एडवर्ड गोर्डन क्रेग - १४४, मेयरहोल्ड - १४५, वख्तांगोफ - १४७, एडोल्फ आपिया - १४८, एगट - १४६, एण्टोइन - १४६, जे. बी. प्रीस्टले - १४६, बर्तोल्त ब्रेख्त - १५१, अर्ताउड - १५२, ग्रोताव्स्की - १५३, रिचर्ड शेख्नर -१५४।

८. नाट्यशास्त्र तथा आधुनिक रङ्गकर्म **१५६-१६८**

भरत तथा स्तानिस्लाव्स्की - १५६, भरत तथा ब्रेख्त - १६३ ।

६. संस्कृत नाटक तथा लोकनाट्य **१६६-१७६**

लीलातत्त्व, लीलानाट्य और संस्कृत नाटक-१७२, आख्यानतत्त्व, आख्यान और संस्कृत नाटक- १७५ ।

१०. संस्कृत नाटक तथा विश्वनाट्य **१७७-१६६**

समग्र नाटक की अवधारणा और शाकुन्तल-१७७, त्रासदी की भारतीय अवधारणा और संस्कृत नाटक - १८३ ।

११. संस्कृत नाटकों में उपकरण **२००-२१०**

ग्रन्थ-सूची **२११-२३७**

1

नाट्यशास्त्र : परिचय

नाट्यशास्त्र प्राचीन भारतीय शास्त्रपरम्परा का एक महत्त्वपूर्ण ग्रन्थ है, जिसके रचयिता भरतमुनि कहे गये हैं। इसकी रचना मुख्य रूप से नाट्याभिनय करने वाले नटों तथा नाट्यरचना करने वाले कवियों की शिक्षा के लिए की गयी। नाटक या रंगमंच में संगीत, नृत्य, चित्र, वास्तु आदि विविध कलाओं तथा अनेक प्रकार के शिल्पों का भी विनियोग होता है। इसलिए नाट्यशास्त्र में इन कलाओं या शिल्पों के विषय में भी शिक्षा दी गयी है। इसके साथ ही सौन्दर्यशास्त्र, कविता तथा व्याकरण–ये विषय भी नाट्याभिनय तथा नाट्यलेखन सें अनुषक्त हैं, अतः इन पर भरतकृत नाट्यशास्त्र में प्रसंगतः चर्चा हुई है। वस्तुतः भरत मुनि का तो मन्तव्य यह रहा है कि संसार की कोई ऐसी कला, ज्ञान, शिल्प, विद्या, योग या कर्म नहीं है, जो नाट्य में अंग न बन सके–

न तज्ज्ञानं न तच्छिल्पं न सा विद्या न सा कला।
नासौ योगो न तत् कर्म नाट्येऽस्मिन् यन्न दृश्यते।।

(नाशा., १.११६)

रचनाकाल

भरतमुनि का एक प्राचीन नाट्यप्रयोक्ता के रूप में उल्लेख करने वाले नाटककारों में कालिदास सर्वप्रथम हैं। उन्होंने अपने विक्रमोर्वशीयम् में अप्सराओं की मंडली के द्वारा भरत के मार्गदर्शन में इन्द्र आदि देवों के समक्ष 'लक्ष्मी-स्वयंवर' नामक रूपक का अभिनय करवाने की चर्चा की है (विक्रमोर्वशीयम् २१६६)। इससे स्पष्ट है कि एक नाट्यप्रयोक्ता के रूप में भरत मुनि कालिदास के समय प्रसिद्ध थे। नाटककार कालिदास का समय प्रथम शताब्दी ई. पू. है। अतः भरतमुनि का काल इसके पूर्व माना जाना चाहिए।

अब प्रश्न यह आता है कि कालिदास ने जिस भरतमुनि का यहाँ उल्लेख किया है, उन्होंने ही नाट्यशास्त्र की रचना की–यह कैसे माना जा सकता है, क्योंकि देवताओं और

अप्सराओं के सन्दर्भ में भरत मुनि की कालिदास चर्चा कर रहे हैं, अतः भरत का अस्तित्व ऐतिहासिक न होकर मिथकीय है।

वस्तुस्थिति यह है कि कालिदास एक प्राचीन नाट्यप्रयोक्ता के रूप में भरतमुनि के नाम से ही परिचित नहीं है, वे नाट्यशास्त्र नामक ग्रन्थ से भी परिचित प्रतीत होते हैं। वैसे तो 'नाट्यशास्त्र' शब्द का भी उन्होंने अपने मालविकाग्निमित्र नाटक में एक स्थान पर प्रयोग किया है[1] पर यह प्रयोग सामान्य संज्ञा के अर्थ में है, ग्रन्थविशेष के अर्थ में नहीं। तथापि कालिदास भरतकृत नाशा. के पाठ से अभिज्ञ हैं, यह आगे के विवेचन से स्पष्ट होगा।

नाट्यशास्त्र का रचनाकाल चौथी शताब्दी ईस्वी पूर्व से लेकर चौथी शताब्दी ई. तक विभिन्न विद्वानों के द्वारा बताया जाता रहा है। पाणिनि के पूर्व शिलालि नामक आचार्य **नटसूत्र** लिख चुके थे। पाणिनि का समय लगभग ५०० ई. पू. माना गया है। उक्त **नट-सूत्र** के बाद ही भरत का नाट्यशास्त्र भी रचा गया, अत एव इसका रचनाकाल ५०० ई. पू. के पश्चात् का है। महामहापोध्याय हरप्रसाद शास्त्री ने विभिन्न ऐतिहासिक प्रमाणों के आधार पर इसका रचनाकाल दूसरी शताब्दी ई. पू. माना है (जर्नल ऑफ एशियाटिक सोसायटी ऑफ बंगाल, १९१३, पृ. ३०७)। यह सम्भव है कि नाट्यशास्त्र में कुछ अंश ईसा के बाद की एक-दो शताब्दियों तक जुड़ते रहे हों, पर इसका केन्द्रीय भाग ईसा के पहले तैयार हो चुका था। इस सम्बन्ध में निम्नलिखित प्रमाण विचारणीय हैं–

१. अपाणिनीय शब्दों का प्रयोग : नाट्यशास्त्र में ऐसे अनेक शब्द हैं, अथवा प्रयोग हैं, जिनकी साधुता पाणिनीय व्याकरण से सिद्ध नहीं होती। अतः इसका मूल भाग पाणिनीय व्याकरण के पूरी तरह प्रचलन में आने से पहले तैयार हो चुका था।

२. नाशा. में देश भर में प्रचलित जिन भाषाओं का उल्लेख किया गया है, उनसे भी इसका काल ईसा के पहले का सिद्ध होता है। सत्रहवें अध्याय में सात भाषाओं का उल्लेख है, जिनमें महाराष्ट्री का नाम नहीं लिया गया।

३. याज्ञवल्क्यस्मृति में संगीत के अनेक पारिभाषिक शब्दों का प्रयोग किया गया है। सामगायन के अतिरिक्त सात प्रकारों के गीतों की इस स्मृति में चर्चा की गयी है–अरान्तक, उल्लोप्यक मद्रक, करी, ओवेणक, सरोबिन्दु तथा उत्तर। पी.व्ही. काणे का मत है कि याज्ञवल्क्य के द्वारा यह पारिभाषिक पदावली तथा तत्सम्बन्धी अवधारणा भरत के नाट्यशास्त्र से ली गयी। अत एव **नाशा.** की रचना याज्ञवल्क्य से पूर्व (ईसा की पहली-दूसरी शताब्दी से पूर्व) हो चुकी थी।

---

१. प्रयोगप्रधानं हि नाट्यशास्त्रम् ।

(४) हाल की **गाहासत्तई** में एक गाथा में आलिंगन को रतिनाटक का पूर्वरंग कहा गया है। नाटक के पहले पूर्वरंग के अनुष्ठान की अनिवार्यता की यह अवधारणा भी **नाशा.** का ही प्रभाव हो सकती है। **गाहासत्तसई** का रचनाकाल पहली शताब्दी के आसपास माना जाता है। अत एव इसके पहले **नाशा.** रचा जा चुका था–यह स्पष्ट है।

(५) नाशा. में देश की विभिन्न जनजातियों का उल्लेख किया गया है, जिसमें कृष्णवर्ण के लोगों में किरात, बर्बर और पुलिन्दों के साथ आन्ध्र, द्रमिल तथा काशी और कौसल के लोगों का भी उल्लेख है। डॉ. मनमोहन घोष के अनुसार बर्बर और पुलिन्दों के साथ आन्ध्र और द्रमिल का उल्लेख प्राचीन अवधारणा तथा स्थिति का सूचक है।

नाट्यशास्त्र का कर्तृत्व

वर्तमान में **षट्साहस्री** के रूप में नाशा. नामक जो ग्रन्थ प्राप्त होता है, सामान्यतः उसके रचयिता भरतमुनि माने गये हैं। इन्हें सूत्रकार या षट्सहस्रीकार भी कहा गया है। तथापि वर्तमान **नाशा.** के मुनिभरतकृत होने के विषय पर प्राचीन काल से ही सन्देह तथा आपत्तियाँ उठायी जाती रही हैं। आचार्य अभिनव गुप्त (परिचय के लिये आगे देखें) ने तो **नाशा.** के भरतमुनि की रचना होने के बारे में शंका करने वालों को नास्तिकधुर्योपाध्याय कह दिया था। अभिनव के विवेचन से प्रतीत होता है कि नाशा. के एक ही व्यक्ति (भरत) द्वारा रचित होने पर शंका करने वाले आचार्य अपनी शंका की पुष्टि के लिए निम्नलिखित प्रमाण देते थे–(१) **नाशा.** में ही भरतमुनि अन्य पुरुष के रूप में अनेकत्र उल्लिखित हैं। (२) **नाशा.** में इस ग्रन्थ के कई कर्ताओं की सूचना उनके विभिन्न मत उद्धृत किये जाने से मिलती है।

अभिनवगुप्त के समय या उनके पहले से उठायी जाती रही इन शंकाओं की पुष्टि **नाशा.** के वर्तमान संस्करणों या पाण्डुलिपियों में प्राप्त उल्लेखों से भी होती है। कतिपय पाण्डुलिपियों में **नाशा.** के अन्त में **'समाप्तमिदं नन्दिभरतपुस्तकम्'** यह सूचना दी गयी है, जिससे यह ग्रन्थ नन्दी तथा भरत इन दो आचार्यों का लिखा हुआ है–यह स्थापित होता है। पर नाशा. के ही अंतिम अध्याय में इस ग्रन्थ के कर्ताओं के विषय में कहा गया है–

कोहलादिभिरेवं तु वत्सशाण्डिल्यधूर्तितैः (धूर्तिलैः)।
मर्त्यधर्मक्रियायुक्तैः कञ्चित् कालमवस्थितैः।।
एतच्छास्त्रं प्रणीतं हि नराणां बुद्धिवर्धनम्। (नाशा. ३७.२४, २५)

(कोहल, वत्स, शाण्डिल्य, धूर्तित या धूर्तिल–इन आचार्यों ने इस भूलोक में आ कर...इस शास्त्र का प्रणयन किया।) (**धूर्तिल के स्थान** पर 'दत्तिल' पाठ हो सकता है)।

अभिनवगुप्त की व्याख्या के अनुसार ये सभी लोग भरतशिष्य या भरतपुत्र हैं और

शास्त्रप्रणयन से यहाँ आशय इतिहास, पुराण, अर्थवाद, चित्र, पुस्त, लेप आदि के द्वारा इस नाट्यशास्त्र की सर्वस्वनिबन्धनदृष्टि को स्थापित करना है (**नाशा.** नामक ग्रन्थ की रचना नहीं। (-**अभिभा.**भा.-४, पृ. ५१२)

नाशा.की रचना के विषय में एक और मत अभिनवगुप्त ने कुछ अन्य आचार्यों के द्वारा प्रतिपादित बताया है, जिसके अनुसार **नाशा.** के प्रथम अध्याय में जहाँ-जहाँ भरतमुनि का अन्यपुरुष के रूप में उल्लेख है, वह अंश भरतमुनि के किसी शिष्य ने इस ग्रन्थ में जोड़ा और आत्रेय आदि मुनियों के प्रश्नों का उत्तर जहाँ भरतमुनि देना आरम्भ करते हैं, वहाँ से अन्त तक का ग्रन्थ भरतमुनि का ही रचा हुआ है। इसमें बीच-बीच में जो प्रश्न या प्रतिप्रश्न हैं, वे भी शिष्यकृत हैं।

अभिनवगुप्त नाशा. के विषय में सहकर्तृत्व तथा अनेककर्तृत्व दोनों का खण्डन करते हुए कहते हैं कि प्रश्न, प्रतिप्रश्न आदि की योजना स्वयं भरत ने की है।

आदिभरत, वृद्धभरत तथा भरत : क्या नाशा. कार भरत से पूर्व आदिभरत तथा वृद्धभरत नामक दो आचार्य हो चुके थे, जिन्होंने नाट्यशास्त्रविषयक मूल ग्रन्थों का प्रणयन किया? आदिभरत या वृद्धभरत के परवर्ती टीकाकारों ने किया है। (देखिये-**नाशा. परम्परा के परवर्ती ग्रन्थ** शीर्षक के अन्तर्गत **नाट्यसर्वस्वदीपिका**-इसी ग्रन्थ में)। पर ये उल्लेख बहुत बाद के हैं। भावप्रकाश के लेखक और शारदातनय का कहना है कि छत्तीस हजार श्लोकों के नाट्यवेद का संक्षेप बारह हजार श्लोकों में किया गया (भावप्रकाशन, पृ. २८७)। कुछ विद्वानों का अनुमान है कि बारह हजार श्लोकों वाले इस बृहद् नाट्यशास्त्र के संस्कर्ता वृद्धभरत थे, जिसके आधार पर षट्साहस्री संहिता या छह हजार श्लोकों वाला नाट्यशास्त्र आचार्य भरत ने निर्मित किया। पर वृद्धभरतकृत ग्रन्थ के विषय में कोई प्रमाण नहीं मिलता। नाशा. में वृद्धभरत का कहीं उल्लेख नहीं है, जबकि नाशा. के निर्माताओं के रूप में अन्य आचार्यों के नाम वहाँ अवश्य दिये गये हैं। शारदातनय ने एक स्थान पर वृद्धभरत के नाम से रसास्वादविषयक एक गद्यांश उद्धृत किया है, जो नाशा. में रसविषयक छठे अध्याय के अन्तर्गत 'पाठभेद के साथ मिलता है (भावप्रकाश, पृ. ३६)।

डॉ. सुशीलकुमार डे ने दि **'प्राब्लम ऑफ आदिभरत एण्ड भरत'** शीर्षक नामक अपने लेख में आदिभरत के नाम से प्राप्त उद्धरणों का विश्लेषण करते हुए निष्कर्ष दिया है कि आदिभरत के नाम से प्राप्त उद्धरणों में से अधिकांश तो भरतमुनि के नाम से प्राप्त **नाशा.** में ही प्राप्त हो जाते हैं। मैसूर के प्राच्य विद्या संस्थान में **आदिभरत** नाम से एक ग्रन्थ मिलता है, जिसे **'भरताचार्यप्रणीत आदिभरत'** कहा गया है। पर यह ग्रन्थ बहुत बाद का है, जिसमें दक्षिण की देशी परम्पराओं का भी संग्रह है।

आदिभरत या **वृद्धभरत** के नाम से ऐसे किसी ग्रन्थ के लिखे जाने का प्रामाणिक साक्ष्य नहीं मिलता है, जो नाशा. कार भरत के पहले का हो। **नाशा.** में अवश्य अनेक स्थानों पर आनुवंश्य श्लोक उद्धृत हैं, जो भरतमुनि को परम्परा से प्राप्त हुए थे।

भरत : व्यक्तिवाचक तथा जातिवाचक संज्ञा : भरत शब्द **नाशा.** की सारी परम्परा में भरतमुनि (व्यक्तिविशेष) के अर्थ में भी प्रयुक्त है और नाट्यप्रयोक्ता के सामान्य अर्थ में भी। **नाशा.** में ही **नाशा.** के रचनाकार के रूप में तो भरत उल्लिखित हैं ही, अनेकत्र भरत शब्द नटसामान्य को द्योतित करने के लिए भी प्रयुक्त है।[1] अमरकोश में शैलाली, शैलूष, जायाजीव, कुशीलव, भरत तथा नट–ये नाटक के प्रयोग से जुड़े हुए लोगों के सामान्य नाम बताये गये हैं (**अको.**, २.१०.१२)।

जातिवाचक अर्थ में भरत शब्द की व्युत्पत्ति **भावप्रकाशन** में नाट्योत्पत्ति की कथा के साथ इस प्रकार बतायी गयी है--मनु ने इस पृथ्वी का भार हल्का करने के लिए अपने पिता सूर्य से प्रार्थना की। सूर्य ने बताया कि प्राचीनकाल में ब्रह्मा से शिव के द्वारा आज्ञप्त नन्दिकेश्वर ने नाट्यवेद प्राप्त किया था और एक मुनि को उसके प्रयोग की आज्ञा दी थी। उस मुनि तथा उसकी मंडली को उनके प्रयोग से प्रसन्न होकर ब्रह्मा ने फिर वर देते हुए कहा था–'क्योंकि मैंने तुम लोगों को आदेश दिया था कि तुम नाट्यवेद का भरण करो, इसलिये तुम भरत नाम से तीनों लोकों में प्रख्यात होओगे तथा यह नाट्यवेद भी तुम लोगों के नाम से जाना जाएगा।' (भावप्रकाश, पृ. २८४-८६)।

शारदातनय के अनुसार इन्हीं भरतों में से एक ने नाट्यवेद का संग्रह बारह हजार श्लोकों में और दूसरे ने छह हजार श्लोकों में निर्मित किया (वही, पृ. २८७)।

नाशा. या अन्य ग्रन्थों में जहाँ केवल भरत शब्द व्यक्तिविशेष के अर्थ में आया है, वहाँ सर्वत्र आशय भरतमुनि (**षट्साहस्रीकार** या सूत्रकार भरत) से ही आशय है। जातिवाचक संज्ञा के रूप में भरत शब्द नाट्यप्रयोक्ताओं के सम्पूर्ण समुदाय को द्योतित करता है, जिनमें सूत्रधार, नटी, नट, पारिपार्श्विक, विदूषक, शैलूष, भाव आदि उनके विशेष कार्यों के अनुसार विभिन्न श्रेणियाँ बनती हैं। (**भाप्र.**, पृ. २८७-८८)।

आद्यरंगाचार्य (आर.व्ही जागीरदार) का मत है कि भरत एक वैदिक कालीन जाति का ही मूलतः नाम है (ड्रामा इन संस्कृत लिटरेचर, पृ. २७)। नाट्यशास्त्र की रचना तथा प्रयोग से जुड़े लोगों का सामूहिक नाम भी 'भरत' है और भरत जाति का इस समुदाय से सम्बन्ध रहा है।

नाशा. में नाट्यप्रयोग करने वाले दल के सामूहिक नाम या इस दल के सभी लोगों

---

१. व्यक्ति के अर्थ में भरत नाट्यकोविदम् (१.१), भरतो मुनिः (१.६), भरतस्य वचः (२.१) आदि। सामान्य संज्ञा के अर्थ में–'नाट्यं युङ्क्ते यतोमुखं भरतः (१३.६५)।

के लिए जातिवाचक संज्ञा के रूप में भरत शब्द का प्रयोग हुआ है। इसके साथ ही इस दल के एक प्रमुख नट की सामान्य संज्ञा भी भरत है। सम्पूर्ण नाट्यदल इसी प्रमुख (भरत) के सहारे रहता है, इसलिए नाट्यदल के लोगों को भरतमुनि ने भरताश्रित कहा है (३५.२१)। इस भरत (नाट्यदल के प्रमुख) का उन्होंने लक्षण यह किया है–जो अनेक भूमिकाएँ निभा सकता है, समग्र नाट्यदल का धुर्य (धुरी वहन करने वाला) तथा भाण्ड (वाद्य) आदि भी बजा लेता हो, उपकरण संभाल कर रखता हो, वह भरत है (३५.२३)। नाट्यदल के सदस्यों में सूत्रधार, विदूषक आदि को इस भरत से अलग माना गया है (३५.२१)। इस रंगदल का स्वामी व्यवस्थापक और प्रस्तोता प्रतीत होता है।

भरत शब्द की लाक्षणिक व्याख्या

भरत शब्द अभिनेता के अर्थ में **नाशा.** में अनेकत्र प्रयुक्त है। अनेक भूमिकाओं के द्वारा नाट्य का भरण तथा उद्धार करने के कारण नाट्यप्रयोग में विभिन्न वाद्य तथा उपकरणों का उपयोग करने वाले विशेषज्ञ को भरत कहा गया है (३५.३)। अभिनव के अनुसार रसभर (रस के भार) का उद्वहन (ढोना) करने वाला होने से उसे भरत कहा जाता है। (**अभिभा.**,भा.-४, पृ. ४६७)। अन्य आचार्यों के मत से भाव, राग तथा ताल–इन तीन शब्दों के आद्याक्षर लेकर भरत शब्द निर्मित किया गया है (**बाभ.**, पृ. १२ **नासदी.**, पृ. ४)। उत्तररामचरित की टीका में वीरराघव ने इस मत को उद्धृत किया है (**उरामच.**, पृ. २४०)।

नाट्यशास्त्र की प्रयोजनीयता

नाशा. के प्रयोजनता का विचार उसके अधिकारी की दृष्टि से किया जाता है। भरतमुनि का यह ग्रन्थ एक शास्त्र है। शास्त्र उपदेशपरक होता है। उपदेश किसके लिए दिया जा रहा है–यह विचार करके ही प्रत्येक शास्त्र प्रवृत्त होता है।

नाशा. की रचना की प्रयोजनीयता या उसके अधिकारी का संकेत भरतमुनि ने प्रथम अध्याय की पहली कारिका में ही कर दिया है। इस कारिका के उत्तरार्ध में **'नाट्यशास्त्रं प्रवक्ष्यामि ब्रह्मणा यदुदाहृतम्'** का आशय अभि. के अनुसार यह है–

नाट्यस्य नटवृत्तस्य शास्त्रं शासनोपायं ग्रन्थं प्रवक्ष्यामीति।' (**अभिभा.** भा.-१, पृ.३)

नाट्य का अर्थ नट या वृत्त या आचरण (कर्तव्य) है, शास्त्र उसे अनुशासित करने का माध्यम है।

यदि नट स्वधर्म मान कर नाट्यवेद का स्वतः अनुष्ठान कर ही रहे हैं, तो नाट्यशास्त्र उन्हें कैसे और क्या उपदेश दे सकता है?– यह प्रश्न यहाँ अभिनव उठाते हैं। इस दृष्टि से तो नाट्यशास्त्र उन्हें उपदेश देने या सिखाने के लिए नहीं रचा गया है, पर

भरतमुनि के शास्त्र और उनकी शिष्य-परम्परा का अनुवर्तन करने वाले महान् नटों के आचरण या उनकी प्रवृत्तियों का विवरण यह शास्त्र देता है, इस दृष्टि से यह उपदेशपरक कहा जा सकता है। इसे **'भरतसिद्धसदुपायोपदेशनपरक शास्त्र'** कहा जा सकता है (वही, पृ० ४)।

भट्टनायक का कथन है कि नाट्य का प्रयोजन जिस प्रकार पुरुषार्थसिद्धि है, उसी प्रकार नाट्यशास्त्र के प्रतिपादन का प्रयोजन भी पुरुषार्थ तथा अन्ततः मोक्ष की सिद्धि ही है। भट्टनायक ने अपने इस मन्तव्य की पुष्टि के लिए नाशा. के षष्ठ अ. से **'स्वं स्वं निमित्तमादाय शान्तादुत्पद्यते रसः'** यह कारिका उद्धृत की थी, जिससे नाट्य में शान्त रस ही मूल रस है—यह सिद्धान्त सामने आता है। शान्तरस के द्वारा तत्त्वज्ञान या मोक्ष की प्राप्ति यह प्रयोजन नाट्य तथा नाट्यशास्त्र का है।

नाट्यशास्त्र का कलेवर

अभिनवगुप्त को नाट्यशास्त्र के कलेवर के विषय में जिस परम्परा का ज्ञान था, उसके अनुसार भरतमुनि के इस ग्रन्थ में ३६ अध्याय थे। अभिनवभारती में उन्होंने इस ग्रन्थ को **'षट्त्रिंशदध्यायी'** (३६ अध्यायों वाला ग्रन्थ) बताते हुए अनेकत्र उल्लिखित किया है।[1] तथापि नाट्यशास्त्र के कुछ संस्करणों में ३६ के स्थान पर ३७ अध्याय मिलते हैं तथा ३७वें अध्याय पर स्वयं अभिनवगुप्त की टीका (**अभिभा.**) भी प्रकाशित की गयी है (द्र.-बड़ौदा सं., हिन्दू वि.वि.सं. तथा दिल्ली सं.)।

रामकृष्ण कवि के अनुसार ३७ अध्यायों की परम्परा अर्वाचीन तथा उत्तरभारतीय है और ३६ अध्यायों की परम्परा दाक्षिणात्य तथा प्राचीन है।[2] प्राचीन संस्करण में ३६वाँ तथा ३७वाँ अध्याय मिलाकर एक था और अभिनवगुप्त ने इसी एक अध्याय पर टीका की होगी, जिसे लिपिकार ने प्रमादवश दो अलग अलग अध्यायों में विभाजित कर दिया होगा।

नाशा. के कामा. संस्करण में ३७ तथा काशी सं. में ३६ अध्याय हैं।

इसी प्रकार नाट्यशास्त्र के **षट्साहस्रीसंहिता** तथा **द्वादशसाहस्रीसंहिता**—ये दो नाम भी परम्परा में मिलते हैं। में **षट्साहस्री** से आशय छह हजार श्लोकों के लघु संस्करण से है तथा **द्वादशसाहस्री** से आशय बारह हजार श्लोकों के दीर्घ संस्करण से है। अभिनवगुप्त ने नाट्यशास्त्र के वर्तमान संस्करण को षट्साहस्री कहा है।

कतिपय प्राचीन आचार्यों ने **षट्साहस्री** तथा **द्वादशसाहस्री** दोनों को उद्धृत

१. **षट्त्रिंशकं भरतसूत्रमिदं विवृण्वन्**—(अभा. भा.१, पृ. १) अत्र षट्त्रिंशदध्याय्यां यानि प्रश्न ...। (वही, पृ. ६)।

२. वही, रामकृष्ण कवि की भूमिका, पृ. ५८

किया है, जिससे प्रतीत होता है कि **नाशा.** का दीर्घ तथा लघु ये दोनों संस्करण उनको उपलब्ध थे। **दशरूपक** की टीकाओं में **बहुरूपमिश्र** तथा **धनिक** के ये कथन द्रष्टव्य हैं–

सूत्रणं सकलाङ्गानां ज्ञेयमङ्कमुखं बुधैः। - इति षट्साहस्रीकारः।
(**दरू.**१.६१ पर बहुरूपमिश्र)
षट्साहस्रीकृताप्युक्तम्।–(अवलोक, ४.२)
समाप्यते हि नाट्यज्ञैरङ्कावतार इष्यते। इति द्वादशसाहस्रीकारः।
(**दरू.** १.६२ पर बहुरूपमिश्र)

भावप्रकाशकार शारदातनय का कथन है कि मनु के आग्रह पर भरतों ने नाट्यवेद का सार पहले बारह हजार श्लोकों में तैयार किया और फिर उसे छह हजार श्लोकों में संक्षिप्त किया। (**भाप्र.** १०।३४)

नाट्यशास्त्र के **द्वादशसाहस्री** तथा **षट्साहस्री**–इन दोनों संस्करणों का भी मूल गान्धर्ववेद या नाट्यवेद कहा गया है। इस गान्धर्ववेद या नाट्यवेद की गणना उपवेदों में की गयी। **यमलाष्टकतन्त्र** में उपवेदों के निरूपण में कहा गया है कि ब्रह्मा ने ३६,००० श्लोकों में गान्धर्ववेद का प्रणयन किया, जिसमें संगीत तथा अभिनय और नृत्य के विषयों का निरूपण था। (**नाशा.** भा. १, भूमिका, पृ. ५८)

इस प्रकार नाट्यशास्त्र का विकास प्राचीन परम्परा तीन संस्करणों में मानती है। इनमें से से ब्रह्मा के द्वारा निर्मित छत्तीस हजार श्लोकों वाले संस्करण से द्वादशसाहस्री तैयार की गयी। श्री रामकृष्ण कवि के अनुसार द्वादशसाहस्री तथा आदिभरत एक ही ग्रन्थ के नाम हैं तथा इसके निर्माता आदिभरत या सदाशिव हैं। अनन्तर षट्साहस्री की रचना हुई, जिसके कर्ता भरत मुनि थे। श्री कवि ने वृद्धभरत तथा सदाशिवभरत नाम से दो ग्रन्थों की पांडुलिपियों के अंश मिलने का भी उल्लेख किया है।

अभिनवगुप्त के उल्लेख के अनुसार भरत के नाट्यशास्त्र की रचना के पूर्व नाट्यशास्त्र की दो परम्पराएँ प्रचलित थीं–एक सदाशिव की और दूसरी ब्रह्मा की तथा मुनि भरत इनमें से ब्रह्मा के मत की साररूपता बताते हैं। (**वही** पृ० ८)

अभिनवगुप्त ने प्रस्तुत नाट्यशास्त्र को भरतसूत्र भी कहा है। नाट्यशास्त्र में भी 'सूत्रग्रन्थविकल्पन' (६.३१) शब्द आया है। इसके साथ ही सूत्र, भाष्य, संग्रह, कारिका तथा परिकर श्लोक–ये नाट्यशास्त्र के पाठ के अलग-अलग स्तर हैं। आनुवंश्य श्लोकों का सबसे अधिक प्रयोग षष्ठ तथा सप्तम अध्यायों में किया गया है। **अभि.** के अनुसार ये श्लोक आचार्यों तथा शिष्यों की परम्परा में पूर्वप्रचलित श्लोक हैं, जिनमें सूत्रों के अर्थ को कारिका के रूप में संक्षिप्त किया गया था।

भाष्य का उपयोग सूत्रों के व्याख्यान में गद्य में किया गया है। अभि. के ही अनुसार षष्ठ अध्याय में रस सूत्र का गद्यात्मक भाष्य है।

नाट्यवेद तथा नाट्यशास्त्र

भरत मुनि के ग्रन्थ का नाम नाट्यशास्त्र है। नाट्यशास्त्र वेद नहीं हैं। परन्तु नाट्य को वेद अवश्य अभिनव के मत के अनुसार यह शास्त्र मानता है। कतिपय प्राचीन आचार्यों ने नाट्यशास्त्र तथा नाट्यवेद–इन दोनों को पर्याय माना था। अभिनव ने उनके मत का खण्डन किया है। नाट्य वेद इस नाट्यशास्त्र का प्रतिपाद्य है। नाट्यवेद कैसे उत्पन्न हुआ, किसके लिए उत्पन्न हुआ, इसका क्या प्रमाण है, कितने अङ्ग हैं तथा इसका प्रयोग कैसे होता है–ये पाँच प्रश्न आत्रेय आदि मुनियों ने नाट्य रूप वेद के विषय में भरत मुनि से किये थे। अभिनव कहते हैं कि ये उत्पत्त्यादि पाँच प्रश्न नाट्य नामक वेद के विषय में हैं, नाट्यशास्त्र के विषय में नहीं (**अभिभा.**भा.-१, पृ. ४)। वेद के रूप में नाट्य ब्रह्मा के द्वारा उसी प्रकार निर्मित है, जिस प्रकार ऋग्वेद आदि चार वेद। अर्थात् वह अनादि और अपौरुषेय शाश्वत ज्ञान है। उसका प्रतिपादन या उपदेश शास्त्र कर सकता है।

नाशा. में स्वीकृत व्याख्यापद्धति

उक्त नाट्यवेद की व्याख्या के लिए अथवा उसका उपदेश देने के लिए नाशा. नामक ग्रन्थ में जो व्याख्यापद्धति अपनायी गयी है, वह अभिनवगुप्त के अनुसार इस प्रकार है–

उपादेयस्य सम्पाठस्तदन्यस्य प्रतीकनम्।
स्फुटव्याख्या विरोधानां परिहारः सुपूर्णता।
लक्ष्यानुसरणं श्लिष्टवक्तव्यांशविवेचनम्।
सङ्गतिः पौनरुक्त्यानां समाधानसमाकुलम्।
सङ्ग्रहश्चेत्ययं व्याख्याप्रकारोऽत्र समाश्रितः।।

(अभिभा. भा.-१, पृ.२)

अर्थात् जो विषय विवेच्य हैं, उनका पहले परिगणन, उनसे भिन्न विषयों को अलगाना, फिर उद्दिष्ट विषयों की स्पष्ट व्याख्या, विरोध को दूर करना, पुनरुक्त कथनों की संगति तथा अन्त में समाधान करते हुए संग्रह–यह व्याख्याप्रकार यहाँ अपनाया गया है। (चतुर्थ पंक्ति में 'समाधानमनाकुलम्' पाठ हो सकता है।)।

आगे **'नाशा. के पाठ की संरचना के स्तर'**–शीर्षक भी देखें।

नाट्यशास्त्र की महावाक्यता

खण्डवाक्यों के बोध के साथ उनकी परस्पर सम्बद्धता और अखण्डार्थबोधकता का ज्ञान होना महावाक्यता है। नाट्यशास्त्र में अनेक विषयों, शिल्पों और शास्त्रों का समावेश हुआ है। फिर भी टीकाकारों की परम्परा में भरतकृत नाट्यशास्त्र का महावाक्य

के रूप में ही समझा गया है। अभिनवगुप्त के अनुसार सदाशिव, ब्रह्मा तथा भरत के नाट्यशास्त्रविषयक तीन प्रस्थानों में से ब्रह्मा के मत की साररूपता इस ग्रन्थ में दिखायी गयी है, विभिन्न वक्ताओं, विभिन्न मतों या प्रतिपाद्यों का निरूपण होते हुए भी एकवाक्यता की रक्षा उसी प्रकार यहाँ की गयी है, जिस प्रकार श्रुति, स्मृति, व्याकरण, तर्क आदि शास्त्रों में भी पूर्वपक्ष, उत्तरपक्ष आदि के प्रतिपादन में अन्विति तथा महावाक्यता का निर्वाह किया जाता है। (**अभिभा.** भा. १, पृ. ६)

नाट्यशास्त्र की महाकाव्यता का निर्वाह प्रश्नपंचक के निरूपण के द्वारा किया गया है–यह भी अभिनवगुप्त का मन्तव्य है। मुनियों ने भरत मुनि से पाँच प्रश्न पूछे थे–नाट्यवेद कैसे उत्पन्न हुआ, किसके लिए उत्पन्न हुआ, इसके अंग कितने हैं, इसका प्रमाण क्या है और इसका प्रयोग कैसे होता है?

इन पाँचों प्रश्नों का समाधान नाट्यशास्त्र में कहां और किस प्रकार है, इसके सम्बन्ध में भी अभिनवगुप्त के पहले से विभिन्न मत प्रकट किये जाते रहे हैं। कुछ व्याख्याकारों का कथन था कि पाँचों प्रश्नों का निर्णय तो पहले ही अध्याय में कर दिया गया है, शेष अध्यायों में उनका विभाग, लक्षण तथा परीक्षण विवेचित है। अन्य मत के अनुसार पाँच अध्यायों में पूर्वरंग-विधान तक प्रथम दो प्रश्न तथा शेष अध्यायों में शेष प्रश्नों का विचार है। स्वयं अभिनवगुप्त का मत है कि पाँचों प्रश्नों का यथावसर, यथाप्रसंग सम्पूर्ण नाट्यशास्त्र में समाधान या विचार चलता है, इसमें कोई क्रम नहीं है (**अभिभा.** भा.१, पृ. ६)।

नाशा. के पाठ की संरचना के स्तर

नाशा. के पाठ की संरचना के निम्नलिखित सात स्तर कहे जा सकते हैं–सूत्र, भाष्य, सङ्ग्रह, कारिका, निरुक्त, आनुवंश्य श्लोक, तथा निदर्शन।

भरत को अनेक परवर्ती आचार्यों ने सूत्रकार कहकर स्मरण किया है। पर इसका आशय यह नहीं लिया जा सकता कि भरत मुनि ने केवल सूत्र ही नाशा. की रचना करते समय लिखे थे तथा कारिकाएं, आनुवंश्य श्लोक, भाष्य आदि बाद में जोड़े गये, या जोड़े जाते रहे।

अभिनवगुप्त के अनुसार सङ्ग्रह, कारिका तथा निरुक्त का अर्थ, उद्देश, लक्षण तथा परीक्षा है। किसी भी शास्त्र में प्रतिपादित विषय के ये तीन स्तर माने गये हैं–उद्देश, लक्षण तथा परीक्षा। उद्देश का आशय शास्त्र की कोटियों या पदार्थों का नाम गिनाना (परिगणन) हैं। लक्षण इन कोटियों को परिभाषित करना तथा परीक्षा इन लक्षणों के सत्यापन का निरूपण है।

यदि अभिनव के द्वारा दिये सङ्ग्रह, कारिका तथा निरुक्त का आशय क्रमशः

उद्देश, लक्षण और परीक्षा से लिया जाए, तो नाशा. की प्रतिपादन शैली के ये तीनों (सङ्ग्रह, कारिका तथा निरुक्त) अनिवार्य और मूल घटक सिद्ध होते हैं। आचार्य भरत का कथन है कि सङ्ग्रह, कारिका तथा निरुक्त–इन तीनों को इस नाशा. में उन्होंने ही यथाक्रम कहा है। (६.५)। सङ्ग्रह, कारिका तथा निरुक्त के रूप में इस ग्रन्थ के त्रिविध स्तर के संयोजन की आवश्यकता बताते हुए वे कहते हैं कि इस नाट्य में इतने अधिक शिल्प और ज्ञान विनियुक्त होते हैं कि इसका पार पाना ही कठिन है, इनमें से भी (एक-एक शिल्प या ज्ञान के) कई-कई तत्त्व (भेद-प्रभेद) होते हैं। इसलिए पहले इन तत्त्वों का सङ्ग्रह (नामोल्लेख) कर दिया गया है, जिसका लक्षण भरत के अनुसार यह है–

विस्तरेणोपदिष्टानामर्थानां सूत्रभाष्ययोः।
निबन्धो यः समासेन सङ्ग्रहं तं विदुर्बुधाः।। (६.६)

(सूत्र और भाष्य में कहे गये अर्थों का कुल मिलाकर संक्षेप में कथन सङ्ग्रह है)। सङ्ग्रह के अन्तर्गत भरत ने वस्तुतः नाट्य के ग्यारह तत्त्वों का परिगणन ही किया है, इसलिए आचार्य अभिनव का सङ्ग्रह से आशय उद्देश या नामग्रहण किया जाना इस दृष्टि से उचित ही लगता है।

कारिका से भरत का आशय सूत्र रूप से (संक्षेप में) विस्तृत बात को थोड़े में कह देना है (६.११)। अभिनव तो इस (कारिका) की व्याख्या में स्पष्टतः कहते हैं कि सूत्र ही कारिका है। फिर भी अभिनव सूत्र तथा कारिका में सूक्ष्म भेद करते हैं। किसी सूत्र की संक्षिप्त व्याख्या में श्लोक के रूप में उसके बाद जो अंश आता है, वह भी कारिका कहा जा सकता है, पर चूँकि वह सूत्र के व्याख्यान के रूप में आया है, इसलिए उसे अपने आप में सूत्र नहीं कहा जा सकता। अत एव सभी कारिकाएँ सूत्र नहीं हैं। कारिका का मुख्य कार्य किसी कोटि को इतर कोटियों से व्यावर्तन करते हुए उसका लक्षण निर्धारित करना है।

इसी प्रकार आनुवंश्य श्लोक तथा कारिका की भी सीमाएँ परस्पर अतिक्रमण करती हुई लगती हैं। अभिनवगुप्त श्लोक और कारिका में स्वरूपतः अन्तर नहीं मानते। कारिकाएँ भरत के द्वारा श्लोकबद्ध लक्षण हैं तथा आनुवंश्य श्लोक भरतकृत नहीं हैं–वे परम्पराप्राप्त हैं। पर उन्हें स्वयं भरतमुनि ने जोड़ा है, या उनके शिष्यों ने बाद में उन्हें जोड़ा यह कहना कठिन है। आनुवंश्य श्लोक से दोनों अभिप्राय लिये जा सकते हैं–भरत के पहले से चले आ रहे परम्परागत श्लोक, जिन्हें भरत ने अपने कारिकारूप लक्षणों अथवा सूत्रों की पुष्टि के लिए उद्धृत किया, अथवा भरत के पश्चात् उनकी परम्परा में उनके शिष्यों आदि द्वारा जो उन कारिकाओं की पुष्टि में श्लोक बनाये जाते रहे और बाद में **नाशा.** में संयोजित किये गये।

नाशा. की संरचना को देखते हुए आनुवंश्य श्लोक का प्रथम आशय ही उचित प्रतीत होता है। आनुवंश्य श्लोक स्वयं भरत मुनि के द्वारा उद्धृत किये गये हैं, वे उन्हें परम्परा से प्राप्त हैं। अधिकांश आनुवंश्य श्लोकों के पहले भाष्य रूप गद्य भाग आता है। डॉ. के.एम. शर्मा ने इस दृष्टि से **नाशा.** के कलेवर का परीक्षण किया है। उनके अनुसार **नाशा.** में ८७ स्थानों पर गद्यांशों का प्रयोग है, इनमें से ६५ गद्यांशों के पश्चात् आनुवंश्य श्लोक भी उद्धृत हैं (**सेवेन वर्ड्स इन भरत**, पृ. ९८)। गद्यांशों का विश्लेषण करते हुए श्री वर्मा यह अभिमत देते हैं कि जिन गद्यांशों के पश्चात् आनुवंश्य श्लोक उद्धृत हैं, वस्तुतः वे ही मूलतः **नाशा.** के भाग हैं (वही, पृ. ९९)। पी.व्ही. काणे का भी यही मत है कि मूलतः नाशा. गद्य और पद्य दोनों मिलाकर लिखा गया था (**हिस्ट्री ऑफ संस्कृत पोएटिक्स**, पृ. १६)।

कुल मिलाकर सङ्ग्रह, कारिका और निरुक्त–ये संज्ञाएँ प्रतिपाद्य वस्तु की दृष्टि से हैं, जबकि सूत्र, भाष्य तथा निदर्शन–ये संज्ञाएं प्रतिपादन-शैली की दृष्टि से।

नाशा. में प्रक्षिप्त स्थलों की समस्या

नाशा. नामक ग्रन्थ का एक स्वरूप भरतमुनि के द्वारा निर्मित कर दिया गया था–उपर्युक्त विवेचन के आधार पर यह कहा जा सकता है। इस ग्रन्थ में सूत्र, कारिका, भाष्य, आनुवंश्य श्लोक आदि विविध स्तर या शैली के प्रकार प्रयुक्त थे। संभव है कि भरत मुनि के पश्चात् इस ग्रन्थ में कुछ अंश और जोड़े गए हों।

डॉ. डे **नाशा.** को एक विकसनशील ग्रन्थ मानते हैं, जिसमें विभिन्न कालखण्डों में विभिन्न शैलियों के अंश जोड़े जाते रहे (**हिस्ट्री ऑफ संस्कृत पोएटिक्स,** पृ. २७)। नाट्यशास्त्र में स्वयं इस ग्रन्थ को संहिता (संकलन) कहा गया है। डे इसके आधार पर इसका विकास क्रम चार कालखण्डों में चार रूपों में देखते हैं– (१) गद्यांशों की रचना का काल, (२) कारिकाओं का रचनाकाल, (३) सूत्र तथा भाष्य जोड़े जाने का काल और (४) **नाशा.** को वर्तमान रूप देने का काल, जिसमें उपर्युक्त शैलियों के स्थान पर कारिका शैली में सभी प्रतिपाद्य संगृहीत किए गए।

नाशा. के प्रणेता आचार्य भरत परम्परा से सूत्रकार के रूप में प्रसिद्ध हैं। ऐसी स्थिति में सूत्र बाद में जोड़े जाने की बात मान्य नहीं हो सकती। गद्यांशों का रचनाकाल डे ने सबसे पहले माना है। प्राचीन परम्परा में ग्रन्थों की रचना मूलतः पद्यों में होती आयी है। अत एव मूलतः **नाशा.** कारिकाओं या पद्यात्मक सूत्रों में ही पहले लिखा गया यह माना जाना अधिक उचित है। वस्तुतः डे के प्रतिपादन में अनुमान और तर्कहीनता ही अधिक है।

दूसरी ओर श्री पी. व्ही. काणे मानते हैं कि **नाशा** के अ. ६ तथा ७ और अ. ८

से १४ एक समय में लिखे गये। फिर अ. १७ से २५ तक एक समय लिखे गये। गद्यांशों तथा अभिनयविषयक आर्या छन्दों की रचना इससे पहले हो चुकी थी। अभिनव ने भी आर्या छन्द में अभिनयविषयक पद्यों को प्राचीन आचार्यों के द्वारा रचित बताया है। अत एव वे गद्यांश और आर्याएँ बाद में उक्त अध्यायों के साथ संयोजित कर लिये गये। काणे के अनुसार अ. १-५ तथा १३-१६ और अ. ३६ तो बाद के ही हैं (**हिस्ट्री ऑफ संस्कृत पोएटिक्स** : काणे, पृ. १८-२२)

दूसरी ओर आर. वी. जागीरदार **नाशा.** के अ. ३ को बाद में जोड़ा हुआ मानते हैं। (**इण्ट्रोडक्शन टु भरताज नाट्यशास्त्र,** पृ. ११)।

यह सत्य है कि गद्यांशों के बिना नाशा. के अ. ६ और ७ की कल्पना ही नहीं की जा सकती। गद्यांशों तथा आनुवंश्य श्लोकों को निकाल दिया जाय, तो अ.६ में ३४ और अ. ७ में कुल २१ कारिकाएँ बचती हैं, जिनमें इन अध्यायों का प्रतिपाद्य अंशतः भी नहीं रह पाता। अत एव अ. ६ और ७ मूलतः गद्यांशों में रचित रहे होंगे।

श्री के.एम. वर्मा ने **नाशा.** के प्रक्षिप्त अंशों या परिवर्धनों की समस्या का षष्ठ अ. में प्रतिपादित नाट्यसंग्रह के आधार पर समाधान करने का प्रयास किया है। नाट्यसंग्रह का प्रतिपादन करने वाली कारिका को वे मूल **नाशा.** का ही अंश मानते हैं, जबकि अभिनव के अनुसार यह कारिका कोहल की है। तथापि श्री वर्मा का यह मन्तव्य सारवान् है कि **नाशा.** में विभिन्न अध्यायों में नाट्यसंग्रह के ही विभिन्न तत्त्व बारी बारी से निरूपित हैं, अतः सम्पूर्ण ग्रन्थ की मूल योजना इन तत्त्वों के प्रतिपादन के लिए है। इस दृष्टि से वे भूमिकाविकल्प तथा प्रकृतिनिरूपण-विषयक अध्यायों को बाद में जोड़ा गया मानते हैं, क्योंकि भूमिकाविकल्प और प्रकृतिनिरूपण नाट्यसंग्रह के तत्त्वों में सम्मिलित नहीं किये गये हैं। इस दृष्टि से वैशिक का प्रतिपादन करने वाला अ. तो नाशा. की मूल योजना के और भी बाहर पड़ता है। इसी प्रकार कामा. तथा बड़ौदा सं. के २६वें अ. में भूमिकाविकल्प का प्रसंग है, जो आगे ३५वें अ. में फिर आया है। श्री वर्मा उक्त आधार पर ही सामान्याभिनय तथा चित्राभिनय विषयक अध्यायों को भी **नाशा.** की मूल योजना का अंग नहीं मानते।

श्री वर्मा का केवल नाट्यसंग्रह के ११ तत्त्वों के आधार पर नाशा. के मौलिक और बाद में जोड़े गए अंशों का निर्णय करना दुरूह कल्पना ही है। इस आधार पर वर्मा अ. १,२, ४, ५, ६, ७, को (बड़ौदा सं. में अतिरिक्त पद्यों को छोड़ कर, जिनकी संख्या मूल पद्यों के साथ परिगणित नहीं है), नाशा. का मूल भाग मानते हैं। अ. ८ से २३ तक के अध्यायों को भी वे नाशा. का मूल भाग मानते हैं और २७ से ३४ तक के अध्यायों को भी। अ. ३ तथा ४ से ७ तक अध्यायों के अनेक पद्य उनकी दृष्टि से बाद में जोड़े गये, अ. २२-२६ तथा ३५-३७ भी इसी प्रकार बाद के हैं।

नाशा. के प्रथम अ. में मुनियों द्वारा पूछे गये पाँच प्रश्नों तथा अ. ६ में बताये गये नाट्यसंग्रह दोनों की दृष्टि से विषयों की अन्विति और मूलग्रन्थ की योजना पर विचार होना चाहिए, केवल नाट्यसंग्रह की दृष्टि से नहीं। प्रश्नपञ्चक की दृष्टि से विषय-प्रतिपादन भरत के द्वारा स्वयं किया गया होगा, जबकि नाट्यसंग्रह की अवधारणा में कोहल का योगदान है। चूँकि कोहल का नाम नाट्यशास्त्र के प्रणेताओं में **नाशा.** के ही अन्त में सूचित किया गया है, अतः कोहल **नाशा.** के संकलन की योजना से मूलतः जुड़े हुए हैं। अत एव न तो अ. १,२ या ६,७ को **नाशा.** के मूल भाग का अंश मानना सर्वथा निर्विवाद रूप से निर्णीत किया जा सकता है और न अ. ३, २२-२६ या ३५-३७ को सबसे बहिष्कृत मानना ही। नाशा. में प्राचीनकाल से भरत, कोहल, दत्तिल आदि जिन परम्पराओं का प्रतिनिधित्व करते हैं, उनका संग्रह कर लिया गया था और इसे एक समग्र तथा सर्वांगीण ग्रन्थ का रूप दे दिया गया था। ऐसी स्थिति में षट्साहस्री के रूप में वर्तमान में प्राप्त **नाशा.** नामक ग्रन्थ को परम्परानुसार भरतप्रणीत एक समग्र ग्रन्थ मान लेना ही अधिक उचित है।

नाट्यशास्त्र की पाठ-परम्पराएँ

पाठभेदों या पाठान्तरों तथा प्रक्षिप्त अंशों के ही समान **नाशा.** की कम से कम दो पाठ-परम्पराएँ भी अलग-अलग रही होंगी। कम से कम दो पाठ-परम्पराओं का अनुमान तो **नाशा.** के वर्तमान कलेवर से ही हो जाता है। १६वें अ. में लक्षणों के प्रतिपादन में अनुष्टुप् परम्परा तथा उपजाति परम्परा–ये दोनों पाठ-परम्पराएँ प्राचीन काल से चली आ रही थीं। अभिनव ने दोनों अलग-अलग पाठों पर टीका की है। काव्य के ३६ लक्षणों के पृथक्-पृथक् लक्षण अनुष्टुप् छन्द में भी दिये गये हैं और फिर इनके अलग-अलग लक्षण उपजाति छन्द में भी दिये गये हैं।

श्री वर्मा का अनुमान है कि देश के विभिन्न क्षेत्रों में इस ग्रन्थ की विभिन्न पाठपरम्पराएँ चल पड़ी होंगी (**सेवेन वर्ड्स इन भरत**, पृ. १२२)। हस्तलिखित ग्रन्थों के आधार पर ऐसी पाठ-परम्पराओं का सुस्पष्ट साक्ष्य नहीं मिल पाता। नाशा. के जितने प्रकाशित सं. मिलते हैं, वे देश में प्राप्त विभिन्न हस्तलेखों के आधार पर तैयार किये गये हैं, पर इन सभी संस्करणों में अध्यायों की योजना तथा पाठ में अलग-अलग परम्पराएँ नहीं हैं, अध्यायों के क्रम में अन्तर अवश्य है।

नाट्यशास्त्र : आधुनिक गवेषणाएँ

उन्नीसवीं शताब्दी के मध्य तक भारतीय विद्या के क्षेत्र में अनुसन्धान करने वाले विद्वानों को भरतमुनि का नाट्यशास्त्र प्राप्त नहीं था। इंग्लैंड के प्रख्यात संस्कृतज्ञ श्री एच. एच. विल्सन ने अपने ग्रन्थ–**'सेलेक्ट स्पेसिमैन ऑफ दि थियेटर ऑफ हिन्दूज'** में

नाट्यशास्त्र जैसे नाट्यविद्या के सर्वमान्य ग्रन्थ के लुप्त हो जाने पर गहरा खेद प्रकट किया था। सन् १८६५ ई. में फ्रिट्ज एडवर्ड हाल नामक अमरीकी प्राच्यविद्यावेत्ता ने नाट्यशास्त्र की खण्डित और भ्रष्ट पाण्डुलिपि प्राप्त करके उस पर कार्य करना आरम्भ किया और हाल ने अपने दशरूपक के संस्करण के साथ नाट्यशास्त्र के कतिपय अध्याय भी प्रकाशित किये। इसके पश्चात् सन् १८८० ई. में फ्रांस के पण्डित पाल रेनो ने नाट्यशास्त्र का सत्रहवाँ और इनके शिष्य जान ग्रोसेट ने अट्ठाइसवाँ अध्याय १८८८ ई. में प्रकाशित किया। १८९४ ई. में **नाट्यशास्त्र** का सम्पूर्ण प्रकाशन काव्यमाला सीरीज के अन्तर्गत भारत में हुआ। काव्यमाला संस्करण (कामा. सं.) तथा १९२९ ई. में काशी से प्रकाशित संस्करण–दोनों में दो-दो पाण्डुलिपियों का आधार लिया गया था, जबकि भारत भर से प्राप्त लगभग चालीस पाण्डुलिपियों के आधार पर **नाट्यशास्त्र** का प्रामाणिक संस्करण अभिनवगुप्त की टीका अभिनवभारती के साथ चार खंडों में १९२६ ई. से १९६४ ई. के बीच बड़ौदा से प्रकाशित हुआ।

नाट्यशास्त्र का सम्पूर्ण अंग्रेजी अनुवाद डॉ. मनमोहन घोष ने किया तथा सम्पूर्ण हिन्दी अनुवाद पं. मधुसूदन शास्त्री ने (अभिनवभारती के साथ) तथा पं. बाबूलाल शुक्ल ने किया। आनन्दकुमार स्वामी, व्ही. राघवन्, माकड, गो. क. भाट आदि विद्वानों ने भरतसम्मत नाट्यगृह पर, रेनीरो नोली, जे.एल.मेसन तथा एम. व्ही. पटवर्धन ने रस और सौन्दर्यशास्त्र पर तथा कपिला वात्स्यायन और पद्मा सुब्रह्मण्यम् ने नाट्यशास्त्र प्रतिपादित आङ्गिक अभिनय पर कार्य किया है। भारतीय नाट्य के उद्भव पर एफ.बी.जे. क्वाइपर तथा एम.सी. बिर्स्की का कार्य उल्लेखनीय है।

नाट्यशास्त्र के प्रयोगपक्ष पर तरला मेहता, जी.एच. तारलेकर तथा गोवर्धन पांचाल के ग्रन्थ उल्लेखनीय हैं। प्रस्तुत लेखक ने "अप्राप्त नाट्यशास्त्रीय ग्रन्थ" में मातृगुप्त, लोल्लट, कुमारगिरि आदि आचार्यों के लुप्त ग्रन्थों के प्राप्त उद्धरणों का संकलन व विश्लेषण किया है तथा 'लेक्चर्स ऑन नाट्यशास्त्र' में प्रयोगपक्ष पर अध्ययन प्रस्तुत किया है।

कपिला वात्स्यायन की पुस्तक "भरत–दि नाट्यशास्त्र" नाट्यशास्त्र की विषयवस्तु के विश्लेषण के साथ भरतमुनि के चिन्तन और नाट्यदृष्टि का समग्र रूप में परिचय देती है। नाट्यशास्त्र के कर्तव्य और पाठालोचन की जटिल समस्याओं को लेकर कपिला जी ने अपने जो निष्कर्ष यहाँ रखे हैं, वे विचारणीय हैं। सात अध्यायों में इस पुस्तक में नाट्यशास्त्र के कर्तृत्व, पाठ की समस्याएँ, विषयवस्तु, नाट्यशास्त्र की पूर्वपरम्परा तथा परवर्ती शास्त्रकारों पर नाट्यशास्त्र का प्रभाव और नाट्यशास्त्र के व्याख्याकारों का अध्ययन प्रस्तुत किया गया है।

यह अध्ययन नाट्यशास्त्र के बारे में अब तक हुए शोध से भिन्न निष्कर्ष भी

प्रस्तुत करता है, क्योंकि नाट्यशास्त्र पर अब तक हुए शोध में पश्चिम के मानदंड और पश्चिम का समयबोध प्रायः प्रभावी रहा है, लेखिका ने उस पर प्रश्नचिह्न लगाते हुए सनातनता के प्रति भारतीय आस्था को स्वीकार करते हुये विषय का विवेचन किया है। इसके अनुसार संस्कृत के शास्त्रों या काव्यों के रचयिताओं के देश-काल के बारे में जानकारी के अभाव का कारण उनके इतिहासबोध की कमी को नहीं माना जाना चाहिए। किसी भी कृति को रचते समय कृतिकार का सीमित अहं विगलित हो जाता है। इसलिए पश्चिमी अर्थ में व्यक्तिविशेष के रूप में उसे अपना परिचय देने की चाह ही नहीं रह जाती। व्यक्तिचेतना का सीमित स्तर लाँघ कर वह जो नई पहचान हासिल करता है, उसके दिक्काल का बोध अवश्य हम उसकी कृति से पा सकते हैं (पृ. २-४)। इसलिए ऐसी कृति के रचनाकार को हम उस कृति से पहचान तो सकते हैं, पर यह पहचान पश्चिमी कैलेंडर के संदर्भ में नहीं, भारतीय कालबोध के संदर्भ में ही हो सकती है। कपिला जी के इस प्रतिपादन का आशय कुल मिलाकर इतना ही मालूम होता है कि नाट्यशास्त्र की रचना करके भरत व्यक्ति नहीं, एक परम्परा बन गये हैं और इस परम्परा का परिचय ही व्यक्ति का भी परिचय है। इस पुस्तक में यही परिचय उन्होंने दिया भी है।

नाट्यशास्त्र के पाठालोचन के सम्बन्ध में एक महत्त्वपूर्ण प्रतीत होने वाला सवाल, जो कदाचित् अब तक नाट्यशास्त्रविषयक अध्ययनों में नहीं उठाया गया, कपिला जी ने उसके पाठ की वाचिक परम्परा को लेकर उठाया है। प्राचीन भारतीय ग्रन्थों में कुछ अवश्य ऐसे हैं, जिनके वाचिक पाठ और लिखित पाठ की पृथक्-पृथक् परम्पराएँ प्रचलन में रही हैं। वैदिक संहिताएँ, रामायण और महाभारत ऐसे ही ग्रन्थ हैं। कपिला जी का कहना है कि नाट्यशास्त्र की भी वाचिक-पाठ-परम्परा है, जिसका कोई उपयोग उसके संस्करण तैयार करने में नाट्यशास्त्र के आधुनिक सम्पादकों ने नहीं किया। पर क्या उस अर्थ में नाट्यशास्त्र नाम के अर्थ की कोई वाचिक-पाठ-परम्परा या पाठ-परम्पराएँ हमारे यहाँ प्रचलन में रही हैं, जिस अर्थ में वैदिक संहिताओं या रामायण और महाभारत की रही हैं? यदि नाट्यशास्त्र की ऐसी कोई वाचिक-पाठ-परम्परा है, तो उसके सम्प्रदाय और शाखा का कुछ खुलासा कपिला जी को करना चाहिए था जो उन्होंने नहीं किया है। नाट्यशास्त्र के वाचिक पाठ और लिखित पाठ की परम्पराओं में पारस्परिक अन्तर का कोई एक उदाहरण भी ससन्दर्भ यहाँ दिया गया होता, तो वाचिकपाठ विषयक यह स्थापना अनुत्थानोपहत प्रतीत न होती। दरअसल इम्पिलसिट टैक्स्ट, एक्स्प्लसिट टैक्स्ट, प्रायमरी टैक्स्ट "डायनामिक्स ऑफ ऑरल एंड दि रिटन" आदि पदावली के द्वारा लेखिका का मन्तव्य यही प्रतीत होता है कि नाट्यशास्त्र की प्रायोगिक परम्पराओं का अवबोध उसके लिखित पाठ की समझ के लिए जरूरी है। अस्तु, पुस्तक के पहले अध्याय में भरतमुनि के नाट्यशास्त्र के उपलब्ध पाठ के आधार पर परिचय देते हुए कपिला जी ने यह स्वीकार

किया है कि भरत नट या अभिनेता के अर्थ में एक जातिवाचक संज्ञा का द्योतक भी है तथा परिपालव (?) अभिनय के क्षेत्र मे इन भरतों के पुरखे रहे होंगे (पृ. ६)। पारिप्लव आख्यानों के अश्वमेध यज्ञ के अवसर पर एक वर्ष तक प्रस्तुत किये जाने का विधान वैदिक काल में था, जिसका सम्बन्ध भारतीय नाट्यपरम्परा से है। पर परिपालव क्या है – इसकी कोई व्याख्या यहाँ न किये जाने से भरतपूर्व परम्परा पर लेखिका का मन्तव्य अनवबुद्ध रह गया है।

'प्रि–टैक्स्ट एण्ड कण्टेक्स्ट' शीर्षक दूसरे अध्याय में विदुषी लेखिका ने नाट्यशास्त्र के प्रारंभिक अध्यायों के आधार पर भरतमुनि की पृष्ठभूमि का सूक्ष्म विश्लेषण प्रस्तुत किया है। नाट्यशास्त्र में प्रतिपादित रंगदैवतपूजन तथा पूर्वरंग के विधानों का परिशीलन करते हुए उन्होंने क्वाइपर और लिडोवा आदि आधुनिक विद्वानों के द्वारा स्थापित यज्ञ तथा आगमिक पूजा के पक्षों में झलकने वाले विरोधाभास का समाधान किया है और भरत मुनि की समन्वयवादी भूमिका पर प्रकाश डाला है। इन दोनों विधानों में मूर्तिपूजा के अनुल्लेख के आधार पर कपिला जी का कहना है कि नाट्यशास्त्र में वर्णित स्थिति देवालय की संस्था के उद्‌भव के पूर्व की स्थिति है (पृ. १६)। साथ ही, दोनों विधानों में जिन देवताओं का आह्वान और पूजन विहित है, उनकी नामावली इस स्थिति के अध्ययन के लिए रोचक सामग्री प्रस्तुत करती है। इन्द्र का इस नामावली में सर्वातिशायी महत्त्व है। शिव का उल्लेख गणेश्वर के रूप में किया गया है (पृ. १६)।

गगेश्वर शिव की यह मान्यता विचारणीय है। शिव का नामोल्लेख तो नाट्यशास्त्र के पहले अध्याय में ही आ गया, जहाँ वे भरत के प्रयोग से संतुष्ट हो कर उन्हें सिद्धि देते हैं (नाशा. १.६०)। कपिला जी ने भी अपनी पुस्तक में ठीक उक्त स्थल पर ही यह हवाला भी दिया है। इसके बाद नाशा. (१.६३) में जर्जर के दूसरे पर्व पर शंकर के अवस्थित होने की बात कही गई है। हर के नाम से फिर रक्षक देव के रूप में शिव का स्मरण है (१.६७)। तीसरे अध्याय में भरतमुनि के महादेव और गणपति को अभिनव ने अलग-अलग देव माना है। इसके बाद ३.३१ में भरत मुनि ने रंगपीठ पर बनाये जाने वाले मण्डल में देवतानिवेश के अन्तर्गत नन्दी आदि गणेश्वरों का निवेश करने का निर्देश दिया है, जबकि शिव के निवेश का विधान वे पहले ही (३.२४ में) कर चुके हैं। इसके पश्चात् बलिप्रदान के प्रसंग में शिव के लिए बलि या अर्चन सम्पन्न होने के अनन्तर क्रम-प्राप्त नन्दीश्वर आदि महागणेश्वर के अर्चन का विधान है (३.५६)। ऐसी स्थिति में नाट्यशास्त्र में उल्लिखित गणेश्वर शिव है– लेखिका की इस मान्यता का आधार इन उल्लेखों से नहीं बनता और अभिनवगुप्त की व्याख्या से यह मान्यता भी मेल नहीं खाती कि गणेश के लिए नाट्यशास्त्र के देवसमूह में स्थान नहीं है।

लेखिका ने रस का प्रतिपादन दैहिक स्तर से लगा कर चेतना के सूक्ष्म स्तरों तक

के परिप्रेक्ष्य में तनाव और विश्रान्ति के सिद्धान्तों की व्याख्या के साथ किया है, जो महत्त्व का है। आयुर्वेद से रस की अवधारणा का अन्तःसम्बन्ध भी इस पुस्तक में विस्तार से प्रतिपादित है। कपिला जी ने विशेष रूप से भरत मुनि के नाट्य-दर्शन को समझाने के लिए औपनिषदिक चिन्तन तथा भारतीय विश्वबोध की विशद व्याख्या की है और भारतीय नाट्यप्रस्थान को इनसे जोड़कर समझने का आग्रह किया है।

'प्रायमरी टैक्स्ट' शीर्षक तीसरे अध्याय में फिर पाठ की समस्या पर लौट कर उन्होंने यह स्थापना दी है कि नाट्यशास्त्र का लिखित पाठ मात्र सांकेतिक है और वह उसकी विराट् वाचिक परम्परा को जागृत करने का माध्यम मात्र है, यदि इस विराट् वाचिक-परम्परा का प्रत्यय नहीं है, तो नाट्यशास्त्र के लिखित पाठ के संपादन की सारी कवायद इस दृष्टि से बेकार मानी जानी चाहिए। यहाँ तक कि कपिला जी की दृष्टि से नाट्यशास्त्र का लिखित पाठ अपने भीतर ही प्रस्तावित पाठान्तरों और विविध व्याख्याओं के कारण उत्तर आधुनिक परिदृश्य से तुलनीय हो जाता है।

नाट्यशास्त्र का अलिखित पाठ उसके प्रयोग और अनुभव में है। आशय यह है कि लिखित पाठ को जब तक इस अलिखित पाठ से न जोड़ कर समझा जाय, नाट्यशास्त्र में गति नहीं हो सकती।

पुस्तक के छठे और सातवें अध्यायों में भरत की पूर्व तथा पश्चाद्वर्ती परम्पराओं का विवेचन है। इनमें भरत के समानान्तर विकसित होने वाली परम्पराओं का उल्लेख प्रायः नहीं किया गया है। रामचन्द्रगुणचन्द्र रस को सुखदुःखात्मक अनुभव मानते हैं, जो अभिनवगुप्त द्वारा व्याख्यात भरतमत से साम्य नहीं रखता। इसी तरह सुबन्धु की रूपक की अवधारणा अलग हट कर है, जिसका हवाला शारदातनय ने भावप्रकाश में दिया है। कपिला जी का भट्टनायक को वेदान्तदर्शन से प्रेरित मानना भी पुनर्विचार्य है। भट्टनायक के प्रतिपादन में भावना, भोग, सत्त्वोद्रेक-प्रकाशानन्दमय-संविद्विश्रान्ति की पदावली वेदान्त से आई है या अन्य किसी प्रस्थान से? पृ. १२६ पर कहा गया है कि उपरूपकों का पता अभिनवभारती से चलता है व शृंगारप्रकाश में इनका विस्तृत विवरण है। इससे यह भ्रान्ति हो सकती है कि अभिनवगुप्त ने उपरूपक संज्ञा का प्रयोग किया है। उपरूपक संज्ञा का प्रयोग अमृतानन्द योगी ने सबसे पहले अपने अलंकारसंग्रह में किया। जिन विधाओं को अमृतानन्द और विश्वनाथ ने उपरूपक कहा है, उनका उल्लेख या प्रतिपादन अभिनवगुप्त और भोज से पहले होता आ रहा था। इन विधाओं का नामोल्लेख दण्डी के काव्यादर्श या उससे पहले हरिवंशपुराण आदि में भी मिल जाता है। जिस नाट्यपरम्परा को बाद में उपरूपक की संज्ञा से परिभाषित किया गया, उसके आद्य प्रतिपादक कोहल रहे होंगे - यह अभिनवगुप्त और हेमचन्द्र के साक्ष्य से प्रमाणित होता है।

इस पुस्तक में नाट्यशास्त्र की पारिभाषिक शब्दावली के लिए जो अंग्रेजी अनुवाद रखे गये हैं, वे कहीं-कहीं भ्रामक प्रतीत होते हैं। लक्षण के लिए "डिक्शन" शब्द रखा गया है (पृ. ७०)। यद्यपि लेखिका ने स्वीकार किया है कि नाट्यशास्त्र के सोलहवें अध्याय में निरूपित लक्षण को 'हालमार्क' इंडिकेटर, सिग्निफायर, आदि कई शब्दों से अनूदित किया गया है। सत्त्व के लिए "टैम्परामेंट" शब्द का प्रयोग है (पृ. ८३), नाशा. में स्वभाव शब्द भी भिन्न आशय से प्रयुक्त है, उसके लिए यह अनुवाद अधिक उचित होता। हाव को इमोशन कहा गया है (पृ. ८५), जबकि यह शब्द भाव के लिए चलता है। पृ. ८८ पर अध्यात्म के लिए स्परिचुअल फैकल्टी, प्रमाण के लिए *अथॉरिटी* और वार्ता के लिए *इवेंट* शब्द मनमोहन घोष के अनुवाद से रखे गये हैं, जो सर्वथा भ्रामक हैं। आनन्द को ब्यूटिट्यूड कहा गया है (पृ. १४) और तपः को कसेन्ट्रेशन। यह शब्द समाधि के लिए अधिक उचित होता, जो नाशा. में एक पारिभाषिक शब्द भी है। कहीं-कहीं अंग्रेजी में सोची पद्यावली का उल्टा संस्कृत में करके नई पदावली भी इस पुस्तक में ईजाद की गई लगती है, जैसे पृ. १०३ पर नाट्य की रचना प्रक्रिया के सन्दर्भ में 'रेप्लिकेट' तथा 'रिमाडल' के वजन पर अनुकृष्टि शब्द आया है, जो इस लेखक की जानकारी के अनुसार नाट्यशास्त्र या उसकी परम्परा के ग्रन्थों में इस अर्थ में प्रयुक्त नहीं है।

पुस्तक रसानुभव के उस रूप की व्याख्या करती है, जो संस्कृतिविशेष या राष्ट्रविशेष तक सीमित नहीं है। नाट्यशास्त्र में अन्तर्निहित विश्वबोध के निरूपण के लिए भी यह पठनीय है। अर्थप्रकृति, अवस्था, सन्धि-संध्यंग तथा अभिनयप्रविधियों को भेदोपभेदों के साथ समझाने का अवसर लेखिका के लिए यहाँ नहीं था, उसके स्थान पर इन भेदोपभेदों के पीछे निहित समग्र दृष्टि की उन्होंने वृक्ष या मानवदेह के द्वारा व्याख्या की है। भारतीय कला के बारे में उनकी यह टीप मननीय है कि वह सामान्य अर्थ में धार्मिक नहीं है, दर्शन और कलासाधना दोनों हमारी परम्परा में परस्पर अनुप्रविष्ट रहे हैं, क्योंकि दोनों का लक्ष्य मोक्ष है।

गोवर्धन पांचाल की पुस्तक 'दि थियेटर्स ऑफ भरत एंड सम आस्पेक्ट्स ऑफ संस्कृत प्ले - प्रॉडक्शन' नाट्यशास्त्र की परम्परा की आज के रंगमंचीय परिप्रेक्ष्य में व्याख्या प्रस्तुत करती है। पहले अध्याय में पांचालजी ने इस दृष्टि से नाट्यशास्त्र की सामाजिक पृष्ठभूमि पर विचार किया है, ताकि आज का प्रेक्षक उसे उसके अपने संदर्भ में समझ सकें। पांचालजी मानते हैं कि संस्कृत नाटक एक विशेष देशकाल की उपज है और इस देशकाल का अनुभव उसकी निजता और उसके अपने वैशिष्ट्य में उसी नाट्यशाला के भीतर सम्भाव्य है, जिसके लिए वे रचे गये। यह नाट्यशाला भारतीयनाट्य की रचनाभूमि है। अतः वह केवल प्राचीन संस्कृत नाटकों के लिए ही नहीं, आधुनिक नाटकों के लिए भी उपादेय है (भूमिका, पृ. १४,१५)।

इस दृष्टि से भरतसम्मत प्रेक्षागृहों के निर्माण के ताजा प्रयासों की चर्चा भी इस पुस्तक में प्रासंगिक रूप से हुई है। मद्रास के चित्ररंगम् का निर्माण इस दृष्टि से उल्लेखनीय है। पांचालजी स्वयं इन प्रयासों में एक प्रयोक्ता के रूप में सहभागी रहे हैं। उन्होंने कालिदास अकादमी की भरतसम्मत प्रेक्षागार की योजना के लिए प्रेक्षागृह का अपना प्रतिदर्श प्रस्तुत किया था। अपने स्वयं के संस्कृत नाट्य प्रयोगों-प्रबुद्धरौहिणेय तथा दूतवाक्य में वे भरत सम्मत रंगमंच के पुनराविष्कार की कोशिश कर चुके हैं तथा राष्ट्रीय नाट्य विद्यालय में या अन्यत्र हुए कुछ प्रयोगों में भी उन्होंने नाट्यशास्त्रीय रंगमंच रचने के प्रति प्रतिबद्धता प्रकट की है। वस्तुतः इस पूरी पुस्तक में रंगकर्म का पांचालजी का दीर्घकालीन अनुभव नाट्यशास्त्र के अध्ययन के साथ प्रतिफलित हुआ है, जिसके कारण यह एक विशेष महत्त्वपूर्ण पुस्तक बन सकी है।

पांचालजी ने नाट्यशास्त्रीय रंगशालाओं के स्थापत्य और प्रायोगिक प्रविधियों का विवेचन, विश्लेषण इस पूर्वाग्रह के साथ किया है कि आधुनिक नाट्यशाला के संस्कार और दृष्टि को लेकर भरत के प्रस्थान को सही नहीं समझा जा सकता (पृ. १०)।

यद्यपि पांचालजी की सभी व्याख्याएँ यहाँ असंदिग्ध या निर्विवाद नहीं है, जैसे षड्दारुक की उनकी व्याख्या (पृ. ८) या जवनिका को मंच पर एक स्थाई रूप से लटकने वाला पर्दा मानने का उनका आग्रह (पृ. ८), फिर भी पुस्तक उन सभी रंगकर्मियों के लिए विशेष रूप से पठनीय है, जो संस्कृत नाटकों के प्रयोग में रुचि रखते हैं या नाट्यशास्त्र की परम्परा से ऊर्जा प्राप्त करना चाहते हैं।

इस दृष्टि से इस पुस्तक का चौथा अध्याय विशेष उपयोगी है, जहाँ संस्कृत नाटकों का प्रायोगिक विश्लेषण है। आहार्य की जो परख और समझ पांचालजी में है, वह विरले रंगकर्मियों में मिलती है। कुल मिला कर पूरी पुस्तक रंगकर्म के प्रत्यक्ष अनुभव की प्रामाणिकता तथा पांडित्य का मणिकांचन योग है।

भरतकृत नाट्य शास्त्र रंगमंच की सजीव परम्पराओं और कई शताब्दियों की साधना और प्रयोगों के द्वारा विकसित तकनीकों के साथ भारतीय सौन्दर्य दर्शन का एक महान् विश्वकोशात्मक ग्रंथ है, जो पश्चिमी विश्वबोध और यथार्थ की धारणा से भारतीय दृष्टि के वैशिष्ट्य को भी उजागर करता है। इस वैशिष्ट्य को समझने के लिए कुछ विद्वानों ने उसका वैदिक यज्ञ और अनुष्ठानिकता के संदर्भ में अध्ययन किया। इस दृष्टि से पोलैंड के माइक क्रिस्टोफर ब्रिस्की और हालैंड के एफ. डब्ल्यू. बी. क्वाइपर के अध्ययन महत्त्वपूर्ण हैं।

ये उपस्थापनाएँ गहरे अध्ययन के साथ नयी सोच भी प्रस्तुत करती हैं। वैदिक यज्ञ उसके विश्वबोध और अनुष्ठानिकता का सातत्य संस्कृत रंगमंच में खोजते हुए क्वाइपर ने पूर्वरंग में सूत्रधार के साथ प्रवेश करने वाले पारिपार्श्विकों में से एक (विदूषक) को

वरुणस्थानीय माना, दूसरे को इंद्रस्थानीय। नतालिया लिडोवा (१९९४) ने क्वाइपर की मान्यताओं को चुनौती दी है। वे संस्कृत रंगमंच में निगम के स्थान पर आगमिक परम्परा और पूजा पद्धति की संक्रांति पाती हैं। तथापि नाट्यशास्त्र के अपने पाठ में ही वैदिक अनुष्ठान से अन्तःसंबंध और वैदिक देवमण्डल के उल्लेख लिडोवा की मान्यता पर प्रश्नचिह्न लगाते हैं।

नाट्यशास्त्र और आधुनिक रंगमंच

नाट्यशास्त्र सम्मत नाट्यगृह या रंगमंच का निर्माण कर उस पर संस्कृत नाटक अथवा नये नाटक खेलने के प्रयास पिछले कतिपय दशकों से रंगकर्मियों के द्वारा किये जाते रहे हैं। भरत के द्वारा निरूपित अभिनय की, विशेषतः आंगिक अभिनय की पद्धतियों का उपयोग भी ऐसी कुछ प्रस्तुतियों में किया जाने लगा है। इस दृष्टि से विजया मेहता की अभिज्ञानशाकुन्तल और मृच्छकटिक (हिन्दी तथा मराठी अनुवाद), गोवर्धन पांचाल की दूतवाक्य (मूल संस्कृत) तथा कमलेशदत्त त्रिपाठी की विक्रमोर्वशीयम् चतुर्थ अंक (मूल संस्कृत) की प्रस्तुतियाँ उल्लेखनीय हैं। नये नाटकों के प्रयोग में गिरीश रस्तोगी ने 'बाणभट्ट की आत्मकथा' उपन्यास के नाट्यरूपान्तर की प्रस्तुति में नाट्यशास्त्रसम्मत नाट्य-मंच बनाने का प्रयास किया।

नाट्यशास्त्र के अध्ययन में एक विशेष प्रवृत्ति प्रयोगधर्मिता और रंगमंचीय संभावनाओं पर आग्रह है। नाट्यशास्त्र की रंगमंच की जीवित परंपराओं के संदर्भ में परीक्षा की जा रही है। इससे संस्कृत नाटकों के प्रायोगिक पक्ष की समझ बन रही है। तार्लेकर (१९७५) ने संगीत, मंचीय विधान व अभिनय पद्धतियों की दृष्टि से नाट्यशास्त्र के प्रयोग पक्ष का अध्ययन किया है, साथ ही उन्होंने केरल में कई शताब्दियों से निरंतर सक्रिय संस्कृत रंगमंच कूडियाट्टम् का भी अध्ययन किया है। गोवर्धन पांचाल कूडियाट्टम् को नाट्यशास्त्र-सम्मत रंगपरंपरा मानते हैं। इस दिशा में विशेष महत्त्व का कार्य कपिला वात्स्यायन (१९९५) का है। उन्होंने कूडियाट्टम्, यक्षगान, छऊ, भागवतमेला, यात्रा आदि देशी नाट्यरूपों और नाट्यशास्त्र के अंतःसंबंधों की गवेषणा की है।

इस पृष्ठभूमि में स्वभावतः विश्व के महान् रंगकर्मियों और नाट्य मर्मज्ञों का ध्यान प्रयोग की दृष्टि से संस्कृत नाटक और नाट्यशास्त्र की ओर आकर्षित हुआ। हवाई विश्वविद्यालय में १९७४ में संस्कृत नाटक के प्रयोगपक्ष पर अंतर्राष्ट्रीय संगोष्ठी आयोजित की गई। इस संगोष्ठी की कार्यवाही 'संस्कृत ड्रामा इन परफार्मेन्स' (१९९३) में प्रकाशित की गई है। यह कार्यवाही विद्वानों और रंगकर्मियों की सहभागिता का अच्छा उदाहरण है।

रंगकर्मी तथा अनुसंधात्री तरला मेहता (१९९५) ने प्रमुख संस्कृत नाटकों का अभिनय की दृष्टि से समग्र अध्ययन प्रस्तुत किया है। आहार्य या वेशभूषा के प्रादर्श

उन्होंने स्वयं आयोजित या प्रत्यक्षीकृत रंगप्रस्तुतियों के आधार पर और अजंता आदि के प्राचीन चित्रों के आधार पर तैयार किये हैं।

फ्रांस की प्रोफेसर बोदो (१९९२) ने प्रयोग की दृष्टि से संस्कृत नाटक का अध्ययन करने के लिए कालिदास के मालविकाग्निमित्रम् में नायिका द्वारा प्रस्तुत छलितनाट्य को आधार बनाया। उनके अनुसार कालिदास द्वारा प्रस्तुत अपने नाट्यालेख के भीतर नाट्य प्रस्तुति के इस आयोजन (नाटक के भीतर नाटक) के माध्यम से संपूर्ण प्राचीन भारतीय रंगपरंपरा को समझा जा सकता है।

नाट्यशास्त्र की विषयवस्तु

नाट्यशास्त्र के छत्तीस या सैंतीस अध्यायों की अध्यायानुसार विषयवस्तु इस प्रकार हैं :

	बड़ौदा सं.	काशी सं.	कामा सं.
अध्याय : १	नाट्योत्पत्ति	वही	वही
अध्याय : २	प्रेक्षागृह-निर्माण	वही	वही
अध्याय : ३	रंगदैवतपूजन	वही	वही
अध्याय : ४	करण, अंगहार रेचक, पिंडीबन्ध	वही	वही
अध्याय : ५	पूर्वरंग	वही	वही
अध्याय : ६	रस	वही	वही
अध्याय : ७	भाव	वही	वही
अध्याय : ८	अंगाभिनय	उपांगविधान	वही
अध्याय : ९	उपांगाभिनय	हस्ताभिनय	वही
अध्याय : १०	चारीविधान	शरीराभिनय	चारीविधान
अध्याय : ११	मण्डलरचना	चारीविधान	मण्डलकल्पन
अध्याय : १२	गतिप्रचार तथा आसनविधि	मण्डलविधान	गतिप्रचार
अध्याय : १३	कक्ष्याविभाग, लोकधर्मी तथा नाट्यधर्मी, प्रवृत्ति	गतिप्रचार	करयुक्तिधर्म
अध्याय : १४	वाचिक अभिनय में छन्दोविधान	प्रवृत्ति तथा धर्मी	छन्दोविधान
अध्याय : १५	वाचिकाभिनय में वृत्तलक्षण	छन्दोविभाग	छन्दोवृत्तविधि

अध्याय : १६	लक्षण, अलंकार, गुण दोष	लक्षण, अलंकार	अलङ्कारलक्षण
अध्याय : १७	काकुस्वर- व्यंजन	वागभिनय	काकुस्वरविधान
अध्याय : १८	दशरूपकविधान	भाषा विधान	दशरूपकलक्षण
अध्याय : १६	सन्धिनिरूपण	काकु-स्वर-विधान	सन्ध्यङ्ग
अध्याय : २०	वृत्तिनिरूपण	दशरूपकविधान	वृत्ति
अध्याय : २१	आहार्याभिनय	सन्धि-सन्ध्यङ्ग	आहार्याभिनय
अध्याय : २२	सामान्याभिनय	वृत्तिनिरूपण	सामान्याभिनय
अध्याय : २३	वैशिक	आहार्याभिनय	वैशिक
अध्याय : २४	प्रकृति (पात्र)	सामान्याभिनय	सामान्याभिनय
अध्याय : २५	चित्राभिनय	बाह्योपचार (वैशिक)	चित्राभिनय
अध्याय : २६	त्रिविधप्रकृति	चित्राभिनय (विकृतिविकल्प)	प्रकृति
अध्याय : २७	सिद्धिनिरूपण	वही	वही
अध्याय : २८	जाति	आतोद्य	जाति
अध्याय : २६	आतोद्यविधान	तत वाद्य	आतोद्य
अध्याय : ३०	सुषिरवाद्य	सुषिरवाद्य	वही
अध्याय : ३१	ताल	वही	वही
अध्याय : ३२	ध्रुवा	वही	वही
अध्याय : ३३	गायकवादक के गुण, दोष आदि	अनवद्य वाद्य	गायक के गुण
अध्याय : ३४	पुष्कर अवनद्ध वाद्य	प्रकृति विचार	पुष्कर वाद्य
अध्याय : ३५	भूमिकाविकल्प	भूमिकाविकल्प	भूमिकाविकल्प
अध्याय : ३६	भरतशिष्यों को शाप	नाट्यावतार	नटशाप
अध्याय : ३७	नाट्य का भूलोक में अवतरण (गुह्यविकल्प)	......	गुह्यविकल्प

इस प्रकार बड़ौदा सं. तथा कामा. सं. में अध्यायों का क्रम समान है, काशी सं. में भेद है।

नाट्यशास्त्र में श्लोकसंख्या

नाट्यशास्त्र में भरतमुनि द्वारा विरचित कारिकाएँ, आनुवंशिक श्लोक, सूत्र तथा गद्य भाग भी संगृहीत है। विभिन्न संस्करणों में अध्यायानुसार कुल श्लोकसंख्या इस प्रकार है–

अध्याय	बड़ौदा सं.	काशी सं.	कामा. सं.
१	१२७	१२६	१२८
२	१०५	१०५	१११
३	१०२	१०४	१०२
४	३२०	३२१	३२६
५	१७४	२१५	२२०
६	८३	८३	८४
७	१२१	१२४	१३०
८	१७७	१७२	१७४
९	२८३	२०७	२६७
१०	९६	५५	१०२
११	७०	१००	६३
१२	२३६	५७	१८७
१३	८६	२२६	७९
१४	१३३	८३	१२०
१५	२२७	११९	१७२
१६	१२८	१६९	१२४
१७	१५०	१२३	१३७
१८	१२६	४९	१९८
१९	१५४	७७	१३३
२०	७७	१५४	६६
२१	२२७	१३३	२१४
२२	३३२	६९	३२१
२३	८०	२१५	७३
२४	८३	३२०	११६
२५	१२५	७९	१३०
२६	३८	१२२	२६
२७	१०४	१०२	९३
२८	१४१	१४१	१६१

२६	११६	१४६	१२५
३०	१२	१२	१३
३१	३७८	४५४	३३४
३२	४३७	४८४	४४२
३३	२३	२७०	२२
३४	३०४	७६	२५६
३५	४१	८७	३६
३६	५०	७६	४५
३७	३१	...	३३

इस प्रकार बड़ौदा संस्करण में ३७ अध्यायों में कुल श्लोक संख्या ५४६६ तथा काशी सं. में ५४८० और कामा. सं. ५६६६ होती है। इनमें बड़ौदा सं. में पांचवें अध्याय के चित्र पूर्वरंग विषयक अनुबन्ध के पद्य नहीं जोड़े गये हैं। इसी प्रकार इस संस्करण में १२वें, १६वें, २५वें, २६वें तथा ३४वें अध्यायों के भी भिन्न पाठ वाले परिशिष्ट हैं। सोलहवें अध्याय में लक्षणों के निरूपण में अनुष्टुप् परम्परा और उपजाति परम्परा दोनों का पाठ काशी सं. में भी रखा गया है, उपजाति परम्परा का पाठ परिशिष्ट में दिया गया है।

विभिन्न संस्करणों म उपर्युक्त श्लोक संख्या को देखते हुए कहा जा सकता है कि अभिनवगुप्त आदि आचार्य नाट्यशास्त्र के जिस ग्रन्थ को षट्साहस्री संहिता या छह हजार श्लोकों का ग्रन्थ कहते हैं, वह वर्तमान में उपलब्ध नाट्यशास्त्र है, जिसके रचयिता भरत कहे गये हैं। अनुबन्धों या परिशिष्ट भागों के पद्य निकालने पर इन संस्करणों में पद्य संख्या छह हजार से कुछ कम होती है और परिशिष्ट आदि के श्लोक जोड़ने पर अधिक।

नाट्यशास्त्र और लोकनाट्य परम्परा

नाशा. में कोहल का उल्लेख करते हुए कहा गया है कि इस शास्त्र में जो शेष रह गया, उसे उत्तरतन्त्र में कोहल कहेंगे- (**शेषमुत्तरतन्त्रेण कोहलस्तु करिष्यति..**-३७.१८)। कोहल का स्मरण अभिनवगुप्त, हेमचन्द्र, रामचन्द्र, गुणचन्द्र, सागरनन्दी, शारदातनय आदि आचार्यों ने नृत्तप्रबन्धों या गेय रूपकों के लक्षण के सन्दर्भ में किया है। अभि० तथा हेम० ने नृत्तप्रबन्ध या गेय रूपकों के लक्षण कोहल के उत्तरतन्त्र या कोहलीय नाट्यशास्त्र से ही उद्धृत किये हैं–ऐसा अनुमान किया जा सकता है। कोहल का ग्रन्थ अब अप्राप्य है, पर वे रूपक के उन अवान्तर प्रकारों के सबसे प्रामाणिक प्राचीन व्याख्याकार हैं, जिन्हें अमृतानन्द योगी ने अलङ्कारसङ्ग्रह तथा विश्वनाथ ने साहित्यदर्पण में 'उपरूपक' की संज्ञा दी। ये उपरूपक वास्तव में विभिन्न लोकनाट्यों के ही मानक रूप हैं।

रूपक की तुलना में 'उपरूपकों' में नृत्य-गीत की प्रधानता होती है, आख्यान या कथागायन तथा प्रेक्षकों को सीधे सम्बोधित करने की शैली का प्रयोग भी प्रायः इनमें होता है। उपरूपकों की संख्या निर्धारित नहीं रही है। बाद के आचार्यों ने नये-नये उपरूपकों के लक्षण किये हैं।

नाट्यशास्त्र की अनेक कोटियों में लोकनाट्यपरम्परा का प्रभाव परिलक्षित होता है। भूमिका-विकल्प के अन्तर्गत भरत मुनि ने अनुरूपा, विरूपा तथा रूपानुसारिणी–ये तीन प्रकार की भूमिकाएँ बतायी हैं। विरूपा भूमिका (स्त्री की पुरुष या पुरुष की स्त्री के द्वारा भूमिका करना) लोकनाट्यों में प्रचलित रही है। इसी प्रकार–सिद्धि निरूपण में सिद्धि के दो भेदों-दैवी तथा मानुषी सिद्धि क्रमशः परिष्कृत, अभिजात रंगमंच तथा लोकनाट्य से सम्बद्ध हैं। मानुषी सिद्धि में प्रत्येक का नाट्यविश्व से पूरा तादात्म्य नहीं होता। वह प्रयोग की या अभिनेता के कौशल की प्रशंसा भी करता चलता है तथा नाटक के देश काल से भी जुड़ा रहता है।

अभिनय में सामान्याभिनय के अन्तर्गत नाट्यायित के निरूपण में लोकनाट्य शैली सुस्पष्ट झलकती है। नाट्यायित में अभिनेता (अनुकर्ता) अभिनेय चरित्र (अनुकार्य) से अपने को अलग करके उस चरित्र के विषय में गीत गाने लगता है या पीछे से उसके सम्बन्ध में गाई जा रही ध्रुवा गीति की व्याख्या करने लगता है।

संस्कृत नाटककारों ने भी अभिनय की ऐसी अनेक दिशाएँ इंगित की हैं, जो लोकनाट्यों से प्रेरित या सम्बद्ध हैं।

नाट्यशास्त्रीय-अभिनय की आधारभूमि

नाट्यशास्त्र के दूसरे अध्याय में भरतमुनि ने प्रेक्षागार या नाट्यमण्डप बनाने की विधि विस्तार से बताई है। रंगशाला के स्थापत्य और वास्तु का विवरण देने के साथ-साथ उन्होंने यह भी यहां बताया है कि रंगशाला के किस भाग में कौन से देवता का वास रहता है।

भरतमुनि के अनुसार रंगशाला दो बराबर हिस्सों में बंटी होती है, इसका आधा हिस्सा रहता है, उसके तीन खंड होते हैं– नेपथ्यगृह, रंगशीर्ष और रंगपीठ। नेपथ्यगृह से रंगशीर्ष पर अभिनेता के प्रवेश के लिए दो दरवाजे रहते हैं। रंगशीर्ष पर वेदिका या वेदी बनाई जाती है।

नेपथ्यगृह में सूर्य और नेपथ्यगृह के दरवाजे की दोनों देहलियों पर नियति और मृत्यु का वास होता है। रंगशीर्ष पर जो वेदिका बनी होती है, उसके ऊपर अग्नि का अधिष्ठान है। रंगपीठ, जिसके ऊपर नाटक खेला जाता है, उस पर ब्रह्मा प्रतिष्ठित होते हैं और प्रेक्षागार जहाँ दर्शक बैठते हैं, उस पर समुद्र की स्थिति है। इस तरह और भी जगहों पर अलग-अलग देवता रंगशाला में निवास करते हैं।

रंगशाला में अलग-अलग देवताओं के बसे होने की बात धार्मिक आस्था से ज्यादा रंगमंच के अपने शास्त्र और तकनीक से सम्बन्ध रखती है। इसमें यह प्रश्न उठता है कि बाकी देवता तो अपनी-अपनी जगह ठीक बिठाये गये, पर नियति और मृत्यु को भी रंगशाला में बिठाने का क्या आशय है?

जिन दो दरवाजों से अभिनेता नेपथ्ययगृह से निकल कर मंच पर आएगा, उसमें से एक की देहली पर नियति है, दूसरे की देहली पर मृत्यु है। अभिनेता जब नेपथ्यगृह से निकल कर मंच पर आने को होता है, तो वह नियति और मृत्यु की देहलियाँ लाँघता है वह अपनी नियति का अतिक्रमण करता है और अपनी ही मौत से भी गुजरता है। रंगमंच पर आना अभिनेता की मृत्यु है। अभिनेता की मृत्यु का अभिप्राय उस आदमी की मृत्यु जो अभिनय करने जा रहा है, तभी वह उस दूसरे आदमी को जिलाकर खड़ा करता है, जिसका उसे अभिनय करना है। भरत मुनि नेपथ्यगृह से बाहर निकलने के दरवाजे पर नियति और मृत्यु का अधिष्ठान बताकर यही कहना चाहते हैं। इस बात का खुलासा जब वे अभिनय का दर्शन बताते हैं, तब हमारे दर्शन की शब्दावली के द्वारा आगे जा कर करते हैं। अभिनेता जब रंगमंच पर अभिनय करता है, तो वह मानो एक ऐसा जीव होता है, जो अपनी देह छोड़कर दूसरे की देह में प्रवेश कर चुका है (२१.८८-६१)। यह अभिनेता का परभावकरण है, जिसके लिए परकायप्रवेश जैसी कठिन साधना करनी होती है।

स्तानिस्लाव्स्की भी अपने आन्तरिक यथार्थ (इनर रियलिज्म) की चर्चा करते हुए यही कहते हैं कि अभिनेता को उत्सर्ग और विसर्जन के द्वारा किसी और के चोले में पहुँचना होता है।

नियति को लाँघ कर और मृत्यु से गुजर कर ही अभिनेता सही मायने में रंगमंच पर पहुँच सकता है। इस रंगपीठ पर ब्रह्मा प्रतिष्ठित हैं। ब्रह्मा सृष्टि कर्ता हैं। रंगमंच पर हर बार नई सृष्टि होती है। जो दर्शक इस सृष्टि को होता हुआ देखते हैं, वे रंगपीठ के सामने बैठे हैं, रंगपीठ के सामने प्रेक्षागार है, और प्रेक्षागार के अधिष्ठाता देवता समुद्र हैं।

नियति और मृत्यु को लाँघना भी आसान नहीं है, पर अभिनेता को यह करना होता है। सागर में बने रहना भी आसान नहीं है, पर दर्शक को यह करना चाहिए।

कुछ अभिनेताओं के लिए नियति और मृत्यु के पार पहुँच सकना और कुछ दर्शकों के लिए नाटक का बोध यदि एक सागर जैसा है, तो उसमें डूब सकना सहज क्रिया हो सकती है। जिनके लिए सहज नहीं है, उनके लिए प्रशिक्षण की अपेक्षा है।

स्तानिस्लाव्स्की के सहयोगियों में वख्तांगाफ ने तिब्बती दर्शन की ओर झुकते हुए अभिनेता को ध्यान और योग का अभ्यास करने की सलाह दी थी।

अर्ताउड ने कहा कि अभिनेता रंगमंच पर अपने आप को विसर्जित करता है। एक अर्थ में यह उसकी मृत्यु है। इसलिए उसने अपने रंगमंच को क्रूरता का रंगमंच कहा। अभिनेता को निर्मम होकर प्रस्तुति के प्रति अपने आप को समर्पित करना होता है। यह निर्मम होना अपनी देह से अपने जीव को बाहर निकालने जैसा है। यह एक यन्त्रणादायक प्रक्रिया भी हो सकती है, उनके लिए जिनके लिये यह सहज नहीं बन सकी। अर्ताउड कहता है कि जब यह सध जाती है, तो अभिनेता एक गहरी समाधि में होता है। वह अभिनेता की तुलना आग की लपटों में घिरे हुए शहीद से भी करता है, जो जल चुकने के पहले दर्शकों तक कुछ पहुँचाने का प्रयास कर रहा होता है।

यदि रंगकर्म एक यंत्रणा से गुजरना है, तो इस सारी यंत्रणा में कोई ऐसा आनंद जरूर होगा, जिसकी वजह से नाटक करने वाला बार-बार उससे गुजरना चाहता है। चूंकि वह हर बार चोला बदलता है, इसलिए उसकी यंत्रणा और उसका आनंद हर बार नया होता है।

रंगमंच पर काम कर रहे अभिनता के लिए यह आवश्यक है कि वह अभिनेता भी बना रहे और उसके साथ कुछ और भी हो जाय। अभिनेता बने रह कर कुछ और हो जाना सहज और सुलभ स्थिति नहीं है। उसके लिए तैयारी करना जरूरी है। यह तैयारी कई स्तरों पर होती है। नाट्यशास्त्र की अभिनय-प्रविधि में ये स्तर चार कोटियों में बाँट दिये गये हैं–देह, वाणी, मन और बाहरी सामग्री।

इन चार स्तरों पर सक्रिय रह कर कुशल अभिनेता अपने लिए रंगमंच पर काम करते समय एक खोल बुन लेता है। यह एक विचित्र खोल होती है, जो दृश्य भी रहती है, अदृश्य भी, स्थूल भी हो सकती है, सूक्ष्म भी। अभिनेता इस खोल में रहता है। वह खुद भी दर्शकों के लिए दृश्य भी रह सकता है, अदृश्य भी।

इस खोल में रह कर अभिनेता जो करता है, वहीं रंगमंच है। अभिनेता और उसके द्वारा रचा गया विश्व इसमें समाहित है। इसे हम रंगमंचीय पर्यावरण कह सकते हैं। भरतमुनि ने वेष, आच्छादन और परभावकरण–इन तीन शास्त्रीय पदों के कारण रंगमंच की सारी प्रक्रिया को सार रूप में समझा दिया है। अभिनेता जो वेष या बाना धारण करता है, वह उसके लिए एक आच्छादन या खोल हो जाता है। उसमें रहकर वह परभावकरण करने लगता है। पर जितनी आसानी से भरत मुनि ने यह प्रक्रिया समझा दी है, अपने आप में यह प्रक्रिया उतनी आसान नहीं है। वेष, आच्छादन और परभावकरण–इन तीनों ही स्तरों पर यह संश्लिष्ट और जटिल प्रक्रिया है। वेष का आशय वस्त्राभूषण पहन लेना या चेहरे पर मेक-अप करवा लेना ही नहीं है, अलबत्ता यह भी आशय वेष का है ही। अपने ऊपर अभिनेता किसी की भूमिका ओढ़ता है। यह ओढ़ लेना मन से हो सकता है।

भूमिका यदि मन ने नहीं ओढ़ी है, तो ऊपर-ऊपर से 'वेष' धर लेने से रंगमंच नहीं हो सकता।

इसीलिए वेष शब्द कतिपय पारम्परिक नाट्यों या लोकनाट्यों में केवल ऊपरी वेषभूषा के ही लिए नहीं, नाटक खेलने के सारे उपक्रम के लिए प्रयुक्त होता है। वेष वह है जो अभिनेता को आवेष्टित कर सके। आवेष्टित होना देह से ही नहीं मन से भी होना चाहिए। बाहरी आवेष्टन उसके लिए सर्वथा अनिवार्य नहीं है, पर वे अभिनेता को अपनी भूमिका की खोल में घुसने की प्रक्रिया में मददगार हो सकते हैं।

इसीलिये नाट्यशास्त्र में बाहरी आवेष्टन के लिए बहुत अधिक आग्रह नहीं है। अभिनेता अपना मुखौटा अभिनय के दौरान स्वयं गढ़ता और रचता चलता है। वह अपनी चेतना के एक हिस्से को ऐसी झिल्ली बना लेता है, जो उसके कुछ और होने तथा अभिनेता भी होने का प्रत्यक्ष एक साथ दे सके। भरतमुनि ने आंगिक अभिनय की जो बारीकियाँ बताई हैं, वे सब भी अभिनेता के लिए उस अवधारणा को दृढ़ बनाती चलती हैं, जिसमें वह कभी एकदम अपने से अलग दूसरा कुछ भी दिखे और कभी उस आवरण में से झाँक कर अभिनेता की तरह भी प्रकट हो जाय। यही परभावकरण है। इसमें भूमिका, जो किसी मर चुके आदमी के शव की तरह है, उसमें घुस पर उसे जिन्दा भी करना होता है और अभिनेता को अपने खुद के जीव में भी रहना होता है। वह अपनी खुद के अन्य खोल में घुसने की सारी प्रक्रिया के प्रति साक्षी भी बना रहता है, साक्षी रहते हुए वह इसे नियन्त्रित भी करता है।

उन्नीसवीं शताब्दी की एक ख्यात अभिनेत्री फैनी कैम्बल ने इसी परभावकरण को अपने ढंग से यों बताया है– "अभिनय का एक रोचक पक्ष यह है कि अभिनय के दौरान हमारा मस्तिष्क एकसाथ दो प्रक्रियाओं से गुजरता है। ये दोनों प्रक्रियाएँ एक दूसरे के विरुद्ध हैं, फिर भी यहाँ एक साथ चलती हैं। उदाहरण के लिए मिसेज बेवरली के आखिरी दृश्य में जब मैं दुःख से अधमरी हो कर जोर-जोर रो रही थी.... तो मैं देख रही थी कि मेरे आंसू गिर रहे हैं और उससे मेरा रेशमी परिधान खराब हो रहा है।" (सीहंग, बीइंग एंड बिकमिंग, पृ. २५)।

स्थूल उपादानों से बने मुखौटे अभिनेता को इस परभावकरण में मदद दे सकते हैं - यही उनका महत्त्व है। पारम्परिक भारतीय लोकनाट्यों-कूडियाट्टम्, कथकलि, यक्षगान आदि में चेहरे पर गाढे लेप की परत चढ़ा कर अभिनेता को कुछ और ही बना दिया जाता है। इससे वह लोक में रहता हुआ भी अलौकिक प्रतीत होता है।

इन लोकनाट्यों या पारम्परिक नाट्यों में मुख पर लगाये जाने वाला लेप ही मुखौटा बन जाता है। इसके साथ ही यह जरूरी नहीं कि मुखौटा मुँह पर ही लगाया जाय। नाट्यशास्त्र में मुखौटे के लिए 'प्रतिशीर्षक' शब्द मिलता है। प्रतिशीर्षक मस्तक के ऊपर

से लगा कर पूरे मुख को ढँकने वाली खोल होती होगी - यह अनुमान आहार्य अभिनय के अंतर्गत घटी और प्रतिशीर्षक के निरूपण से होता है (**नाट्यशास्त्र,** २१.१८५-९४)। ऐसी स्थिति में कुछ विद्वानों का यह कहना सही नहीं है कि नाट्यशास्त्र में मुखौटों का उल्लेख नहीं है। भरत ने प्रतिशीर्षक की रचना बता कर इसके ऊपर मुकुट रखा जाय– यह निर्देश भी उक्त प्रसंग में दिया है, स्पष्ट ही प्रतिशीर्षक अलग है, मुकुट अलग। प्रतिशीर्षक के अलावा मुकुटास्य शब्द का भी प्रयोग भरतमुनि ने मुखौटे के लिए किया है (**वही,** २१. १४४-४५)। राक्षसों, दानवों, दैत्यों के लिए पिंगल केश तथा पिंगल नेत्रों वाली और हरी मूँछों वाले मुकुटास्य या मुखौटे बनाने का निर्देश है (वही)। अमात्य, कंचुकी, श्रेष्ठी तथा पुरोहित - इनके लिए पगड़ी के साथ मुखौटे लगाने का निर्देश भी भरत मुनि ने दिया है (वही, २१.१४६)। ऐसी स्थिति में प्रतिशीर्षक मस्तक के साथ चेहरे को दोनों ओर से तथा ठुड्डी के नीचे तक आच्छादित करने वाली खोल हो सकती है। राजशेखर ने अपने नाटक कपूर्रमंजरी में विदूषक के भी इस तरह का प्रतिशीर्षक पहने होने का संकेत दिया है। विदूषक और दासी के बीच विवाद हो जाता है, जिसमें राजा को दासी का पक्ष लेते देख कर चिढ़ कर विदूषक कहता है कि आप मेरी जगह कोई और विदूषक रख लीजिए, या फिर इसी दुष्ट दासी को यह लम्बी दाढ़ी और बेडोल कानों का वाला प्रतिशीर्षक पहनवा कर विदूषक बना लीजिए।

वस्तुतः मुखौटे कई तरह के हो सकते हैं। वे दृश्य भी हो सकते हैं, अदृश्य भी। प्रस्तरप्रतिमा को जब ईश्वर मान कर पूजा जाता है, तो पत्थर पर ईश्वरत्व का अदृश्य आवरण चढ़ा दिया जाता है। नाटक के अभिनय में भी दर्शक अभिनेता को अभिनेता न मान कर कुछ और मान कर चलें– इसके लिए मुखौटा चाहिए। अभिनवगुप्त कहते हैं – **मुकुटप्रतिशीर्षकादिना तावन्नटबुद्धिराच्छाद्यते** – मुकुट और प्रतिशीर्षक या मुखौटे से यह नट है – ऐसा प्रत्यय आच्छादित या स्थगित हो जाता है। इस आच्छादन या स्थगन के लिए दर्शक और अभिनेता के बीच कोई न कोई मुखौटा होना जरूरी है– स्थूल, सूक्ष्म, दृश्य या अदृश्य किसी भी रूप में।

भरत मुनि ने चेहरे पर लेप लगाकर अभिनेता के कुछ और हो जाने की प्रक्रिया का निरूपण भी आहार्य अभिनय के अंतर्गत अंगरचना और वर्ण के द्वारा किया है। चेहरे को रंगने की प्रक्रिया में अभिनेता उस भूमिका पर ध्यान केन्द्रित करता जाता है, जो उसे करनी है। अतः चेहरे पर आवरण के आरोपण के साथ-साथ अपने भीतर भी उस आवरण का साक्षात्कार करता है। यह स्थूल मुखौटों के साथ सूक्ष्मतर या अदृश्य मुखौटों की उपस्थिति है, जो नाट्यप्रक्रिया के लिए आवश्यक है।

इन सूक्ष्म और स्थूल मुखौटों की बारीकियों के अलावा नाट्यशास्त्र में पशुओं की

अपेक्षाकृत और स्थूल मुखाकृतियाँ बनाने का भी निर्देश है, जिनका उपयोग आवश्यकतानुसार किया जा सकता है। नाट्यशास्त्र का छब्बीसवाँ अध्याय प्रकृति-विकल्प कहा गया है, जिसमें किस तरह के अभिनेता को किस तरह की भूमिका दी जाए - यह विचार है। अभिनेता प्रयोज्य भूमिका के जैसा स्वयं हो, तो अनुरूपा भूमिका होती है, यदि वह प्रयोज्य भूमिका से विसदृश हो तो विरूपा और वह कुछ अंश में सदृश व कुछ अंश में विसदृश हो, तो रूपानुसारिणी भूमिका होती है। अनुरूपा भूमिका करने वाले अभिनेता को मुखौटों की आवश्यकता नहीं, पर विरूपा भूमिका में मुखौटे लगाये जा सकते हैं। इसी प्रसंग में भरतमुनि ने राक्षसों या पशुओं की आकृतियों के मुखौटे बनाने का निर्देश दिया है–

बहुबाहवो बहुमुखास्तथा च विकृताननाः।
पशुश्वापदवक्त्राश्च खरोष्ट्राश्च गजाननाः।।
एते चान्ये च बहवो नाना रूपा भवन्ति ये।
आचार्यैस्तु ते कार्या मृत्काष्ठजतुचर्मभिः।।

(नाट्यशास्त्र, २६.३, ४)

(अनेक भुजाओं वाले, अनेक मुखों वाले, विकृत मुख वाले, पशु या हिंसक जानवरों के मुख वाले, गदहे, ऊँट या हाथी के मुख वाले जो देव, दानव आदि हैं और भी इसी तरह के विभिन्न रूपों वाले हो सकते हैं, आचार्य को चाहिये कि वह इन्हें मिट्टी, लकड़ी, लाख व चमड़े से बनवाए)।

भूमिका के निरूपण में इस प्रकार की आकृतियाँ बनाने का यह निर्देश नाट्यशास्त्र में २१वें अध्याय में आहार्याभिनय के अन्तर्गत सजीव या जीवित प्राणियों को मंच पर दिखाने की विधि के विवरण से जोड़कर देखा जाना चाहिए। आशय यह है कि मुखौटों के अत्यन्त स्थूल रूप से भरतमुनि परिचित हैं, पर उनका आग्रह अभिनेता को अभिनय की उस भावप्रवण, सूक्ष्म प्रविधि में दीक्षित करने के प्रति है, जिसके द्वारा वह अपने भीतर अपना मुखौटा स्वयं रचता है।

मुख्य रूप से अभिनेता का परभावकरण अर्थात् 'स्व' की सीमा का विसर्जन करके स्वयं को असीम बनाना अभिनय है। यही रंगमंच का समग्र पर्यावरण बनाता है। रंगमंच के एक आधुनिक अध्येता ने रंगमंचीय पर्यावरण की व्याख्या करते हुए कहा है–

"The modern idea of Environment is a dynamic concept and it expresses an awareness of kinetic relations between the individual and his society. It need not be confined to or be dependent upon technical realism. On the contrary, E. has become a factor in modern non-realist drama too." (*Directions in Modern Drama and Theatre*, p. 23)

इस दृष्टि से यथार्थवादी रंगमंच हो या भाववादी - नाट्यानुभूति के लिए दोनों में एक पर्यावरण बनाया जाता है। पहले में स्थूल उपकरण तथा दृश्यबन्धों का उपयोग प्रचुर हो सकता है जबकि, दूसरे में अभिनेता ही अपने सत्त्व में स्थित रह कर नाट्य विश्व की रचना कर देता है। वही दृश्यबन्ध बन जाता है, वही सारे उपकरणों को बिना उपकरणों के मूर्त कर देता है। एडोल्फ आपिया कहते हैं–

"The human body does not seek to produce the illusion of reality, since it is in itself reality. We must free stage of everything that is in contradistinction with actor's presence. Scenic illusion is the living presence of the actor."

यह साधना ही नाट्यशास्त्रीय दृष्टि से प्रयोग की आधारभूमि है।

२

नाट्यशास्त्र का अन्य शास्त्रों से सम्बन्ध

नाट्यशास्त्र तथा काव्यशास्त्र

नाशा. की परम्परा के अनुसार नाटक (रूपक) काव्य का ही प्रकार है। काव्य के दो भेद हैं–दृश्य तथा श्रव्य। दृश्य काव्य में सभी रूपकभेद समाहित हो जाते हैं। इसलिए नाशा० में केवल रंगमंच और अभिनय के ही विषय नहीं, अपितु काव्यकला का भी विवेचन हुआ है।

काव्यशास्त्रीय चिन्तन का सूत्रपात वैदिक संहिताओं की रचना के साथ ही हो गया, क्योंकि ऋग्वेद के अनेक सूक्तों में काव्य की रचना प्रक्रिया, गुण और वैशिष्ट्य पर स्फुट और गहन चिन्तन मिलता है। यास्क (सातवीं शताब्दी ई०पू०) से पूर्व उपमा का विवेचन गार्ग्य नामक आचार्य कर चुके थे। रस की अवधारणा भी रामायण-महाभारत की रचना के साथ सामने आ चुकी थी। इस प्रकार भरत के नाशा. की रचना के समय काव्यशास्त्र के सिद्धान्तों का आधार विद्यमान था। फिर भी **नाशा.** ने भारतीय काव्यशास्त्र को व्यवस्थापित करने की दिशा में प्रवर्तक का कार्य किया।

नाशा. के सोलहवें अध्याय में नाट्य का काव्य की दृष्टि से विशेष विवेचन हुआ है। इसमें काव्य की निम्नलिखित कोटियों पर विचार है–काव्यलक्षण, काव्यगुण, काव्यदोष तथा काव्यालङ्कार।

भरत ने रस की व्याख्या नाट्य की दृष्टि से की थी; काव्यशास्त्र में रस की अवधारणा के बीज भले ही भरत के पूर्व की वैदिक साहित्य की परम्पराओं में निहित हों, रसनिष्पत्ति की व्याख्या का क्रम तो भरतकृत रससूत्र से ही प्रवर्तित हुआ।

काव्यशास्त्र के सभी आचार्यों पर **नाशा.** का प्रभाव पड़ा है। प्रमुख आचार्य तथा उनके ग्रन्थ इस प्रकार हैं–

	नाम	ग्रन्थ	समय
१.	भामह		काव्यालङ्कार छठी से आठवीं श. के बीच
२.	दण्डी	काव्यादर्श	छठी से आठवीं श. के बीच
३.	वामन	काव्यालङ्कार (सूत्र वृत्ति)	आठवीं श.
४.	उद्‌भट	काव्यालङ्कारसारसङ्ग्रह	आठवीं-नवीं श.
५.	रुद्रट	काव्यालङ्कार	नवीं श.
६.	आनन्दवर्धन	ध्वन्यालोक	नवीं श.
७.	कुन्तक	वक्रोक्तिजीवित	दसवीं श.
८.	राजशेखर	काव्यमीमांसा	दसवीं श.
९.	अभिनवगुप्त	ध्वन्यालोकलोचन	दसवीं श.
१०.	मम्मट	काव्यप्रकाश	ग्यारहवी श.
११.	भोज	सरस्वतीकण्ठाभरण	ग्यारहवीं श.
१२.	रुय्यक	अलङ्कारसर्वस्व	बारहवीं श.
१३.	विश्वनाथ	साहित्यदर्पण	चौदहवीं श.

नाट्यशास्त्र तथा व्याकरण

नाशा. में वाचिक अभिनय के निरूपण में शिक्षा (उच्चारणज्ञान) तथा व्याकरण के विषय भी विवेचित हैं। अभिनेताओं के लिए भाषा और व्याकरण का ज्ञान भरत ने अपेक्षित माना है। व्याकरण के विषय संस्कृत व्याकरण की पद्धति से **नाशा.** में स्पष्ट किये गये है तथापि वर्णमालाविचार में पाणिनि के प्रस्थान से किंचित् भेद हैं। (विवरण के लिए **नाशाविको.** के द्वितीय खण्ड में **अभिनय** के अन्तर्गत **वाचिक अभिनय** तथा **अक्षर** द्र.)।

नाट्यशास्त्र तथा अन्य कलाएँ

नाशा० में नाट्येतर कलाओं पर विचार आवश्यक है, क्योंकि इसमें विभिन्न कलाओं के सिद्धान्त और उपादानों का समावेश अथवा विनियोग होता है। इस दृष्टि से भरत कहते हैं-

न तज्ज्ञानं न तच्छिल्पं न सा विद्या न सा कला।
नासौ योगो न तत्कर्म नाट्येऽस्मिन् यन्न दृश्यते।। (१.११६)

(ऐसा कोई ज्ञान, शिल्प, विद्या, कला, योग और कर्म नही है, जो इस नाट्य में नहीं देखा जाता)।

नाशा. में नाट्य को अनुकृति या अनुकरण के द्वारा परिभाषित किया गया है (द्र. **नाशाविको.** के तृतीय खण्ड में **नाट्य**)। **विधपु.** के अनुसार अनुकरण का तत्त्व सभी कलाओं में रहता है। मूल तत्त्व के एक होने से सभी कलाओं में पारस्परिकता, अन्तर्निर्भरता और साम्य दिखाई देता है।

विधपु. में नाटक में इतर कलाओं का विनियोग बताते हुए कहा है–

एते कलाकौशलसम्प्रयुक्ताः कार्यास्तथा लोकविधानयुक्ताः।
धर्मार्थकामाद्युपदेशकाश्च हिताय लोकस्य नरेन्द्रचन्द्र।।

(विधपु., १७.६३)

(ये नाटक आदि प्रबन्ध विभिन्न कलाओं के कौशल से युक्त, लोकविधान से समन्वित तथा धर्म, अर्थ और काम के उपदेशक होते हैं, लोक हित के लिए इनका प्रयोग करना चाहिए।)।

नृत्य और नाटक की पारस्परिकता भी इस पुराण में स्वीकार की गयी है (**वही,** १५.५), तथा प्रतिमा, चित्र, नृत्त, आतोद्य और गीत की अन्तर्निर्भरता को इस प्रकार बताया गया है–

चित्रसूत्रं न जानाति यस्तु सम्यङ् नराधिप।
प्रतिमालक्षणं वेत्तुं न शक्यं तेन कर्हिचित्।।
बिना तु नृत्तशास्त्रेण चित्रसूत्रं सुदुर्विदम्।
जगतोऽनुक्रिया कार्या द्वयोरपि यतो नृप।।
आतोद्यं यो न जानाति तस्य नृत्तं सुदुर्विदम्।
आतोद्येन बिना नृत्तं विद्यते न कथञ्चन।।
न गीतेन बिना शक्यं ज्ञातुमातोद्यमुच्यते।
गीतशास्त्रविधानज्ञः सर्वं वेत्ति यथाविधि।। (वही, २.२-८)

(जो अच्छी तरह चित्रसूत्र नहीं जानता, वह प्रतिमालक्षण नहीं जान सकता है। नृत्तशास्त्र के बिना चित्रसूत्र का भी ज्ञान नहीं हो सकता, क्योंकि दोनों में ही जगत् की अनुकृति रहती है। आतोद्य के बिना नृत्त भी सम्भव नहीं है, इसलिए जो आतोद्य नहीं जानता, उसके लिए नृत्त अज्ञेय ही रहेगा। गीत के बिना आतोद्य नहीं जाना जा सकता, गीतशास्त्र के विधान को जानने वाला विधिपूर्वक अन्य सब कलाओं को जानने लगता है)।

विधपु. का गीत से यहाँ आशय बड़ा व्यापक है, क्योंकि जो कुछ पाठ्य है, उसे यहाँ गीत कहा गया है, जिसमें गद्य तथा पद्य दोनों का समावेश माना गया है, अत एव

गीतशास्त्र से काव्यकला का भी संग्रह कर लिया गया है (**वही,** २.११,१२)।

नाट्यशास्त्र तथा चित्रकला

चित्रकला के विषयों का नाट्यशास्त्र में प्रकारान्तर से विचार हुआ है। नाट्यमण्डप के भीतर विभिन्न प्रकार के चित्र भित्तियों या स्तम्भों पर बनाये जाने चाहिए–इसका निर्देश **नाशा.** की परम्परा में मिलता है (द्र० **नाशाविको.** के तीसरे खण्ड में **नाट्यगृह**)। उसी प्रकार आहार्यअभिनय के अन्तर्गत वर्णरचना में रंगों का विचार किया गया है, उनका रस से सम्बन्ध भी बताया गया है (द्र० **नाशाविको.** के दूसरे खण्ड में **अभिनय** के अन्तर्गत **आहार्य अभिनय**)।

नाशा. की परम्परा में चित्रकला के अभिप्रायों का अनेकत्र उपयोग किया गया है। आचार्य शङ्कुक ने रसास्वाद की प्रक्रिया को चित्रतुरगन्याय के द्वारा समझाया था। आचार्य वामनें साहित्य की सभी विधाओं में दशरूपक की श्रेष्ठता बताते हुए कहते हैं कि चित्रपट पर निर्मित चित्र में जिस प्रकार विविध वैशिष्ट्य का साकल्य हो जाता है, उसी प्रकार दशरूपकों में भी–**'सन्दर्भेषु दशरूपकं श्रेयः। तद्धि चित्रं चित्रपटवद् विशेषसाकल्यात्।** (**काव्यालङ्कारसूत्र,** १.३.३०-३१)।

विधपु. के अनुसार रस, भाव, दृष्टि, अङ्ग, उपाङ्ग, हस्त आदि की अवधारणाएँ चित्र में उसी प्रकार विनियुक्त होती हैं, जिस प्रकार नृत्य या नाट्य में (**विधपु.**, २५.७)। केवल प्रमाण (नाप) का अन्तर रहता है, नृत्त का प्रमाण चित्र के प्रमाण से भिन्न होता है। **विधपु.** के इस मन्तव्य को स्वीकार करते हुए भोज ने **समरा.** तथा सोमेश्वर ने **मान.** में चित्र का निरूपण करते हुए **नाशा.** में निरूपित आङ्गिक अभिनय, हस्त-भेद, दृष्टि आदि का प्रतिफलन चित्र में भी प्रतिपादित किया है।

विधपु. में चित्र के लिए अङ्गुल का प्रमाण मानक माना गया है, भोज में कला का। **नाशा.** में निरूपित स्थान चित्रकला में उसी प्रकार विनियुक्त होते हैं, इस दृष्टि से चित्रशास्त्र और नाट्यशास्त्र का गहरा सम्बन्ध बनता है। भोज ने **नाशा.** के स्थानों–वैष्णव, समपाद, वैशाखमण्डल, प्रत्यालीढ, आलीढ आदि को चित्र में उन्हीं परिभाषाओं के साथ स्वीकार किया है (**समरा.**, अ.८०)।

रसनिष्पत्ति तथा रसास्वाद का चित्र के सन्दर्भ में विस्तृत निरूपण **नाशा.** से प्रेरित होकर **विधपु.** तथा **भोज** ने किया है। **विधपु.** ने चित्र में नव रस माने हैं और प्रत्येक रस के अनुसार चित्र की संरचना का वैशिष्ट्य बतलाया है। रसास्वाद की दृष्टि से गुण और दोष का विचार अवश्य चित्रकला में अलग हो जाता है। **विधपु.** के अनुसार दौर्बल्य, स्थूलरेखत्व, अविभक्तत्व (विभाजन की प्रतीति न होना), बृहद्गण्डौष्ठनेत्रत्व, वक्ररेखत्व तथा वर्णसंकर ये चित्र में रसापकर्षक दोष हैं तथा स्थान, प्रमाण, भूलम्भ,

मधुरत्व, विभक्तता, सादृश्य, क्षय और वृद्धि ये गुण हैं।।

विधपु. ने चित्र में अभिनय की स्थितियों तथा भावों की अभिव्यक्ति को सर्वोपरि महत्त्व दिया है। उसके अनुसार जिस चित्र में भूलम्भ सुशोभित हो, श्लिष्टता हो, माधुर्य का हास प्रतीत होता हो, जो सजीव जैसा दिखायी दे, साँस लेता हुआ लगे वही चित्र शुभलक्षण वाला होता–

लसतीव च भूलम्भो शिलष्यतीव तथा नृप।
हसतीव च माधुर्यं सजीव इव दृश्यते।।
सश्वास इव सच्चित्रं च तच्चित्रं शुभलक्षणम्।।

(विधपु., ४३.२१,२२)

भोज ने चित्र में ग्यारह रस माने हैं, जिसमें **नाशा.** सम्मत नौ रसों के साथ प्रेयान् नामक दसवाँ रस है। ग्यारहवें रस के लिए **समरा.** में प्रत्यक्षाक्षि ऐसा अस्पष्ट पाठ मिलता है।

भोज ने चित्र में दृष्टियों का निरूपण विशेष रूप से किया है, जो **नाशा.** में प्रतिपादित दृष्टि-प्रकारों से कुछ भिन्न भी है। भोज ने ललिता, विकासिता, हृष्टा, विकृता, मुकुलीकृता, भ्रकुटीविभ्रमा, संकुचिता, ऊर्ध्वगता, योगिनी, दीना, विह्वला, जिह्मा, मध्यस्था, स्थिरा–इत्यादि दृष्टियाँ चित्र में भावविन्यास की दृष्टि से मानी हैं।

इस प्रकार चित्र में **नाशा.** में निरूपित स्थानों के अतिरिक्त उसके अपने स्थान भी **विधपु.** तथा भोज ने माने हैं। **विधपु.** ने ऋज्वागत, अनृजु, साचीकृतार्ध-विलोचन, पुरावृत्त, पृष्ठागत, अधःकाय, पुरावृत्त और समानत–ये नव स्थान चित्र के लिए अतिरिक्त माने हैं। भोज ने इन्हीं स्थानों का उपभेद और जोड़ते हुए **समरा.** के चित्रविषयक प्रकरण में विवेचन किया है।

नाट्यशास्त्र तथा प्रतिमालक्षण

चित्र के ही समान प्रतिमाओं में भी **नाशा.** में निरूपित आङ्गिक अभिनय का चित्रण किया जाना चाहिए–यह **विधपु.**, **समरा.** तथा **मान.** आदि ग्रन्थों के विवेचन से स्पष्ट है। प्राचीन प्रतिमाओं में करण, हस्त, स्थान, पाद आदि का चित्रण **नाशा.** के अनुसार अनेकत्र मिलता भी है।

३

नाट्यशास्त्र तथा संस्कृत साहित्य

वेद और नाट्यशास्त्र

भरत ने चारों वेदसंहिताओं (**ऋग्वेद, सामवेद, यजुर्वेद** और **अथर्ववेद**) से नाट्य का अविभाज्य सम्बन्ध माना है। मिथक का आश्रय लेते हुए वे कहते हैं कि **ऋग्वेद** से पाठ्य, **सामवेद** से गीत, **यजुर्वेद** से अभिनय तथा **अथर्ववेद** से रस लेकर ब्रह्मा ने नाट्यवेद की सृष्टि की (द्र.- **नाविको.** के तीसरे खण्ड में **नाट्य :** नाट्योत्पत्ति)।

वेद, वैदिक वाङ्मय तथा वैदिक संस्कृति ने न केवल नाट्य के उद्भव और विकास में महत्त्वपूर्ण भूमिका का निर्वाह किया अपितु नाट्यशास्त्र जैसे ग्रन्थ की रचना के लिए भी मूल आधार वहीं से बना।

एफ.बी.जे. क्वाइपर तथा बिस्कीं आदि विद्वान् वैदिक यज्ञ और नाट्य में पारस्परिकता और अन्योन्याश्रय देखते हैं। यज्ञ वैदिक आर्यों की सांस्कृतिक चेतना की अभिव्यक्ति का माध्यम था। एक जाति ने अपनी सर्जनशीलता तथा अस्तित्व की अर्थवत्ता की पहचान के लिए उसे अपने भीतर पाया था। यज्ञ हमारी ललितकलाओं, गायनवादन आदि, विविध मनोरंजक क्रीडाओं, प्रतियोगिताओं आदि का केन्द्र था। **यजुर्वेद** (३०.६) के अनुसार यज्ञ में गायन के लिए शैलूष (नट) को तथा नृत्त के लिए सूत को नियोजित किया जाता था। वाजपेय तथा पितृमेध जैसे यज्ञों में समाज के सभी वर्ग एकत्र होते थे। **कात्यायन श्रौतसूत्र** (२१.३.११) के अनुसार पितृमेध में नृत्य, गीत और वादित्र और आयस वाद्य बजाये जाते थे, जिनके साथ अमात्यों के परिक्रमण समायोजित होते थे। वाजपेय यज्ञ में यजमान की पत्नियाँ विभिन्न प्रकार की वीणाएँ बजाती थीं तथा उनके साथ अन्य वाद्य भी बजाये जाते थे। वीणाओं के नाम गोधावीणा और कांडवीणा दिये गये हैं (**वही.,** १४.३.७१,७६)। यज्ञ में वीणावादन का महत्त्वपूर्ण स्थान था। वाजपेय यज्ञ में वीणा बजाने के लिए पेशेवर आचार्य भी बुलाये जाते थे, जिन्हें "वीणागणगिन्" कहा जाता था। वीणावादन के साथ उत्तरमंद्रा राग में गाथाएँ भी गायी जातीं थीं (**वही,** २०.३.२,

२०.८.७)। अश्वमेध यज्ञ में भी वीणा के बड़े-बड़े आचार्य आमंत्रित होते थे, वे अपने शिष्यों के साथ आकर संगीत का आयोजन करते थे। शिष्यों तथा आचार्यों में से प्रत्येक को सौ स्वर्ण मुद्रा पारिश्रमिक दिया जाता था (वही, २०.३.७-८)। यज्ञ के विभिन्न अनुष्ठानों के पीछे नाट्य-प्रदर्शन की भावना थी और उपस्थित जनसमुदाय उन्हें देखते समय नाट्याभिनय का आनंद लेता था। वाजपेय यज्ञ में रथदौड़ की प्रतियोगिता होती थी, जिसमें नियम था कि जीत यजमान की ही होगी (वही, १४.३.१९-४२)।

आपस्तम्ब (१.१९.९) के अनुसार दर्शपौर्णमास में शूद्र की उपस्थिति अनिवार्य थी। **शतपथ ब्राह्मण** (१३.२.३.९९) के अनुसार पितृमेध में भी शूद्र तथा रथकार आमंत्रित होते थे।

किसी भी एक समाज में एकत्र सहकर्मियों को 'सदस्य' कहा जाता था। सदस्य शब्द यज्ञ की संस्था से आया है। 'सदः' यज्ञवेदी के एकदेश को कहा जाता था। उसके निकट बैठने वालों को सदस्य कहा गया। आश्रम के मुनियों के लिए भी इस शब्द का प्रयोग होता रहा है। शाकुंतल के तीसरे अंक में दुष्यंत कहता है–**'संस्थिते कर्मणि सदस्यैरनुज्ञातः श्रमक्लान्तमात्मानं विनोदयामि।'**

लुई रेनो ने कहा है–वैदिक यज्ञ नाटक का ही एक रूप है, जिसमें अभिनेयता और संवाद हैं, संगीत का स्थल-स्थल पर उपयोग है तथा जिसमें अन्तराल और अवसान की अपनी स्थितियाँ हैं।

भरत के व्याख्याकार अभिनव ने प्रामाणिक दृष्टि से चार वेदों से नाट्य में चार मूलभूत उपादानों के ग्रहण की पुष्टि की है। उनका कहना है कि **ऋग्वेद** त्रिस्वरप्रधान है तथा स्तोत्र के शब्दों के माध्यम से यज्ञ का उपकारक है। नाट्य के पाठ्य में तीनों स्वरों का उपयोग होता है तथा पाठ्य भी शब्द के द्वारा ही नाट्य का उपकारक है। **सामवेद** से गीत के ग्रहण की पुष्टि में जैमिनि का सूत्र उद्धृत करते हुए अभिनव कहते हैं कि गीति का पर्याय ही साम है। **यजुर्वेद** में याज्ञिक क्रियाओं–प्रदक्षिणा क्रम आदि का जो विनियोग है, उससे अभिनय का निःसृत होना स्वाभाविक ही है **(अभिभा.**, भा. १, पृ. १४)। वस्तुतः हाथों, चरणों आदि के लयबद्ध संचालन की जो स्थितियाँ यजुर्वेद में याज्ञिक कर्मकांड के संदर्भ में निर्दिष्ट हैं, उनसे यज्ञ की नाट्यरूपता सिद्ध है। विष्णु के तीन पदक्रमों का अनुकरण तीन चरण चल कर यहाँ हुआ करता है। साथ में अन्वर्थक मंत्र का गायन भी होता चलता है (**वाज. सं.**, ३. २५)। इसी प्रकार **वाज. सं.**, २.८ में निर्दिष्ट प्रदक्षिणा की गति और उसके साथ मंत्र भी नाटक का परिवेश रच देते हैं।

कुछ विद्वानों ने भारत में नाट्य का उद्गम आर्येतर जाति में सिद्ध करने के लिए अकारान्त 'नहुष' शब्द को नहुष् (न+हुट्=हवन न करने वाला) समझ कर उसका प्रमाण

उपस्थित किया है। आर्येतर जातियों में सर्वप्रथम नाटक के उद्गम तथा आर्यों के द्वारा उनसे आगे चल कर उसे ग्रहण करने के सिद्धान्त के समर्थन में डॉ. शेखर ने नाट्यशास्त्र आदि में उल्लिखित नाट्योत्पत्ति की कथाओं में 'नहुष' के उल्लेख को प्रमाणस्वरूप उपस्थित किया है। 'नहुष' का उल्लेख नाट्यशास्त्र के अंतिम अध्याय में आता है। उसने स्वर्ग से नाट्य को मृत्युलोक में लाने के लिए भरत मुनि को प्रेरित किया था तथा उसके लिए नाट्यशाला का निर्माण भी कराया था। डॉ. शेखर के अनुसार 'नहुष' अनार्य जाति का था और भरत भी अनार्य थे। उनकी यह धारणा 'नहुष' के इतर उल्लेखों से सर्वथा भ्रान्त प्रमाणित होती है। पुराणों तथा महाभारत के अनुसार नहुष आयुष् का पुत्र तथा सुप्रसिद्ध आर्य शासक पुरूरवा का पौत्र था। पुरूरवा वैदिक युग का आर्यवंशीय राजा था। पुरूरवा तथा 'नहुष' दोनों का उल्लेख ऋग्वेद में आता है। भरत के आर्येतर होने का तो कोई प्रमाण है ही नहीं, आर्य ऋषियों से वे अवश्य सम्बद्ध प्रतीत होते हैं। नाट्यशास्त्र में स्पष्ट उल्लेख है कि ब्रह्मा ने कुछ वेदाभ्यासी ऋषियों को नाट्यवेद के अनुशीलन और प्रयोग के लिए प्रेरित किया था, भरत उनमें अग्रणी थे ।

नाटक किसी एक जाति की संपत्ति नहीं हो सकती, प्रत्येक संस्कृति-संपन्न जाति उसे परम्परा में खोजती और पाती है। वेदकाल के अनेक देवता जिनकी मूलभूत परिकल्पना आर्यों ने की थी, संगीत और नृत्य के प्रेमी माने गये थे। उषा को अनेक स्थानों पर नृतु = या नृत्य करने वाली कहा गया है। इंद्र वैदिक काल में सर्वाधिक प्रशंसित और प्रधान देवता माना गया था। उसके नृत्य प्रेम के भी अनेक संदर्भ मिलते हैं उसे नृतमान कहा गया है। यहाँ तक कि उसे सर्वश्रेष्ठ नर्तक भी बताया गया है । इंद्र की जिस रूप में परिकल्पना आर्य जाति के भीतर जन्मी थी, वह अभिनेय कलाओं से अनुषक्त थी। यही कारण है कि इस महान् देवता इन्द्र की असुरों पर विजय के उपलक्ष्य में नाटक का प्रयोग किया गया तथा शताब्दियों तक इंद्रमहः या इंद्र के उत्सव के अवसर पर नाटक का आयोजन आवश्यक समझा जाता रहा । इन्द्र भरत द्वारा पहली बार प्रस्तुत समुद्रमंथन समवकार देख कर बहुत प्रसन्न हुए और उन्होंने अपना ध्वज आचार्य भरत को दिया (१. ३६) । इन्द्र के सहयोगी मरुत् तथा अश्विनी को भी 'नृतु' कहा गया है।

वैदिक रचनाकारों के नृत्य प्रेम की यह स्थिति है कि उन्होंने नर्तकों में सर्वश्रेष्ठ नर्तक होने की कामना की है (ऋ., १०।२६।२)। नृत्य और संगीत की कलाएँ, उनके जीवन में गहराई से संश्लिष्ट थीं तथा नाटक के उद्गम के लिए सर्वथा अनुकूल और उत्प्रेरक परिस्थितयाँ भी उनके बीच विद्यमान थीं। आर्य उत्कट जिजीविषा और मनस्विता से संपन्न थे। वे लोग संघर्ष से उबर कर सदैव आनंद और उल्लास से भरा जीवन जीने की कामना करते थे। यही कारण है कि अपने एक निकट परिजन की मृत्यु पर शोकाकुल होकर उसका शवसंस्कार करने के बाद लौटते समय शोक को त्याग कर वैदिक कवि

कहता है –अब हम नृत्य और आनंद के लिए संसार में वापस लौटते हैं। (**वही,** १०.८. ३)। अभिनय कलाओं के प्रति एक सहृदयतापूर्ण समाशंसा का भाव हम संहिताओं के रचनाकारों में पाते हैं। **अथर्ववेद** में पृथिवी सूक्त में कहा गया है–" यह वह धरती है जिस पर अगणित मनुष्य गीत गाते हैं, नृत्य करते हैं।" संहिताओं के पश्चात् संभवतः १००० ई. पू. के आस–पास **ब्राह्मणग्रन्थ** लिखे गये, जिनमें नृत्य, गीत,संगीत आदि के संदर्भ मिलते हैं । नाटक के जो भी सूत्र वैदिक आर्य जाति को अपनी या अन्य किसी जाति की विरासत से मिले थे, उसने उन्हें अपने धार्मिक उत्सवों, यज्ञों में शामिल कर व्यापक आधार देते हुए विकसित किया । ऐसी परिस्थितियों के बीच संभवतः पुरोहित–अभिनेताओं का समुदाय उभर कर आया तथा नाट्य-रचनाओं का एक समुच्चय भी तैयार हुआ।

जिन लोगों ने वैदिक मंत्र रचे थे, उनकी दृष्टि जीवन के प्रति उन्मुक्त थी। वे जीवन को उसकी परिपूर्णता में जीने वाली आमोदप्रिय जाति के लोग थे। उनकी स्फीत वाग्धारा ने जिस काव्य का सृजन किया, वह अपनी भाषा की प्रखरता और भास्वरता में बेजोड़ ही है। जिस जाति के कण्ठ से प्रकृति के विशाल प्रांगण में उन्मुक्त विचरते समय अलौकिक स्वर स्वतः फूटे थे, उसके जीवन में कलाओं–विशेषतः प्रदर्शनकारी कलाओं का महत्त्वपूर्ण स्थान होना स्वाभाविक ही था। उसके देवता नृत्य और संगीत के प्रेमी थे। देवी उषा को उसने नृत्य करती रमणी के रूप में देखा था। इन्द्र को उसने नृत्यप्रिय कहा। नाटक ऐसी जाति के सामाजिक जीवन का अनिवार्य हिस्सा रहा होगा।

उपर्युक्त पार्श्वभूमि में हमारा ध्यान **ऋग्वेद** के संवाद सूक्तों की ओर जाता है, जिन्हें नाटक का मूल भी कहा गया है। मैक्समूलर ने १८६६ में **ऋग्वेद** के सूक्त १.१६५ के अनुवाद के साथ यह टिप्पणी की थी कि यह सूक्त मरुत् के यज्ञ के समय अभिनीत होता होगा और संभव है इसका अभिनय दो दल करते हों–एक इन्द्र और उसके अनुयायियों का दल, दूसरा मरुत् तथा उसके गणों का दल। १८९० में प्रो. लेव्ही ने मैक्समूलर की इस परिकल्पना का समर्थन करते हुए **सामवेद** का भी प्रमाण उपस्थित किया, जिससे वैदिक आर्यों के बीच संगीत कला की उन्नति का पता चलता है। इस बात को आगे ले जाते हुए मैक्डॉनल ने कहा कि भारतीय नाट्य साहित्य का प्राचीनतम रूप ऋग्वेद के यम-यमी, पुरूरवा-उर्वशी, सरमा-पणि आदि संवाद-सूक्तों में देखा जा सकता है। पुरूरवा-उर्वशी का सूक्त तो कालिदास के **'विक्रमोर्वशीयम्'** नाटक का मूल आधार रहा ही है। डॉ. कीथ ने वैदिक काव्य में भारतीय नाट्य का मूल रूप खोजने के प्रति उत्साह का विरोध किया, पर साथ ही उन्होंने यह भी माना कि वैदिक संवाद सूक्तों तथा अभिनेय नाटक के बीच एक संबंध अवश्य है। श्रोडर तथा हर्टेल इन सूक्तों को वैदिक काल के रहस्यमय धार्मिक नाटक मानने के पक्ष में थे। विंडिश तथा ओल्डेनबर्ग ने इन

सूक्तों को वैदिक आख्यानों से जोड़कर उनसे नाटक के विकास की कड़ियाँ खोजने का प्रयास किया, जिसे पिशल तथा गेल्डनर के शोध से बल मिला। इन विद्वानों के अनुसार संवाद सूक्त यद्यपि निरपवाद रूप से पद्यबद्ध हैं, पर मूलतः उनमें गद्य-पद्य दोनों रहते थे, कालक्रम में केवल पद्यांश सुरक्षित रह सका है। विलुप्त गद्यांश में इन सूक्तों का नाट्यरूप अवश्य ही स्पष्ट रहा होगा।

संवाद सूक्तों का अभिनय यज्ञ के समय इसी तरह उपस्थित जन-समाज के मनोरजंन के लिए किया जाता होगा–इस दृष्टि से अग्निष्टोम यज्ञ में प्रस्तुत किया जाने वाला अध्वर्यु-सोमविक्रयी संवाद उल्लेखनीय है। सोम की बूटी अध्वर्यु के पास ही है, पर वह संवाद (नाटक) प्रारम्भ करने के लिए उसे सोमविक्रयी या सोम बेचने का अभिनय करने वाले व्यक्ति को दे देता है, जिससे संवाद में सोमविक्रेता की यजमान या पुरोहितों से जिस प्रकार मोल-तोल के लिए झड़प होती होगी, उसकी रोचक ढंग से नकल की गयी है, जो आगे के भाण और प्रहसन से मिलती-जुलती चीज है, **कात्यायन श्रौतसूत्र** में यह संवाद इस प्रकार दिया गया है –

अध्वर्यु : क्या, यह सोम बेचोगे?

विक्रेता : हाँ, श्रीमन्, यह बेचने के ही लिए है।

अ. : मुझे इसे खरीदना है।

वि. : ठीक है, आप इसे ले लीजिए।

अ. : मैं इसे गाय के सोलहवें हिस्से के बदले में लूँगा।

वि. : श्रीमन्, सोम का मूल्य इससे अधिक है।

अ. : गाय का मूल्य भी क्या कम है। गाय हमें दूध, दधि, घृत, नवनीत देती है।

सोमविक्रेता तथा अध्वर्यु अन्तिम संवादों को चार-चार बार दोहराते है। प्रत्येक बार सौदा करने के लिए अध्वर्यु सोम का मूल्य गाय के शफ (खुर), पाद (पैर) आधी गाय और अन्ततः पूरी गाय तक बढ़ाता है। विक्रयी हर बार उत्तर में कहता है–"श्रीमान्, सोम का मूल्य इससे अधिक है। सोम औषधियों का राजा है"–आदि। फिर वह अध्वर्यु के द्वारा एक पूरी गाय मूल्य में दिये जाने की बात कहने पर मान जाता है। अध्वर्यु उससे सोम के साथ न्यग्रोध का पौधा भी खरीदता है तथा दोनों के मूल्य-स्वरूप उसे कुछ स्वर्ण देता है, विक्रयी स्वर्ण ले लेता है और यज्ञ के देवताओं की पूजा करके प्रस्थान करने को होता है। ठीक इसी समय अध्वर्यु के दल के लोग झपट कर उसे पकड़ लेते हैं और उससे स्वर्ण छीन कर उसकी पिटाई कर डालते हैं।

इस संवाद का उल्लेख वैदिक साहित्य में अनेकत्र आता है। सम्भवतः यह उस समय यज्ञ के अवसर पर अभिनीत होने वाले सबसे अधिक लोकप्रिय संवादों में रहा

होगा। कात्यायनश्रौतसूत्र के विवरण से स्पष्ट है कि यथार्थ में वहाँ सोम की खदीद-फरोख्त नहीं हो रही है, पूरा-का-पूरा संवाद 'फार्स' है। सोम विक्रयी भी सचमुच का सोम-विक्रयी नहीं है, अध्वर्यु के दल का ही आदमी है, जिसे अध्वर्यु ने पहले से खरीदा हुआ अपने पास का सोम देकर सोमविक्रयी की भूमिका सौंप दी है। यह संवाद वैदिक आर्यों की जन-भावनाओं की अभिव्यक्ति प्रतीत होता है। इसके कर्मकाण्डीय अभिप्राय जो भी हों सोम की आर्यों को निरन्तर आवश्यकता रहती थी और जैसे-जैसे वे दक्षिण की ओर बढ़ते गये थे, सोम उनके लिए दुर्लभ होता जा रहा था। सोम-विक्रताओं का धंधा भी ऐसी स्थिति में खूब चलने लगा होगा तथा उनके सोम खरीदने में काफी झड़प और झंझट होती होगी। इस संवाद में, जो अपने आप में एक छोटा-सा प्रहसन है, सोम-विक्रेता के द्वारा की जाने वाली बहस और उसके लालच की नकल करके अंत में उसे दिया हुआ स्वर्ण छीन कर उसकी जो पिटाई की जाती है, वह सोम-विक्रेताओं के विरुद्ध वैदिक आर्यों की भावनाओं का ही प्रतिरूप है।

सम्भव है, ईसा से कई शताब्दियों पहले आर्यों के समाज ने इस तरह के कई संवाद या प्रहसनात्मक नाटक, धर्म या कर्मकाण्ड की विधियों से या स्वतन्त्र रूप में निर्मित और प्रस्तुत किये हों और बाद में उनमें से कुछ संवाद कर्मकाण्डीय या तान्त्रिक अभिप्रायों से जुड़ गये हो। यह भी सम्भव है कि अध्वर्यु या पुरोहित, जो स्वयं ऐसे सम्वाद में हिस्सा लेते हो, उन्होंने ही कर्मकाण्ड को चमत्कारपूर्ण बनाने के लिए ऐसे संवादों का आविष्कार कर उनको अपने विधि-विधान में जोड़ लिया हो। इस दृष्टि से सोमयाग की महाव्रत विधि में प्रयुक्त होने वाला ब्रह्मचारी और पुंश्चली का संवाद अध्ययन के लिए बहुत ही रोचक तथा महत्त्वपूर्ण सामग्री प्रस्तुत करता है। महाव्रत भी उपर्युक्त अग्निष्टोम के समान वैदिक काल का अत्यन्त प्राचीन अनुष्ठान था। **ऐतरेय** और **शांखायन** आरण्यकों में महाव्रत की विधि उल्लिखित है, पर उनमें इस अनुष्ठान के समय ब्रह्मचारी और पुंश्चली का संवाद कैसा हो–यह नहीं बताया गया। **कात्यायनश्रौतसूत्र** में कहा गया है कि इस अवसर पर ब्रह्मचारी और पुंश्चली परस्पर आक्षेप, आरोप-प्रत्यारोप करते हुए या ताना कसते हुए एक-दूसरे को खिझाने वाले वाक्य कहते हैं (**कात्यायन.**, १३.३६-७)। पर यह संवाद जिस रूप में प्रस्तुत होता था–वह **लाट्यायन श्रौतसूत्र** में दिया गया है (४.३.९-१२)। इस ग्रन्थ में ब्रह्मचारी और पुंश्चली को यज्ञवेदी के पास कहाँ खड़ा होना चाहिए, किस दिशा की ओर मुख करके कौन सा वाक्य बोलना चाहिए तथा वाक्य की पुनरावृत्ति तीन-तीन बार किस प्रकार करनी चाहिए–यह भी निर्दिष्ट है। ब्रह्मचारी तथा पुंश्चली स्त्री द्वारा एक दूसरे के लिए बोले गये संवाद आज की दृष्टि से अश्लील हैं। एक सीमा तक उनकी छाया हम कर्पूरमंजरी जैसे नाटकों से विदूषक द्वारा अन्तःपुर की दासियों के साथ किये जाने वाले परिहास, उपहास आदि में देख सकते हैं।

ब्रह्मचारी और पुंश्चली का यह संवाद निश्चय ही यज्ञविधि का आवश्यक अंग था, पर इस बात को नकारा नहीं जा सकता कि वह अपने आप में एक नाटक भी था। नृत्तशास्त्रीय सिद्धांतों के अनुसार अन्य देशों की तरह भारत में भी नाटक तंत्र, टोने-टोटकों धार्मिक या याज्ञिक कर्मकांड की विधियों के बीच ही उस युग में पनप रहा था। सोमविक्रयी के संवाद की ही तरह इस संवाद में नाटक मानना इसलिए सर्वथा संगत है कि यज्ञविधि का एक हिस्सा होने के साथ-साथ इसकी प्रस्तुति लोगों के सामने प्रदर्शन के लिए होती थी और लोग उसे देखकर रंजित और आनन्दित होते थे। इस प्रकार ये संवाद नाटक की मूलभूत शर्तें पूरी करते हैं।

उपर्युक्त विवरण से स्पष्ट है कि इस प्रकार के संवाद उस समय यज्ञ के सामाजिक और उल्लासमय अवसर पर जनता के मनोरंजनार्थ प्रस्तुत किये जाते थे तथा उनका प्रचलन था। **ऋग्वेद** में संवाद-सूक्तों की प्रचुरता भी इस तथ्य के आलोक में समझी जा सकती है। इस दृष्टि से **ऋग्वेद** के निम्नलिखित संवाद-सूक्त हमारा ध्यान आकृष्ट करते हैं–**पुरूरवोर्वशी-सूक्त** (१०.९५), **सरमा-पणि-सूक्त** (१०.१०८), **अगस्त्य-लोपामुद्रा** (१.१७९), **यम-यमी** (१०.१०), **वृषाकपि** (१०.८६), **नेमि-इन्द्र** (८.१०), तथा **नद्यः या विश्वामित्रनदी-संवाद** (३.३३)।

इन संवाद-सूक्तों की निम्नलिखित विशेषताएँ विचारणीय हैं–

१. अन्तिम नद्यः सूक्त को छोड़कर ये सभी सूक्त किसी मिथक या प्राचीन लोकप्रिय कथा पर आधारित हैं, जिसकी प्रसिद्धि इन सूक्तों की प्रस्तुति के प्रति उस समय के समाज के आकर्षण का कारण रही होगी।

२. सूक्तों में ऐसी कथा का अंश ही लिया गया है– जो नाटकीय तत्त्व से अधिक युक्त है। पूरी कथा का यही अंश नाट्य-प्रस्तुति के लिए सर्वाधिक उपयुक्त प्रतीत होता है।

३. सभी संवाद सूक्त उक्ति-प्रत्युक्ति के रूप में हैं। उत्तर-प्रत्युत्तर की पद्धति एक आवेगपूर्ण नाटकीयता है। सरमा-पणि सूक्त में सरमा अपनी पैनी धारदार उक्तियों से पणियों को हतप्रभ और निरुत्तर कर देती है, यमी के प्रत्येक आह्वान आरोप का यम त्वरित, पर सधा हुआ उत्तर देते हैं, उर्वशी भी पुरूरवा की अनुनय-विनय भरी एक-एक उक्ति को एक के बाद एक करके नकारती जाती है। उर्वशी वाले सूक्त में कुल १८ मन्त्र हैं, जिनमें ९ पुरूरवा के द्वारा कहे गये हैं, ९ उर्वशी के द्वारा। एक मन्त्र पहले पुरूरवा के संवाद का है, तो उसके ठीक बाद वाला दूसरा प्रायः उर्वशी का उसी के उत्तर में आता है। यह स्थिति अपने आप में एक नाटक का स्वरूप खड़ा कर देती हैं।

४. इन सूक्तों में कोई भी अपने आप में पूर्ण नहीं है। संवाद सूक्तों का यह अपना वैशिष्ट्य है, जिसके द्वारा वे अन्य सूक्तों से पृथक् पहचाने जा सकते हैं। अन्य सूक्त गीति या लघुकाव्य के उदाहरण हैं, जो अपने से अलग किसी पूर्वापर प्रसंग या व्याख्या की अपेक्षा नहीं रखते। उनमें पात्र तथा घटनाएँ इतनी प्रधान नहीं हैं, जिनती कवि की अभिव्यक्ति। उनकी तुलना में संवाद सूक्त इतिहास या मिथक के किन्हीं विशिष्ट पात्रों को प्रस्तुत करते हैं, जिनके जीवन में कोई रोमाचंक घटना घट चुकी है। उस घटना का नाटकीय मोड़ वाला अंश इन संवाद-सूक्तों में प्रस्तुत होता है।

५. संवाद-सूक्तों में कहे गये संवाद उनके साथ चलने वाले अभिनेय कार्य-व्यापार को सूचित करते हैं। पुरूरर्वोर्वशी सूक्त में उर्वशी पुरूरवा को छोड़कर जा चुकी है। बहुत समय के बाद वह उसे हंसिनी के रूप में एक सरोवर में दिखाई पड़ती है। पुरूरवा उसे वापस ले जाने का अन्तिम हताश प्रयत्न करता है। उर्वशी बार-बार यह कहती है कि वह उसकी स्मृति को अपने हृदय से सदा के लिए मिटा दे। अन्त में उर्वशी कहती है–"स्त्रियों के साथ मित्रता हो ही नहीं सकती, इनका तो हृदय ही भेड़िये का होता है।"–इस कथन के साथ सूक्त समाप्त हो जाता है। यह स्पष्ट ही उर्वशी तथा पुरूरवा के कार्य-व्यवहार संवादों में गर्भित है और संवाद को प्रस्तुत करते समय उसके अनुरूप पात्र अवश्य ही अभिनय करता चलता होगा, अन्यथा संवाद अपूर्ण रहता है। उदाहरणार्थ-अपने उपर्युक्त अन्तिम कथन के साथ ही पुरूरवा पूर्णतः हताश होकर वहाँ से चल पड़ता होगा। उसका यह कार्य व्यापार उसके अन्तिम कथन से ही ध्वनित है।

६. संवादों के आगे-पीछे कवि की ओर से कोई व्यवस्था-व्याख्या नहीं दी गयी है। इन सूक्तों में संवाद के साथ अन्य कोई टिप्पणी आदि नहीं है–यह तथ्य भी इस बात की ओर संकेत करता है कि संवाद सूक्त अभिनय या जन-समाज के सम्मुख प्रस्तुतीकरण के लिए थे–वे मूलतः पाठ्य नहीं हैं।

७. संवाद-सूक्तों की सर्वोपरि विशेषता कर्मकाण्ड-विशेष के प्रति निरपेक्षता तथा मनुष्य जीवन से गहरी संलग्नता कही जा सकती है। किसी भी संवाद-सूक्त में न तो देवता-विशेष का कोई संदर्भ या स्तुति है, न किसी याज्ञिक या धार्मिक कर्मकांड से किसी प्रकार का उसका सम्बन्ध ही सूचित किया गया है। इन सूक्तों की कथाएँ मूलतः किसी अनुष्ठान या कर्मकाण्ड से सम्बद्ध नहीं हैं। उनका कलेवर तथा चरित्र लोककथाओं के अधिक निकट है। जनसाधारण उन्हें सुनना या बार-बार देखना पसन्द करते होंगे और ऐसी स्थिति में यज्ञ में उपस्थित जन-समाज नाटक का प्रेक्षक बन जाता होगा।

८. संवाद-सूक्तों को भारतीय नाट्य का उद्गम तो नहीं कहा जा सकता। आद्यरंगाचार्य का यह कथन सत्य लगता है कि रंगमंच की पहले से चली आती किसी परम्परा के कारण संवाद-सूक्तों की रचना सम्भव हुई होगी (दि इंडियन थियेटर, आद्यरंगाचार्य, पृ. ७)। तथापि यह अवश्य सत्य है कि यज्ञ ने नाटक के लिए एक अनुकूल रचनात्मक परिवेश प्रस्तुत किया तथा आर्यों की जातीय स्मृतियों तथा इतिहास-पुरुषों की कथाओं के संचय के लिए आधार जुटाया।

महाभारत और नाट्यशास्त्र

महाभारत प्राचीन भारतीय नाट्य के उद्भव और विकास के इतिवृत्त की अनेक टूटी कड़ियाँ जोड़ता है। यह भरतपूर्व की रंग-परम्परा पर प्रकाश डालते हुए नाट्यशास्त्र की पीठिका प्रस्तुत करता है। रंगमंच के निम्नलिखित प्रस्थान महाभारत के आलोक में प्रकाशित होते हैं–प्रेक्षागृह, नटनर्तक, समाज, ग्रन्थिक, जवनिका, इन्द्रमह और यज्ञ के अवसर पर नाट्यप्रयोग, अभिनय, संगीत, पुत्तलिका-नृत्य, छायानाट्य, नाट्य का भूलोक पर अवतरण आदि।

प्रेक्षागार का उल्लेख महाभारत में अनेकत्र आता है। कौरव-पाण्डव राजकुमारों के धनुर्वेद के प्रदर्शन के लिए धृतराष्ट्र ने एक विशाल प्रेक्षागार बनवाया था। यह प्रेक्षागार मूलतः नाट्यगृह भले ही न रहा हो, पर यह नाट्यपरक गतिविधियों से असम्बद्ध कदापि न था। अस्त्रविद्या के प्रदर्शन के अतिरिक्त उसका उपयोग नाट्य-प्रदर्शन के लिए भी होता था। राजकुमारों का प्रदर्शन आरम्भ होने से पूर्व इस प्रेक्षागार के रंगमंच पर नटों और नर्तकों की उपस्थिति तथा उनका गायन-वादन आदि प्रक्रान्त होने का महाभारतकार ने स्पष्ट उल्लेख किया है (**आदि.**, २१०.१०)।

इस प्रेक्षागार में एक रंगमंच था (**आदि,**. २१०.११) तथा स्त्रियों के बैठने के लिए शिविकाओं की व्यवस्था भी थी। प्रेक्षागृह मुक्ताजाल, स्वर्ण और मणियों से जटित था (**आदि.**, २१०.१३)। इसके बीच के स्थल को 'रंग' कहा गया है तथा रंग पर चलने वाले प्रदर्शन को 'प्रयोग' की संज्ञा दी गयी है।

प्रेक्षागार के निर्माण के दूसरे महत्त्वपूर्ण उल्लेख द्रौपदी तथा दमयन्ती के स्वयंवरों के प्रसंग में आते हैं। दमयन्ती के स्वयंवर के लिए निर्मित प्रेक्षास्थली को 'रंग' तथा 'महारंग' कहा गया है।(**आर.**, ५४.११,१८) तथा उसकी उपमा पर्वत की गुफा से दी गयी है (**आर.**, ५४.५)। भरत को भी 'शैलगुहाकार' प्रेक्षागार अभीष्ट है (**ना.शा.** २।८०)।

द्रौपदी के स्वयंवर के अवसर पर कई दिनों तक 'समाज' आयोजित हुआ था। 'समाज' उस समय की रंगमंच से अनुषक्त गतिविधियों को संगठित करने वाली महत्त्वपूर्ण संस्था थी। इसी समाज के क्रोड से सामाजिक जन्मा, जो आगे चल कर समस्त

रसचिन्तन और काव्यकला का केन्द्र बना। नाट्य के उत्प्रेरक के रूप में समाज की भूमिका कामसूत्र से भी स्पष्ट है। अपनी अभिव्यक्ति की स्वतन्त्रता के कारण यह संस्था शासनतंत्र के लिए भयकारण बनी होगी, तभी आगे चल कर सम्राट् अशोक ने उस पर प्रतिबन्ध लगाया था।

द्रौपदी के स्वयंवर में समाज के एकत्र होने के लिए 'समाज-वाट' बनाया गया था, जो समभूमि पर था तथा जिसके चारों ओर भवन थे (**आदि.**, १७६.१६)। यह समाज कई दिनों तक चला, जिसमें नट-नर्तकों के साथ सूत-मागध तथा वैतालिक आदि भी सम्मिलित थे। दमयंती के स्वयंवर में भी नट, नर्तक, वैतालिक आदि जुटे थे।

जिस प्रकार धृतराष्ट्र ने धनुर्वेद के प्रदर्शन के लिए प्रेक्षागार बनवाया था, उसी प्रकार विराट् ने मल्लविद्या के प्रदर्शन के लिए विशाल प्रेक्षास्थल बनवा रखा था (**विराट्.**, १२.४)। इसके भीतर के स्थल को भी 'रंग' तथा 'महारंग' कहा गया है (**वही.**, १२.३४)

विराट् के इस प्रेक्षागार में केवल पुरुषमल्लों का परस्पर द्वन्द्व ही नहीं, मल्ल का शार्दूल, महिष, सिंह आदि से भी द्वन्द्व आयोजित कराया जाता था। छद्मवेषधारी भीम को ऐसे बर्बर द्वन्द्वों में कई बार सम्मिलित होना पड़ा था (**विराट्.**, १८.२-३)।

इस प्रेक्षागार के अतिरिक्त विराट् ने राजकुमारियों के लिए एक नर्तनशाला भी बनवायी थी, जिसे नर्तनागार और नर्तनगृह भी कहा गया है (विराट्. २१।३, १६,१६)। यहाँ पर दिन में राजपुत्रियाँ नृत्य सीखती थीं तथा रात्रि में यह सूनी पड़ी रहती थी। यह नर्तनशाला कालिदास, श्रीहर्ष, शार्ङ्ग· आदि द्वारा उल्लिखित राजप्रासाद की संगीतशाला से सम्बन्ध रखती हैं। वस्तुतः इसका उपयोग नृत्य के अतिरिक्त चुने हुए लोगों के समक्ष नाट्यप्रदर्शन के लिए भी होता था, अतः इसे अभिजात-रंगशाला (इंटीमेट थियेटर) कहना उचित है।

स्वयंवर, मल्लयुद्ध तथा अस्त्रविद्या के प्रदर्शन के प्रयोजन से निर्मित प्रेक्षागार, जो आनुषंगिक रूप से नाट्य के लिए भी उपकारक थे, ग्रीक एम्फी-थियेटरों से सादृश्य रखते थे। बैठने की व्यवस्था इनमें वृत्ताकार जैसी होती थी तथा प्रदशर्नस्थल (रंग) प्रेक्षागृह के केन्द्र में रहता था। नाट्यशास्त्र इस प्रकार के प्रेक्षागार की सम्पुष्टि या संस्तुति नहीं करता। साथ ही ये प्रेक्षागार आकार में भी ग्रीक रंगशालाओं के समान विशाल प्रतीत होते हैं, जिनमें सहस्रों प्रेक्षक एक साथ बैठ सकते हैं, जबकि भरत मनुष्यों के लिए जिस (विकृष्ट मध्य) प्रेक्षागृह को उत्तम बताते हैं, उसमें ४०० से अधिक प्रेक्षक नहीं बैठ सकते। पर भरत की दृष्टि में अपेक्षाकृत बहुत बड़ी रंगशाला का प्रावधान भी है, भले ही वे इसे नाट्यप्रदर्शन के लिए अप्रशस्त मानते हों। नाट्यशास्त्र में नाट्यमण्डप के नाप के लिए निर्दिष्ट 'हस्तदण्डसमाश्रय' (२.८) के अनुसार केवल हस्त से नाप लेने पर ६ भेद बनते हैं तथा उतना ही नाप दण्ड (चार हस्त=एक दण्ड–**ना.शा.**, २.१६) से लेने पर ६

प्रकार और हो जाते हैं, जो पहले ६ प्रकारों से प्रत्येकशः आकार में चार-चार गुने अधिक बड़े होते हैं। अभिनव ने न केवल दण्ड से नाप ग्रहण करने की परम्परा का समर्थन किया है, बल्कि नव प्रकार के आकार में बहुत बड़े प्रेक्षागारों की प्राचीन काल में होने की सम्भावना की ओर भी इंगित किया है। इस प्रकार ज्येष्ठ नाट्यमण्डप का नाप १०८x१०८ हस्त के स्थान पर १०८x१०८ दण्ड लेने पर जो रंगशाला बनेगी, उसमें सहस्रों व्यक्तियों के बैठने का अवकाश हो सकेगा। इस प्रकार की रंगशाला नागार्जुनीकोण्डा के उत्खनन में प्राप्त भी हुई है।

नाट्यशास्त्र आकार की दृष्टि से विकृष्ट, चतुरस्र और त्र्यस्र–ये तीन प्रकार की रंगशालाओं की अनुमति देता है, जब कि महाभारत में वर्णित प्रेक्षागृह वृत्ताकार प्रतीत होते हैं। मानसार में विकृष्ट के स्थान पर 'वृत्त' पाठ स्वीकार किया है तथा वृत्ताकार प्रेक्षागार का वर्णन किया है।

महाभारत में प्रोक्त सभी प्रेक्षागृहों में प्रदर्शनस्थली मध्य में थी। उद्घोषक को घोषणा करने के लिए इसी स्थान पर जाना पड़ता था (**आर.**, ५४.३३) तथा नट-नर्तक भी यहाँ उपस्थित होते थे। **मानसार** में वर्णित रंगशाला को 'मध्यरंग' कहा गया है, क्योंकि उसमें रंगमंच बीच में होता था।

महाभारत से नाट्य के उद्भव तथा स्वर्ग से उसके अवतरण के आख्यान का भी प्रकारान्तर से समर्थन मिलता है, जो नाट्यशास्त्र में निरूपित हैं। इन्द्र अर्जुन से कहते हैं–

'नृत्तं गीतं च कौन्तेय चित्रसेनादवाप्नुहि।
तदर्जयस्व कौन्तेय नृलोके यन्न विद्यते।।–आर., ४५.६-७

पहले भूलोक में नाट्य नहीं था–यह बात नाट्यशास्त्र की ही तरह यहाँ भी कही गयी है तथा उसके गन्धर्वों और अप्सराओं के माध्यम से अवतरण का वर्णन है। आगे चलकर राणा कुम्भ ने अपने नृत्तरत्नकोश में नाट्य के धरती पर प्रथमावतार की परम्पराओं का निरूपण करते हुए कहा है कि उसे चित्ररथ से अर्जुन ने तथा अर्जुन (बृहन्नला) से उत्तरा ने पाया। इस प्रकार नाट्यशास्त्र में पुराकथा के द्वारा नाट्य की गतिविधियों का हिमालय के उपान्तवर्ती प्रदेश में सबसे पहले सक्रिय होना तथा वहाँ के निवासियों (गन्धर्वों और अप्सराओं आदि) से उसका अन्य समाजों में ग्रहण संकेतित है, जिसका महाभारत भी समर्थन करता है।

महाभारत में नाट्यविषयक एक महत्त्वपूर्ण सन्दर्भ यज्ञ में नाट्य के आयोजन का है। वैदिक काल में यज्ञ ने नाट्य को एक देशकालानुरूप तथा सुदृढ मंच उसके समुचित विकास के लिए प्रदान किया था। यज्ञ उस समय समस्त जाति के हर्षोल्लास की

अभिव्यक्ति का सामाजिक माध्यम था। महाभारत काल में यज्ञ का स्वरूप किंचित् बदला और वह राजाओं और सामन्तों पर अधिक निर्भर हुआ। पर यज्ञ का उत्सवधर्मी स्वरूप बना रहा तथा यज्ञ में नृत्य, संगीत आदि के अनुष्ठान हुए थे। (**आश्व.**, ६०.३६-४०)।

महाभारत दिलीप के यज्ञ के विवरण में यज्ञीय यूप का एक अनदेखा अभिप्राय प्रकट करता है। इस यज्ञ में स्वर्णमय यूप बनाया गया था, जिसके चारों ओर इन्द्रादि देवों और गन्धर्वों ने नृत्य किया, उसके साथ विश्वावसु ने वीणा बजायी (अनु. २६।६७-६६)। यह उल्लेख हमें योरोपीय रंगमंच के उद्‌भव के लिए प्रस्तुत मे पोल सिद्धान्त की याद दिलाता है।

वैदिक काल में यज्ञ से अनुषक्त एक विशिष्ट सामाजिक प्रक्रिया घटी थी, जिससे सूत जाति का उदय हुआ था। **यजुर्वेद** के अनुसार यह सूत आरम्भ से ही नृत्त, गीत आदि ललित कलाओं से जुड़ा हुआ था। सूत यज्ञ-वेदिका के निर्माण के लिए सूत्र लेकर अवतरित हुआ और नाट्ययज्ञ का भी सूत्रधार बना। यज्ञ-वेदिका तथा अन्य प्रकार के वास्तुविषयक कार्यों को सम्पादित करने के कारण वह "स्थपति" कहलाया और नाटक की स्थापना का भी स्थापक बना। आख्यान-उपाख्यान, इतिहास-पुराणों आदि की समाज के सम्मुख व्याख्या करता हुआ वह पौराणिक के रूप में भी सांस्कृतिक दृश्यपट पर छाया रहा, फिर उपाख्यान को कुशीलवों की सहायता से मंच पर प्रस्तुत करते हुए नाटक का उपक्रम किया (**भोज** ने भी उपाख्यान के अभिनय, संगीत, पाठ आदि से संवलित होकर ग्रंथिक के द्वारा नाट्य में परिवर्तित किये जाने का संकेत किया है)। महाभारत ने सूतजाति के इस विविध व्यवसायग्रहणनैपुण्य तथा अद्‌भुत उद्यमशीलता को उसके कई विशेषणों के द्वारा विशद किया है–

स्थपतिर्बुद्धिसम्पन्नो वास्तुविद्याविशारदः।
इत्यब्रवीत् सूत्रधारः सूतः पौराणिकस्तथा।। (आदि. ,५१.१५)

सूत का यह उल्लेख जन्मेजय के सर्पयज्ञ के प्रसंग में आया है, जब यज्ञायतन बनाया जा रहा था। यज्ञ-वेदिका बनाने वाला सूत ही सूत्रधार, पौराणिक और स्थपति कहलाने लगा था–यह यहाँ स्पष्ट है। नीलकण्ठ ने उचित ही अपनी टीका में सूत को 'शिल्पग्रामवेत्ता' कहा है। सूत अपने समय की ललित और शिल्पकलाओं का प्रवर्तक बन गया था।

यह समय था जब सूत जाति के लोग नट-नर्तक, चारण, मागध, कुशीलव, ग्रन्थिक आदि समाज में महत्त्वपूर्ण स्थान बना रहे थे तथा अपने उद्यम के बल पर विषम परिस्थितियों से उबर रहे थे। महाभारत के अनुसार उन्होंने अपने लिए एक पूरा नगर (चम्पा) ही बसा लिया था। वर्ण-संकर होने के कारण उन्हें उन सारे व्यवसायों में लगा

दिया गया था, जो ब्राह्मणों और क्षत्रियों के लिए उपयोगी या उनके महत्त्ववर्धक हो सकते थे। उनकी इस उपयोगिता तथा कर्मठता के कारण अभिजात वर्ग जहाँ एक ओर उनकी उत्कृष्टता स्वीकार करता था, वहीं वर्णक्रम में उन्हें निकृष्ट भी माना गया था। एक ओर भीष्म सूत-मागध, कुशीलव आदि को नगर की शोभा की अभिवृद्धि के लिए नगर में अच्छी तरह बसाने का निर्देश राजा को देते हैं (**शान्ति.**, ६७.५८), दूसरी ओर वे इनकी गणना चोर-दस्युओं के साथ भी करते हैं (**अनु.**, ३३.११) तथा ब्राह्मणों को इनके साथ भोजन करने या इनके संसर्ग में आने से मना करते हैं (**शान्ति.**, ३७.२६)। अभिजात वर्ग की इस द्विधाभूत मनोदशा के होते हुए भी सूत जाति अपनी गुणवत्ता के कारण समाज के लिए अपरिहार्य बन गयी थी। भीष्म के अन्तिम दर्शन के लिए समाज के अन्य वर्गों के साथ सूत, नट-नर्तक आदि को भी अनुमति दी गयी थी (**भीष्म.**, ११६.४)।

केवल यज्ञ के ही अवसर पर नहीं, अन्य मांगलिक अवसरों पर भी नृत्य-नाट्य आदि का आयोजन महाभारत में वर्णित है। परीक्षित के पुनरुज्जीवन के अवसर पर महान् उत्सव हुआ, जिसमें मल्ल, झल्ल, नट, सूत, मागध, ग्रन्थिक आदि सम्मिलित थे (**आश्व.**, ६९.३-७)। नाट्यशास्त्र भी आमोद-प्रमोद के विभिन्न अवसरों पर नृत्य-नाट्य आदि की प्रस्तुति की अनुशंसा करता है (४.३०६-७)।

इन्द्रमहः भी ऐसा ही अवसर था। ऊपर उल्लिखित दिलीप के यज्ञ के वर्णन में महाभारत यूप के चारों ओर प्रवृत्त नृत्य, संगीत आदि से इन्द्र का सम्बन्ध जोड़ता है। यूप की भाँति इन्द्रमहः पर इन्द्रध्वज निर्मित किया जाता था, जिसका उल्लेख भी महाभारत करता है (**शल्य.**, ११.५२)।

ऐसे उत्सवों के अतिरिक्त विभिन्न गोष्ठियों या किसी भी शुभ अवसर पर नट-नर्तक उपस्थित हो सकते थे। प्रभास क्षेत्र में यादवों की पानगोष्ठी में वे आये थे (**मौसल.**, ९.१४), युधिष्ठिर के दान-महोत्सव में नट-नर्तक लास्य बिखेर रहे थे (**आश्रम.**, २०.१६), रैवतक पर्वत पर आयोजित उत्सव में उनका गीत-नृत्य-संगीत का आयोजन हुआ था (**आदि.**, २११.४)।

नट-नर्तक, सूत-मागध आदि के साथ एक विशिष्ट वर्ग का उल्लेख नृत्य-नाट्य आदि के प्रसंगों में महाभारत में आया है—वह ग्रन्थिक है। परीक्षित के पुनरुज्जीवन के अवसर पर आयोजित उत्सव में ग्रन्थिक भी अपना कर्म प्रस्तुत कर रहे थे (**आश्व.**, ६९.४)। वे ऐसे किसी भी अवसर पर राजसभा या जनसमाज के बीच दिखायी पड़ते थे (**आश्व.**, ६७.६)। ग्रन्थिक का काम ग्रन्थ से पुराकथा का पाठ करते हुए उसे गायन तथा अभिनय के साथ प्रस्तुत करना होता था—यह बाद में पतञ्जलि, भोज तथा बाण के उल्लेखों से स्पष्ट होता है।

महाभारत में नाट्य से सम्बद्ध अन्य उल्लेख 'पुत्तलिका' (दारुयोषा) तथा छायानाट्य के हैं। दूसरा उल्लेख सन्दिग्ध है। सूत्र से संचालित लकड़ी की पुतली का उल्लेख दो बार हुआ है (**उद्योग.**, ३२.१२, ३२.१) तथा कुमारियों के द्वारा क्रीडार्थ प्रयुक्त पांचालिका का उल्लेख (**विराट्.**, ३५.२३) इससे भिन्न है। छायानाट्य का उल्लेख **'रूपोपजीवनम्'** शब्द के प्रयोग में माना गया है, जिसकी व्याख्या करते हुए नीलकण्ठ ने कहा है कि इसमें चर्म से आवृत आकृतियों की छाया दिखा कर प्रदर्शन किया जाता था।

महाभारत के समय तक नाटक में 'जवनिका' का प्रयोग होने लगा होगा। इन जवनिकाओं पर उपयुक्त कथा-प्रसंग के दृश्य चित्रित होते थे। महाभारत युद्ध-भूमि के दारुण दृश्य को जवनिका पर अंकित ऐसे ही प्रलापपूर्ण कथा से उपमित करता है (**प्रलापयुक्ता महती कथान्यस्ता पटे यथा–शल्य.**, १.४०) जवनिका पर अंकित दृश्य से युद्ध के दृश्य की उपमा अन्यत्र भी महाभारतकार ने दी है (**द्रोण.**, १२३.३८)। उत्सव के अवसर पर उमड़ता नर-नारी समुदाय ऐसा लगता है जैसे दृश्यावली से चित्रित पट आगे बढ़ा आ रहा हो–

तदुत्सवमहोदग्रं हृष्टनारीनराकुलम्।
ददृशे बलमायान्तं चित्रं पटगतं यथा।। (आश्रम., ४०.२०)

संगीत, नृत्य तथा नाट्य से सम्बद्ध वह पारिभाषिक शब्दावली महाभारत में स्थान-स्थान पर प्रयुक्त है, जो आगे चल कर नाट्यशास्त्र में व्यवस्थित हुई है। उदाहरणार्थ–गन्धर्वों के द्वारा प्रयुक्त संगीत में शम्या, ताल, प्रमाण, लयस्थान और तानों का यथान्याय प्रयोग महाभारत में पृथक्-पृथक् किया गया है। 'गीतवादित्र' और गीतवादित्रनृत्य का प्रयोग भी विशिष्ट अर्थों में है (**सभा.**, ४.३१, तथा **शान्ति.**, ३०१.२७, १८४.१६)। रंगमंच पर दिखाये गये एक खेल (शो) के लिए 'प्रेक्षा' शब्द प्रयुक्त है, जो नाट्यशास्त्र तथा कामसूत्र में इसी अर्थ में व्यवहृत हुआ है (**सभा.**, १८.३)। रंग तथा समाज शब्दों का प्रयोग प्रेक्षकसमूह के अर्थ में भी हुआ है (**आदि.**, १२५.२६, १२६.७, १२६.२७ तथा १२९.१६)।

नाट्यशास्त्र तथा संस्कृत नाटक में प्रयुक्त पारिभाषिक शब्दावली को महाभारतकालीन समाज गढ़ रहा था, तथा नाट्यशास्त्रीय प्रतिक्रियाओं को अपने बीच विकसित कर रहा था। उदाहरणार्थ–पुरोहित आदि महाभारत-काल में राजा की प्रशस्ति के लिए 'नान्दी' का पाठ करते थे (**शान्ति.**, ८३.६५), जिसका ग्रहण नाट्यशास्त्र तथा संस्कृत नाटक ने कर लिया। इसी प्रकार 'सौष्ठव' नाट्यशास्त्र के अभिनयदर्शन का महत्त्वपूर्ण सिद्धान्त है, जो नृत्य के सन्दर्भ में महाभारत में भी विन्यस्त है (**उद्योग.**, ९.१५)।

अभिनय-मुद्राओं का जो विशद शास्त्र भरत ने निरूपित किया, उसके निर्माण की प्रक्रिया का एक चरण महाभारत में स्पष्ट होता है। महाभारत कालीन प्रेक्षागार में गान्धर्ववेद, धनुर्वेद तथा मल्लविद्या के संसर्ग में उसी तरह आता है, जिस प्रकार वह वैदिककाल में यज्ञ की उपादान-सामग्री के संसर्ग में यज्ञ मण्डप में प्रयुक्त होने के कारण आ चुका था। वैदिक काल में वह याज्ञिक अभिप्रायों से संवलित हुआ, तो इस काल में मल्लविद्या के उपादानों और अभिप्रायों की नाट्य में संक्रान्ति स्वाभाविक थी। दो मल्ल द्वन्द्व युद्ध में आवर्त, करणों तथा चारियों का उपयोग करते थे, जिसका उल्लेख **महाभारत** में है (**शल्य.**, ११.८-१०)। आगे चलकर ये मण्डल, करण और चारियाँ नृत्य और नाट्य में संक्रमित हो जाते हैं। भरत ने करणों, चारियों आदि के नियमित अभ्यास की अभिनेताओं के शारीरिक स्वास्थ्य तथा व्यायाम की दृष्टि से भी संस्तुति की है। नट जाति के लिए मल्लविद्या के चमत्कारों को सीख कर उनका प्रदर्शन करना महाभारत काल के क्षत्रियप्रधान समाज में आवश्यक हो गया होगा। इसीलिए **महाभारत** नट का उल्लेख प्रायः मल्ल के साथ करता है। (आगे चल कर मल्लविद्या के करतब दिखाने वाली जाति को **महाभारत** काल में प्रवर्तित इसी परम्परा के कारण 'नट' कहा जाता रहा। दशकुमारचरित में विश्रुत अस्त्रविद्या के चमत्कारपूर्ण प्रदर्शन में अनेक प्रकार के 'करणों' का प्रयोग करता है, जिससे भी अस्त्रविद्या के प्रस्थानों की नाट्यशास्त्रीय प्रस्थानों के साथ परस्पर संक्रान्ति समर्थित होती है)।

नाट्य और युद्ध का नैकट्य महाभारत में अन्यथा भी सूचित है। युद्ध के वर्णनों में नाट्य के बिम्बों, उपमानों का उपयोग सर्वथा आकस्मिक नहीं है। दुर्योधन का शिविर रंगमंच है तथा उसके आसपास जुटे सैनिक प्रेक्षक (**शल्य.**, ६.४)। कोई योद्धा क्रोध में ओष्ठ को दाँत से चबाता हुआ एक हथेली पर दूसरी हथेली पटकता, तो वह नृत्य के साथ ताल देता हुआ लगता (**कर्ण.**, ६३.१३)। यही नहीं, महाभारत काल में युद्ध के पूर्व विभिन्न वाद्य बजाये जाते थे और युद्ध के बीच में नृत्य भी होता था (**कर्ण.**, २.३)।

महाभारत हमारे रंगमंच के बहु-आयामी संक्रान्ति काल की छवि प्रस्तुत करते हुए उन विभिन्न अवस्थाओं को भी प्रकट करता है, जिनसे भरत के पहले हमारा रंगमंच गुजरा था। इस काल में एक ओर रोमन रंगशालाओं के समान दीर्घ प्रेक्षागार पुरुषमल्लों के साथ बर्बर पशुओं के द्वन्द्व प्रदर्शन का हिंसक आनन्द पाने के लिए प्रयुक्त हो रहे थे, दूसरी ओर धनुर्विद्या के प्रदर्शन के लिए बने प्रेक्षागार नाट्य, नृत्य के सौष्ठव से समन्वित होकर परिष्कार की ओर बढ़ रहे थे तथा मल्लविद्या में प्रयुक्त शारीरिक चेष्टाओं को रमणीय नृत्यमुद्राओं में ढाला जा रहा था। विशाल सार्वजनिक रंगशालाओं के साथ अभिजात वर्ग की छोटी रंगशालाओं में नाट्य अपनी कमनीयता ढूँढ रहा था। नाट्य

सामाजिक संस्थाओं में संश्लिष्ट हो कर तथा तदनुरूप ढल कर ही अपनी पहचान बनाता है। **महाभारत** का काल भारतीय रंगमंच के व्यवस्थापन और समृद्धि के लिए सर्वथा अनुकूल और उर्वर था तथा **नाट्यशास्त्र** और उसके बाद की रंगपरम्परा को उससे जोड़कर समझना आवश्यक है।

नाट्यशास्त्र तथा भास

भास का नाम संस्कृत नाटककारों में सर्वप्रथम परिगणित होता है। वे कालिदास से पहले हो चुके थे, क्योंकि कालिदास ने अपने मालविकाग्निमित्रम् की प्रस्तावना में उनका उल्लेख किया है। अनुमानतः नाट्यशास्त्र के वर्तमान रूप की रचना से भी भास पहले हो चुके थे। भरतकृत नाट्यशास्त्र के अनेक विधानों का उन्होंने उल्लंघन किया है। जैसे :

१. **नाट्यशास्त्र** नाटक में मृत्यु का दृश्य प्रदर्शित करने का निषेध करता है (१८.३८)। मृत्यु की सूचना प्रवेशक के द्वारा दी जा सकती है (वही)। किसी अङ्क या प्रवेशक के अन्तर्गत प्रकरण अथवा नाटक में अभ्युदयशील नायक का वध तो नहीं ही दिखाया जाना चाहिए (१८.३९)।

   भास ने ऊरुभङ्ग में दुर्योधन का वध तथा मृत्यु रंगमंच पर प्रदर्शित किया है। इसी प्रकार प्रतिमा नाटक में दशरथ की रंगमंच पर मृत्यु प्रदर्शित है।

२. इसी प्रकार **नाशा.** युद्ध, राज्यभ्रंश तथा नगरोपरोध के दृश्य दिखाने का भी निषेध करता है (१८.३८)। भास ने बालचरित में कृष्ण का अनेक असुरों के साथ युद्ध प्रदर्शित किया है।

३. इसी प्रकार भास ने रंगमंच पर शयन का दृश्य प्रदर्शित किया है (**स्वप्नवासवदत्त**-पञ्चम अङ्क) **नाशा.** में शयन का दृश्य मंच पर दिखाना भी निषिद्ध है (२२.२९५)।

४. **नाशा.** में विभिन्न पात्रों के लिए विभिन्न प्रकार के बैठने के आसन वर्णित हैं। भास के नाम से प्राप्त दूतवाक्य में दुर्योधन राजसभा में प्रविष्ट होते–द्रोण, शकुनि, भीष्म आदि को बैठने के लिए आसनों का निर्देश करता हुआ कहता है–**'आचार्य! एतत् कूर्मासनम्, आस्यताम्। पितामह! एतत् सिंहासनम्, आस्यताम्। मातुल! एतच्चर्मासनम्, आस्यताम्।'**

नाशा. के बारहवें अध्याय में विभिन्न पात्रों के बैठने के लिए आसन वर्णित हैं, इनमें सिंहासन, मुण्डासन, काष्ठासन, कुथासन तथा वेत्रासन का परिगणन हुआ है (१२.२१५-१६)। भास द्वारा उल्लिखित कूर्मासन तथा चर्मासन इनमें उल्लिखित नहीं है।

५. **नाशा.** में नाटक की प्रस्तावना में कवि के नाम के उल्लेख किये जाने का निर्देश

है। भास के नाम से प्राप्त रूपकों में किसी भी कवि (नाटककार) का नाम निर्दिष्ट नहीं है।

६. **नाशा.** की परवर्ती परम्परा के अनुसार नाटक का नायक धीरोदात्त होना चाहिए। **स्वप्नवासवदत्त** नाटक कोटि का रूपक है, पर इसका नायक धीरललित प्रतीत होता है।

७. **अविमारक** नाटक में भास ने एक स्थान पर 'चेक्रीडित' (३.१८) शब्द का प्रयोग किया है। भरत **नाशा.** में (१६.१२६) कहते हैं कि चेक्रीडित जैसे शब्दों का प्रयोग नाटक के काव्यबन्ध में नहीं करना चाहिए। ऐसा प्रतीत होता है जैसे **नाशा.** में यह पंक्ति भास का प्रयोग देखकर जोड़ी गयी हो।

नाशा. के द्वारा स्वीकृत अनेक परम्परागत अवधारणाओं या प्रतिमानों की अवहेलना या अस्वीकृति भास के रूपकों में मिलती है। **स्वप्नवासवदत्तम्** में उदयन (नायक) वासवदत्ता (ज्येष्ठा नायिका) को भूल नहीं पाता और स्वीकार करता है कि वास्तव में तो प्रेम उसने वासवदत्ता या बड़ी रानी से ही किया। **नाशा.** तथा संस्कृत नाटक की परम्परा में नायक ज्येष्ठा नायिका को भुला कर कनिष्ठा की ओर आकृष्ट होता है, यहाँ स्थिति उस के विपरीत है। इसी प्रकार भास ने दशरूपक भेदों में उत्सृष्टिकाङ्क (**ऊरुभङ्गम्** तथा **कर्णभारम्**), समवकार, (**पञ्चरात्रम्**), व्यायोग (**मध्यमव्यायोग**) जैसे कम प्रचलित प्रकारों में रचना की और **नाशा.** में वर्णित इन रूपकों के लक्षण उनकी इन रचनाओं में पूरी तरह सत्यापित नहीं होते। **दूतवाक्य** तथा **दूतघटोत्कच**–इन दो रूपकों को जो भास के नाम से प्रचलित हैं, रूपक के भेदों में किस के अन्तर्गत रखा जाए–यह पूरी तरह निर्णय करना ही कठिन है। उसी प्रकार **प्रतिज्ञायौगन्धरायण** और **स्वप्नवासवदत्तम्**–जो भास की निर्विवाद रूप से रची गयी रचनाएँ मानी जाती हैं, के भी रूपकविधा का निर्णय सहज नहीं है। **प्रतिज्ञायौगन्धरायण** को भास ने स्वयं प्रकरण कहा है। पर इसमें चार ही अङ्क हैं, जबकि प्रकरण में भरत मुनि के लक्षण के अनुसार पाँच से दस तक अङ्क होने चाहिए। वास्तव में **प्रतिज्ञायौगन्धरायण** संस्कृत नाट्यसाहित्य में अपने ढंग का अनोखा ही नाटक है। इसमें नायक और नायिका उदयन तथा वासवदत्ता हैं, जो आदि से अन्त तक रंगमंच पर कहीं भी प्रवेश करते ही नहीं, फिर भी नाटककार ने अपनी प्रतिभा के बल पर उनकी उपस्थिति का बोध दर्शकों की चेतना में निरन्तर बनाये रखा है। यदि उदयन के मन्त्री यौगन्धरायण को इस रूपक का नायक माना जाय, तो प्रकरण का एक लक्षण (उसका नायक ब्राह्मण, अमात्य आदि होना चाहिए) अवश्य इस पर लागू हो जाता है। पर प्रतिज्ञा पर ईहामृग का लक्षण अधिक सहजता से लागू हो जाता है। भरत के अनुसार ईहामृग में चार अङ्क होते हैं, नायिका का अपहरण किया जाता है।

भास ने प्राकृतेतर तत्त्वों का भी प्रयोग लीक से हट कर किया है। उनके **बालचरित** में चाण्डाल कन्याएँ कंस के सामने प्रकट होकर अपनी बेटियों को उससे ब्याह देने का प्रस्ताव करती हैं। फैंटेसी या प्रेतच्छाया से मिलते-जुलते प्राकृतेतर तत्त्व के अभिप्राय का ऐसा प्रयोग शेक्सपीयर की त्रासदियों में मिलता है, संस्कृत नाटक की परम्परा में यह अलग ही तरह का प्रयोग है। इसी प्रकार का एक अलग तरह का प्रयोग भास ने दूतवाक्य में कर दिया है, जहाँ दुर्योधन अपनी राजसभा में प्रवेश करते हुए एक-एक पात्र का स्वागत करता है और बारी-बारी से प्रवेश करते पात्रों को आसन भी बैठने के लिए दिखाता है, जबकि रंगमंच पर वास्तव में इनमें से कोई पात्र प्रवेश नहीं करता। भास का यह दृश्य इतना सांकेतिक और अभिप्रायगर्भित है और इस तरह का दूसरा दृश्य संस्कृत नाटक में नहीं मिलता। **नाशा.** में आकाशभाषित की तकनीक का निर्देश है, जिसमें कोई पात्र मंच पर अनुपस्थित पात्र को अपने निकट खड़ा मान कर उससे 'क्या तुमने ऐसा कहा?--' यह पूछता हुआ उसके द्वारा कल्पित रूप से कहे गये संवाद को भी दोहरा कर अपनी ओर से उसका उत्तर भी देता है। भास ने आकाशभाषित का एक निराला ही रूप यहाँ खड़ा कर दिया है, जिसका नमूना और परिभाषा **नाशा.**, की परम्परा में प्राप्त नहीं होते।

पर भास के समय **नाट्यशास्त्र** की कोई परम्परा तथा **नाट्यशास्त्र** नाम का ग्रन्थ अवश्य था। उनके **अविमारक नाटक** में विदूषक अपना पाण्डित्य दिखाता हुआ कहता है–**'अस्ति रामायणं नाम नाट्यशास्त्रम्। तस्मिन् पञ्चश्लोका असम्पूर्णे संवत्सरे मया पठिताः।'** (रामायण नाम का नाट्यशास्त्र है, जिसके पाँच श्लोक मैंने एक साल पूरा होने के पहले ही पढ़ डाले थे)। विदूषक की उक्ति मूर्खतापूर्ण प्रतीत होती है, पर सम्भवतः उसके द्वारा भास रामायण और नाट्यशास्त्र दोनों से अपना परिचय प्रकट करना भी चाहते हैं। पर उनका आशय भरतमुनि के नाट्यशास्त्र नामक ग्रन्थ से न होकर रामायण या रामकथा को नाट्यरूप में प्रदर्शित करने के शास्त्र से हो सकता है।

नाट्यप्रयोग तथा उसके शास्त्र की किसी परम्परा से भास अवश्य सुपरिचित थे। यह परम्परा भरत के नाट्यशास्त्र में संगृहीत मुख्य परम्परा से भिन्न रही होगी, पर भरत ने वैकल्पिक व्यवस्थाओं के द्वारा इस प्रकार की इतर परम्पराओं का संग्रह भी अपने **नाट्यशास्त्र** में किया है। उदाहरण के लिए भरत जहाँ कहते हैं कि नाटक के प्रदर्शन में शयन, आलिंगन और स्वप्न देखने के दृश्य न दिखाये जाएँ, वहीं वैकल्पिक विधान भी वे देते हैं–

यद्वा शयीतार्थवशादेकाकी सहितोऽपि वा। (२२.२९६)

(अथवा, नाटक में विशेष प्रयोजन होने पर अकेला या अन्य पात्र के साथ कोई पात्र शयन करता हुआ भी प्रदर्शित किया जा सकता है)।

ठीक यही स्थिति भास के **स्वप्नवासवदत्तम्** में होती है। उदयन पहले एकाकी शय्या पर लेटे हैं, फिर उन्हें नींद आ जाती है। वासवदत्ता उन्हें पद्मावती समझकर उनके पास लेट जाती है। इस पूरे दृश्य में नाटक में स्वप्न, स्मृति, विरह, अनुराग तथा इनके साथ अनेक संचारी भावों का सम्मोहनमय संसार भास ने रच दिया है। वासवदत्ता तथा उदयन के पुनर्मिलन की मनोवैज्ञानिक आधारभूमि भी इस दृश्य से निर्मित हो जाती है। इस प्रकार नाटक में विशेष प्रयोजन की सिद्धि के लिए भास ने अपने नायक को प्रथम एकाकी और फिर नायिका के साथ एक शय्या पर सुला दिया है, जो **नाशा.** के ऊपर उद्धृत वैकल्पिक विधान के अनुसार ही है। यदि **नाशा.** के इस कथन का आशय पात्र की अपनी दृष्टि से कोई प्रयोजन इस प्रकार के शयन में रहता है–यह माना जाय, तब भी हम देखते हैं कि उदयन एक विशेष प्रयोजन और कारण से इस दृश्य में एकाकी सो जाते हैं और इसी तरह वासवदत्ता भी अपनी दृष्टि से 'यह पद्मावती चाहती है कि मैं इसके साथ लेटूँ,–ऐसा सोच कर उसी शय्या पर लेट जाती है। दोनों पात्रों के शयन में अपना-अपना कारण और प्रयोजन है।

इसी प्रकार युद्ध, राज्यभ्रंश, मरण, नगर का घिराव आदि के दृश्य दिखाने का भरत ने निषेध किया है, पर इसके साथ ही इनके स्थान पर वैकल्पिक विधान देते हुए वे कहते हैं–

अपसरणमेव वा कार्यं ग्रहणं वा सन्धिरेव वा योज्यः।। (२८.४०)

इसी प्रकार भरत ने **नाशा.** (२१.६१,६४) में पर्वत, नदी, आयुध आदि को रंगमंच पर अभिनेताओं के द्वारा प्रदर्शित कराने का वैकल्पिक विधान दिया है, जिसका अनुपालन भास के बालचरित में मिलता है। प्राणियों या अप्राणियों का स्थूल रूप में इस प्रकार का प्रदर्शन **नाशा.** की मुख्य परम्परा का अंग नहीं है, पर अन्यान्य नाट्यपरम्पराओं के इस प्रकार के प्रदर्शन की परम्परा रही होगी, अत एव भरत ने भी वैकल्पिक रूप में इसकी व्यवस्था रखी है। भरत के समय या उनसे पहले इस प्रकार की अन्य नाट्यपरम्पराएँ चली आ रही थीं, जिनसे भास सम्बद्ध प्रतीत होते हैं। कथकलि में अभी भी वध, रक्तपान आदि के दृश्य मंच पर प्रदर्शित किये जाते हैं।

भास का **नाट्यशास्त्र** से सीधा सम्बन्ध नहीं है, न वे भरत के प्रस्थान से साक्षात् प्रभावित हैं। फिर भी **नाशा.** और भास को एक दूसरे से विच्छिन्न करके नहीं देखा जाना चाहिए। **नाशा.** में पूर्वरंग के अन्तर्गत नान्दी का जो उदाहरण दिया गया है, उसकी पदावली भास के अनेक नाटकों के भरतवाक्यों में परिलक्षित होती है।

भास के पहले नाटक पर शास्त्रीय विचार तथा नाट्यप्रयोगों की समृद्ध परम्परा थी–इसमें कोइ संदेह नहीं, पर भरत मुनि का **नाट्यशास्त्र** भी भास के सामने था–यह

नहीं कहा जा सकता। डॉ. मनमोहन घोष भरतकृत नाट्यशास्त्र को भास के पहले का बताते हुए यह मानते हैं कि भास के सामने भरत के शास्त्र का विधि-विधान था और यदि भास के रूपकों में इस **नाशा.** के विधि-विधानों का कहीं उल्लंघन है भी तो यह नाटककार ने अपनी प्रतिभा के द्वारा कल्पना की स्वतन्त्रता तथा मौलिकता के निर्वाह के लिए किया है। डॉ. घोष के अनुसार भास के द्वारा अपने रूपकों में नाट्यशास्त्रीय पारिभाषिक शब्दावली का प्रयोग अनेकत्र किया गया है, जिससे **नाशा.** से उनका परिचय परिलक्षित होता है। इस प्रकार के पारिभाषिक शब्द हैं–सौष्ठव, प्रस्तावना, सूत्रधार, प्रेक्षक, चारी, गति, भद्रमुख, हाव, भाव, मारिष, नाटकीय, रंग आदि (**नाशा.,** ममघो., भा. १, पृ. ८५ भूमिका)।

डॉ. घोष का यह मत निर्विवाद रूप से ग्राह्य नहीं कहा जा सकता और न इतने से पारिभाषिक शब्दों के प्रयोग के आधार पर भास का भरत के ग्रन्थ से परिचय ही सिद्ध किया जा सकता है। उक्त सभी शब्द भरत के शास्त्र से अपने पारिभाषिक अर्थ में प्रचलित हुए ऐसा नहीं है, अपने विशिष्ट पारिभाषिक अर्थ में वे भरत के बहुत पहले से चले आ रहे हैं। वस्तुतः डॉ. घोष स्टेनकानो के मत को स्वीकार करते हुए भास को भी बहुत परवर्ती (दूसरी शती ई. का) मानते हैं और यदि भास का यही समय माना जाय, तब तो **नाशा.** इस समय तक सामने आ चुका था–यह मानने में कोई आपत्ति नहीं। पर टी. गणपति शास्त्री आदि विद्वानों का मत स्वीकार कर भास को ईसा से चार या पाँच शताब्दियों पहले माना जाय, तब **नाशा.** का वर्तमान रूप भास के सामने था–यह मानने में आपत्ति है।

पं. बाबूलाल शुक्ल ने डॉ. घोष के उक्त सारे विवेचन का अनुवाद प्रस्तुत करते हुए उसी को अपने मत के रूप में रखा है (**नाशा.,** बाशु., भाग-३, भूमिका, पृ. ६०-६३)।

नाट्यशास्त्र और कालिदास

भास का भरत के **नाशा.** के साथ सम्बन्ध जितना ही सन्दिग्ध है, कालिदास का उसके साथ सम्बन्ध उतना ही सुनिश्चित है। कालिदास संस्कृत के पहले नाटककार हैं, जो एक मिथकीय आद्य-नाट्यप्रयोक्ता के रूप में भरतमुनि का उल्लेख भी करते हैं और उनके विषय में उन प्राचीन कथाओं से भी परिचित प्रतीत होते हैं, जिनका भरत के ही **नाशा.** में विवरण दिया गया है। विक्रमोर्वशीय नाटक में उर्वशी को धरती से स्वर्ग में बुलाने के लिए यह कथन है–

मुनिना भरतेन यः प्रयागो भवतीष्वष्टरसाश्रयो नियुक्तः।
ललिताभिनयं तमद्य भर्ता मरुतां द्रष्टमनाः सलोकपालः।। (वि., २.७)

इसमें भरतमुनि के द्वारा स्वर्ग में अप्सराओं को लेकर अष्टरसाश्रित प्रयोग उनसे कराने की बात कही गयी है। कालिदास भरत मुनि के नाम से भी परिचित हैं तथा इस तथ्य से भी परिचित हैं कि भरत के शास्त्र में नाट्य में आठ ही रसों को स्वीकृति दी गयी है। भरत के द्वारा अप्सराओं के दल से इन्द्र आदि देवों के समक्ष नाट्यप्रयोग कराने की कथा **नाशा.** में ही मिलती है, अतः कालिदास इसी परम्परा से अपने नाटक में यह कथांश थोड़े परिवर्तन या नयी कल्पना के साथ जोड़ रहे हैं–यह स्पष्ट है।

भरतमुनि के द्वारा कराये गये उक्त प्रयोग को कालिदास ने ललिताभिनय या ललित अभिनय वाला कहा है। इस विशेषण का आधार भी **नाशा.** में वर्णित नाट्योत्पत्तिप्रसंग में देखा जा सकता है। आरम्भ में भरत ने अपने सौ शिष्यों से नाट्यप्रयोग कराये थे, जिनमें कैशिकी वृत्ति या लालित्य का तत्त्व न था। फिर ब्रह्मा के कहने पर उन्होंने अपने प्रयोगों में कैशिकी वृत्ति भी जोड़ी और उसके निष्पादन के लिए अप्सराओं को अपने नाट्यदल में सम्मिलित किया।

नाशा. के एक प्राचीन संस्करण में आठ रसों का ही प्रतिपादन है और दूसरे में अतिरिक्त रूप से शान्तरस का प्रकरण भी जोड़ा हुआ मिलता है। नाट्य में आठ ही रस हुआ करते हैं, शान्त रस नाट्य में सम्भव नहीं है–यह एक परम्परा रही है, जबकि दूसरी परम्परा नाट्य में भी शान्त को नवम रस के रूप में स्वीकृति देती है। नाट्य के क्षेत्र में शान्त रस को स्थापित करने वाले आचार्य उद्भट माने गये हैं। कालिदास के उल्लेख से इतना अवश्य स्पष्ट होता है कि वे **नाशा.** के जिस रूप से परिचित थे, उसमें शान्तरस का प्रकरण समाविष्ट नहीं था। फिर भी यह अनुमान होता है कि शान्तरस को लेकर उठाये गये आचार्यों के बीच के विवाद से कालिदास परिचित थे और उनके समय तक शान्तरस की चर्चा आरम्भ हो चुकी होगी। इसी नाटक में प्रकारान्तर से शान्तरस का खण्डन करते हुए वे कहते हैं–

वेदाभ्यासजडः कथं नु विषयव्यावृत्तकौतूहलो।
निर्मातुं प्रभवेन्मनोहरमिदं रूपं पुराणो मुनिः?।।(१.१०)

कालिदास का इस उक्ति में आशय यही लगता है कि निर्वेद या वैराग्य से सौन्दर्य की सृष्टि नहीं हो सकती।

भरतकृत **नाशा.** से कालिदास का गहरा सम्बन्ध **नाशा.** में पुरूरवा और उर्वशी की कथा के विषय में दिये गये संकेत से भी जाना जा सकता है। ३७वें अध्याय में नाट्य के भूलोक में अवतरण का प्रसंग बताते हुए भरतमुनि कहते हैं कि राजा नहुष ने उन्हें नाट्य को धरती पर प्रतिष्ठित करने की प्रार्थना की थी–

पितामहगृहेऽस्माकं तदन्तःपुरे जने।
पितामहक्रियायुक्तमुर्वश्यां सम्प्रवर्तितम्।।

तस्याः प्रणाशशोकेन उन्मादोपर (ह) ते नृपे।
विपन्नेऽन्तःपुरजने पुनर्नाशमुपागतम्।।
प्रकाशमेतदिच्छामो भूयस्तत् सम्प्रयोजितम्।।(३७।६-११)

नहुष कहता है कि हमारे पितामह के घर में अन्तःपुर के लोगों (रानियों आदि) के बीच उर्वशी के द्वारा यह नाट्य प्रवर्तित किया गया था। जब उर्वशी अन्तर्धान हो गयी, तो राजा पुरूरवा उसके जाने से बावले हो गये और अन्तःपुर के लोग भी विपन्न हो गये, जिससे नाट्य भी हमारे यहाँ नष्ट हो गया। अब हम चाहते हैं कि यह नाट्य हमारे यहाँ इस धरती पर पुनः प्रकट हो।

इस उद्धरण में पुरूरवा और उर्वशी की कथा, उर्वशी का अन्तर्धान होना, पुरूरवा का उसके विरह में उन्मत्त होना इस कथानक का संकेत किया गया है। कालिदास के **विक्रमोर्वशीयम्** का भी यही कथानक है, यद्यपि **नाशा.** में सूचित कथा **शतपथ ब्राह्मण** आदि प्राचीन वैदिक ग्रन्थों में वर्णित कथा के अनुसार है और कालिदास ने इस कथा में अपनी कल्पना से परिवर्तन किया है। यह सम्भव है कि **नाशा.** का यह अंश कालिदास के सामने रहा हो और उन्होंने **विक्रमोर्वशीय** की कथा-परिकल्पना इससे प्रभावित हो कर की हो।

विक्रमोर्वशीयम् की मुख्य वस्तु दिव्यमानुषसंयोग है। नायिका दिव्य (अप्सरा) तथा नायक मनुष्य है (दिव्यमानुषसंयोग की सम्भाव्यता पर नाटक की संरचना की दृष्टि से भरतमुनि ने विचार करते हुए कहा है कि नाटक में यह दो कारणों से हो सकता है–दिव्या (नायिका) के शापभ्रंश के कारण तथा अपत्यलिप्सा के कारण।

शापभ्रंशात् तु दिव्यानां तथाचापत्यलिप्सया।
कार्यो मानुषसंयोगः शृङ्गाररससम्भवः।। (२२.३२५)

अप्सरा यदि शाप के कारण स्वर्गच्युत होती है, तो मनुष्यनायक से उसका प्रेम हो सकता है। उसके साथ या विकल्प से अपत्यलिप्सा अर्थात् सन्तान की इच्छा के कारण भी अप्सरा का मनुष्य के साथ संयोग हो सकता है। भरत का यह विवेचन विक्रमोर्वशीय की कथा-संरचना में प्रतिफलित हुआ है। वहाँ अप्सरा उर्वशी शाप के कारण स्वर्ग से च्युत होती है और उसका धरती के नायक पुरूरवा से संयोग हो जाता है। कालिदास ने शाप भी उसे स्वयं भरतमुनि के मुख से ही दिलवाया है। भरत मुनि के द्वारा अनुष्ठित नाट्यप्रयोग में लक्ष्मी का अभिनय करती उर्वशी के मुख से पुरुषोत्तम के स्थान पर नाटक के संवाद में 'पुरूरवा' शब्द असावधानी से निकल जाने के कारण भरत मुनि रुष्ट हो जाते हैं और उर्वशी को शाप दे देते हैं। सम्भवतः कालिदास ने भरत के मुख से शाप दिलाकर उनके अभिनयविषयक सिद्धान्त की समझ ही नहीं, भरत के उक्त विधान से अपना परिचय भी

सूचित कर दिया है, अप्सरा को शाप दिलाने का विधान बनाने वाले शास्त्रकार के मुख से ही उन्होंने नाटक में शाप दिलवा दिया है।

दिव्यमानुषसंयोग के पीछे एक दूसरा कारण अपत्यलिप्सा का है। **विक्रमोर्वशीय** में अपत्यलिप्सा है, पर कालिदास ने भरत के विधान को यहाँ उलट दिया है। यहाँ अपत्यलिप्सा के कारण दिव्यमानुषसंयोग नहीं होता, उर्वशी और पुरूरवा का पुत्र आयुष् उल्टे उनके वियोग का कारण बन जाता है। शास्त्र के विधान का उल्लंघन कालिदास ने जानबूझ कर किया है।

वस्तुतः **विक्रमोर्वशीयम्** की भावभूमि **नाशा.** के अनेक लक्षणों के अत्यधिक निकट है। सैंतीसवें अ. के उपर्युक्त उद्धरण में पुरूरवा के उन्माद के उपहत या उपरत होने की बात कही गयी है। विक्रमोर्वशीयम् वस्तुतः प्रेम के उन्माद का ही चित्रण करता है। बाईसवें अ. में अप्सरा के द्वारा मनुष्य नायक के उपचारों का वर्णन करते हुए कहा गया है कि इस प्रकार के विविध उपचारों के द्वारा अप्सरा नायक को खूब उन्मत्त बना दे, उन्माद से उत्पन्न काम या प्रेम बड़ा रतिकारक होता है–

ईदृशैरुपचारैश्च समुन्माद्यस्तु नायकः।
उन्मादनात् समुद्भूतः कामो रतिकरो भवेत्।।(२२.३३१)

यह **नाशा.** तथा कालिदास के बीच संवाद का उत्तम उदाहरण है कि अप्सरा उर्वशी के द्वारा पुरूरवा को रिझाने के लिए जो उपचार नाटक में किये गये हैं, उनका संकेत भरतमुनि ने कर दिया है–

पुष्पैर्भूषणजैश्शब्दैरदृश्यापि विलोभयेत्।
पुनः सन्दर्शनं गत्वा क्षणादन्तर्हिता भवेत्।।
वस्त्राभरणमाल्यार्थलेखसम्प्रेषणैरपि।। (२२.२९-३०)

(अप्सरा अदृश्य रहती हुई अपने पुष्पों, भूषण आदि के शब्दों से नायक को आकर्षित करे, फिर वह उसके आगे प्रकट हो कर क्षण भर में अन्तर्धान हो जाए। वस्त्र, आभरण, माला तथा लेख भेजने के द्वारा भी वह नायक को आकर्षित करे)।

कालिदास ने उर्वशी के द्वारा पुरूरवा को आकर्षित करने के लिए इन्हीं उपचारों का प्रयोग कराया है। उर्वशी अदृश्य रहकर उसके पास आती हुई अपने आभूषणों की ध्वनि करती है, फिर प्रकट हो कर तिरोहित हो जाती है, वह उसके प्रति लेख (प्रेमपत्र) भी भेजती है।

भास की अपेक्षा कालिदास ने नाट्यशास्त्रीय शब्दावली का उसके विशिष्ट पारिभाषिक अर्थ की समझ के साथ अनेक स्थानों पर प्रयोग किया है। उदाहरण के लिए **कुमारसम्भव** में शिव और पार्वती के विवाह के पश्चात् उनके सामने अप्सराओं के द्वारा

प्रस्तुत किये जा रहे नाट्य का वर्णन करते हुए कालिदास कहते हैं–

तौ सन्धिषु व्यञ्जितवृत्तिभेदं रसान्तरेषु प्रतिबद्धरागम्।
अपश्यतामप्सरसां मुहूर्तं प्रयोगमाद्यं ललिताङ्गहारम्।।

(कुमार., ६.९१)

शिव और पार्वती ने एक मुहूर्त अप्सराओं के उस नाट्य-प्रयोग को देखा, जिसमें सन्धियों में वृत्तियों का भेद अभिव्यंजित किया गया था, विभिन्न रसों के प्रयोग में राग निबद्ध था तथा ललित अङ्गहारों का प्रयोग किया गया था।

यहाँ कालिदास सन्धि, वृत्ति, रस, राग तथा अङ्गहार इन शब्दों का प्रयोग नाट्यशास्त्रीय परम्परा और विधान की समझ के साथ ही कर रहे हैं। भरतमुनि की अवधारणाओं से अनेक स्थलों पर कालिदास ने अपना परिचय प्रकट किया है। **मालविकाग्निमित्रम्** में नाट्य का माहात्म्य, उसे चाक्षुष यज्ञ बताना, शिव के ताण्डव से उसके सम्बन्ध का कथन, उसमें लोकचरित और रसों का विन्यास तथा उसकी विभिन्न रुचि वाले लोगों के चित्त को आराधित या अनुरंजित करने की क्षमता (**माल.**, १.४)–इतनी बातें कालिदास ने कही हैं, ये सब **नाशा.** के प्रथम अध्याय में नाट्य-माहात्म्य के प्रसंग से तुलनीय हैं।

कालिदास तथा भरत दोनों ने नाटक में नायक और नायिका के बीच के व्यवहार को व्यक्त करने के लिए 'उपचार' शब्द का विशिष्ट अर्थ में प्रयोग किया है। **नाशा.** के बाईसवें अध्याय में भरत ने स्त्रियों के द्वारा नायक को रिझाने के लिए प्रयुक्त किये जाने वाले उपचारों का विशद विवरण रंगमंच तथा नाटक की दृष्टि से दिया है। कालिदास **नाशा.** की परम्परा में प्रचलित उपचार शब्द के पारिभाषिक अर्थ से परिचित हैं और वे इस उपचार की विडम्बना या खोखलापन को भी दिखाते हैं, जो शास्त्र को समझकर शास्त्र से आगे जाने की उनकी प्रतिभा का परिचायक है। **मालविकाग्निमित्रम्** में अग्निमित्र कहता है–

उचितः प्रणयो वरं विहन्तुं बहवः खण्डनहेतवो हि दृष्टाः।
उपचारविधिर्मनस्विनीनां न तु पूर्वाभ्यधिकोऽपि भावशून्यः।। (३.३)

अग्निमित्र के लिए मनस्विनी रानी का भावशून्य उपचार असह्य हो गया है, उससे तो अच्छा है कि स्त्री-पुरुष के बीच का प्रणय (परिचय) ही समाप्त हो जाय–ऐसा उसे लगता है।

फिर भी कालिदास **नाशा.** की परम्परा में बताये गये विविध उपचारों का अपने रंगमंच पर दिग्दर्शन अवश्य कराते हैं। **नाशा.** में उपचार की दृष्टि से स्त्रीपात्र तीन प्रकार के बताये गये हैं–बाह्या, आभ्यन्तरा तथा बाह्याभ्यन्तरा। बाह्य स्त्री गणिका होती है,

कुलीन नायक का उससे उपचार सम्बन्ध भरत की दृष्टि से निषिद्ध है। आभ्यन्तरा अन्तःपुर की रानी तथा बाह्याभ्यन्तरा दिव्यस्त्री (अपसरा आदि) से कुलीन नायक का संयोग दिखाया जा सकता है (२२.१५२-५५)। राजा के लिए उपचार बाह्य स्त्री से नहीं दिखाया जाना चाहिए, इसके लिए इस स्थल की व्याख्या करते हुए अभिनव ने **विक्रमोर्वशीयम्** का ही उदाहरण दिया है–**'नहि राजोपचारे तु बाह्यस्त्रीभोग इत्यस्यापवादमाह–दिव्यवेश्येति। यथा पुरूरवस उर्वश्या।'** (**अभिभा.**, भा.-३, पृ. १६६)।

आभ्यन्तरा के उपचार का निदर्शन कालिदास ने **मालविकाग्निमित्रम्** में उपस्थित किया है। अग्निमित्र और इरावती के सम्बन्धों में विघटन और गहरा तनाव चित्रित किया गया है, पर रानी के द्वारा नाट्यशास्त्र में प्रतिपादित उपचारों (२२.२८०-६४) का पालन तथा उनका अतिक्रमण दोनों कालिदास ने यहाँ दर्शाया है। इरावती का राजा को ताना देना, रूठ कर चली जाना और फिर लौटना, राजा का अपने चरणों पर गिरने को विवश कर देना–ये सब भरत ने स्त्रियों के द्वारा प्रयुक्त उपचारविधि में परिगणित किये हैं और इरावती यह सब करती है। पर वह उपचार विधि का इस तरह अतिक्रमण करती है कि राजा घबरा कर कहता है–**प्रिये! अपूर्वो ऽयमुपचारः**।'-(प्रिये!)यह कैसा अपूर्व उपचार है)।

'उपचार' की ही भाँति कालिदास के तीनों नाटकों में एक कथासूत्र 'प्रच्छन्नकामिता' या नायक का छिप कर परकीया नायिका से प्रेम करना है।

भास के नाटकों में कहीं भी प्रच्छन्नकामिता का यह रूप नहीं है। कालिदास के तीनों नाटकों के नायक विवाहित हैं और वे विवाहेतर सम्बन्धों में प्रेम की खोज करते हैं। वे तीनों अपनी रानियों का बहुत सम्मान करते हैं और अन्तःपुर की प्रियाओं से भय खाते हैं। फिर भी वे इनको छलते हैं और अन्य स्त्री से प्रच्छन्नकामिता रखते हैं। भरत कहते हैं कि इस प्रच्छन्नकामिता में राजाओं को जो रति या आनन्द मिलता है, वह कहीं और जगह उन्हें नहीं मिलता, क्योंकि जो दुर्लभ हैं और जिसे पाने का निषेध किया जाता है, वही कामना की पराकाष्ठा पर भी पहुँचाता है–

बहुमानेन देवीनां वल्लभानां भयेन च।
प्रच्छन्नकामितं राज्ञा कार्यं परिजनं प्रति।।
यद्यप्यस्ति नरेन्द्राणां कामतन्त्रमनेकधा।
प्रच्छन्नकामितं यत् तद् वै रतिकरं भवेत्।।
यद् वामाभिनिवेशित्वं यतश्च विनिवार्यते।
दुर्लभत्वं च यन्नार्याः सा कामस्य परा रतिः।। (२२.२०५-७)

कालिदास के तीनों नाटकों की अन्तर्वस्तु को समझने के लिए यहाँ **नाशा.** ने एक सटीक सूत्र दिया है। यह अवश्य सत्य है कि शास्त्र की सीमाओं को समझते हुए उनसे बाहर आ कर कालिदास ने इस प्रच्छन्नकामिता के अभिप्राय को गहरे मनोवैज्ञानिक आयामों तथा उदात्त मूल्यबोध के साथ परिष्कार भी दिया है।

कालिदास ने अपने नाटकों में भरत के अभिनय या प्रयोग से सम्बद्ध सिद्धान्तों का गहरा अभिज्ञान और नाट्यशास्त्र की शब्दावली से भी अच्छा परिचय प्रकट किया है। मालविका के छलित नाट्य के प्रयोग के अवसर पर तो उनकी नाटक और रंगमंच के शास्त्र की अच्छी समझ सीधे-सीधे सामने आती है। गणदास नाट्य आरम्भ होने से पहले मालविका को सीख देता है–**'वत्से! मुक्तसाध्वसा सत्त्वस्था भव।'** (बेटी साध्वस छोड़ कर अपने सत्त्व में स्थित हो जाओ)। यह सत्त्व भरत के अभिनय-दर्शन का मूलभूत सिद्धान्त है, साध्वस उससे विचलित करने वाला तत्त्व है। सत्त्व की तो विशद व्याख्या **नाशा.** और उसकी परम्परा में मिलती है, साध्वस से मुक्त होने के गुण का भी भरत ने लक्षण किया है–**प्रयोगनिःसाध्वसता प्रागल्भ्यं समुदाहृतम्'** (२२.३)। परिव्राजिका के द्वारा मालविका के नाट्य की प्रशंसा (**माल.**, २.६) में तो कालिदास ने भरत के अभिनय सिद्धान्तों की सुन्दर व्याख्या ही कर दी है–

अङ्गैरन्तर्निहितवचनैः सूचितः सम्यगर्थः
पादन्यासो लयमनुगतस्तन्मयत्वं रसेषु।
शाखायोनिर्मृदुरभिनयस्तद्विकल्पानुवृत्तौ
भावो भावं नुदति विषयाद् रागबन्धः स एव।।

यहाँ सूचा, अङ्कुर, शाखा, नृत्त आदि आङ्गिक अभिनय के पारिभाषिक शब्द जिनकी व्याख्या **नाशा.** के आठवें अध्याय में की गयी है, कालिदास ने सही पारिभाषिक अवबोध के साथ ही प्रयुक्त किये हैं। इस प्रकार के अनेक शब्द कालिदास ने प्रयुक्त किये हैं, जिनका नाट्यशास्त्रीय पारिभाषिक अर्थ उनकी चेतना में स्पष्ट है। मालविका के नाट्य के आरम्भ होने से पूर्व कलाकार के सौष्ठव की बात परिव्राजिका के मुख से उठाई गयी है। नाट्य आरम्भ होते समय आचार्य गणदास के द्वारा सौष्ठव की दृष्टि से निरीक्षित मालविका का प्रवेश बताया गया है। यह सौष्ठव भरत के आङ्गिक अभिनय का अत्यन्त महत्त्वपूर्ण बीज-शब्द है।

केवल पारिभाषिक पदावली के प्रयोग की दृष्टि से ही नहीं, रंगमंच की प्रविधियों तथा प्रयोगदृष्टि के कारण भी कालिदास और भरत एक दूसरे के निकट हैं। भरत का अभिनयसिद्धान्त बिना नाट्यधर्मी के प्रयोग को उत्तम नहीं मानता। कालिदास के तीनों रूपक नाट्यधर्मी पद्धति से प्रयोग की दृष्टि से ही रचे गये हैं। भास और भवभूति जैसे नाटककारों में जहाँ अभिनय की लोकधर्मी पद्धति की ओर अधिक रुझान मिलती है,

कालिदास अभिनय की उत्कृष्ट कलात्मक भावपूर्ण भंगिमाओं का संकेत देते चलते हैं। इस दृष्टि से उन्होंने आरोहण, अवतरण, पानी से पौधे सींचना, रथ पर तेजी से चलना, गति का अनुभव आदि शारीरिक क्रियाओं के संकेतों में भी नाट्येन, नाटयति, निरूपयति, निरूप्य, अभिनयति–इत्यादि रंगसंकेतों का प्रयोग पात्र के लिए किया है, जिससे स्पष्ट है कि पात्र को शारीरिक चेष्टा की यथावत् अनुकृति न करते हुए उसका अभिनय करके दिखाना है, जो सांकेतिक, प्रतीकात्मक या नाट्यधर्मी पद्धति से होगा। कहीं-कहीं तो कालिदास ने आङ्गिक के भरतसम्मत भेदों का निर्देश भी कर दिया है। जैसे **शाकुन्तल** के छठे अङ्क में सानुमती अप्सरा के निष्क्रमण के लिए उद्भ्रान्तक नामक करण से निष्क्रमण का संकेत है, क्योंकि अप्सरा आकाश में उड़ती हुई आती है। इसी प्रकार प्रथम अंक में शकुन्तला का भ्रमर-बाधा निरूपण का दृश्य भ्रमर-हस्त, भ्रमर-अङ्गहार आदि के द्वारा दिखाया जाएगा। यद्यपि इस स्थल पर कालिदास ने भ्रमर हस्त आदि का निर्देश स्वयं नहीं किया, पर राघवभट्ट आदि टीकाकारों ने इसका निर्देश किया है। यहाँ तक कि भ्रमर-हस्त के लक्षण का परिष्कार सम्भवतः बाद के लक्षणकारों ने कालिदास के द्वारा शकुन्तला की चेष्टाओं के इस स्थल पर किये गये वर्णन से प्रेरित होकर किया होगा–यह भी सम्भावना बनती है, क्योंकि कालिदास ने भ्रमर से परेशान शकुन्तला के लिए **'करौ व्याधुन्वत्याः'** (भौरे को दूर हटाने के लिए बार-बार जोर से हाथ फटकारती हुई) लिखा है। भ्रमर-हस्त या भ्रमर-अङ्गहार के अभिनय में भरत के लक्षण में हाथ हिलाने का निर्देश नहीं है, जबकि अशोकमल्ल ने अपने नृत्याध्याय में भ्रमर-हस्त के निरूपण में ऊपर मंडराते हुए भ्रमर को दिखाने के लिए भ्रमर-हस्त में अभिनेता के द्वारा हाथ हिलाने का निर्देश जोड़ा है।

कालिदास संभवतः अकेले नाटककार हैं जो अपने नाटक में लोकधर्मी और नाट्यधर्मी परम्पराओं का हृद्य-निरवद्य संतुलन बनाते हैं। कई प्रसंगों में उनके यहाँ लोकधर्मी और नाट्यधर्मी सम्मिश्र होकर प्रयुक्त होती लगती है। कालिदास ने नाट्येन, रूपयित्वा, सूचयित्वा, अभिनीय–इत्यादि रंगसंकेतों के प्रयोग से नाट्यधर्मी अभिनय की दिशा का नाट्यनिर्देश में प्रयोग करके संकेत कर दिया है। ये कार्य मंच पर ठीक उसी रूप में प्रदर्शित नहीं हो सकते जिस रूप में लोक व्यवहार में। अतः ये नाट्यधर्मी व्यापार हैं। ऐसे कार्य जिनका संपादन मंच पर उसी रूप में या सहजता के साथ हो सकता है जैसा लोक-व्यवहार में, उनके लिए नाटककार ने 'तथा कृत्वा'–वैसा ही करके–इस प्रकार का नाट्यनिर्देश रखा है।

कालिदास ने अपने नाटकों में जिन कार्यों के लिए विशिष्ट नाट्य मुद्राओं का प्रयोग चाहा है, उन्हें प्रधान रूप में इस प्रकार परिगणित किया जा सकता है :

(१) रथ, सोपान, प्रासाद, पर्वत आदि पर **चढ़ना** तथा उतरना : **नाट्येनावतीर्णा**–

शाकुन्तल, पृ. २८६; **इति नाट्येनावतीर्य स्थिता** (सानुमती)–**वही**, पृ. २१०; **इति सर्वाः शैलावतरणं रूपयित्वा स्थिताः–विक्रमो.**, पृ. ६०; **आकाशोत्पतनं रूपयन्ति–वही** पृ. ७८।

उपर्युक्त रंगनिर्देशों से यह स्पष्ट है कि कालिदास को चढ़ने और उतरने के दृश्यों दिखलाने के लिए विशिष्ट नाट्यमुद्रा अपेक्षित है। एक स्थान पर उन्होंने इस नाट्यमुद्रा का नामोल्लेखपूर्वक संकेत भी किया है। **शाकुन्तल के** षष्ठ अंक में सानुमती अप्सरा आकाश में उतरती है तथा उसी प्रकार जाती भी है। उसके निर्गमन के लिए नाटककार ने **'उद्‌भ्रान्तकेन निष्क्रान्ता'**–यह निर्देश दिया है। राघवभट्ट ने इस स्थल की टीका में उद्‌भ्रान्तक को उत्प्लुति का एक विशेष करण बतलाया है। **नाट्यशास्त्र, अभिनयदर्पण** तथा अशोकमल्ल के **नृत्याध्याय** में उल्लिखित १०८ करणों में उद्‌भ्रान्तक नामक करण का कोई नाम नहीं है। पर गगन आदि में उड़ने की मुद्रा दर्शाने के लिए अशोकमल्ल ने निकुंचित नामक करण का उल्लेख किया है : **तदौत्सुक्ये वितर्के च गगनोत्पतनादिषु–नृत्या.** ११७५। अशोकमल्ल के अनुसार यह करण एक पैर को वृश्चिक जैसा बनाकर, सिर को तिरछा करके तथा हाथ को ऊपर उठाकर दिखाया जाता था। संभव है, कालिदास तथा राघवभट्ट का उद्‌भ्रान्तक से आशय इसी निकुंचित करण से रहा हो।

(२) **पूजा करने में** : देवी–**नाट्येन गन्धपुष्पादिभिश्चन्द्रपादानभ्यर्च्य–विक्र.**, पृ. १६२; **पूजामभिनीय–वही**, पृ. १६२।

(३) **उद्यान की शोभा तथा छिपी वस्तु आदि के अवलोकन में : उभौ नाट्येनोद्यान- शोभां निर्वर्णयतः–मालविका.**, पृ. ३६; **दुष्यन्तः निपुणं निरूप्य–शाकु.**, पृ. २४।

(४) **वस्त्र, आभूषण आदि पहनने और उतारने में : नाट्येन नूपुरयुगलमामुच्य–माल.**, पृ० ४६; **उभे नाट्येनालङ्कुरुतः–शाकु.**, पृ. १४२।

(५) **पुष्पचयन, वृक्षसेचन, पशु-पक्षी आदि दिखाने में** : **कुसुमावचयं नाट्यन्त्यौ सख्यौ–शाकु.**, पृ. १२४; **तदेव कर्म अभिनयतः–वही**, पृ. १२६; **प्रियंवदा नाट्येन सुमनसो गृह्णाति–वही** पृ. १३८; **पुष्पोच्चयं रूपयति–वही**, पृ. १२८; **वृक्षसेचनं रूपयति–वही**।

राघवभट्ट ने कालिदास के रंगनिर्देश **'इति वृक्षसेचनं रूपयति'** की टीका में कहा है : **अभिनयतीत्यर्थः**। यहाँ कालिदास और राघवभट्ट दोनों का यही अभिप्राय है कि शकुन्तला का अभिनय करने वाली नटी को वास्तविक वृक्षसेचन की क्रिया न दुहराकर उसका अभिनय मात्र करना है।

(६) **शरसन्धान करने में : शरसन्धानं नाटयति–शाकु.**, पृ. १६।

(७) **स्पर्श, आलिंगन आदि के परिहार में** (जहाँ नायक-नायिका का पारस्परिक स्पर्श, आलिंगन आदि हो) : **इति मुखमस्याः समुन्नमयितुमिच्छति। शकुन्तला परिहरति नाट्येन**–शा., पृ. ११८; **संश्लेषमुपजनयति, मालविका परिहरति नाट्येन–माल.**, पृ. ७१।

राघवभट्ट ने **शाकुन्तल** के उपर्युक्त रंगनिर्देश की टीका में शकुन्तला अपने मुख को ऊपर उठाने वाले दुष्यन्त के हाथों का परिहार किस प्रकार करती है, यह स्पष्ट किया है : **समुन्नमयितुमिति त्रिपताकस्योत्तानाभ्यां मध्यमातर्जनीभ्यां चिबुकदेशगताभ्यामिति ज्ञेयम्। नाट्येनेति परावृत्तेन शिरसा विनिगृहीतेनाधरेण–शाकु.**, पृ. १२०। दुष्यंत शकुन्तला का मुख ऊपर उठाने की मुद्रा त्रिपताक कर बनाकर उसमें मध्यमा और तर्जनी को ऊपर उठाकर शकुन्तला की ठुड्डी की ओर ले जाता हुआ प्रदर्शित करेगा। शकुन्तला सिर को मोड़कर तथा अधर को दबाकर उसके परिहार की मुद्रा दिखाएगी।

(८) **क्रोध, लज्जा, विषाद, मदनबाधा, शंका, भय, सापत्यता, दृष्टिघात आदि दिखाने में : इति कोपं नाटयित्वा–विक्र.**, पृ, १३०; **उर्वशी विषादं नाटयति–वही**, पृ. १५२; **मदनबाधां निरूप्य–शाकु.**, पृ. ६२, आदि।

(९) **लेख का खोलना : परिजनो लेखं नाट्येनोद्घाटयति–माल.**, पृ. ६१।

(१०) **निमित्त, अपशकुन, कोकिलरव, भ्रमरबाधा आदि सूचित करने में : शकुन्तला–(निमित्तं सूचयित्वा) अहो किं मे वामेतरं नयनं विस्फुरति–शाकु.**, पृ. १७६; **निमित्तं सूचयित्वा–विक्र.**, पृ. १४८; **भ्रमरबाधां रूपयति–शाकु.**, पृ. ३४; **कोकिलरवं सूचयित्वा–वही**, पृ. १४६।

भ्रमरबाधा तथा भ्रमर का मँडराना दिखाने के लिए **नाशा.** (४.२२) में भ्रमर-अङ्गहार तथा (९.९८) में भ्रमर हस्त का निरूपण किया गया है। **अभिनयदर्पण** में भरत के अनुरूप भ्रमर-हस्त के निरूपण में कहा गया है कि इसमें मध्यमा तथा अंगुष्ठ परस्पर मिले रहते हैं तथा तर्जनी वृत्ताकार रूप में मुड़कर अंगुष्ठ के मूल भाग को स्पर्श करती है, शेष दोनों अंगुलियाँ फैली रहती हैं (**अद.**, १५२)। यह भ्रमर के अतिरिक्त शुक, सारस कोकिल आदि को दिखाने के लिए भी काम में आता है। अशोकमल्ल ने **नृत्याध्याय** में भ्रमर-हस्त की मुद्रा यही बतायी है, पर उन्होंने, संभवतः कालिदास से प्रभावित होकर उसमें एक परिवर्तन किया है, जिसके अनुसार भ्रमर को ही मँडराता दिखाना हो, तो इस भ्रमर-हस्त को बार-बार कँपाना चाहिए।

(११) **गतिभंग, स्खलन आदि में : पदान्तरे स्खलितं निरूप्य–शाकु.**, पृ. १२८; **गतिभङ्गं रूपयित्वा–वही**, पृ. १५२।

(१२) **रथ आदि का वेग दिखाने में : रथवेगं निरूप्य**–शाकु., पृ. १४; **इति भूयो रथवेगं निरूपयति**–शाकु., पृ. २०।

उपर्युक्त दोनों रंगनिर्देश **शाकुन्तल** के प्रथमांक में दुष्यंत के तेज गति से रथ पर जाते समय के संवादों के लिए हैं। कालिदास का अभिप्राय यहाँ पात्र द्वारा विशेष गति की मुद्रा बनाकर रथ का वेग दिखाने से है। रथ का वेग दिखाने के लिए किस प्रकार की गति-मुद्रा बनानी चाहिए, यह भरत ने **नाट्यशास्त्र** (१२.८१) में बताया है। **शाकुन्तल** में आकाश मार्ग से गमन तथा विक्रमोर्वशीय में सोपानारोहण की मुद्राओं का भी संकेत है। भरत ने इसी स्थल पर कहा है कि कुछ परिवर्तन के साथ उक्त स्यंदनी गति विमानस्थ व्यक्ति को दिखाने के लिए भी अपनायी जाएगी।

(१३) **लता आदि में आसक्त वस्त्र आदि को छुड़ाने में :** विक्रमोर्वशीय के प्रथमांक में चित्रलेखा लता-विटप में संलग्न अपनी एकावली को उत्पतनभंग का अभिनय करके बताती है (**उत्पनतभंगं रूपयित्वा–विक्र.,** पृ. ७८) और उसके कहने पर चित्रलेखा उसे छुड़ाने का अभिनय करती है (**चित्रलेखा मोचनं नाटयति–वही**)।

(१४) **लिखने में : शाकुन्तल** के तृतीय अंक में शकुन्तला से उसकी सखी प्रियंवदा कहती है कि इस नलिनी-पत्र पर अपना संदेश नखों से लिखो। तब शकुन्तला लिखने का अभिनय करती है (**यथोक्तं रूपयित्वा–शाकु.,** पृ. ११०)। **अभिनयदर्पण** के अनुसार नखों से लिखने की मुद्रा के लिए हंसपक्ष-हस्त का प्रयोग किया जाना चाहिए, जिसमें सर्पशीर्ष हस्त बनाकर कनिष्ठा को आगे फैलाया जाता है।

इस प्रकार कालिदास ने नाट्यधर्मी कार्य-कलाप को मंच पर दिखाने के लिए सर्वत्र विशिष्ट नाट्य-मुद्राओं का संकेत अपने नाटकों में कर दिया है, जिनका विवरण नाट्यशास्त्र संबंधी ग्रंथों में अधिकाशंतः मिल जाता है। कालिदास के इन संकेतों से स्पष्ट है कि वे अपनी रचनाओं का प्रयोग भावात्मक पद्धति से करवाना चाहते हैं। मंच पर लोक-व्यवहार में उपयुक्त सामग्री न होने पर भी नाट्य-मुद्राओं से उसे सूचित कर दिया जाता है। रथ, शैली, सोपान आदि वास्तव में मंच पर न बने होने पर भी उनके आरोहण-अवरोहण की विशिष्ट मुद्रा अभिनय करके बनायी जाती है। उद्यान वास्तव में मंच पर निर्मित नहीं है, पर उसे देखने की मुद्रा द्वारा उसकी प्रतीति करायी जाती है। इसी प्रकार प्रसाधन, परिधान, पशु-पक्षी आदि को सूचित करने के लिए भी कालिदास का तात्पर्य यही लगता है। कालिदास ने नाट्यधर्मी कार्यों के लिए ही विशेष मुद्राओं का संकेत किया है। ऐसे कार्य जो मंच पर भी उसी प्रकृत रूप में सहजता से संपादित हो सकते हैं, विशिष्ट मुद्राओं की अपेक्षा नहीं रखते। **शाकुन्तल** में अनसूया प्रियंवदा का आलिंगन

करती है। यहाँ किसी विशिष्ट मुद्रा की आवश्यकता नहीं है, अतः कवि ने 'नाटयित्वा', 'रूपयित्वा' आदि विशिष्ट मुद्रासूचक संकेतों का यहाँ प्रयोग नहीं किया। पर दुष्यंत शकुन्तला का स्पर्श करना चाहता है और शकुन्तला उसका परिहार करती है, इसमें विशेष मुद्रा की अपेक्षा है और वहाँ नाटककार ने उसका संकेत दिया भी है। कालिदास के रूपकों में ऐसी अनेक क्रियाओं के लिए रंग-संकेत हैं, जिनमें किसी विशेष मुद्रा की आवश्यकता नहीं है और कवि ने सहज रूप में ही उन्हें मंच पर प्रदर्शित करवाना भी चाहा है। **विक्रमोर्वशीय** में विदूषक द्वारा मोदकशराव का ग्रहण (पृ. १६२), राजा द्वारा मणि उठाना, (वही), उर्वशी का पीछे से जाकर राजा का नेत्र मूँद लेना (पृ. १६६), **शाकु.** में राजपुरुषों द्वारा धीवर को पीटा जाना (पृ. २०२) आदि में विशिष्ट नाट्य-मुद्राओं की आवश्यकता नहीं है, अतः कवि ने उनके रंग-संकेतों में 'नाटयित्वा', 'रूपयित्वा', 'निरूप्य' आदि का प्रयोग नहीं किया है। एक ही कार्य में दो पृथक्-पृथक् क्रियाओं के लिए एक में नाट्य-मुद्रा की अपेक्षा और दूसरी में अनपेक्षा भी कालिदास ने सूचित की है। औशीनरी पुरूरवा की पूजा में नाट्य-मुद्रा के द्वारा पूजा आदि का अभिनय करती है, पर उसी प्रसंग में वह राजा को प्रणिपात करती है, तो उसके लिए नाट्य-मुद्रा की आवश्यकता नहीं है।

इस दृष्टि से कालिदास की स्थिति भास से उल्टी है। भास में भरत के उन वैकल्पिक विधानों का अनुवर्तन मिलता है, जो भरत के अपने प्रस्थान की बजाय अन्य नाट्यशास्त्रीयपरम्परा के अंग रहे होंगे। कालिदास में ऐसे वैकल्पिक विधानों के स्थान पर भरत के प्रस्थान की सम्पुष्टि ही मिलती है। भास ने रंगमंच पर आयुधों का पात्र के रूप में तथा प्राणियों का भी प्रवेश कराया है। कालिदास में प्राणियों के प्रवेश के अवसर आते हैं। मालविकाग्निमित्रम् में पिंगल नामक बन्दर के उत्पात से सम्पूर्ण अन्तःपुर के त्रस्त होने का वर्णन है, तो शाकुन्तल में हाथी, हरिण, हरिणशावक आदि की मंच पर उपस्थिति का बोध कराया गया है। पर कहीं भी कालिदास ने वानर, हरिण आदि का प्रवेश स्थूल शारीरिक स्तर पर मंच पर सूचित नहीं किया, उसकी उपस्थिति का बोध मनुष्य पात्रों के भावात्मक अभिनय से ही होगा। इस प्रकार रंगमंच पर जीवित प्राणियों का प्रवेश दिखाने के लिए भरत ने वैकल्पिक रूप से सजीव का विधान अपने आहार्य अभिनय के अन्तर्गत किया है। कालिदास इस वैकल्पिक विधान को निरस्त कर देते हैं।

शाकुन्तल के पहले अङ्क में तेजी से भागते रथ पर सवार राजा और सारथि प्रवेश करते हैं। यहाँ वास्तव में रथ मंच पर नहीं लाया जाता, रथ का निरूपण या नटन किया जाता है–यह कालिदास के द्वारा दिये गये रंग संकेतों से स्पष्ट है। भरत का प्रस्थान शैल, यान या वाहन, ध्वज, आयुध आदि के स्थूल प्रदर्शन के स्थान पर सूक्ष्म सांकेतिक मुद्राओं से उनको दिखाने का ही पक्षधर है, पर वैकल्पिक रूप से पुस्त की विधियों में पर्वत, यान,

विमान आदि की आकृतियाँ चमड़े, बाँस आदि से बनाने का निर्देश भी है। कालिदास इस प्रकार के विकल्पों के स्थान पर **नाशा.** की मुख्य धारा का ही अनुगमन करते हैं।

नाट्यशास्त्र और भवभूति

संस्कृत नाट्यसाहित्य में भवभूति का अवतरण भारतीय रंगमंच की परम्परा के एक विशिष्ट संक्रान्तिकाल में हुआ। भास को छोड़कर प्रथम श्रेणी के संस्कृत नाटककारों में अन्य किसी नाटककार ने भरत के विधानों का ऐसा उल्लंघन नहीं किया जैसा भवभूति ने। भास इतने पूर्ववर्ती हैं कि उनके समय तक भरत के नाट्यशास्त्र का प्रस्थान सर्वप्रचलित न हो पाया हो। पर आठवीं शताब्दी में भवभूति के समय न केवल भरतमुनि के नाट्यशास्त्र की सर्वातिशायी प्रतिष्ठा भारतीय रंगमंच पर थी अपितु स्वयं भवभूति भी नाट्यशास्त्र सहित विविध शास्त्रों के पारंगत पण्डित थे। **मालतीमाधव** में नायिका मालती के नायक माधव को पहली बार देखने के दृश्य में उन्होंने रसदृष्टियों का नाट्यशास्त्रसम्मत सूक्ष्म चित्रण किया है, जिसकी जगद्धर आदि उनके टीकाकारों ने व्याख्या की है। पर भवभूति अनेक स्थलों पर **नाशा.** के विधि-विधानों से खुली छूट लेते हैं या प्रस्थानभेद प्रकट करते हैं। उनकी दृष्टि में करुण रस ही वास्तव में एकमात्र रस है, शेष सब रस इसी के रूपभेद हैं, जो इसी से उपजते और इसी में लीन होते हैं (**उत्तररामचरित**, ३.४७)। अपने नाटकों में शयन, आलिंगन, दूरदेशगमन आदि के दृश्य भवभूति रंगमंच पर चित्रित करते हैं, जो भरत के विधानों के विपरीत जाता है। **उत्तररामचरित** के पहले अंक में सीता मंच पर सो जाती हैं, फिर राम भी उनके पास लेटते हैं। **मालती-माधव** के सातवें अंक में मालती-वेशधारी मकरन्द पर्यंक पर सोता हुआ या शयन का नाटक करता हुआ दिखाया जाता है। **उत्तररामचरित** के पहले अंक में राम और सीता का, **मालतीमाधाव** के छठे अंक में माधव और मालती का आलिंगन प्रदर्शित है। इसी नाटक के विभिन्न अंकों में उद्यान से राजमार्ग पर, श्मशान से करालायतन आदि में गमन के दृश्य भी हैं।

संस्कृतनाटक की प्रचलित पद्धतियों या स्थापित रूढ़ियों की भवभूति को जैसे परवाह नहीं है। नाटक में प्रमुख पात्र का प्रवेश बिना सूचना के नहीं होना चाहिए–इस विधान का निर्वाह प्रायः संस्कृत नाटककार करते आये हैं। **मालतीमाधव** में प्रतीहारी नेपथ्य से आधी झाँक कर मालती और उसकी सखियों को कामन्दकी के प्रवेश की सूचना जिस तरह दे देती हैं, वह प्रचलित रीति से बहुत भिन्न प्रयोग है।

भवभूति के तीनों नाटक कालप्रियनाथ के मन्दिर के यात्रामहोत्सवों के अवसर पर खेले गये थे, इसलिए स्वभावतः ही राजसभा के नाट्यगृह के लिए लिखे गये नाटकों से उनकी संरचना भिन्न है और इसलिए नाट्यशास्त्र के वे विधान जो राजसभा के परिष्कृत,

अभिजात रंगमंच की दृष्टि से दिये गये हैं, भवभूति की रचनाओं में पूरी तरह प्रतिफलित नहीं हुए हैं। कालिदास की भाँति नाट्यप्रयोक्ता के रूप में भरतमुनि का उल्लेख तथा अपने नाटक में एक पात्र के रूप में भरत का समावेश भवभूति ने भी किया है। पर रोचक बात यह है कि भवभूति अपने नाटक **उत्तररामचरित** में भरतमुनि के द्वारा गर्भांक (नाटक के भीतर नाटक) में ऐसा नाट्यप्रयोग कराते हैं, जो भरत के ही विधानों के अनुसार शास्त्रबाह्य प्रयोग हैं। भरत के अनुसार प्रेक्षागृहविवर्जित प्रयोग बाह्य प्रयोग है (१३.६४), और **उत्तररामचरित** में सीता-वनवास के बाद की घटनाओं को नाटक के भीतर नाटक के रूप में दिखाने का प्रयोग बाह्य प्रयोग ही है।

मन्दिर के यात्रा महोत्सवों में खेले जाने वाले नाटकों को देखने के लिए बड़ा जनसमुदाय इकट्ठा होता था, जब कि राजसभा के रंगमंच पर खेले जाने वाले नाटक को चुनिन्दा पण्डितों और रसिकों की मण्डली ही देखती थी। इसके साथ ही यात्राओं में हल्लीसक, रासक आदि लोकनाट्य भी होते थे तथा अन्य अनेक प्रकार के आयोजन होते थे। इस प्रकार यात्रा के रंगमंच के लिए लिखने वाले नाटककारों पर लोकनाट्यपरम्परा का प्रभाव पड़ना स्वाभाविक था। भवभूति भी ऐसे ही नाटककार हैं। (विवरण के लिए इस कोश के चतुर्थ खण्ड में 'यात्रा' तथा प्रस्तुत खण्ड में **कोहल** और **विष्णुधर्मोत्तरपुरण** शीर्षक तथा द्वितीय खण्ड में 'उपरूपक' भी द्र०)।

भवभूति के **उत्तररामचरित** में सूत्रधार प्रस्तावना में ही घोषणा करता है–'यह मैं (नाटक के) प्रयोजन से अयोध्या का निवासी और उस काल का पात्र बन गया।' अभिनेता-रूप तथा पात्र-रूप दोनों का सहावस्थान यहाँ हो गया है, जो लोकनाट्यपरम्परा में प्रचलित है। **मालतीमाधव** में भी सूत्रधार और पारिपार्श्विक घोषणा करते हैं कि अब हम कामन्दकी और अवलोकिता बन रहे हैं। प्रस्तावना और नाटक के आरम्भ में पात्रप्रवेश के बीच भवभूति ने अन्तराल नहीं रखा है। मंच पर ही सूत्रधार अयोध्या के निवासी की भूमिका में आ जाता है और उसी तरह सूत्रधार और पारिपार्श्विक **मालतीमाधव** में अपनी भूमिकाओं की घोषणा करने के साथ ही पात्र के रूप में सामने आ जाते हैं।

इसी प्रकार भवभूति नाटक की अपनी संरचना में नाटक के ही कथासंविधान पर पात्रों के मुख से टिप्पणी कराते हुए लगते हैं। **मालतीमाधव** के दसवें अंक में कामन्दकी कहती है–'क्या ऐसा अद्भुत, विचित्र, रमणीय, उज्ज्वल प्रकरण और भी कहीं हैं?' यह **मालतीमाधव** के पात्रों के जीवन में आये उतार-चढ़ाव या आकस्मिक घटनाओं पर भी टिप्पणी है, तथा स्वयं भवभूति की रचना के संविधान पर नाटक के सूत्रधार की ओर से एक व्याख्या भी, क्योंकि सूत्रधार स्वयं ही कामन्दकी की भूमिका भी कर रहा है।

उत्तररामचरित के तीसरे अंक में भी तमसा के मुख से नाटक के संविधान पर इसी तरह परोक्ष टिप्पणी है और करुण रस का विचारदर्शन भी इसी तरह प्रस्तुत किया गया है। भवभूति के पात्र अनेक स्थलों पर दर्शकों को सीधे सम्बोधित करते हुए लगते हैं। इसी तरह दो या तीन चार पात्र मिलकर एक साथ एक ही संवाद बोलते हैं या एक पथ के अलग-अलग चरणों को क्रमशः कुछ पात्र कहते हैं।

कालिदास की तुलना में भवभूति के नाटकों के रंगसंकेत बहुत अलग हैं। कालिदास के रंगसंकेत भरत के द्वारा निर्दिष्ट आङ्गिक तथा सात्त्विक अभिनयों की सूक्ष्म अभिव्यञ्जनाप्रधान शैली की सम्पुष्टि करते हैं, जबकि भवभूति के संवाद वाचिकबहुल हैं और उनके साथ पात्रों के लिए निर्दिष्ट चेष्टाएँ लोकधर्मी अभिनयपद्धति की सम्पुष्टि करती हैं। **उत्तररामचरित** के पहले अङ्क में दुर्निवार ग्लानि, अनुताप और अन्तर्द्वन्द्व से भर कर राम सोती हुई सीता के चरण अपने माथे पर रख लेते हैं। **महावीरचरित** में परशुराम से मुठभेड़ के लिए प्रस्थान करते राम को रोकने के लिए सीता उनका धनुष छुड़ाने लगती हैं और बलपूर्वक रोक लेने की बात कहती हैं।

इसके साथ ही **नाट्यशास्त्र** में निरूपित वाक्यार्थाभिनय तथा पदार्थाभिनय इन दो पद्धतियों में से भवभूति पदार्थाभिनय की पद्धति की ओर अधिक इंगित करते हैं। **मालतीमाधव** के पाँचवें अंक में कापालिक देवी की स्तुति पहले करते हैं और फिर उस पर अभिनय करते हैं। पहले वाचिक की प्रस्तुति तथा उसके पश्चात् एक-एक पद लेकर उसका व्याख्यात्मक अभिनय-यह पद्धति केरल के मन्दिरों में संस्कृत नाटकों की प्रस्तुति में भी अपनाई जाती रही है।

नाट्यशास्त्र और राजशेखर

भवभूति के पश्चात् राजशेखर (दसवीं शताब्दी) महत्त्वपूर्ण नाटककार हैं। उन्होंने पहली बार सट्टक नामक उपरूपक का नमूना प्रस्तुत किया। उनके पहले सट्टक लिखे गये होंगे, पर वे नहीं मिलते। इस दृष्टि से राजशेखर भवभूति की अपेक्षा और भी अधिक लोकनाट्यपरम्परा के निकट लगते हैं। राजशेखर के सट्टक का नाम **कर्पूरमंजरी** है, जो सट्टक के लक्षण के अनुसार पूरा प्राकृत में लिखा गया है। फिर भी ध्यान देने की बात है कि राजशेखर मूलतः और मुख्यतः संस्कृत के नाटककार हैं, उनके सट्टक के सारे संवाद भले ही प्राकृत में हों किन्तु रंगनिर्देश संस्कृत में ही हैं और नाटक का नाम भी प्राकृत में न रखकर संस्कृत नाम रखा गया है।

सट्टक लिखने की प्रवृत्ति ही राजशेखर में लोकनाट्यपरम्पराओं से परिचय के कारण आयी होगी, यद्यपि वे भरतमुनि के शास्त्र से भी सुपरिचित हैं।

लोक और शास्त्र का यह सहभाव **नाट्यशास्त्र** और संस्कृत नाटक दोनों की

परम्परा को सम्पन्न बनाता रहा है। कालिदास भरत के नाट्यप्रस्थान की सारी विधियों और प्रविधियों को भव्य और उदात्त रूप में प्रस्तुत करते हैं, भवभूति रंगमंच का भिन्न स्वरूप निरूपित करते हैं जहाँ मन्दिर की रंगशाला है और वाचिक अभिनय का भी रूप बदला हुआ है। राजशेखर जैसे बाद के नाटककार लोकशास्त्राद्यवेक्षणपूर्वक रूपकरचना के क्षेत्र में अपना मार्ग बनाते हैं और उपर्युक्त परम्परा को देखते हुए यह स्वाभाविक ही है कि वे कालिदास और भवभूति दोनों से ही अत्यधिक प्रेरित और प्रभावित हैं।

नाट्यशास्त्रकार भरत और उनकी परम्परा ने लोकधर्मावच्छिन्न नाट्यपद्धतियों को अपने राजमार्ग से जोड़कर उनका मानकीकरण और शास्त्रीकरण जिस प्रकार किया, उसका एक उदाहरण हम पूर्वरंग के विधिविधान में देखते हैं। लौकिक स्तर पर पूर्वरंग नाट्यप्रस्तुति के पूर्व की जाने वाली अभिनेताओं की तैयारी तथा उनकी स्वतुष्टि तथा स्वरंजन के लिए विहित क्रियाओं में पर्यवसित था। नाट्यशास्त्रकार ने उसे रंगविघ्नशान्ति के अभिप्राय से जोड़कर वैदिक कर्मकांड का स्वरूप दे दिया। पर जब राजशेखर **कर्पूरमंजरी** की प्रस्तावना में पूर्वरंग का आँखों देखा हाल सूत्रधार के मुख से सुनाते हैं, तो वह नाट्यशास्त्रसम्मत आनुष्ठानिक पूर्वरंग न होकर नटमंडली की स्वतःस्फूर्त सहज प्राकृत क्रियाओं में पर्यवसित पूर्वरंग ही लगता है–

किं उण णट्टप्पउत्तो विअ दीसति अम्हाणं कुसीलवाणं जणो। जदो एक्का पत्तरेइआइं सिअआइं उच्चिणेदि। इअरा कुसुमावलीओ गुंफेदि। अण्णा पडिसीसआइं पडिसारेदि। का विहु वण्णिआओ पट्टए घट्टेदि। एसो वंसो ठाविदो ठाणे। इअं वीणा पडिसारीअदि। इमे तिण्णि वि मिअंगा सज्जीअंति। एस पक्खउज्जाणं हलबोलो सुणी अदि। एदं ध्रुवागीदं आलवीअदि।

यदि नाट्यप्रस्तुति के पूर्व कुशीलवों द्वारा तन्निमित्त की जाने वाली क्रियाओं को पूवरग माना जाय, तो निश्चय ही एक भिन्न प्रकार का पूर्वरंग यहाँ उपस्थापित है। पात्रोचित सिचय या वस्त्रों को छाँटना, कुसुमावलियों का गूँथना, प्रतिशीर्षक (मुखौटे या मुकुट) लगाना तथा वर्णिकाओं का सिल पर पीसा जाना–इन चार क्रियाओं का भरत-वर्णित पूर्वरंग से कोई सम्बन्ध नहीं है, क्योंकि ये चारों आहार्य अभिनय से सम्बद्ध हैं, जबकि भरत का पूर्वरंग कुतप और आतोद्य से अधिक जुड़ा है। पर इसके आगे सूत्रधार जो क्रियाएँ होती देखता है, उनका सम्बन्ध भरत के पूर्वरङ्ग से भी कहीं न कहीं है। राजशेखर का सूत्रधार क्रमशः निम्नलिखित क्रियाएँ सम्पादित होती हुई देखता है–वंश (बाँसुरी, जर्जर?) की स्थान पर स्थापना, वीणा के तार मिलाये जाना, तीन मृदंगों को मिलाकर तैयार करना, फिर पक्षातोद्य (पखावज) के बोल और फिर ध्रुवा गीत का

आलाप प्रारम्भ होना– इन क्रियाओं का निश्चित साम्य भरतनिरूपित आश्रावणा, वक्त्रपाणि, परिघट्टना तथा संघोटना से है और ध्रुवागायन तो पूर्वरंग में उत्थापन, परिवर्तन और शुष्कावकृष्टा–इन अंगों से होता ही है। पर **कर्पूरमंजरी** के प्रयोग में ये क्रियाएँ अपने प्रकृत रूप में अभिनेताओं की सहज स्फूर्ति से हो रही है। भरत ने पूर्वरंग विषयक पंचम अध्याय और फिर ३१ वें अध्याय में इनका सूक्ष्म-विशद विधान बताया है, उसमें परिवृत्यसह जटिल पद्धतियाँ समाविष्ट हैं।

नाट्य की हमारी शास्त्रीय परम्परा से राजशेखर सुपरिचित थे। **बालरामायण** में तीन महान् शास्त्रकारों का उल्लेख करते हैं–आचार्य भरत, कोहल और द्रौहणि। कोहल के **नाट्यशास्त्र** के कर्ता या प्रवक्ता के रूप में सन्दर्भ भरतकृत **नाट्यशास्त्र, अभिनवभारती** तथा अन्य नाट्यशास्त्रीय ग्रन्थों में आते हैं। कालिदास की तरह राजशेखर भी नाट्यप्रयोग की परम्परा से इन्द्र का सम्बन्ध देखते हैं। नाट्यवेद की सृष्टि इन्द्र आदि के अनुरोध पर हुई यह तो **नाट्यशास्त्र** बताता ही है। **नाट्यशास्त्र** में वर्णित इन्द्र और भरत के सहकार को दृष्टि में रखकर कालिदास भरत को इन्द्र की सभा में **लक्ष्मीस्वयंवर** नाटक प्रस्तुत कराते हुए वर्णित करते हैं, तो राजशेखर भी भरत के द्वारा इन्द्र के आदेश से **सीतास्वयंवर** नामक नवीन नाटक देवसभा में प्रस्तुत कराने का उल्लेख करते हैं। यही नाटक उनके **बालरामायण** में गर्भाङ्क के रूप में रावण के आगे दिखाया जाता है। रावण ने इसके लिए आचार्य द्रौहिणि से अनुरोध किया है और द्रौहिणि भी अप्सराओं और सौ पुत्रों को लेकर लंकापुरी में आ गये हैं। इन अप्सराओं और सौ भरतपुत्रों का उल्लेख **नाट्यशास्त्र** में मिलता ही है। स्पष्ट है कि राजशेखर ने भी कालिदास की तरह **नाट्यशास्त्र** में वर्णित मिथकों और मिथकीय अभिप्रायों या आशयों को अपने नाटक की विषय-वस्तु में उपयुक्त किया है।

भरतकृत **नाट्यशास्त्र** और उसके सम्प्रदाय से सुपरिचित होकर भी राजशेखर बार-बार उसकी लीक को छोड़ते हैं तो इसका कारण यही प्रतीत होता है कि उनके सामने **नाट्यशास्त्र** का अन्य सम्प्रदाय है या इतर-सम्प्रदायोपजीवी-लोकपरम्परा है। यह अकारण नहीं है कि **बालरामायण** में अन्तर्गर्भित **सीतास्वयंवर** नाटक के प्रणेता और प्रयोक्ता तो आचार्य भरत हैं, पर उसकी प्रस्तावना के सूत्रधार बनकर कोहल उतरते हैं। इसमें कोई सन्देह नहीं कि आचार्य भरत के नाट्य-प्रस्थान के समानान्तर तत्परिपोषक तथा तद्विलक्षण एक नाट्यप्रस्थान के सबसे बड़े प्रवक्ता, प्रयोक्ता और प्रयोजयिता आचार्य कोहल ही हैं। कोहलीय **नाट्यशास्त्र** का ग्रन्थ के रूप से पुनरुद्धार तो पूरी तरह नहीं हो सका है, पर स्वयं भरत कोहलीय **नाट्यशास्त्र** को अपने ग्रन्थ के पूरक के रूप में उद्घोषित करते हैं–

शेषमुत्तरतन्त्रेण कोहलस्तु करिष्यति।
प्रयोगान् कारिकाश्चैव निरुक्तानि तथैव च।।–(नाशा., ३७.१८)

कोहल के रचे हुए **नाट्यशास्त्र** के इस उत्तरतन्त्र में भरत के ग्रन्थ में जो छूट गया उसका तो विमर्श रहा ही होगा, अभिजात रंगमंच के समानान्तर लोक में प्रचलित नाट्य-परम्पराओं का भी उसमें अपूर्व संग्रह रहा होगा। इसलिए नाट्यशास्त्र के प्रवक्ता और प्रयोक्ता के रूप में आचार्य भरत और आचार्य कोहल की भूमि और भूमिकाएँ पृथक् हैं। भरत अभिजात रंगमंच की सूक्ष्मता, कलात्मक परिष्कार और उदात्त सौन्दर्यबोध की विशद मीमांसा करते हैं, तो कोहल नाट्य की सहज लोकाभिमुख प्रवृत्तियों का साक्षात्कार। भरत दशरूपकविधान के आद्य प्रणेता हैं तो **अभिनवगुप्त,** हेमचन्द्र आदि के साक्ष्य पर हम कह सकते हैं कि उपरूपकों की लोकसमृद्ध सुदीर्घ परम्परा के प्रथम संग्राहक और प्रथम प्रामाणिक व्याख्याकार कोहल हैं और राजशेखर कोहल के निकट इस दृष्टि से भी लगते हैं कि संस्कृत नाटककारों में उपरूपकों की बहुविध परम्पराओं का सर्वाधिक संचय कदाचित् उन्होंने ही किया है। कोहल की तरह भरतविरुद्ध राजशेखर भी नहीं हैं। वे तो स्वयं कोहल के ही मुख से भरत को नाट्यविश्व का प्रजापति घोषित कराते हैं–

"तत्रभवतः परमेष्ठिनो मानसभुवः प्रथमपुत्रस्य नाट्ययोनेर्भरताचार्यस्य कृतिरभिनवं सीतास्वयंवर इति नाटकम्।"
(बा. रा., तृतीयांक में गर्भनाटक की प्रस्तावना)

इसलिए राजशेखर की नाट्यरचना में भरतोपजीव्यता और भरतातिक्रमण दोनों प्रवृत्तियाँ परिलक्षित हो सकती हैं। उपर्युक्त गर्भनाटक की प्रस्तावना में ही कोहल के मुख से **'कर्पूर इव दग्धोऽपि शक्तिमान् यो जने जने। नमः शृङ्गारबीजाय तस्मै कुसुम-धन्वने"** यह नान्दी उन्होंने प्रस्तुत कराई है जो भरत के लक्षण का सर्वथा अनुसरण करती है, साथ में रावण के मुख से यहीं इस नान्दी के भरतकृतनाट्यशास्त्रानुसारित्व की संपुष्टि भी करा दी गयी है–**"द्वादशपदेयं प्रवर्तिता नान्दी तत्प्रस्तावयिष्यति।"** (बा. रा., पृ. ६६)।

नाटकों में ध्रुवाओं का प्रयोग करने वाले विरले नाटककारों में राजशेखर अग्रगण्य हैं। रामचन्द्र-गुणचन्द्र बताते हैं कि ध्रुवाएँ नाटक में स्वयं नाटककार भी जोड़ सकता है अथवा प्रयोक्ता सूत्रधार आदि भी प्रसंग, देश-काल तथा प्रेक्षकों की रुचि के अनुसार यथास्थान ध्रुवाएँ अपनी ओर से नाटक में जोड़ते हैं। किन्तु राजशेखर ने ध्रुवाओं के जो नमूने प्रस्तुत किये हैं, वे नाट्यशास्त्रसम्मत तो हैं ही उपर्युक्त नान्दी की तरह ध्रुवा का शास्त्रीय स्वरूप भी उन्होंने परामृष्ट किया है और वह भी भरतबाह्य नहीं है–

**'ध्रुवा हि नाट्यस्य प्रथमे प्राणाः।
प्रथयति पात्रविशेषान् सामाजिकमनांसि रञ्जयति।
अनुसन्दधाति च रसान् नाट्यविधाने ध्रुवा गीतिः।'
-(बालरामायण, १.२०, पृ. ६, बालभारत १.१४, पृ. ४)**

नाट्यशास्त्र की शिष्ट परम्परा में संगृहीत न किये जा सके अवशिष्ट प्रस्थानों को शास्त्र में स्थान कोहल ने दिया, उसी प्रकार संस्कृत नाटक के अभिजात रंगमंच से बहिष्कृत उन लोकनाट्यरूपों या उपरूपकों को, जिनका विवेचन कोहल की परम्परा करती आयी थी, संस्कृत नाटक और उसके रंगमंच से जोड़ने का काम राजशेखर ने किया। इस तरह के उपरूपकों के प्रयोग उन्होंने स्वयं देखे भी होंगे। इनमें से कुछ जैसे-कठपुतली नृत्य के अभिप्राय उन्होंने अपने रूपकों में ले लिये हैं। **'विद्धशालभञ्जिका'** में शालभंजिका का अर्थ ही 'कठपुतली' है। **बालरामायण** में राजशेखर ने कठपुतली नाट्य को चमत्कारिक रूप देकर सम्मिलित कर लिया है, जहाँ रावण **सूत्रधारचलद्दारुगात्री वक्त्रस्थसारिकालापा यंत्रजानकी** से संवाद कर प्रमुदित होता है (अंक-५)। **असमपराक्रम** नामक अंक में इसी यंत्रजानकी का कटा सिर राम के आगे फेंका जाता है।

उपरूपकों की दृष्टि से **कर्पूरमंजरी** में वर्णित चर्चरी, अवधेय और अनुसंधातव्य हैं। इसमें निम्नलिखित उपरूपक समाविष्ट प्रतीत होते हैं-(१) लास्य करके मणिभाजन और यंत्रजल से नर्तकियों का एक दूसरे पर पिचकारी चलाना, (२) विचित्रबन्धपूर्वक बत्तीस नर्तकियों का आँगन में तालानुगत चरणों के साथ दण्डरास, जिसमें वे दो-दो पंक्तियाँ बनाकर परस्पर अभिमुख हो जाती थीं, (३) मयूरपिच्छ धारण करके पुलिन्द नृत्य (४) प्रतिशीर्षक धारण करके श्मशानाभिनयपूर्वक निशाचरी नृत्य, (५) हुडुक्का और मर्दल के उपयोग के साथ चल्लि (चारी, छलित?), (६) योगिनीवलयनर्तकेलि, (७) विचित्रवेष में हास्यपूर्ण नृत्य।

इनमें से रासक का लक्षण कोहल कर ही चुके थे। उसी से मिलते-जुलते उपरूपक नाट्यरासक का लक्षण **नाट्यदर्पण** तथा **भावप्रकाश** में किया गया। रासक और नाट्यरासक पर आधारित दण्डरासक या दण्डलास्य का वर्णन **भरतार्णव, नाट्यसर्वस्वदीपिका** तथा **नृत्तरत्नावली** में विशेष रूप से मिलता है। राजशेखर द्वारा वर्णित शेष नृत्य प्रकारों का सम्बन्ध भाणिका, रामाक्रीड या प्रेरण आदि उपरूपकों से प्रतीत होता है। मूल में 'चल्लि' शब्द आया है जिसका अर्थ एन.जी. सुरु ने चारी किया है, सम्भवतः यह छल्लि या छलितक भी हो सकता है (नाविको. में द्र. उपरूपक तथा नृत्त शीर्षक)।

राजशेखर लोकस्वभाव व लोकव्यवहार से उपरूपकों के निर्मित होते जाने की

प्रक्रिया का साक्ष्य देते हैं। **विद्धशालभंजिका** में नायिका की कन्दुकक्रीडा **'अमन्द-मणिनूपुरक्वणनचारुचारिक्रम'** द्वारा 'गेंदुकेलितांडव' में रूपान्तरित हो जाती है।

राजशेखर भरत के शास्त्र से परिचित हैं। साथ ही उसके रूपकों का अभिनय राजसभा में हो रहा है। फिर भी नाट्य की अपने समय की देशज परम्पराओं से परिचय और अभिनेताओं से सम्पर्क के कारण राजशेखर राजसभा और शास्त्र दोनों की सीमा के बाहर आते हैं।

ऐसी स्थिति में यह स्वाभाविक ही है कि स्वयं आचार्य होकर भी राजशेखर आचार्य भरत के नाट्यशास्त्रीय विधानों का उल्लंघन करते हैं। वे भरतकृत **नाट्यशास्त्र** से अपनी अप्रतिबद्धता को बार-बार प्रमाणित करते हैं। भरत द्वारा विहित निषिद्ध दृश्यों को वे बेहिचक दिखाते हैं। दूर तक चलने के दृश्य उनके रूपकों में हैं। स्नान करती नायिका को **कर्पूरमंजरी** में वे मंच पर ले आते हैं। शयन या उत्स्वप्नायित का दृश्य मंच पर दिखाने का जोखिम भी भास और भवभूति के बाद उन्होंने ही उठाया है **(विद्धशालभंजिका**, अंक-३)। **बालरामायण** में वे परशुराम और रावण का शस्त्राशस्त्रि साम्मुख्य प्रदर्शित करते हैं। वे मंच पर उन सब निषिद्ध दृश्यों को प्रकट करने को तत्पर लगते हैं, जिनकी सूची नाट्यशास्त्र के आचार्यों ने दी है। नाट्यशास्त्र के अनुसार–

न कार्यं शयनं रङ्गे नाट्यधर्मं विजानता।
यद्वा शयीतार्थवशादेकाकी सहितोऽपि वा।
चुम्बनालिङ्गनं चैव तथा गुह्यं च यद् भवेत्।
दन्तच्छेद्यं नखच्छेद्यं नीवीस्रंसनमेव च।
स्तनाधरविमर्दञ्च रङ्गमध्ये न कारयेत्।
भोजनं सलिलक्रीडा तथा लज्जाकरं च यत्।
एवंविधं भवेद् यद् यत् तद् रङ्गे न कारयेत्।।–(२२.२६५-६८)
दूराध्वानं वधं युद्धं राज्यदेशादिविप्लवम्।
संरोधं भोजनं स्नानं सुरतं चानुलेपनम्।
अम्बरग्रहणादीनि प्रत्यक्षाणि न निर्दिशेत्।।–(दशरूपक, ३.३४-३५)

नाम्बरग्रहणं रङ्गे न स्नान न विलेपनम्।
नाञ्जनं नाङ्गरागश्च केशसंयमनं तथा।
नाप्रावृता नैकवस्त्रा न रागमधरस्य तु।
उत्तमा मध्यमा वापि कुर्वीत प्रमदा क्वचित्।।

अधमानां भवेदेष सर्व एव विधिः सदा।
कारणान्तरमासाद्य तस्मादपि न कारयेत्।।–(नाशा., २२.२४०-४२)

राजशेखर उन नाटककारों में हैं, जिन्होंने नाट्य-प्रयोक्ताओं से निरन्तर संवाद बनाये रखा। सम्बन्ध तो भवभूति के भी नटमंडली से बड़े मधुर रहे, पर भवभूति एक स्तर पर अपने समकालीन रंगकर्म और रंगकर्मी को अतिक्रांत कर निरवधि काल और विपुल पृथ्वी में कभी, कहीं सम्भाव्यजन्मा समानधर्मा की बाट जोहते हैं। इधर राजशेखर नटबटुओं के बदन में अपनी काव्यकन्था के जर्जर हो जाने की संभावना से भी अविचलित हैं–

ब्रूते यः कोऽपि दोषं सुमहदिति सुमतिर्बालरामायणेऽस्मिन्
प्रष्टव्योऽसौ पटीयानिह भणितिगुणो विद्यते वा न वेति।
यद्यस्ति स्वस्ति तुभ्यं भव पठनरुचिर्विद्धि नः षट्प्रबन्धा।
न्नैवं चेद्, दीर्घमास्तां नटबटुवदने जर्जरा काव्यकन्था।। –(बालरामायण)

कालिदास जब नाट्यरचना में प्रवृत्त हुए, तो उनके आगे भास एक चुनौती बनकर खड़े थे। भवभूति के आगे अभिजात रंगमंच की सारी सुविकसित और परिष्कृत परम्परा चुनौती की तरह खड़ी थी, जिसका सामना उन्होंने मन्दिर की रंगशाला और लोकधर्मी नाट्यपरम्परा की ओर मुड़कर किया और अपने समय के रंगकर्म से उनका सम्बन्ध उपमर्द्योपमर्दकभाव का है, नाट्य-प्रतिभा और परम्परा यहाँ अन्योन्याभिभवजननमिथुनवृत्ति होकर परस्पर-स्वर्धाधिरोह के द्वारा जैसे विकसित हो रही हों। इनकी अपेक्षा अधिक सुविधाजनक पद्धति श्रीहर्ष और राजशेखर जैसे द्वितीय श्रेणी के नाटककार अपनाते हैं। उनका रंगपरम्परा और समकालीन रंगकर्म से सम्बन्ध परस्पर अनुग्राह्यानुग्राहकभाव या पोष्यपोषकभाव का है। इन दोनों को उक्त दोनों कृति रचनाकारों की भाँति अपनी कृति से रंगावतरण के लिए उत्कंठानिर्भर नहीं रहना पड़ा। एक को उसकी गुणग्राहिणी परिषद् हाथ बाँधे सिर माथे पर बिठाने के लिए खड़ी थी, दूसरे को चाहमानकुलमौलिमालिका सुलभ थी, अपने भर्ता की कृति के प्रयोग की व्यवस्था के लिए सर्वथा तत्पर–

चाउहाणकुलमोलिमालिआ राअसेहरकइंदगेहिनी।
भत्तुणो किइमवंतिसुन्दरी सा पउंजइउमेअमिच्छइ।।
–(कर्पूरमंजरी, १.११)

ऐसी स्थिति में यदि श्रीहर्ष और राजशेखर नाट्यविश्व की परम्परा और प्रयोगधर्म से उस गत्यात्मकता के साथ संवाद स्थापित नहीं कर पाये, जो भास, कालिदास, भवभूति,

शूद्रक सरीखे सप्राण नाटककारों में मिलती है, तो यह कोई आश्चर्य की बात नहीं। अपने समय के रंगकर्मी से संवाद स्थापित करने के लिए उन्हें व्युत्पत्ति और अभ्यास में उस तरह अभिनिविष्ट होने की भी कदाचित् आवश्यकता न थी, उनका लिखा विधेय या भव्य नहीं, स्वतः सिद्ध की भाँति स्वीकार्य होना था।

पर श्रीहर्ष और राजशेखर में एक बड़ा अन्तर भी है। श्रीहर्ष भरत के आचार्यत्व और कालिदास के कविकुलगुरुत्व के प्रति पूरी तरह श्रद्धावनत तथा समर्पित हैं। वे भरतकृत सिद्धान्तों के दिङ्निर्देश पर कालिदासकृत वाग्द्वार से उसी राजपथ पर चल पड़ते हैं, जिस पर महाकवि के पदचिह्न अंकित हैं। राजशेखर इस राजपथ से जुड़ी तमाम छोटी-बड़ी पद्धतियों या खुली और संकरी गलियों में भी घूमते हैं। वे देशी नाट्य की परम्पराओं के महान् संग्राहक हैं और मध्यकालीन भारतीय रंग-मंच की समृद्धि और संसार को जितना अधिक राजशेखर सामने लाते हैं, उतना सम्भवतः और कोई नाटककार नहीं। पर यह भी स्मरणीय है कि उन्होंने लोकनाट्य की जीवन्त प्रस्तुतियों को अन्तःपुर के संकीर्ण समाज के लिए जिस अतिरंजित शृंगार-भूयिष्ठ रूप में प्रस्तुत किया है, वह हमारी कविता और रंगमंच के संस्खलन के ह्रास के बिन्दु को भी प्रकट करता है, जनता के रगमंच की एक झलक इसमें सामन्तीय समाज के मनोरंजनार्थ रुचिकर बनाकर प्रस्तुत की गयी है, वह हमारे रंगमंच की सहज विकासयात्रा से स्फूर्त होकर नहीं आयी है।

४

संस्कृत नाटक की प्रयोग-परम्परा

नाट्यशास्त्र के अनुसार भरत ने अपने निर्देशन में प्रेक्षागृह के विधिवत् निर्मित भवन में प्रशिक्षित कलाकारों के दल के द्वारा जो पहला सम्पूर्ण नाटक अभिनीत कराया–वह **अमृतमन्थन** नामक समवकार था। इसके पहले भरत खुले में–मुक्ताकाशी मंच पर–अपने कुछ प्रयोग कर चुके थे। पर वे अपने अपमान से उत्तेजित असुरों के द्वारा डाले गये विघ्नों के कारण असफल रहे। तब भरत ने इस नाटक के प्रयोग के लिए पहली बार एक प्रेक्षागृह का निर्माण कराया।

समुद्रमंथन नाटक के पहले भरत ने जो प्रयोग किये थे, उनके नाटकों के नाम **नाट्यशास्त्र** में नहीं बतलाये गये हैं। इन प्रयोग में पहले भरत के कथित सौ पुत्रों ने काम किया था, बाद में अप्सराएँ भी इस दल में शामिल हुईं। इन प्रयोगों में व्यवस्था एक 'सूत्रधार' ने की थी, पर यह कह पाना कठिन है कि यह सूत्रधार भरत स्वयं थे, या अन्य कोई व्यक्ति। असुरों द्वारा प्रयोग के विध्वंस के विवरण **नाट्यशास्त्र** में उपलब्ध होते हैं। नाट्यशास्त्र में दो बार सूत्रधार का उल्लेख है–१.६७ में कहा गया है कि सूत्रधार की उस समस्त व्यवस्था को विध्वस्त देख कर देवराज इन्द्र ने जानना चाहा कि यह सब विघ्न कैसे हुआ, फिर (१.६८) कहा गया है–'इन्द्र ने तब ध्वस्त हुई नाट्यसामग्री के बीच, अभिनेताओं के दल के साथ मूर्च्छित पड़े सूत्रधार को देखा।' इसके बाद नाट्यप्रयोगों में जर्जर–या बाँस के डंडे का प्रयोग प्रारम्भ हुआ, जिसे पूर्वरंग के कर्मकांडीय विधिविधान में भी यह प्रदर्शित करने के लिए प्रतीक-स्वरूप सूत्रधार हाथ में ले कर उपस्थित होने लगा कि जो नाटक के प्रदर्शन में विघ्न करेंगे, उनके लिए इस जर्जर का प्रयोग होगा। **समुद्रमन्थन** के पहले के इन सभी प्रयोगों में अष्टपद वाली वेदनिर्मित नान्दी का प्रयोग किया गया था, प्रायः सभी प्रयोगों में देवों के द्वारा असुरों पर विजय की नृत्यमय अनुकृति रहती थी जिसमें चेष्टाओं या अभिनयकर्म के साथ संवाद भी प्रयुक्त होते थे। इसीलिए **नाशा.** (१.६६) में कहा गया है–'असुरों ने नृत्य करते उन नटों की वाणी, चेष्टा तथा

स्मृति को स्तब्ध कर दिया।' ये प्रयोग इन्द्रमह के अवसर पर किये जाते थे तथा नाट्यसामग्री के रूप में इनमें इन्द्रध्वज, बाँस के दंड या कमंडलु, शृंगार (जलपात्र), छत्र, व्यंजन, सिंहासन, मुकुट आदि का प्रयोग होता था। अभिनयकर्म में सौकुमार्य, लालित्य और सौंदर्य तथा नाट्यधर्मिता के स्थान पर गति, वेग और ऊर्जा अधिक रहती थी तथा युद्ध आदि की हू-ब-हू नकल प्रस्तुत करने की चेष्टा भी की जाती थी। इसलिए **नाशा.** (१.५७-५८) में इन प्रारम्भिक प्रयोगों के विषय में कहा गया है कि "इनमें देवों के द्वारा असुरों की विजय थी, **"सम्फेट-विद्रव-विहित-छेद्य-भेद्य"** युद्ध वाली अनुकृति रहती थी।

उपर्युक्त प्रारम्भिक प्रयोगों की परिणति **'समुद्रमन्थन'** नामक सम्पूर्ण नाटक के अभिनय में हुई जिससे पहली बार एक व्यवस्थित प्रेक्षागृह में देवता, असुर आदि सभी वर्गों के लोग तृप्त हुए। भरत ने भी इसी नाटक का दूसरा प्रयोग हिमालय के पर्वतीय स्थल में शिव के सम्मुख किया। उपत्यकाओं, पर्वतशिखरों और वृक्षों से घिरे रम्य वनप्रांगण में **अमृतमन्थन** के इस द्वितीय प्रयोग के बाद भरत ने वहीं पर शिव को दिखाने के लिए अपने दूसरे नाटक–**त्रिपुरदाह** नामक डिम का भी प्रयोग कराया। शिव के कहने पर नाट्य में लास्य तथा ताण्डव जोड़कर उसे और भी आकर्षक बनाया गया।

आदिम नाटक के बारे में ये विवरण उसके प्रागैतिहासिक मिथकीय चरित्र को सूचित करते हैं। इस नाटक का उपक्रम भरत तथा उनके सौ पुत्रों ने गन्धर्वों और अप्सराओं के सहयोग से किया। निश्चय ही ये सब समाज की व्यवस्था के बाहर रहने वाले लोग थे। भरत के सौ पुत्रों के नामों की जो सूची **नाट्यशास्त्र** में दी है, उससे लगता है कि ये सब उनके औरस पुत्र नहीं हो सकते। ये ऐसे लोग थे, जो रूढ व्यवस्था के अंग नहीं बन सके थे और उन्होंने भरत के अनुयायी बन कर उन्हें धर्मतः अपना पिता मान लिया था। वे सभी उनके शिष्य होने के कारण 'भरत' कहलाये। गन्धर्व तथा अप्सराएँ भी आर्य समाज के बाहर के लोग थे, संभवतः वे उत्तर भारत के सुदूरस्थ अंचलों की जनजातियों से संबद्ध रहे हों। उस आदिम युग में नाटक रचने तथा अपना एक मंच खड़ा करने के भरतों के प्रयास का यथास्थितिवादियों की ओर से खूब प्रतिरोध भी हुआ था। बाद में हिमालय के ऋषियों ने भरत के सौ पुत्रों को शूद्र होने का शाप देकर समाज से बहिष्कृत कर दिया। नहुष जैसे इक्के-दुक्के राजाओं की सहायता न मिली होती, तो कदाचित् उस काल में नाटक को जिलाये रखना कठिन होता।

भरतों ने इसके बाद भारत में घूमते हुए नाटक को विस्तार देना प्रारम्भ किया होगा। नाटक की विषयवस्तु में रामायण, महाभारत तथा पुराणों की कथाएँ जोड़ी गयीं तथा सूत्रधार ने मंच पर प्रवेश कर कुशीलवों की सहायता से उसे नये आयाम दिये। इस

काल के नाटकों की भाषा संस्कृत थी, जो रामायण, महाभारत तथा पाणिनि से प्राप्त पुष्ट साक्ष्यों के अनुसार उस समय बोलचाल की भाषा थी।

ईसा पूर्व की शताब्दियों में नाटक राजमहल से लेकर गाँवों तक फैल चुका था। नगरों में जहाँ एक ओर सरस्वती भवनों में संपन्न नागरिकों के द्वारा विविध आयोजन कराये जाते, राजमहल में प्रेक्षागार तथा नटमंडली की व्यवस्था रहती, वहीं शौभिक, ग्रन्थिक आदि की मण्डलियाँ घूम-घूम कर कंसवध, बलिबंध जैसे नाटक दिखाया करतीं थीं। इसी वातावरण में से भास, सौमिल्ल, कविपुत्र तथा अश्वघोष–ये बड़े नाटककार जन्मे तथा लौकिक संस्कृत नाटक (क्लासिकल संस्कृत ड्रामा) के युग का सूत्रपात हुआ।

कालिदास के समय तक भास, सौमिल्ल तथा कविपुत्र–इन तीनों के नाटक अत्यधिक लोकप्रिय हो चुके थे।अश्वघोष (पहली शती ई. पू.) के बारे में कहना कठिन है कि वे कालिदास से पहले हुए थे, या बाद में। शेष तीन नाटककारों का कालिदास ने अपने **मालविकाग्निमित्र** की प्रस्तावना में जिस तरह उल्लेख किया है, उससे स्पष्ट है कि उनके यश और प्रतिष्ठा के आगे किसी भी नये नाटककार को नाट्यजगत् में अपना स्थान बनाने के लिए कड़ा संघर्ष करना पड़ता था। कालिदास के नाट्यसंसार में अभूतपूर्व अवतरण के पहले तक इन नाटक्कारों के नाटक बार-बार खेले जाते रहे होंगे, तभी तो कालिदास की प्रस्तावना का सूत्रधार कहता है–**पूर्वेषां कवीनां दृष्टाः प्रयोगबन्धाः**'–पहले के कवियों की रचनाओं के तो प्रयोग बहुत देखे। कालिदास के इन पूर्ववर्तियों में से सौमिल्ल और कविपुत्र के संबंध में हम सर्वथा अंधकार में हैं, भास ईसा से कुछ पहले हो चुके थे तथा निश्चित रूप से वे किसी राजदरबार से संबद्ध थे और उन्होंने **स्वप्नवासवदत्तम्** तथा **प्रतिज्ञायौगन्धरायणम्**–इन दो नाटकों की तो कम-से-कम रचना की ही थी, जो किंचित् परिवर्तित रूप में प्राप्त हैं। इन नाटकों से हम जान सकते हैं कि ईसापूर्व की कुछ सदियों में नाटक किस तरह नयी करवटें ले रहा था। इतिहास-काव्यों या पौराणिक कथाओं के साथ उसमें लोकप्रिय कथाएँ भी सम्मिलित कर ली गयी थीं, उसका कलेवर सुगठित हो चुका था तथा अभिनयकला भी परिपूर्ण बन गयी थी।

कालिदास के तीनों नाटकों की प्रस्तावनाओं से पता चलता है कि इन नाटकों का प्रथम अभिनय राजदरबार के सम्मानित पंडितों, सामंतों, कलाकारों तथा कवियों की सभा के समक्ष हुआ था, जिसे कवि ने 'विद्वत्परिषद्' या 'अभिरूपभूयिष्ठापरिषत्' कहा है। **अभिज्ञानशाकुन्तल** के किन्हीं संस्करणों में तो प्रस्तावना में.......'महाराज विक्रमादित्य की यह अभिरूपभूयिष्ठा परिषद् है' ऐसा वाक्य आता है। मालविकाग्निमित्र की प्रस्तावना से ज्ञात होता है कि इस परिषद् के सदस्यों ने ही परीक्षा के तौर पर एक नये रचनाकार का नाटक देखना चाहा था। उनमें नये प्रयास को परखने की उत्सुकता अधिक थी, रचना

के प्रति आस्था कम। उन्होंने युवा उभरते हुए नाटककार के आगे एक चुनौती-सी पटक दी थी कि भास, सौमिल्ल, कविपुत्र जैसे यशस्वी नाटककारों की कृतियों के होते हुए तुम क्या हो! कालिदास ने भी इस चुनौती का विनम्र, पर दृढ़ स्वर से अपनी प्रस्तावना में सूत्रधार के मुँह से उत्तर दिया था—'केवल पुरानी होने से कोई रचना अच्छी नहीं हो जाती और न नये कवि की होने भर से खराब।' कालिदास का नाम विद्वानों की परिषद् में अनजाना था और उनकी कृति के प्रस्तुतीकरण के समय पंडितों की परिषद् के बीच शंका, व्यंग्य और कुछ उपहास के तेवर उभर रहे थे। इस माहौल की छाप हम **मालविकाग्निमित्र** की रचनाप्रक्रिया, संविधान तथा गठन पर भी देख सकते हैं। अपनी पहली नाट्यरचना को कवि ने भास के अत्यधिक समादृत नाटकों के नक्शे पर ढाला, पर उस बंधे हुए ढाँचे के भीतर नाटक की अब तक अनचीन्हीं संभावनाओं के कुछ आयाम भी उजागर कर दिये। भास के सर्वथा सुघड़ सुसंबद्ध नाटकों में सामंती जीवन का खोखलापन और चौंकानेवाला यथार्थ, अंतःपुर के जीवन की गहरी विडंबना और अपने समय को गहरे अभिप्रायों से जोड़ कर परखने की यह समझ तो नहीं थी। **मालविकाग्निमित्र** में अंतःपुर के प्रणय और उसकी विवाह में परिणति की सीधी-सादी कथा ली गयी, पर उसके भीतर से कवि ने कुछ तीखे सवाल खड़े कर दिये, जिनकी आँच ने पंडितपरिषद् के कुछ समझदार लोगों को जरूर छुआ होगा। उनके मन में जमा हुआ भास आदि का आतंक पिघल कर हट गया। पहले नाटक में ही कालिदास ने अपनी प्रतिभा का सिक्का जमा लिया। अवश्य ही अभी भी पुराने के कुछ पक्षपाती और नये को सदा नकारने वाले लोग उसे अस्वीकृत करते जा रहे थे; पर कालिदास को अब उनकी परवाह नहीं रह गयी थी। कवि का दूसरा नाटक **विक्रमोर्वशीयम्** जब पहली बार प्रस्तुत हुआ, तो माहौल बदल चुका था। प्रस्तावना में सूत्रधार सीधे-सीधे पहला वाक्य यही कहता है—'पहले के कवियों के प्रयोग (तो) बहुत देखे। अब मैं कालिदास का नया नाटक प्रस्तुत करूँगा'। कालिदास के लिए कोई विशेषण नहीं, क्योंकि अब वह बिल्कुल जाना-पहचाना नाम है, उनका नाटक करने के लिए किसी सफाई की भी कोई आवश्यकता नहीं। सहायक मारिष अब विरोध का कोई पक्ष नहीं उठाता, सूत्रधार की आज्ञा पा कर वह तत्काल नाटक की तैयारी करने चल देता है। यही नहीं, सूत्रधार आगे दर्शकों को यह भी बतला देता है कि यह कालिदास की रचना है, बड़े आदर से इसे देखिए, सुनिए।

मालविकाग्निमित्र की प्रस्तावना से ज्ञात होता है कि इसका प्रथम अभिनय वसंतोत्सव के समय हुआ था (जिसके उल्लास और उमंग के हल्के-फुल्के वातावरण में पंडितपरिषद् के माननीय सदस्य किसी नये कवि की छोटी-मोटी चीज भी देख लेने की मनःस्थिति में थे), पर कवि की परिणत रचना **अभिज्ञानशाकुन्तल** ग्रीष्म में खेली गयी,

वही ग्रीष्म जो कवि के शब्दों में 'उपभोगक्षम' है, जिसमें दिन ढलने पर समय बड़ा सुहावना हो जाता है (और जिसमें कोई गंभीर उत्कृष्ट रचना मन लगा कर देखी जा सकती है)।

अश्वघोष के अनुपलब्ध या अंशतः उपलब्ध रूपकों के अभिनय के विवरण अप्राप्त हैं।

मालविकाग्निमित्र के बाद दो नाटकों से कालिदास ने संस्कृत नाटक के लिए नयी जमीन तैयार कर दी थी। नाटक जहाँ कलात्मक परिपक्वता की पराकाष्ठा तक पहुँचा, वहीं उसकी संभावनाओं के कई और द्वार खुलते गये, जिनके माध्यम से आने वाले रचनाकार सर्वथा अछूते धरातलों तक पहुँचे। **मृच्छकटिक** कालिदास के बाद इन नयी संभावनाओं से साक्षात्कार करता है। **मृच्छकटिक** में भारत के उस समय के सामाजिक-राजनीतिक यथार्थ, विसंगति और विघ्न का इतने प्रभविष्णु रूप में खाका खींचा गया था कि संभवतः अभिनय करने वाले लोग उसके लेखक का सही नाम घोषित करने से हिचकिचा गये। लेखक यदि उनका समकालीन था, तो उसके नाम से नाटक करने पर बहुत बावेला मचता, संभवतः प्रयोग की वैसी दुर्गति होती, जो असुरों के विघ्न से भरत के प्रारम्भिक प्रयोगों की हो चुकी थी। इसीलिए अभिनेताओं ने इस नाटक को किंवदंतियों, साहित्यिक कथाओं आदि में सुप्रसिद्ध शूद्रक नाम के राजा का लिखा बताकर प्रचारित किया, जो उनके अनुसार पहले कभी हुआ था। यद्यपि इससे मृच्छकटिक के समकालीन संदर्भों का पैनापन कम नहीं हो जाता था, पर उनसे उठने वाली आपत्तियों और विरोध को एक मिथकीय प्राचीन लेखक के मत्थे मढ़ कर कुछ शांत किया जा सकता था। इसलिए **मृच्छकटिक** की प्रस्तावना संस्कृत नाटकों में सबसे निराली है। परम्परा-प्राप्त इतर प्रस्तावनाओं में जहाँ सूत्रधार नाटककार का उल्लेख अपने समकालीन व्यक्ति, कहीं-कहीं अपने निजी मित्र तक के रूप में भी करता है, इस नाटक का सूत्रधार लेखक शूद्रक का एक दिवंगत महान् चक्रवर्ती सम्राट् के रूप में अत्यंत श्रद्धा-भक्ति-भाव से भर कर पुनीत स्मरण करता है; यही नहीं, वह यह भी विस्तार से बताता है कि शूद्रक किस तरह मृत्यु को प्राप्त हुए, ताकि प्रेक्षकों को इस बात का कोई संदेह न रह जाए कि नाटक का लेखक इस संसार में विद्यमान नहीं है। इसके बावजूद मृच्छकटिक के रचनाकार के विषय में उस समय भी कुछ अटकलें चलती रही होंगी, साथ ही उसकी विषय-वस्तु जितनी ही रोचक और ताजगी भरी थी, उतनी ही विवादास्पद भी। इसीलिए उस समय के प्रेक्षक इसे मंच पर देखने के लिए बेताब रहते होंगे। हम देखते हैं कि प्रस्तावना में नांदी (मंगल-पाठ) के बाद कहे जाने वाले सूत्रधार के बँधे-बँधाये सर्वप्रचलित वाक्य **'अलमतिविस्तरेण'**

(मंगलपाठ के बहुत विस्तार की आवश्यकता नहीं) के स्थान पर **मृच्छकटिक** का सूत्रधार कुछ दूसरे ही ढंग से बोलता है :

'अलमेतेन परिषत्कुतूहलविमर्दकारिणा परिश्रमेण।'

'परिषत् के बढ़े हुए कौतुहल पर ज्यादती करने वाला यह परिश्रम अब रहने दो।'

इस नाटक का भी अभिनय 'परिषत्' के समक्ष हुआ था और परिषत् के लोगों में नाटक देखने का बहुत कौतूहल था। **शाकुन्तल** की ही तरह प्रस्तुति के लिए ग्रीष्म का समय चुना गया था। संभवतः परिषत् के सदस्य इतमीनान के साथ इसका आनन्द लेना चाहते थे। पर आगे संदर्भ फिर कुछ गड़बड़ा देने वाला है। सूत्रधार प्रचण्ड दिनकर की किरणों, अपनी बढ़ती हुई क्षुधा तथा अपने घर में निमंत्रित ब्राह्मणों के भोज के लिए चल रही तैयारियों का विवरण देता है। प्रस्तावना में वर्तमान देश, काल का कुछ संदर्भ रहता है–यह माना जाय, तो प्रश्न उठता है कि शाकुन्तल की तरह 'उपभोगक्षम, परिणामरमणीय' दिवस की सुहावनी संध्या में अभिनय न कर ऐसी जलती दुपहरी में यह अभिनय का कैसा उपक्रम? किसी तरह की पाबंदियाँ और विरोध **मृच्छकटिक** की बढ़ती लोकप्रियता को तो नहीं रोक सकीं। संभवतः इस लोकप्रियता को देखकर कि, नाटक का समकालीन यथार्थ और राजनीतिक संदर्भों का तिलमिला देने वाला हिस्सा निकाल कर, केवल प्रणयकथा वाला अंश संपादित कर, अपेक्षाकृत हल्का-फुल्का एक नाटक और तैयार किया गया, जिसे अब की बार भास के नाम से प्रचारित किया गया।

मृच्छकटिक के बाद राजनीति के वात्याचक्र को और भी अधिक गहरी सूझ-बूझ के साथ प्रस्तुत करने वाली विशाखदत्त की कृति **मुद्राराक्षस** सामने आयी जो पाँचवी-छठी शताब्दियों के आस-पास रची गयी होगी। विशाखदत्त राजघराने में जन्मे थे, प्रस्तावना में उन्हें सामंत वटेश्वरदत्त का पुत्र तथा महाराज पुथु का पौत्र बताया गया है। विशाखदत्त ने **नाट्यशास्त्र** और राजनीति का अच्छा अध्ययन किया था, जिसकी छाप उनके नाटक में जगह-जगह है। वे नयी दिशा लेकर रंगमंच के क्षेत्र में उतरे थे, **देवीचन्द्रगुप्त** (अप्राप्त) तथा **मुद्राराक्षस**–दोनों में उन्होंने परम्परा से हट कर नयी संभावनापूर्ण और साहसिक विषयवस्तु चुनी। सामंती भद्र परिवार से संबद्ध होने के कारण उन्हें राजसभा के रंगमंच से अंतरंग परिचय पाने का भी अवसर मिला होगा, इसीलिए रंगमंच की तकनीक तथा भाषा की अच्छी पकड़ उनमें है। **मुद्राराक्षस** के प्रथम अभिनय के समय तक विशाखदत्त संभवतः अपने दो नाटकों–**देवीचंद्रगुप्त** और **अभिसारिकावंचितक** के द्वारा समादृत हो चुके थे, इसीलिए, जैसा मुद्राराक्षस की प्रस्तावना में बताया गया है, परिषद् के मान्य सदस्य उनकी यह महान् रचना देखने के लिए उत्सुक थे, उन्होंने स्वयं इस नाटक के

प्रयोग की व्यवस्था करने के लिए सूत्रधार को आदेश दिया था। सूत्रधार भी इतने उत्कृष्ट नाटक को इतने जानकार और विज्ञ जनों के बीच खेलने का अवसर पा कर प्रसन्न था–**'काव्यविशेषवेदिन्यां परिषदि प्रयुञ्जानस्य ममापि सुमहान् परितोषः प्रादुर्भवति।'** संभवतः राजपरिवार से उनके संबंध ने भी विशाखदत्त को परिषद् में समादर पाने में सहायता की होगी।

७वीं शती में कन्नौज के राजा हर्षवर्धन ने अपनी राजसभा में न केवल नट-मण्डली को आश्रय दिया अपितु, उन्होंने स्वयं भी रूपक लिखे और अपनी मंडली से उनका अभिनय कराया। विशाखदत्त की ही भाँति उन्हें भी 'गुणग्राहिणी परिषद्' ने सिर माथे पर बिठाया, यद्यपि वे विशाखदत्त की जैसी मौलिक प्रतिभा से संपन्न न थे। प्राप्त उल्लेखों से यह तथ्य प्रकट होता है कि श्रीहर्ष प्रतिवर्ष वसंतोत्सव पर अपने अधीनस्थ सामंतों और राजाओं को निमंत्रित कर उनके सामने अपने दरबार की मंडली से अपना लिखा नाटक अभिनीत कराते थे। रंगमंच की तकनीक तथा अभिनय कला अब तक परिपक्व हो चुकी थी, पर राजसभा के रंगमंच में दरबारी कृत्रिमता का अभ्यस्त सूत्रधार अपने और कवि के बारे में विनय प्रकट नहीं करता, वह हर्ष के तीनों रूपकों में रचनाकार को निपुण कवि, परिषद् को 'गुणग्रहिणी' तो बताता है, अपनी मण्डली को भी नाट्य में 'दक्ष' कहता है।

रत्नावली तथा **प्रियदर्शिका** की प्रस्तावना से प्रतीत होता है कि हर्ष के द्वारा इनकी रचना किये जाने के बाद बार-बार उनके जीवन-काल में इनका प्रयोग होता रहा होगा। इसी स्थिति में दोनों नाटिकाओं की प्रस्तावना इस तरह लिख ली गयी थी, जो हर प्रयोग पर लागू हो सके। दोनों सूत्रधार यही कहते हैं–'इस वसन्तोत्सव पर एकत्र हुए नाना दिग्दिगंत से आये सामंतों, राजपुत्रों का आग्रह है कि हमारे स्वामी महाराज हर्षदेव ने अमुक नाटिका लिखी है, जिसके विषय में हमने सुना तो बहुत है पर उसका प्रयोग नहीं देखा, अतः उसका अभिनय किया जाय।' हर्ष के तीसरे रूपक **नागानंद** में भी प्रस्तावना लगभग इसी प्रकार की है, पर **नागानंद** अधिक गंभीर स्तर का नाटक होने के कारण वसन्तोत्सव के हल्के-फुल्के आमोदप्रमोदमय वातावरण में इसका अभिनय करना उचित नहीं समझा गया होगा, अतः इसका अभिनय इन्द्रोत्सव पर हुआ। अतः **नागानंद** की प्रस्तावना में 'आज इस वसन्तोत्सव पर–' के स्थान पर 'आज इस इन्द्रोत्सव पर–'यह कहा गया है, शेष प्रस्तावना वैसी ही है।

लगभग इसी समय सातवीं-आठवीं शती में भट्टनारायण ने अपना **वेणीसंहार** नाटक लिखा, जिसे शास्त्रीय परम्परा में अत्यधिक प्रसिद्धि और मान्यता मिली। नाटक की प्रस्तावना को देख कर कहना कठिन है कि यह कभी खेला भी गया था या नहीं। नाटक में शास्त्रीयता तथा कृत्रिम कविता का घटाटोप अधिक है, रंगमंच की दृष्टि प्रायः शून्य है।

आजकल भी संस्कृत नाटक करने वाले इसे खेलना प्रायः पसंद नहीं करते। प्रस्तावना में सूत्रधार अन्य संस्कृत नाटकों की तरह नाट्यप्रस्तुति के किसी विशिष्ट अवसर–वसन्तोत्सव आदि का उल्लेख नहीं करता, वह अपनी उद्‌घोषणा ऐसी शब्दावली में करता है, जो किसी भी अवसर पर कही जा सके, इसके साथ ही सूत्रधार अत्यंत जटिल, श्लिष्ट और लाक्षणिक भाषा का प्रयोग करता है। सचमुच में नाटक कराने वाला कोई सूत्रधार ऐसी भाषा में बोलना कभी पसंद नहीं करता। संभवतः नाट्यकार ने इस अपेक्षा के साथ मँजी हुई पंडिताऊ प्रस्तावना लिख कर रख ली थी कि कभी कोई सूत्रधार इसे कराना चाहेगा, पर वैसा अवसर संभवतः कभी आया भी न हो। नाटक के प्रारम्भ में ही प्रमुख पात्र भीम का नाटक करने वाले सूत्रधार को अपशब्द सुनाते हुए प्रवेश भी यह सोचने को बाध्य करता है कि जब प्रयोक्ताओं के ही नाम ऐसी गालियाँ नाटककार ने दिलाई है, तो वे उसके नाटक का प्रयोग क्यों करेंगे?

प्राप्त उल्लेखों के अनुसार भट्टनारायण कन्नौज के ब्राह्मण थे, जिन्हें बंगाल बुलाया गया था। नाटक इस युग में उत्तर भारत से सुदूर पूर्व और दक्षिण के अंचलों में फैल रहा था। पल्लव राजा महेन्द्रविक्रमवर्मन् कन्नौज के हर्ष का लगभग समकालीन था। उसने संस्कृत में एक ही छोटा-सा प्रहसन लिखा–**मत्तविलास**; पर नाटक के क्षेत्र में इस छोटी-सी रचना के द्वारा भी उसका योगदान हर्ष से कहीं बढ़ कर कहा जा सकता है। **मत्तविलास** का अभिनय भी पहले-पहल 'परिषद्' के समक्ष हुआ था। प्रस्तावना में सूत्रधार नटी को आश्वासन देता है कि अभिनय यदि अच्छा रहा, तो परिषद् उन्हें अच्छा पारितोषिक देगी। लगभग इसी समय आचार्य बोधायन (?) ने अपना **'भगवदज्जुकम्'** नामक प्रहसन लिखा, जिसमें परकायप्रवेश के अभिप्राय का पहली बार सर्वथा अछूती रंग-सृष्टि के द्वारा सामाजिक विसंगति और विरूप को उभारने के लिए बड़ी सूझ-बूझ के साथ उपयोग किया गया है। प्रस्तावना से लगता है कि इस नाटक का पहला प्रयोग आम जनता के आगे कहीं खुले में हुआ था। सूत्रधार विदूषक को बताता है कि उसने सपना देखा है कि आज से सात दिन बाद उसे राजदरबार में अपना नाटक प्रस्तुत करने का निमंत्रण मिलेगा। सूत्रधार कदाचित् यह दिखाना चाहता है कि दरबार और जनता के मंच की दूरी को सपने में ही लाँघा जा सकता है। जो भी हो, रंगदृष्टि के साथ व्यंग्य तथा शिष्ट हास्य का जितना अच्छा उपयोग **मत्तविलास** तथा उससे बढ़ कर **भगवदज्जुकम्** में मिलता है, उतना अन्य प्रहसनों में नहीं, इसलिए ये दोनों प्रहसन केरल के मंदिरों में बहुत लोकप्रिय रहे हैं तथा मंदिर के रंगमंच पर अपने रचनाकाल से लेकर अब तक भी पारम्परिक विधि से इनका अभिनय होता रहा है। छठी-सातवीं शती में केरल का रंगमंच भरत के नाट्यशास्त्र और रंगमंच की परम्परा में नया स्पंदन भर रहा था। आगे चल कर

कुलशेखरवर्मन् (१०वीं शती) ने केरल की रंगमंच की समस्त गतिविधियों को सुसंगठित किया, उसने अभिनेताओं की आचारसंहिता और शास्त्र को रूढिबद्ध किया, उनकी मंडली को सक्रिय बनाया और नाटक को पनपने में सहारा भी दिया। राजा कुलशेखर का केरल के रंगमंच को योगदान बहुत बड़ा माना गया है, पर ऐसा भी लगता है कि उसने नाटक को प्रश्रय देने के साथ-साथ उसे बहुत संकुचित दायरे में भी कैद कर दिया। कुलशेखर ने अपने खुद के लिए नाटकों–'**तपतीस्वयंवर** तथा **सुभद्राधनञ्जय**' के प्रयोग और प्रचार-प्रसार पर बहुत ध्यान दिया और प्राप्त उल्लेखों के अनुसार उसने अपने दरबार की विद्वन्मण्डली का इस काम में पूरा उपयोग किया। ये दोनों नाटक प्रथम श्रेणी की रचनाएँ नहीं हैं। महेन्द्रविक्रम तथा बोधायन ने अपनी अनूठी रंगदृष्टि से नाटक की संभावनाएँ उजागर की थीं, कुलशेखर ने उन्हें समाप्त-सा कर दिया। केरल में नाटक के अभिनय का 'कुडियाट्टम्' नामक प्रकार, जो कुलशेखर के समय में विकसित हुआ, भारतीय नाटक का अभिनय की दृष्टि से शिखर तथा संस्खलन दोनों का बिंदु है। चाक्यारों ने उसमें जहाँ अपूर्व साधना के द्वारा अभिनयमुद्राओं, **नाट्यशास्त्र** के अंगहारों, चारियों आदि का अचूक और सर्वथा व्यवस्थित प्रयोग करते हुए भरत के अभिनय के जटिल तंत्र को स्वरूप दे कर दिखा दिया, वहीं उन्होंने उसे नयी हवा से भी उसे बचा कर रखा।

उपर्युक्त विवरण से हम राजसभा के रंगमंच से अलग हट कर मंदिर के रंग-मंच की विकसित होती हुई धारा का अनुमान लगा सकते हैं। **विष्णुधर्मोत्तरपुराण** के साक्ष्य के अनुसार ईसा की प्राथमिक शताब्दियों में (अथवा संभव है, उससे भी पहले से) मंदिर रंगमंच की गतिविधियों के सक्रिय केन्द्र बनने लग गये थे। मंदिर के रंगमंच का अपना एक अलग तंत्र व्यवस्थित रूप में खड़ा हो गया था। संगीत, नृत्य, नाटक आदि कलाओं के शास्त्रों का अध्ययन-अध्यापन तथा उनका प्रयोग मंदिर की व्यावस्था का अंग बन गया था। यह आवश्यक नहीं था कि मंदिरों में होने वाले नाटकों का चरित्र सांप्रदायिक या धार्मिक ही रहता हो। हिन्दू धर्म सहित विभिन्न धर्मों के साधुओं के द्वैध और उनके पाखंड पर तीखा व्यंग्य करने वाला **मत्तविलास** इस रंगमंच पर बराबर अभिनीत होता रहा। सभी प्रतिभाशाली नाटककार राजसभा के रंगमंच तक पहुँचने का सौभाग्य नहीं पा सकते थे अथवा कुछ उसकी धारा से जुड़ना भी नहीं चाहते होंगे। ऐसे नाटककारों को मंदिर की रंगपरम्परा ने जिलाये रखा। सातवीं शती के आसपास ही भवभूति जैसे महान् नाटककार का आविर्भाव हुआ। भवभूति राजसभा तथा उसकी कथित 'परिषत्' से विरक्त तथा क्षुब्ध प्रतीत होते हैं। उन्हें राज्याश्रय नहीं मिला था और संभवतः वे उनके प्रत्यर्थी भी कभी नहीं रहे। कल्हण (११ वीं शती) ने उनका कन्नौज के राजा यशोवर्मा के दरबार में

होने का उल्लेख किया है, वह सन्दिग्ध तथा अप्रामाणिक ही है। भवभूति ने राजदरबार से उपेक्षित होकर स्वयं भी उसका तिरस्कार किया तथा अपने नाटकों के लिए अंततः मंदिर में अधिक बड़ा और खुला मंच पा लिया। **मालतीमाधव** की प्रस्तावना से लगता है कि मंदिर में अभिनय करने वाली नटमंडली से भवभूति की मित्रता थी और सूत्रधार तथा उसके साथी उन्हें आदर और स्नेह से देखते थे। भवभूति के तीनों नाटक कालप्रियनाथ के मंदिर में यात्रा-उत्सव के अवसर पर खेले गये। जिस प्रकार कालिदास अपने नाटकों के संविधान में अपने समय की 'विद्वत्परिषद्' से प्रभावित हुए थे, जिसके समक्ष उनके नाटक प्रस्तुत होने थे, उसी तरह भवभूति के मानस में नाटकों की रचना करते समय यात्रा-महोत्सव का दर्शक समाज रहा होगा। पहले अपने नाटकों की वस्तु रामायण से ली और तीसरे के लिए बृहत्कथा से जनरुचि के अनुकूल एक कथा चुनी। भवभूति के पश्चात् नवीं शती के उत्तरार्ध में मंदिर के रंगमंच पर अपने नाटक का अभिनय कराने वाले दूसरे नाटककार मुरारि हुए। उन्होंने भी अपना **अनर्घराघव** रामायण की कथा को ले कर ही लिखा। इस नाटक का अभिनय पुरुषोत्तम के यात्रा-महोत्सव पर हुआ था। प्रस्तावना से ज्ञात होता है कि नाटक के प्रथम अभिनय के पूर्व यात्रा-महोत्सव में कुछ अन्य नाटक भी खेले जा चुके थे। दक्षिण से आये किसी नाट्याचार्य की प्रस्तुतियों में बीभत्स, भयानक आदि रसों के अत्यधिक उद्रेक से जनता उत्तेजित हो चुकी थी। तब इस अवसर पर सुचरित नामक सूत्रधार ने बिना पूर्वसूचना के मुरारि का यह नाटक खेल कर जनता को पुनः प्रसन्न करने का बीड़ा उठाया। प्रस्तावना में सूत्रधार कहता है–"मैं विदेश से आया हूँ और इस समय मेरी मण्डली के सब लोग मेरे साथ नहीं हैं, इसलिये कैसे नाटक कर सकूँगा–यह शंका आप लोगों (प्रेक्षकों) को नहीं होनी चाहिये, क्योंकि आपका आराधन करने की मेरी वृत्ति ही सब सामग्री जुटवा देगी।" सुचरित नामक इस सूत्रधार ने यहाँ अपना थोड़ा-सा परिचय भी दिया है, जिससे ज्ञात होता है कि वह मध्यप्रदेश का निवासी था तथा उसके अपने समय के बहुरूप नामक सुप्रसिद्ध नाट्याचार्य से प्रयोग की शिक्षा ली थी।

इस प्रकार जहाँ मंदिरों के यात्रा-महोत्सवों में नाटक-प्रयोग नियमित रूप से होने लगे थे और उनके माध्यम से नये नाटक और नाटक-मंडलियाँ उभर रही थीं, वहीं कन्नौज के हर्ष के बाद कई राजाओं ने नाट्यप्रयोग तथा दरबार में नाटक दल की गतिविधियाँ आयोजित करने में पर्याप्त रुचि ली। संभवतः हर्ष के समय में पाटलिपुत्र के राजदरबार में राजा कल्याणवर्मा के राज्याभिषेक के अवसर पर विज्जिका (?) का लिखा **कौमुदीमहोत्सव** नामक ऐतिहासिक कथा पर आधारित नाटक खेला गया था। हर्ष के बाद दसवीं शती में कालिंजर का राजा अनंगहर्ष मायुराज (मातृराज) भी स्वयं नाटककार था।

अनंगहर्ष कलचुरि वंश का प्रतापी राजा था, जिसकी राजशेखर ने भी प्रशस्ति की। उसने संस्कृत में दो नाटक लिखे, जिनके प्रणयन में उसे दरबार की पण्डितपरिषद् और रसिकमंडली ने अच्छा प्रोत्साहन दिया। **तापसवत्सराज** नाटक की प्रस्तावना में उसने अपने आप को 'स्वगोष्ठीभावितात्मा' कहा है। फिर भी प्रस्तावना से प्रतीत होता है कि **तापसवत्सराज** नाटक का प्रथम अभिनय मात्र दरबारी प्रेक्षक समाज या 'परिषद्' के समक्ष नहीं हुआ था; क्योंकि सूत्रधार 'परिषद्' का कहीं उल्लेख नहीं करता, वह श्रोताओं को 'जनाः' या 'सामाजिकाः' ही कहता है।

नवीं-दसवीं शताब्दियों के मध्य बहुमुखीप्रतिभासंपत्र रचनाकार राजशेखर हुए, जिनका लंबा साहित्यिक जीवन तीन राजाओं के आश्रय में बीता। दरबारी वातावरण तथा राजसभा के रंगमंच की उनकी कृतियों पर विशेष छाप है। संस्कृत तथा प्राकृत में उन्होंने चार नाटक लिखे, जिनमें से **विद्धशालभंजिका** नाटिका युवराजदेव प्रथम (कलचुरि वंश) के दरबार में खेली गयी। यह प्रयोग 'परिषद्' की प्रेरणा से आयोजित हुआ था। **बालभारत** नामक दूसरा नाटक, जो अब भी अपूर्ण ही प्राप्त है, राजा महीपालदेव (९१२-४४ ई.) के समक्ष खेला गया था।

इसी महीपालदेव ने **चण्डकौशिक** नामक नाटक के लेखक क्षेमीश्वर को भी आश्रय दिया था। इस नाटक से उस काल में इसकी प्रस्तुति के बारे में कुछ 'रोचक' तथ्य मिलते हैं। भरतवाक्य में कहा गया है कि नाटक राजा कार्तिकेय के आदेश पर खेला गया। कवि ने राजा कार्तिकेय (?) के प्रति गहरी श्रद्धा तथा प्रशंसा की भावना प्रकट की है। पर प्रस्तावना में बताया गया है कि नाटक राजा महीपाल के आदेश पर प्रस्तुत किया जा रहा है। यदि कार्तिकेय तथा महीपाल दो अलग-अलग व्यक्ति हैं, तो संभव है कि यह इन दो राजाओं के दरबार में अलग-अलग खेला गया हो तथा भरत-वाक्य केवल राजा कार्तिकेय के समक्ष आयोजित प्रयोग के लिए ही रचा गया हो। यहाँ भी यह उल्लेख्य है कि इस नाटक में भरतवाक्य के रूप में दो अलग-अलग श्लोक हैं जबकि प्रायः संस्कृत नाटकों में भरत वाक्य एक ही श्लोक में रहा करता है। अतः यह संभव है कि दूसरा भरतवाक्य, जो राजा कार्तिकेय के बारे में है, और दूसरी बाद में आयोजित प्रस्तुति के लिये जोड़ा गया, तथा जिसे नाटक की हस्तलिखित प्रतियों में भी शामिल कर लिया गया। प्रस्तावना से यह भी ज्ञात होता है कि उस समय राजा महीपाल ने कर्नाटक के राजा पर विजय प्राप्त की थी तथा उसके उपलक्ष्य में उन्होंने स्वयं यह नाटक आयोजित करवाया था।

मध्यकाल की नाट्यपरम्परा की अछूती कड़ियाँ अनंगहर्ष, वत्सराज तथा श्रीकृष्ण मिश्र के कृतित्व से खुलती हैं।

वत्सराज कालंजर (वर्तमान बुंदेलखण्ड) के राजा परमर्दिदेव (११६३-१२०३ ई.) के मंत्री थे। उन्होंने संस्कृत में छह रूपक लिखे, जिनमें से पाँच का प्रदर्शन राजा परमर्दिदेव के सम्मुख तथा **किरातार्जुनीय व्यायोग** का प्रदर्शन उसके पुत्र राजा त्रैलोक्यमल्लदेव के सामने हुआ था। व्यायोग की प्रस्तावना में अभिनय का समय रात्रि का आरम्भ बताया गया है। **रुक्मिणीहरण ईहामृग** का अभिनय कालंजर दुर्ग में चक्रपाणि की यात्रा के अवसर पर चंद्रोदय के समय हुआ था। **हास्यचूडामणि प्रहसन** नीलकंठ की यात्रा के अवसर पर सुबह खेला गया तथा **समुद्रमंथन समवकार** का भी अभिनय प्रातः ही हुआ।

भाण, व्यायोग तथा प्रहसन के अतिरिक्त वत्सराज ने डिम, समवकार तथा ईहामृग जैसे रूपक के प्रकारों को लेकर भी लिखा है, जिनके और कोई उदाहरण अब हमारे सामने नहीं हैं। वत्सराज ने भी संभवतः यही समझ कर इन विधाओं में रचना की थी कि इनका कोई तो उदाहरण सामने रखा जा सके। उन्होंने नाट्यशास्त्र का अच्छा अध्ययन किया था तथा लक्षणों का अच्छी तरह अनुवर्तन करते हुए उन्होंने उक्त तीनों रूपक प्रकारों में रचना की।

इसके अतिरिक्त एक दूसरी स्थिति भी संभवतः इन रूपकों की रचना में प्रभावी थी। ८वीं-९वीं शताब्दियों से लगातार बुन्देलखंड के इस क्षेत्र में संस्कृत नाटक की नयी पहचान खोजी जा रही थी। इन शताब्दियों में वत्सराज के पहले कालंजर के राजा भीमट ने **स्वप्नदशानन** सहित पाँच संस्कृत नाटक लिखे थे और कालंजर के ही राजा अनंगहर्ष मातृराज (मायुराज) **ने उदात्तराघव** तथा **तापसवत्सराज** की रचना की। **तापसवत्सराज** में उन्होंने भास की प्राञ्जल शैली और संवेदना को जगाना चाहा। निश्चय ही कालंजर के कलाप्रेमी सामंत, पंडित और कवि संस्कृत नाटक की उस आदिम रसगंध को फिर से पाना चाहते थे, जिसे अंतःपुर की प्रणयकेलियों का चित्रण करने वाली नाटिकाओं तथा दरबार की संकरी दुनिया ने गँवा दिया था। **तापसवत्सराज** का अभिनय दरबार के भीतर न होकर आम जनता के आगे होने की सूचना भी इस दिशा में कुछ संकेत देती है।

'**समुद्रमंथन** समवकार' तथा '**त्रिपुरदाह** डिम' का प्रयोग वत्सराज से कुछ हजार वर्ष पहले भरत ने कराया था। वत्सराज को भरत के द्वारा प्रयुक्त रूपकों की वही कथा, वही नाम तथा वही रूपक प्रकार लेकर फिर से उन्हें लिखने की आवश्यकता क्यों प्रतीत हुई? क्या यह संभव है कि इस समवकार तथा डिम के प्रयोग की प्रागैतिहासिक परम्परा का किसी-न-किसी रूप में उन्हें बोध था? और वे अपने समय के कलावंतों, सामंतों या राजाओं की रुचि देखकर उनकी पुनः रचना करना चाहते थे? वत्सराज अपने समय की रूढ नाट्यशैली से कुछ हट कर लिखते दिखते हैं। अलग-अलग रूपकों में तथा एक

रूपक के भीतर भी उनकी शैली एक-सी नहीं है। कहीं-कहीं लगता है कि जैसे वे पहले से प्राप्त बेतरतीब सामग्री की जमावट भर दे रहे हों। कहीं-कहीं उनमें भरत के नाट्यशास्त्र की रचना के समय की अकृत्रिम, प्रभविष्णु वाक्यरचना झाँकती है। साथ ही वत्सराज ने अपने रूपकों में उन सब बातों को दिखाया है, जिनका अभिजात रंगमंच के लिए भरत ने निषेध किया है—विद्रव, वध, बंध, युद्ध, पलायन, पात्रों के बड़े समूह की उपस्थिति, कन्याहरण, भोजन, पान आदि। मौलिकता या कालिदास भवभूति के रूपकों जैसी गहन अंतर्दृष्टि संपन्न व्यक्तित्व की छाया वत्सराज के रूपकों में नहीं है। संभव है, उपलब्ध स्रोत या सामग्री के आधार पर भरत के प्रयोगों का पुनराविष्कार करने की इच्छा वत्सराज की प्रेरणा रही हो।

वस्तुतः राजसभा का रंगमंच राजसत्ता से नियमित या संचालित संस्था नहीं थी, उसका केन्द्र था नगर का एक रसिक नागरिक, जिसने संपन्न लोगों के अनुरूप विविध मनोरंजक क्रीडाओं का आविष्कार किया था तथा विदूषक, पीठमर्द, विट, चेट आदि के बीच जो अपने-आप में एक नाटकीय दिनचर्या व्यतीत करता था। नागरक की भावात्मक और कलात्मक आवश्यकताओं के अनुरूप ही गणिका की संस्था ने जन्म लिया था। कौटिल्य के समय से ही गणिकाओं पर अनुशासन, उनकी शिक्षा और जीविका की व्यवस्था के मानक नियम स्थिर होने लगे थे। दशकुमारचरित के द्वितीय उच्छ्वास में गणिका काममञ्जरी की माता कहती है—'यह प्रत्येक गणिका की माँ का दायित्व है कि वह बेटी के जन्म से ही उसके योग्य शिक्षा की व्यवस्था करे, उसे विभिन्न नृत्य, वाद्य, चित्र, पाककला, गंध, पुष्पमाला, लिपिज्ञान आदि में निपुण बनाये।' **मृच्छकटिक** में वसंतसेना के संबंध में भी कहा गया है कि उसने विभिन्न कलाओं की शिक्षा प्राप्त की थी तथा रंगमंच पर प्रथम अवतरण से ही उसने प्रेक्षकों को मुग्ध कर दिया था। गणिकाओं की व्यवस्था अपने-आप में स्वायत्त होते हुए भी एक सीमा तक राजतंत्र से अनुषक्त थी। गणिकाएँ राजसभा में सादर आमंत्रित होती थीं, उनका उनके वैदुष्य, विदग्धता तथा कला-नैपुण्य के कारण समादर भी होता था। गणिकाएँ स्वयं अपनी ओर से भी नृत्य, नाट्य आदि के उत्सव करवा देती थीं। **दशकुमारचरितम्** में ही रागमञ्जरी पंचवीरगोष्ठ पर संगीतक का आयोजन करवाती है।

राजदरबार से लेकर गणिकाओं, श्रेष्ठियों, नागरकों तक प्रसृत इस रंगमंच का भौतिक स्वरूप स्थिर और सर्वथा निर्धारित नहीं रह पाया था। राजप्रासाद की रंगशाला राजपरिवार की आवश्यकता तथा प्रासाद के स्थापत्य के अनुसार छोटी, बड़ी हो सकती थी। गणिकाएँ उपर्युक्त विवरण के अनुसार अपने प्रदर्शन विभिन्न स्थानों पर कर देती थीं। संपन्न लोग अपनी आवश्यकता, रुचि और दृष्टि के अनुसार अलग-अलग प्रकार की

रंगशालाएँ बनवा सकते थे। **दशकुमाररचित** में 'कृत्रिमशैलगर्भोत्कीर्ण-नानामंडप-प्रेक्षागृह' का चतुर्थ उच्छ्वास में उल्लेख आया है। संभवतः भरत के इस निर्देश के अनुसार ऊपर से शैलगुहाकार दिखायी देने वाले प्रेक्षागृह बनाये जाने लगे हों।

मंदिरों का हमारी नाट्यकला से घनिष्ठ संबंध बहुत प्राचीन समय से बना रहा है। दक्षिण के कई मंदिरों में नाट्यशास्त्र में निरूपित करण तथा अन्य अभिनय मुद्राओं का शास्त्रीय शुद्धता के साथ उत्कीर्ण किया जाना इस बात का प्रमाण है। चिदंबरम् के मंदिर में भरत के द्वारा बताये गये १०८ करणों की न केवल मूर्तियाँ बनायी गयी हैं, अपितु प्रत्येक मूर्ति के नीचे नाट्यशास्त्र का संबंधित श्लोक भी करण का लक्षण समझने के लिए शिलालेख पर उत्कीर्ण किया गया है।

मंदिरों में नटमंडप बनाने की परम्परा को धार्मिक भावना से जोड़कर नाटक और रंगमंच की कला की सुरक्षा की व्यवस्था कई शताब्दियों तक चलती रही। दक्षिण में इस नटमंडप को 'नवरंग' भी कहा जाता था। इस दृष्टि से बेलूर के चन्नकेश्वर मंदिर का 'नवरंग' बहुत महत्त्व का है। इसमें गर्भगृह के सामने वृत्ताकार रंगमंच है, जिसके चारों ओर (ठीक भरत के निर्देश का पालन करते हुए) सोपानकृतिपीठ वाला प्रेक्षकनिवेश बनाया गया है। पुरी, भुवनेश्वर, कोणार्क, तथा खजुराहो के मंदिरों में भी नटमण्डप हैं। गोवा के मंदिरों में शोभामण्डप है, जिनमें धार्मिक नाटक प्रदर्शित होते रहे हैं। मणिपुर के मंदिरों में भी यह व्यवस्था इसी प्रकार चलती आयी है, यहाँ के मंदिरों के मंडपों में कृष्णसंबंधी नाटक होते रहते हैं।

मंदिरों में जहाँ प्रतिवर्ष संबद्ध मंदिर के यात्रामहोत्सव पर नाटक का आयोजन होता था, वहीं राजदरबार की ओर से नाटक वसंतोत्सव, इन्द्रमह आदि अवसरों पर होते थे। सामंतीय परिस्थितियों ने इनमें एक अवसर और जोड़ दिया था–एक राजा की अपने पड़ोसी राजा पर विजय। पर, इस अवसर पर प्रस्तुत होने वाले नाटक की कथा राजा की विजय से संबद्ध या उसके अनुरूप हो–यह आवश्यक नहीं था। **चण्डकौशिक** नाटक राजा हरिश्चंद्र की पौराणिक कथा को प्रस्तुत करता है। इसी तरह ११वीं शताब्दी में चंदेल राजा कीर्तिवर्मा की चेदि राजा कर्ण पर विजय के समारोह के अवसर पर कृष्णमिश्र का लिखा वेदान्तदर्शनपरक प्रतीकात्मक नाटक **प्रबोधचन्द्रोदय** खेला गया था। इसी तरह राजदरबार में रह कर राजा की विजय, पराक्रम आदि को लेकर लिखे गये नाटक मंदिर के यात्रामहोत्सव पर भी प्रस्तुत हो सकते थे, विशेष रूप से जबकि यात्रामहोत्सव का खर्च राजपरिवार का कोई व्यक्ति उठा रहा हो। ११वीं शती में ही बिल्हण की **कर्णसुंदरी नाटिका,** जो राजा कर्ण के तत्कालीन इतिहासघटित कर्तृत्व से संबद्ध है, राजा कर्ण के ही संपत्कर नामक मंत्री के द्वारा आयोजित भगवान् नागेश के यात्रामहोत्सव में खेली गयी

थी। यह आयोजन श्रीशांत्युत्सवदेवगृह नामक मंदिर में हुआ। यह स्थान गुजरात के अनहिलपट्टन में बताया गया है।

इस तरह ईसा की कुछ शताब्दियों में भारतीय रंगपरंपरा की दो धाराएँ स्पष्टतः बन गयी थीं–एक ओर अभिजातवर्ग का राजमहल का रंगमंच था, दूसरी ओर उसके समानांतर मंदिर का रंगमंच। राजसभा तथा मंदिर–ये दोनों अपने-अपने ढंग से उस समय की सांस्कृतिक अभिव्यक्ति के मंच बन गये थे। पर, राजतंत्रप्रधान व्यवस्था में यह सर्वथा संभव था कि मंदिर के रंगमंच पर भी राजकीय हस्तक्षेप या सहयोग हो। इस प्रकार मंदिर का रंगमंच राजसभा के रंगमंच का प्रत्याख्यान या प्रत्युत्तर नहीं हो सकता था, दोनों धाराएँ एक-दूसरे से टकराने के स्थान पर सहयोग करती थीं। इसीलिए ये दोनों मिलकर भी विराट् भारतीय समाज की अपेक्षाओं और आकांक्षाओं को पूरा नहीं कर सकते थे और साथ ही वे अपने परिष्कार में उससे हट गये थे। दोनों की अपनी रूढियाँ और व्यवस्थाएँ थीं, दोनों के पास संपन्न रंगशाला थी–राजमहल में भी संगीतशाला या नाटकघर के नाम पर एक विस्तृत शाला बनायी जाती थी, बड़े मंदिरों में भी प्रेक्षागृह बनाने का विधान था। ये सब व्यवस्थाएँ रंगमंच की इन दोनों धाराओं को कुछ सीमाओं में आबद्ध भी करती थीं। इन सीमाओं के बाहर एक तीसरी धारा भी प्रवहमाण थी–यह धारा अपेक्षाकृत कम साधन संपन्न घुमंतू मंडलियों की थी, जिन्होंने सूत या पौराणिक और पञ्तजलि के समय के ग्रंथिक, शोभनिक आदि की विरासत को लेकर जनता के रंगमंच को जीवित रखा था। धर्म और राजसत्ता दोनों के आश्रय से वंचित होने से ऐसी मंडलियों की स्थिति दयनीय ही रहती थी, उन्हें हर प्रकार की सामाजिक प्रताड़ना और अपवाद का भी पात्र बनना होता। **भगवदज्जुकम्** का प्रथम अभिनय ऐसी ही किसी मंडली ने किया होगा, तभी तो उसका सूत्रधार राजसभा में नाटक दिखाने का निमंत्रण पाने का सपना देखने की बात करता है। ऐसी मंडलियाँ राजसभा और मंदिर दोनों की सँकरी दुनिया के प्रायः बाहर रह कर सक्रिय रहीं और संभवतः उनके कलाकारों को नगर में बसने या रहने की अनुमति भी नहीं दी जाती थी।

५

नाट्यशास्त्र की आचार्य-परम्परा

पृष्ठभूमि

भरतमुनि के पहले नाट्यशास्त्र के अनेक आचार्य हो चुके थे, जिनमें से शिलालि के **नटसूत्र** का उल्लेख ऊपर किया गया है। सम्भवतः आदिभरत या वृद्धभरत नाम के भी आचार्य नाट्यशास्त्रकार भरत से कुछ पहले हुए थे, जिनके संबन्ध में 'आदिभरत, वृद्धभरत तथा भरत' शीर्षक के अन्तर्गत यहाँ चर्चा की गयी है। भरतमुनि के पहले के या उनके समकालीन आचार्यों के नाट्यविषयक कोई ग्रन्थ अब प्राप्त नहीं होते। बाद के ग्रन्थों में नाट्यशास्त्र की आचार्य परम्परा का किंचित् विवरण प्राप्त होता है। शार्ङ्गदेव ने **सङ्गीतरत्नाकर** में नाट्यशास्त्र की आचार्यपरम्परा का उल्लेख इस प्रकार किया है–

> **सङ्गीतार्थं पुरा ब्रह्मा भरतः काश्यपः शिवः।**
> **मतङ्गो याष्टिको दुर्गा शक्तिः शार्दूलवाहिनी।**
> **विशाखिलो दत्तिलश्च कम्बलोऽश्वतरस्तथा।**
> **वायुर्विश्वावसू रम्भार्जुनौ नारदतुम्बरू।**
> **आञ्जनेयो मातृगुप्तो रावणो नन्दिकेश्वरः।**
> **स्वातिर्गणो देवराजः क्षत्रराजश्च राहुलः।**
> **रुद्रसेनोऽथ भूपालो भोजो भूवल्लभस्तथा।**
> **परमर्दी च सोमेशो जगदेकमहीपतिः।**
> **व्याख्यातारो भारतीये लोल्लटोद्भटशङ्कुकाः।**
> **भट्टोऽभिनवगुप्तश्च श्रीमत्कीर्तिधरोऽपरः।**
> **अन्येऽपि बहवः पूर्वे चक्रुस्तन्त्राण्यनेकशः।।**

(सङ्गीतरत्नाकर, अ. १, १४-१९)

शार्ङ्ग. की इस सूची में अनेक नाम मिथकीय हैं, जैसे–ब्रह्मा, शार्दूलवाहिनी दुर्गा, वायु, विश्वावसु, रम्भा, अर्जुन, नारद, तुम्बरु आदि। भोज तथा सोमेश या सोमेश्वर के नाट्यविषयक ग्रन्थ प्राप्त होते हैं, जबकि मातृगुप्त और राहुल के ग्रन्थ अब अप्राप्य हैं।

मतङ्ग और दत्तिल सङ्गीतशास्त्र के आचार्य हैं और दत्तिल के नाम से **दत्तिलम्** नामक ग्रन्थ भी मिलता है।

शार्ङ्ग. ने नाट्य या सङ्गीत के विषय में ग्रन्थ लिखने वाले या इन शास्त्रों के आचार्यों की जो सूची दी है, उसमें तीन श्रेणियाँ बनती हैं–(१) मिथकीय, (२) ऐतिहासिक व्यक्ति जिन्होंने इन शास्त्रों पर स्वतंत्र रूप से ग्रन्थ लिखे तथा (३) नाट्यशास्त्र के टीकाकार। **शार्ङ्ग.** ने इस तीसरी श्रेणी में पाँच नाम गिनाये हैं–लोल्लट, उद्भट, शङ्कुक, अभिनवगुप्त तथा कीर्तिधर तथा अन्य अनेक टीकाकार और भी हैं–यह संकेत दिया है। इनमें से उद्भट, शङ्कुक, कीर्तिधर–इन तीन टीकाकारों को अभिनवगुप्त ने बार-बार अपनी टीका **अभिनवभारती** में उद्धृत किया है। अभिनवभारती को छोड़कर नाट्यशास्त्र की अन्य कोई प्राचीन टीका प्राप्त नहीं है।

नाटकलक्षणरत्नकोश के कर्ता सागरनन्दी ने अपने ग्रन्थ का उपसंहार करते हुए कहा है कि उन्होंने श्रीहर्ष, राजा विक्रम, मातृगुप्त, गर्ग, अश्मकुट्ट, नखकुट्ट तथा बादरायण–इन आचार्यों के मतों का भी भरतमुनि के मत के साथ-साथ अध्ययन कर के यह शास्त्र लिखा है (**नालरको.**, पृ. ३०७)।

उक्त प्राचीन आचार्यों के अतिरिक्त नन्दिकेश्वर का उल्लेख रसप्रस्थान के प्रवर्तक के रूप में राजशेखर (१०वीं शताब्दी) ने अपनी **काव्यमीमांसा** में किया है तथा नाट्यशास्त्र में ही शिव के शिष्य तण्डु का ताण्डव के आचार्य के रूप में वर्णन है।

नाट्यशास्त्र के पहले ही अध्याय में भरत के सौ पुत्रों के नाम गिनाये गये हैं, जो वास्तव में उनके शिष्य तथा उनके शास्त्र की परम्परा को आगे बढ़ाने वाले आचार्य भी थे। ये नाम इस प्रकार हैं– शाण्डिल्य, वात्स्य, कोहल, दत्तिल, जटिल, अम्बष्टक, तण्डु, अग्निशिख, सैन्धव, पुलोमा, शाड्वलि, विपुल, कपिञ्जलि, बादिर, यम, धूम्रायण, जम्बुध्वज, काकजङ्घ, स्वर्णक, तापस, केदारि, शालिकर्ण, दीर्घगात्र, शालिक, कौत्स, ताण्डायनि, पिङ्गल, चैत्रक, बन्धुल, मल्लक, मुष्टिक, सैन्धवायन, तैत्तिल, भार्गव, शुचि, बहुल, अबुध, बुधसेन, पाण्डुकर्ण, सुकेरल, ऋजुक, मण्डक, शम्बर, वञ्जुक, मागध, सरल, कर्ता, उग्र, तुषार, पार्षद, गौतम, बादरायण, विशाल, शबल, सुनाभ, मेष, कालिय, भ्रमर, पीठमुख, नखकुट्ट, अश्मकुट्ट, षट्पद, सोत्तम, पादुक, उपानह, श्रुति, चाषस्वर, अग्निकुण्ड, आज्यकुण्ड, वितण्ड्य, ताण्ड्य, कर्तराक्ष, हिरण्याक्ष, कुशल, दुस्सह, लाज, भयानक, बीभत्स, विचक्षण, पुण्ड्रनास, असित, सित, विद्युज्जिह्व, महाजिस्व, शालङ्कायन, श्यामायन, माठर, लोहिताङ्ग, संवर्तक, पञ्चशिख, त्रिशिख, शिख, शङ्खवर्णमुख, षण्ड, शङ्कुकर्ण, शक्रनेमि, गभस्ति, अंशुमालि, विद्युत, शातजङ्घ, रौद्र, तथा वीर।

इस नामावली में से शाण्डिल्य तथा कोहल के नाम **नाट्यशास्त्र** के अन्त में भी

इसी नाट्यशास्त्र के कर्ताओं के रूप में दिये गये हैं। दत्तिल के नाम से सङ्गीत शास्त्र का दूसरा ग्रन्थ मिलता ही है। नखकुट्ट और अश्मकुट्ट–इन दो आचार्यों का उल्लेख सागरनन्दी ने भी किया है, जिसकी चर्चा ऊपर की गयी है।

इस सूची में भरतमुनिकृत नाट्यशास्त्र का अनुशीलन करने वाले या उसके आधार पर प्रयोग करने वाले अनेक आचार्यों के नामों का संग्रह बिना किसी ऐतिहासिक क्रम के कर लिया गया है। यहाँ तक कि तण्डु का नाम भी इसमें उल्लिखित है, जबकि नाट्यशास्त्र के चौथे अध्याय में तण्डु शिव के शिष्य हैं, जिन्होंने भरत को ही अङ्गहारों तथा करणों की शिक्षा दी थी।

इन आचार्यों में से तुम्बरु, दत्तिल तथा कोहल–इन तीन के उद्धरण या मत अभिनवगुप्त ने अनेकत्र प्रस्तुत किये हैं। सम्भवतः अभिनव को इन आचार्यों के मूल ग्रन्थ उपलब्ध थे। इसके अतिरिक्त अभिनव ने नन्दिमत का भी उल्लेख किया है।

कोहल

कोहल भरतमुनि के पश्चात् नाट्यशास्त्र के सबसे प्रमुख आचार्यों में परिगणित किये जा सकते हैं। **नाट्यशास्त्र** में भरत के सौ पुत्रों या शिष्यों में कोहल भी एक गिने गये हैं। **नाट्यशास्त्र** के अन्त में दो प्रसंगों में कोहल का उल्लेख है। **नाशा.** ३७.१८ में भरत कहते हैं कि इस नाट्यशास्त्र ग्रन्थ में (मेरे द्वारा कहने से) जो शेष रह गया है, उसे प्रयोग, कारिका तथा निरुक्त के द्वारा कोहल अपने **उत्तरतन्त्र** में विवेचित करेंगे।" इसी अध्याय में श्लोक २४-२५ में फिर कहा गया है कि कोहल, वत्स, शाण्डिल्य तथा धूर्तित (धूर्तिल?) ने यह शास्त्र बनाया है। यहाँ धूर्तित या धूर्तिल के स्थान पर 'दत्तिल' पाठ सम्भाव्य है।

सम्भवतः भरतमुनि या भरत नाम के आचार्य की शिष्यता में रहकर कोहल ने भी नाट्यशास्त्रविषयक अपना ग्रन्थ लिखा था, जो कारिका तथा निरुक्त के रूप में था। **नाट्यशास्त्र** के वर्तमान कलेवर में कोहल की अनेक कारिकाएँ मिश्रित हो गयी हैं। अभिनव जैसे टीकाकारों को जहाँ-जहाँ यह मिश्रण हुआ है, ऐसे स्थलों का बोध था। **अभिभा.** में अनेक स्थलों पर व्याख्या करते हुए अभिनव बताते हैं कि ये कारिकाएँ कोहल की रची हुई हैं। अभिनव के विवेचन से यह भी स्पष्ट है कि वे कोहल को भरत का पट्टशिष्य मानते हैं (**अभिभा.**, भा.१, पृ. ४७)। अभिनव के पास नाट्यशास्त्र की प्रति तो रही ही होगी, जिस पर उन्होंने टीका की, कोहलविरचित **उत्तरतन्त्र** या कोहलीयनाट्यशास्त्र की प्रति उनके पास होगी, तभी वे वर्तमान नाट्यशास्त्र में कोहल–निर्मित अंश के मिश्रण की पहचान कर सके। अभिनव बताते हैं कि नाट्यशास्त्र ६.१० में प्रतिपादित नाट्य के ग्यारह मूलभूत तत्त्वों का समुदाय, जिसे नाट्यसङ्ग्रह कहा

गया है, वह वस्तुतः कोहल- प्रतिपादित है, भरत-प्रतिपादित नहीं। भरत-प्रतिपादित पाँच तत्त्वों का समावेश भी इन्हीं ग्यारह तत्वों में हो जाता है, इसलिए नाट्यशास्त्र में यह कारिका जोड़ ली गयी है।

कोहल का उल्लेख संस्कृत साहित्य में अनेकत्र आता है। आठवीं शती के **कुट्टनीमत** काव्य के रचयिता दामोदर भरत के साथ उनका उल्लेख करते हैं–**'विटखटकं नृत्यति कोहलभरतोदितक्रियया (कुट्टनी**., ८१)। राजशेखर के **बालरामायण** नाटक में कोहल रावण के सामने सीतास्वयंवर नाटक की प्रस्तुति करते हैं।

कोहल ने रूपक के अवान्तर भेदों (जिन्हें हेमचन्द्र ने गेयरूपक कहा तथा परवर्ती आचार्यों ने उपरूपक के नाम से पहचाना) के विवेचन के लिए नाट्यशास्त्रीय परम्परा में सर्वत्र स्मृत होते आये हैं (द्र. **नाविको.,** के दूसरे खण्ड में **उपरूपक** शीर्षक)। भरतप्रणीत लक्षणों से कोहल ने वैमत्य भी प्रकट किया था। उत्सृष्टिकाङ्क में वे एक के स्थान पर दो अङ्क मानते हैं (भा.प्र., पृ. २५१)

शात. ने **भाप्र.** में बिन्दु, पताका, अङ्क, लास्याङ्ग तथा दशरूपक-लक्षण, प्रस्तार, विराम तथा अभिनव ने लय, आहार्य अभिनय इत्यादि के लक्षण के सन्दर्भ में कोहल के मत को उद्धृत किया है। अभिनव तो कोहल को इतना आदर देते हैं कि जहाँ भरत के मत पर शंका होती है, वे कोहल के स्पष्टीकरण को ही अन्य आचार्यों की तुलना में वहाँ प्रामाणिक मानते हैं। कला, लय, खण्डधारा इत्यादि पर अभिनव नाट्यशास्त्र के पूरक के रूप में कोहलीय विवेचन को प्रस्तुत करते हैं। एक स्थल पर अवश्य वे शृङ्गार, हास्य तथा करुण से कैशिकी वृत्ति होती है, कोहल के इस मत का मुनिमत से विरोध होने के कारण उसका खण्डन करते हैं (**अभिभा**., भा.-२, पृ. १४४, १५१, १५५, ४५२)। फिर भी कोहल को भरत का प्रमुख शिष्य मानते हैं (**वही**, भा.-१, पृ. ४७)। टीकाकार द्वारा उठायी गयी जात्यंशकों के विनियोग के सम्बन्ध में इस शंका का कि यह विनियोग कश्यप मुनि, मतङ्ग आदि के प्रतिपादन के विरुद्ध आता है, अभिनव अनेक मतों के उल्लेख के साथ विवेचन करते हुए, अन्त में यही निष्कर्ष देते हैं कि वैकल्पिक रूप से दोनों मत ग्राह्य हैं, क्योंकि भरत ने 'कोहल मेरे मत के परिशेष को आगे कहेंगे'–यह कह कर इसकी अनुमति दी है तथा लोक में उनके पश्चात् कोहल और कश्यप के मत ही सर्वाधिक मान्य हुए हैं (**वही**, भा.-४, पृ. ७०)।

टीकाकार

टीकाकार का सन्दर्भ **अभिभा.** में अनेक स्थलों पर दिया गया है, कहीं बहुवचन तो कहीं एकवचन में तथा किसी एक व्यक्ति विशेष के लिए प्रयोजित है। **नाशा.** के अ. ६,१९,२९,३०,३१ आदि पर **अभिभा.** में टीकाकार के मत का प्रतिपादन बार-बार है।

सम्भव है कि **नाट्यशास्त्र** पर किसी प्राचीन और प्रसिद्ध टीका के लेखक का नाम ही टीकाकार के रूप में चल पड़ा और वास्तविक नाम के स्थान पर टीकाकार के रूप में ही उसका उल्लेख होने लगा हो। टीकाकार के प्रतिपाद्य का अपने गुरु भट्टतौत के द्वारा खण्डन किये जाने का उल्लेख एक स्थान पर अभिनव करते हैं, जिससे इतना अवश्य प्रमाणित होता है कि टीकाकार भट्टतौत से पहले हो चुके थे।

टीकाकार का सर्वाधिक उल्लेख **अभिभा.** में संगीतविषयक अध्यायों के विवेचन में है, अ. २८ से ३७ तक टीकाकार का २५ बार उल्लेख हुआ है।

यह भी सम्भव है कि लोल्लट, शङ्कुक या कीर्तिधर में किसी एक व्यक्ति के लिए अभिनव के समय तक टीकाकार की उपाधि प्रचलन में आ गयी हो और यह इन्हीं में से कोई हो। 'टीकाकारः' टीकाकृद्भिः'–इन पदों के साथ बहुवचन में उल्लेख से यह भी सम्भावना बनती है कि पूर्ववर्ती कई टीकाकारों का सामूहिक उल्लेख अभिनव कर रहे हों।

सङ्ग्रहकार

सङ्ग्रहकार भी नाट्यशास्त्रीय परम्परा के कोहल के समान प्राचीन आचार्य रहे होंगे, जिनका वास्तविक नाम अविदित है। सङ्ग्रह नाट्यशास्त्रीय अवधारणाओं को संक्षेप में प्रस्तुत करने की शैली है। इसके नमूने **नाट्यशास्त्र** के वर्तमान कलेवर में भी हैं। अभिनव ने एक स्थान पर सङ्ग्रह तथा एक स्थान पर सङ्ग्रहकार का उल्लेख किया है।

नाट्यशास्त्र के वर्तमान कलेवर में सङ्ग्रह या सङ्ग्रह श्लोक भी सम्मिलित हैं, जो उक्त सङ्ग्रहग्रन्थ से उद्धृत हो सकते हैं।

१. शातकर्णी

शतकर्ण या शालिकर्ण नाम से भी शातकर्णी का उल्लेख मिलता है। शातकर्णी नामक राजा का उल्लेख प्रथम शताब्दी ई.पू. से १४९ई. के शिलालेखों में आता है (**नाशा.** मनमोहन घोष, भूमिका, पृ. ४५)। सम्भव है, इसी शातकर्णी ने नाट्यशास्त्रविषयक ग्रन्थ भी लिखा हो। शातकर्णी के नाट्यविषयक उद्धरण **नालरको.** तथा **अनर्घराघव** की रुचिपति उपाध्याय कृत टीका में मिलते हैं।

२. अश्मकुट्ट तथा नखकुट्ट

इन दोनों आचार्यों के नाम भरत के सौ पुत्रों की सूची में **नाशा.** में दिये गये हैं। इन दोनों का उल्लेख वहाँ एक युग्म के रूप में किया गया है, जिससे इनका समकालीन तथा परस्पर सम्बद्ध होना सूचित होता है। नखकुट्ट को सान. तथा विश्व. ने उद्धृत किया है तथा अश्मकुट्ट का सन्दर्भ देने वाले आचार्य सानं. ही हैं। सम्भव है कि नखकुट्ट और अश्मकुट्ट ने मिलकर नाट्यशास्त्रविषयक कोई ग्रन्थ लिखा हो। यह भी हो सकता है कि इनके मत वाचिक रूप में चलते आये हों और अनुश्रुति से सानः ने उनको उद्धृत किया हो।

३. राहुल

राहुल नामक आचार्य का उल्लेख अभिनव तथा सान. ने किया है। **अभिभा.** में दो तथा **नालरको.** में एक स्थान पर राहुल का मत प्रस्तुत किया गया है। सम्भवतः राहुल ने नाट्यविषयक कोई ग्रन्थ लिखा हो, जिसमें अभिनव के विषय भी समाहित थे।

४. शकलीगर्भ

शकलीगर्भ नामक आचार्य का उल्लेख भी **अभिभा.** में ही आता है। अभिनव ने इनके द्वारा उद्भट का मत स्वीकार करने का उल्लेख किया है, अतः ये उद्भट से परवर्ती हो सकते हैं।

५. कीर्तिधर

कीर्तिधर ने भरत के **नाशा.** पर टीका लिखी थी, यह शार्ङ्ग. के उल्लेख से स्पष्ट है। अभिनव ने कीर्तिधर को **अभिभा.** में तीन स्थलों पर उद्धृत किया है। अभिनव के उल्लेख से यह भी सिद्ध होता है कि उन्हें कीर्तिधर की टीका मूल रूप में उपलब्ध थी। पूर्वरङ्ग के विवेचन में वे कहते हैं कि कीर्तिधर ने नन्दिकेश्वर के मत का इस प्रसंग में विवेचन किया है, नन्दिकेश्वर का शास्त्र मैंने साक्षात् नहीं देखा, कीर्तिधर के आधार पर ही मैं विवेचन कर रहा हूँ (**अभिभा.**, भा.४, पृ. १२०)।

कीर्तिधर की प्रामाणिकता **नासे.** के उल्लेखों से विशेष रूप से सामने आती है। उन्होंने **नृर.** में लगभग ३३ स्थलों पर कीर्तिधर की व्याख्याएँ प्रस्तुत की हैं। अभिनव ने आङ्गिक-अभिनय के निरूपण में हस्तों के वैकल्पिक नाम मतान्तर से दिये हैं। **जासे** के उल्लेख से स्पष्ट होता है कि वैकल्पिक मत के इस प्रसंग में प्रतिपादक आचार्य कीर्तिधर ही हैं। वस्तुतः हस्तों, करणों तथा चारियों की वैकल्पिक नामावली का एक सम्प्रदाय कीर्तिधर को प्राप्त था, जिसका विवेचन उनका नामोल्लेख किये बिना अभिनव करते हैं, और **नृर.** के उल्लेखों से वैकल्पिक नामावली के मुख्य प्रतिपादक आचार्य कीर्तिधर ही प्रमाणित होते हैं। **संर.** में भी वीणा तथा अ.७ में नृत्त के सन्दर्भ में (अ.६) कीर्तिधर के मत का उद्धरण है। बाद में ग्रन्थकारों में कुम्भ तक को कीर्तिधर का ग्रन्थ उपलब्ध था। डॉ. राघवन् का मत है कि कीर्तिधर ने **नाशा.** पर टीका नहीं, एक सर्वांगपूर्ण स्वतन्त्र ग्रन्थ ही लिखा था।

श्री रामकृष्ण कवि (**भको.**, पृ. ४३१) के अनुसार कीर्तिधर के ग्रन्थ का नाम **'भरतोत्तर'** था। **भरतोत्तर** का उल्लेख सर्वेश्वर ने किया है। धनञ्जय ने इस पर व्याख्या लिखी थी। पर श्री कवि **'शेषमुत्तरतन्त्रेण कोहलः कथयिष्यति'** (३७.१८) के आधार पर इस ग्रन्थ के कोहलकृत होने की सम्भावना भी प्रकट करते हैं।

६. भट्टतण्डु

तण्डु का उल्लेख **नाशा.** में एक अत्यन्त प्राचीन आचार्य के रूप में है और उनके विषय में दिया गया विवरण लगभग मिथकीय ही है, जिसके अनुसार वे शिव के शिष्य हैं, तथा शिव के आदेश पर उन्होंने भरत को अङ्गहारों, करणों आदि की शिक्षा दी थी। भट्ट तण्डु नामक आचार्य का उल्लेख भी जासे. ने ही कई बार किया है और उनके उल्लेख से भट्टतण्डु मिथकीय तण्डु से भिन्न ऐतिहासिक ग्रन्थकार प्रतीत होते हैं। नृर. में १६ बार भट्टतण्डु का मत उल्लिखित है। जासे. ने भट्टतण्डु के नाम से मूल उद्धरण प्रस्तुत किये हैं, जिनसे लगता है कि उन्हें भट्टतण्डु के ग्रन्थ की प्रति प्राप्त थी। नृर. में भट्टतण्डु के बहुसंख्य उल्लेख कीर्तिधर के साथ-साथ हैं। केवल दो स्थलों को छोड़ कर सर्वत्र ऐसे उद्धरणों में भट्टतण्डु का नाम पहले और कीर्तिधर का बाद में उल्लिखित है, जिसके आधार पर डॉ. राघवन् अनुमान करते हैं कि भट्टतण्डु कीर्तिधर के पूर्ववर्ती रहे होंगे। कल्लिनाथ के द्वारा **संर.** की टीका में वर्तना के विषय में दिये गये विस्तृत उद्धरण से लगता है कि २४ प्रकार की वर्तनाओं के प्रतिपादक भी आचार्य भट्टतण्डु थे। वस्तुतः कीर्तिधर तथा भट्टतण्डु आङ्गिक अभिनय और मार्गी नृत्य की वैकल्पिक परम्पराओं के महत्त्वपूर्ण व्याख्याकार के रूप में स्मरणीय हैं।

७. मातृगुप्त

मातृगुप्त का उल्लेख करने वाले आचार्यों में **वक्रोक्तिजा।वत** के लेखक कुन्तक का नाम सबसे पहले आता है। क्षेमेन्द्र और अभिनवगुप्त ने भी मातृगुप्त का उल्लेख किया है। ये सभी आचार्य दसवीं शताब्दी के आसपास के हैं। इसलिए मातृगुप्त दसवीं शती के पहले हो चुके थे। कुन्तक ने अपने काव्यशास्त्रीय ग्रन्थ **वक्रोक्तिजीवित** में मातृगुप्त का स्मरण एक महाकवि के रूप में किया है तथा उनके काव्य में सौकुमार्य गुण को विशेष प्रशंसनीय माना है–(**वजी.**, पृ. ६६)। क्षेमेन्द्र भी मातृगुप्त का स्मरण एक कवि के रूप में ही करते हैं तथा अपने **औचित्यविचारचर्चा** नामक काव्यशास्त्रविषयक ग्रन्थ में उनका एक पद्य भी क्षेमेन्द्र उद्धृत करते हैं। यह पद्य किसी राजा की प्रशंसा में है, और इससे लगता है कि मातृगुप्त किसी राजा के आश्रित रहे होंगे। कल्हण ने अपनी **राजतरङ्गिणी** में मातृगुप्त का विवरण दिया है, जिसके अनुसार ये सुप्रसिद्ध महाकवि भर्तृमेण्ठ के समकालीन थे और राजा हर्ष विक्रमादित्य के आश्रित थे (**राज.**, ३.१२५-३३३)। कल्हण ने मातृगुप्त के विषय में बड़ी रोचक कथा भी दी है, जिसके अनुसार मातृगुप्त मूलतः कश्मीर के निवासी थे और वे वहाँ से चल कर उज्जयिनी के राजा विक्रमादित्य के आश्रय के अभ्यर्थी हो कर उज्जयिनी पहुंचे। यहाँ उन्हें प्रतिहार का काम मिला और वे विपन्न स्थिति में दिन काटते रहे। रात को एक बार हेमन्त के शीत में जब सब राजसेवक बिस्तरों में दुबक कर सोये

थे, मातृगुप्त ठंडी हवा का कष्ट झेलते हुए अकेले पहरा दे रहे थे। राजा की नींद खुली और उसने पहरेदारों को पुकारा। मातृगुप्त ने द्वार से उत्तर दिया। राजा का ध्यान मातृगुप्त की ओर गया। उसने मातृगुप्त से पूछा कि तुम सोये क्यों नहीं। मातृगुप्त ने उत्तर में अपनी दुर्दशा का वर्णन करने वाला एक मार्मिक पद्य प्रस्तुत कर दिया। राजा ने उनकी कवित्व प्रतिभा को पहचाना और अगले दिन उन्हें बुला कर एक मुद्रापित लेख ले जा कर कश्मीर के राजाधिकारियों तक पहुँचाने का आदेश दिया। मातृगुप्त कई दिनों में चलते-चलते थके हारे कश्मीर पहुँचे और अधिकारियों को राजा का लेख सौंपा। लेख खोलने पर ज्ञात हुआ कि उसमें पत्रवाहक मातृगुप्त को कश्मीर का राजा बनाने का आदेश था। इसी कश्मीर के राजा मातृगुप्त ने महाकवि भर्तृमेण्ठ को अपनी राजसभा में आश्रय दिया था। हर्ष विक्रमादित्य के निधन का समाचार सुनकर मातृगुप्त ने प्रवरसेन को राज्य सौंपा और संन्यास ले कर काशी में रहने लगे। पी.वी. काणे के मतानुसार कल्हण के द्वारा वर्णित यही कवि और राजा मातृगुप्त नाट्यशास्त्र के आचार्य मातृगुप्त हैं। इनका समय सातवीं शताब्दी का पूर्वार्ध है।

दसवीं शताब्दी से सोलहवीं शताब्दी तक मातृगुप्त के नाट्यशास्त्रविषयक ग्रन्थ का बड़ा प्रचार था। १६१३ ई. में रचित सुन्दरमिश्रकृत **नाट्यप्रदीप** नामक ग्रन्थ और अवलोककार धनिक को छोड़कर इस अवधि के नाट्यशास्त्र के प्रमुख आचार्यों में ऐसा कोई नहीं है, जिसने उनके नाट्यशास्त्रीय विचारों, अवधारणाओं को उद्धृत न किया हो। अभिनवगुप्त, शारदातनय तथा सागरनन्दी ने मातृगुप्त के अनेक उद्धरण प्रस्तुत किये है, या उनके मत का उल्लेख किया है। संस्कृत नाटकों के टीकाकारों में राघवभट्ट ने अपनी **शाकुन्तल** की टीका में २० बार मातृगुप्त के उद्धरणों से कालिदास की रचना की व्याख्या की है और **विक्रमोर्वशीयम्** की टीकाओं–प्रकाशिका तथा कोणेश्वरी, **कर्पूरमञ्जरी** की वासुदेवकृत टीका तथा **एकावली** की रत्नापण टीका में भी मातृगुप्त का उल्लेख है।

मातृगुप्त के नाम से विभिन्न ग्रन्थों, टीकाओं में जो उद्धरण मिलते हैं, उनसे स्पष्ट होता है कि मातृगुप्त ने नाट्यशास्त्र के सभी विषयों पर कारिका शैली में एक स्वतन्त्र मौलिक ग्रन्थ लिखा था। नाट्यशास्त्रविषयक अनेक कोटियों पर उन्होंने मौलिक अवधारणाएँ प्रस्तुत की हैं। उदाहरण के लिए भावप्रकाशकार के अनुसार मातृगुप्त नाटक की वस्तु में प्रख्यात और उत्पाद्य का विभाजन ऐकान्तिक रूप से स्वीकार नहीं करते, प्रख्यात में उत्पाद्य तथा उत्पाद्य में प्रख्यात का अंश मिला हो सकता है- यह वे मानते हैं (**भाप्र.**, पृ. २३४)। उनके रस के विवेचन में भी नवीनता प्रतीत होती है। राघवभट्ट ने मातृगुप्त की 'वाचिकरस' की अवधारणा की चर्चा की है। मातृगुप्त त्रिविध अभिनय के अनुसार तीन प्रकार की रस-कोटियाँ स्वीकार करते हैं--ऐसा इस विवेचन से प्रतीत होता है। शार्ङ्ग. तथा अभिनव ने मातृगुप्त को सङ्गीतशास्त्र पर भी प्रमाण माना है। उनका

सूत्रधार का लक्षण वासुदेव, रङ्गनाथ तथा श्री निवास ने उद्धृत किया है। राघवभट्ट ने रस, भाषाविधान तथा अन्तरसन्धि के लक्षण के विषय में मातृगुप्त के महत्त्वपूर्ण मूल उद्धरण दिये हैं। नाट्यशास्त्रीय ग्रन्थों में मातृगुप्त के सर्वाधिक उद्धरण सागरनन्दी ने **नाटक लक्षणरत्नकोश** में दिये हैं।

८. उद्भट

उद्भट **नाट्यशास्त्र** के व्याख्याकारों में सर्वप्राचीन प्रतीत होते हैं। अभिनव ने **अभिभा.** में उनका तथा उनके औद्भट सम्प्रदाय का अनेकत्र उल्लेख किया है। **नाशा.** ६.१० में कोहल के मत से निरूपित नाट्यसङ्ग्रह पर उद्भट ने क्रमविपर्यय का आक्षेप किया था तथा लोल्लट ने उनके आक्षेप का खंडन किया था (**अभिभा.,भा.**-१,पृ०२६४), इससे अनुमान होता है कि उद्भट लोल्लट से भी प्राचीन रहे होंगे।

उद्भट **काव्यालङ्कारसारसङ्ग्रह** नामक काव्यशास्त्रीय ग्रन्थ के प्रणेता भी हैं। यदि काव्यशास्त्री उद्भट तथा नाट्यशास्त्र के व्याख्याकार उद्भट अभिन्न हैं, तो उद्भट का समय सहजता से निर्धारित हो जाता है। **राजतरङ्गिणी** के उल्लेख के अनुसार उद्भट कश्मीर के राजा जयापीड के सभापति थे। जयापीड का शासनकाल ७७६ ई० से ८१३ ई० के बीच है। इस प्रकार उद्भट का समय ७५० ई० से ८५० ई० के बीच निर्धारित होता है।

उद्भट अनेक स्थानों पर नाट्यशास्त्र में अभिनव के पाठ से भिन्न पाठ लगाते हैं, जिसका उल्लेख अभिनव ने किया है। वृत्ति के विषय में तो उन्होंने भरत के मत का विरोध तक कर दिया है। उद्भट द्वारा स्वीकृत **नाशा०** का पाठ अनेक स्थलों पर सर्वथा भिन्न या विपरीत अर्थ देता है। जैसे समवकार के लक्षण में **'वृत्तानि तानि समवकारे कविभिस्तानि प्रयोज्यानि'** (१८.७६) में उद्भट **तानि प्रयोज्यानि** के स्थान पर **'नैव प्रयोज्यानि'** पाठ मानते हैं।

उद्भट भरत के चतुर्विधवृत्तिविभाजन को स्वीकार न कर के तीन वृत्तियाँ मानते हैं–न्यायचेष्टावृत्ति, अन्यायचेष्टावृत्ति तथा फलसंवित्तिवृत्ति। सन्धि तथा सन्ध्यङ्गों के क्रम की रक्षा उद्भट की दृष्टि से नाटक में **नाट्यशास्त्र** में निरूपित क्रम के अनुसार ही की जानी चाहिए। अभिनव ने उद्भट के इस प्रकार के मतों को पूर्वपक्ष के रूप में उठाते हुए उनका खण्डन किया है। उद्भट ने नाट्यशास्त्र तथा काव्यशास्त्र दोनों क्षेत्रों में नयी अवधारणाएँ प्रस्तुत कीं, जिसके कारण इन दोनों के आचार्य उनका तथा उनके नाम से चल पड़े औद्भट सम्प्रदाय का बार-बार उल्लेख करते हैं।

९. हर्ष

नाट्यशास्त्र के क्षेत्र में हर्ष वार्तिककार के नाम से प्रसिद्ध हैं। सान. ने अपने

उपजीव्य ग्रन्थकारों में इनका स्मरण सबसे पहले किया है। राजशेखर ने राजा हर्ष की प्रशस्ति में **काव्यमीमांसा** में एक पद्य उद्धृत किया है। डॉ. शंकरन् कान्यकुब्ज के राजा (६०७-६४७ ई.) तथा नाटककार हर्ष से वार्तिककार हर्ष को अभिन्न मानते हैं। पर राजा तथा नाटककार हर्ष के द्वारा नाट्यशास्त्रविषयक ग्रन्थ लिखे जाने का उल्लेख तत्सम्बन्धी साहित्य में नहीं मिलता।

हर्ष का नाट्यवार्तिक नाट्यशास्त्रविषयक एक स्वतन्त्र तथा सम्पूर्ण ग्रन्थ था, जो दसवीं शताब्दी के पहले लिखा जा चुका था। यह सारा ग्रन्थ आर्या छन्द में लिखा गया था–ऐसा प्राप्त उद्धरणों से लगता है। अभिनव ने **अभिभा.** के प्रथम छह अध्यायों में अनेक स्थलों पर भी हर्ष या वार्तिककार के नाम से उद्धरण दिये हैं या उनके मत का उल्लेख किया है। शात. ने तथा बहुरूपमिश्र ने तोटक के विषय में उनके मत का उल्लेख किया है। नाट्यशाला के निर्माण, नृत्त-नाट्य-भेद, पूर्वरङ्ग, प्ररोचना–इत्यादि विषयों पर हर्ष का विवेचन उद्धरणीय माना गया है।

१०. लोल्लट

लोल्लट के मत का उल्लेख अभिनव ने रससूत्र की व्याख्या में **अभिभा.** षष्ठ अध्याय में किया है। अभिनव के बाद काव्यशास्त्र में रससूत्र की व्याख्या के सन्दर्भ में लोल्लट के मत का उल्लेख सदैव होता आया है। **अभिभा.** में अ. ११,१३,१८ तथा २१ में भी लोल्लट की नाट्यशास्त्रीय व्याख्या का उल्लेख है, जिससे स्पष्ट है कि लोल्लट ने भरत के सम्पूर्ण नाट्यशास्त्र पर टीका लिखी थी। उद्भट के वृत्तिविवेचन के सन्दर्भ में अभिनव ने उल्लेख किया है कि उद्भट के मत को शकलीगर्भ नामक आचार्य ने स्वीकार किया, पर लोल्लट ने उसका खण्डन किया। अतः लोल्लट उद्भट के बाद के हुए। उद्भट का जन्म ८०० ई. के आसपास है।

माणिक्यचन्द्र ने मम्मट के **काव्यप्रकाश** की टीका **काव्यप्रकाशसङ्केत** में लोल्लट के लिखे हुए **रसविवरण** नामक ग्रन्थ का हवाला दिया है। यह कहना कठिन है कि **रसविवरण** लोल्लट का स्वतन्त्र ग्रन्थ था या टीका का नाम ही **रसविवरण** था। हेमचन्द्र के द्वारा **काव्यानुशासन** में लोल्लट के नाम से प्रस्तुत उद्धरण से प्रतीत होता है कि लोल्लट ने काव्यशास्त्र विषयक भी कोई ग्रन्थ लिखा था।

रससूत्र के व्याख्याकारों में लोल्लट उत्पत्तिवाद के प्रवर्तक माने गये। अनुसन्धि की अवधारणा का भी नया प्रतिपादन उन्होंने किया।

११. शङ्कुक

शङ्कुक **नाशा.** के प्राचीन प्रामाणिक व्याख्याकारों में से एक हैं। **अभिभा.** में शङ्कुक को अनेक प्रकरणों पर उद्धृत किया गया है या उनके मत का उल्लेख किया गया

है। शङ्कुक नाम के कवि के श्लोक **शार्ङ्गधरपद्धति, सूक्तिमुक्तावली** तथा **सुभाषितावली**–इन तीन सुभाषितसङ्ग्रहों में मिलते हैं। कल्हण ने कश्मीर के कवि शङ्कुक तथा उनके बनाये हुए **'भुवनाभ्युदय'** काव्य का उल्लेख किया है। कल्हण के अनुसार ये कवि शङ्कुक अजितापीड के शासनकाल में हुए। अजितापीड का समय कनिंघम ने ८१३ ई. और शंकर पांडुरंग पंडित ने ८१६ ई. बताया है। यदि कवि शङ्कुक तथा आचार्य शङ्कुक एक ही व्यक्ति हैं, तो उनका समय नवीं शती का पूर्वार्ध माना जा सकता है।

शङ्कुक का स्मरण अभिनव ने **नाशा.** में उनके द्वारा स्वीकृत पाठ या पाठभेदों के लिए भी किया है (**अभिभा.**, भा.१ पृ. २१४)। शङ्कुक के रसविषयक मत का विस्तृत प्रतिपादन **अभिभा.** में किया गया है। नाट्यमण्डप, आङ्गिक अभिनय, दशरूपकलक्षण, सन्धि-सन्ध्यङ्ग, सात्त्विक अभिनय या सत्त्व आदि विभिन्न विषयों पर अभिनव ने जिस तरह शङ्कुक के मत का बार-बार उल्लेख किया है, उससे शङ्कुक के प्रतिपादन का महत्त्व तो सिद्ध होता ही है, शङ्कुक ने सम्पूर्ण **नाशा.** पर विशद टीका की थी–यह तथ्य भी प्रमाणित होता है।

जासे. ने अर्धनिकुट्टक करण के लक्षण के प्रसंग में शङ्कुक का उल्लेख किया है (नृर. पृ. १३६)।

१२. भट्टनायक

शङ्कुक की भाँति भट्टनायक भी भरत के **रससूत्र** की अपनी व्याख्या (भुक्तिवाद) के लिए जाने जाते हैं। इनके ग्रन्थ का नाम **हृदयदर्पण** था, जो काव्यशास्त्र तथा नाट्यशास्त्र का एक मौलिक तथा अत्यन्त महत्त्व का ग्रन्थ था। अभिनव ने भट्टनायक के विवेचन का बार-बार उल्लेख ही नहीं किया, उनके मत का अवलम्बन भी किया है। **नाशा.** के प्रथम श्लोक पर ही अभिनव ने इस श्लोक की भट्टनायक द्वारा **सहृदयदर्पण** में की गयी विवृति का सन्दर्भ विस्तार से दिया है। काव्यशास्त्र के आचार्यों में भट्टनायक का **हृदयदर्पण** या **सहृदयदर्पण** आनन्दवर्धन के ध्वनिसिद्धान्त के खण्डन के लिए जाना जाता है। अभिनव, रुय्यक, हेमचन्द्र आदि आचार्यों के द्वारा **हृदयदर्पण** अथवा भट्टनायक के नाम से दिये गये उद्धरणों से स्पष्ट है कि दसवीं से तेरहवीं शताब्दी के बीच इस ग्रन्थ का बड़ा प्रचार था। भट्टनायक का समय आनन्दवर्धन तथा अभिनवगुप्त के बीच (नवीं शताब्दी) माना जा सकता है।

अभिभा. (भा.३, पृ. ३०५) में भट्टनायक का सिद्धिलक्षण तथा ताल-निरूपण के प्रसंग में उल्लेख है। यह कहना कठिन है कि भट्टनायक ने **हृदयदर्पण** के अतिरिक्त नाट्यशास्त्र पर अन्य कोई ग्रन्थ या टीका भी लिखी थी अथवा नहीं।

१३. अभिनवगुप्त

भारतीय कलाचिन्तन, साहित्यशास्त्र, दर्शन तथा तन्त्र की परम्परा में आचार्य अभिनवगुप्त का अद्वितीय स्थान है। इनके पूर्वज राजा ललितादित्य के शासनकाल में कान्यकुब्ज से कश्मीर में आ कर बस गये थे—यह इनके **परात्रिंशिका** आदि ग्रन्थों में दिये गये विवरणों से पता चलता है। उस समय कान्यकुब्ज में यशोवर्मा (७३०-७४० ई.) का शासनकाल था, जिसे कश्मीर के ललितादित्य ने हराया था। अभिनव के पूर्वपुरुष अत्रिगुप्त को यही ललितादित्य कश्मीर ले आया था। अभिनव ने अपने पितामह वराहगुप्त, पिता नरसिंहगुप्त तथा पितृव्य और भाइयों की भी चर्चा की है। अपने पितृव्य वामनगुप्त का एक पद्य भी उन्होंने **अभिभा.** में हास्याभास के उदाहरण के रूप में उद्‌धृत किया है।

अभिनव के पिता अपने समय के महान् पण्डित तथा शिवभक्त थे। **तन्त्रालोक** में दिये गये विवरण के अनुसार इनके बाल्य में ही इनकी माता का देहावसान हो गया। तब इनके पिता ने विरागी हो कर पुत्र तथा घर का त्याग कर संन्यास ले लिया। माता-पिता दोनों से वियुक्त अभिनव ने बचपन से ही विद्याव्यासंग में अपने आप को व्यस्त कर लिया। अपने समय के सर्वश्रेष्ठ पण्डितों का सान्निध्य उन्हें गुरुओं के रूप में प्राप्त हुआ। उन्होंने स्वयं जा-जा कर विभिन्न शास्त्रविशेषज्ञों से अनेक शास्त्रों का गहन अध्ययन किया। व्याकरण में पिता नरसिंहगुप्त, तन्त्रशास्त्र में श्री शम्भुनाथ, ब्रह्मविद्या में भूतिराज, त्रिकदर्शन, प्रत्यभिज्ञा तथा शैवसम्प्रदाय में श्री सोमानन्द, उत्पलाचार्य, लक्ष्मणगुप्त जैसे महान् दार्शनिक उनके गुरु रहे। इनमें साक्षात् गुरु लक्ष्मणनाथ थे, शेष परम्परया गुरु कहे गये हैं। ध्वनिसिद्धान्त या काव्यशास्त्र के क्षेत्र में उन्होंने अध्ययन भट्टेन्दराज जैसे महान् कवि तथा आचार्य से किया। **नाट्यशास्त्र** में दूसरे उस समय के श्रेष्ठ आचार्य भट्टतौत भी इनके गुरु रहे। इनके अतिरिक्त विभिन्न दर्शन-प्रस्थानों, शास्त्रों में और भी अनेक गुरुओं का उल्लेख अभिनवगुप्त ने अपनी कृतियों में किया है।

शैवदर्शन तथा तन्त्र पर **बोधपञ्चदशिका, परात्रिंशिकाविवरण, मालिनी विजयवार्तिक, तन्त्रालोक, ईश्वरप्रत्यभिज्ञाविवृतिविमर्शिनी** आदि अनेक ग्रन्थ अभिनव ने लिखे। उनके अनेक स्तोत्र भी मिलते हैं। काव्यशास्त्र तथा नाट्यशास्त्र के क्षेत्र में उनकी दो टीकाएँ—आनन्दवर्धन के ध्वन्यालोक पर **ध्वन्यालोकलोचन** तथा भरत के **नाशा.** पर **अभिनवभारती** काव्यशास्त्र तथा नाट्यशास्त्र के क्षेत्र में इने-गिने मौलिक ग्रन्थों के समकक्ष उद्‌धृत होती हैं। अभिनव के लिखे ग्रन्थों की संख्या लगभग चालीस है।

रसनिष्पत्ति विषयक मतों में इनका मत अभिव्यक्तिवाद के नाम से जाना जाता है।

अभिनवगुप्त का आविर्भाव ९५० ई. से ९६० ई. के बीच हुआ। शतायु होकर इन्होंने समाधि ग्रहण की।

१४. कुमारगिरि

राजा कुमारगिरि वसन्तराज ने **वसन्तराजीयम्** नामक नाट्यशास्त्रीय ग्रन्थ का प्रणयन किया था, जो अप्राप्य है। कुमारगिरि वसन्तराज कालिदास के नाटकों के प्रसिद्ध टीकाकार काटयवेम के समय में थे। काटयवेम ने कोंडविड रेड्डी राजा अनपोट की पुत्री से विवाह किया था। कुमारगिरि इसी अनपोट के पुत्र थे। उन्होंने १३८१ ई. से १४०३ ई. तक शासन किया। काटयवेम की मृत्यु १४१६ ई. के आसपास हुई। राजा कुमारगिरि ने उन्हें राजामहेन्द्रपुर का शासक नियुक्त किया था। काटयवेम के पुत्र का नाम भी कुमारगिरि था और इस कुमारगिरि ने भी अपने पिता की मृत्यु के पश्चात् चार वर्ष तक राजमहेन्द्रपुर पर शासन किया, पर **वसन्तराजीयम्** नामक ग्रन्थ के प्रणेता काटयवेम के साले राजा कुमारगिरि ही थे। काटयवेम ने कालिदास के रूपकों पर अपनी टीकाओं में **वसन्तराजीयम्** से प्रचुर उद्धरण दिये हैं, जिससे **वसन्तराजीयम्** का एक बड़ा भाग पुनराविष्कृत हो जाता है (द्र. **'अप्राप्त नाट्यशास्त्रीय ग्रन्थ'** में **'वसन्तराजीयम्'**)।

वसन्तराजीयम् के उद्धरण **प्रबोधचन्द्रोदय** नाटक की 'चन्द्रिका' टीका, **प्रतापरुद्रीयम्** की रत्नापण टीका तथा मल्लिनाथ की **शिशुपालवध** महाकाव्य की टीका में भी मिलते हैं, जिससे इस ग्रन्थ का उस काल में व्यापक प्रचार सूचित होता है। मार्कण्डेय ने अपने **प्राकृतसर्वस्व** के आरम्भ (पद्य-३) में बताया है कि उन्होंने यह ग्रन्थ भरत, कोहल, वररुचि, भामह और वसन्तराज के ग्रन्थों का अध्ययन कर के लिखा।

संकलित उद्धरणों से स्पष्ट होता है कि **वसन्तराजीयम्** में **नाट्यशास्त्र** के दशरूपकविधान तथा नाट्यप्रयोग या अभिनय से सम्बद्ध सारे विषयों का विवेचन था। कुछ नयी उद्भावनाएँ भी कुमारगिरि ने की हैं। उन्होंने जनान्तिक के गुह्य और गुह्यतर–ये दो भेद माने हैं, जो पहले के ग्रन्थों में नहीं हैं। जनान्तिक को प्रदर्शित करने के लिए ये सूत्रधार या पात्र द्वारा उसकी घोषणा कराना अपेक्षित मानते हैं, जिससे भिन्न प्रकार की अभिनयपद्धति सामने आती है। अर्थोपक्षेपकों में उन्होंने अङ्कावतार के स्थान पर क्रमिक नामक अर्थोपक्षेपक रखा है। सन्ध्यङ्गों के क्रम में पौर्वापर्य वे आवश्यक नहीं मानते। नाट्योक्तियों में ईषच्छ्राव्य नामक नये प्रकार की उद्भावना भी उन्होंने की है।

नाट्यशास्त्र की अन्य टीकाएँ

नाशा. के उपर्युक्त टीकाकारों के अतिरिक्त कतिपय अन्य टीकाओं के सन्दिग्ध उल्लेख मिलते हैं, ये टीकाएँ भी अप्राप्य हैं।

भरतबालबोध–श्री रामकृष्णकवि के अनुसार यह ग्रन्थ **नाशा.** की व्याख्या के रूप में लिखा गया था (**भको.**, पृ. ४३०)। इसका उल्लेख **सङ्गीतशिरोमणि** में किया गया है।

भरतमितिः–श्री कवि के ही अनुसार यह भी **नाशा.** की व्याख्या है (वही)। इसके रचयिता सिङ्घणार्य है। सिङ्घणार्य अल्लयवेम भूप तथा प्राणदेवराय की राजसभाओं में सम्मानित थे। इन्हीं के पौत्र विट्ठल ने **सङ्गीतरत्नाकर** की तेलुगु में रचना की। सिङ्घणार्य का समय १४०० ई. के लगभग है।

६

नाट्यशास्त्र की परम्परा के परवर्ती ग्रन्थ

विष्णुधर्मोत्तरपुराण (विधपु.) (तृतीय खण्ड)

कुछ पुराणों में कला और साहित्य के विषय में प्रचुर सामग्री मिलती है। मत्स्य, अग्नि, ब्रह्माण्ड, भविष्य, नारदीय, गरुड़ तथा स्कन्दपुराण के नाम इस दृष्टि से उल्लेखनीय हैं। पर **विष्णुधर्मोत्तर पुराण** का तृतीय खण्ड भरतमुनि के नाट्यशास्त्र के पश्चात् नाट्यकला, रंगमंच, वास्तु, चित्र, नृत्त, मूर्ति आदि कलाओं का सबसे प्राचीन और सबसे अधिक प्रामाणिक तथा विस्तृत ग्रन्थ कहा जा सकता है।

विष्णुधर्मोत्तर के पहले खण्ड में २६९ अध्याय हैं तथा सृष्टि, भूगोल, ज्योतिष, राजाओं की वंशावली आदि पुराणों में प्रचलित विषयों का निरूपण है। दूसरे खण्ड में १८३ अध्यायों में धर्म तथा राजनीति से सम्बद्ध विषय अधिक हैं।

विधपु. (तृतीयखण्ड) में वेंकटेश्वर प्रेस के संस्करण में ३५५ तथा डॉ. प्रियबाला शाह द्वारा सम्पादित सं. में ११८ अध्याय हैं। इस खण्ड में संस्कृत तथा प्राकृत व्याकरण, कोश, छन्द, काव्यशास्त्र, नृत्त, गीत, चित्र तथा नाट्य पर आधिकारिक शास्त्रीय निरूपण है।

कहीं-कहीं इस पुराण को **विष्णुमहापुराण** का परिशिष्ट भी माना गया है, पर अल्बेरूनी ने नारदीयपुराण तथा अन्य प्राचीन स्रोतों में इसे एक स्वतन्त्र ग्रन्थ के रूप में उल्लिखित या उद्धृत किया गया है (**विधपु.** बड़ौदा सं., भूमिका, पृ. २२)।

इस पुराण का रचनाकाल तीसरी से पाँचवी शताब्दी ई. के बीच माना जा सकता है (**वही**, पृ. २४-२५)।

विधपु. (तृतीयखण्ड) के प्रथम छह अध्यायों में शब्दनिरूपण, छन्दोविधि, वाक्यपरीक्षा तथा तन्त्रयुक्ति आदि महत्त्वपूर्ण विषय हैं। सातवें में प्राकृत भाषा तथा आठवें से तेरहवें तक कोश और व्याकरण का निरूपण हैं, चौदहवें में अलंकार, पन्द्रहवें में महाकाव्य आदि, सोलहवें में प्रहेलिका तथा अठारहवें और उन्नीसवें में गीत तथा आतोद्य

वर्णित हैं। बीसवें से चौंतीसवें अध्यायों को नृत्तसूत्र कहा गया है। नृत्तसूत्र में ही सामान्याभिनय, आंगिक अभिनय, रस, भाव आदि विषयों का विस्तार से निरूपण है। पैंतीसदें अध्याय तक का अंश प्रतिमा लक्षण है। इसके आगे प्रासाद लक्षण में वास्तुशास्त्र का विषय लिया गया है।

नाट्यमण्डप के प्रकार तथा अभिनय की विधियों की दृष्टि से विधपु. का प्रस्थान नाशा. से किंचित् भिन्न है, जिस पर प्रस्तुत ग्रन्थ में यथावसर चर्चा की जाएगी।

अग्निपुराण (अपु.)

विधपु. के समान ही **अपु.** भी साहित्यशास्त्र तथा नाट्यशास्त्र के इतिहास में अत्यन्त महत्त्वपूर्ण ग्रन्थ हैं। **अपु.** का समय सातवीं शताब्दी के बाद माना जाता है, पर इसका काव्यशास्त्रविषयक विवेचन सम्भवतः और भी बाद में ९०० ई. के आसपास या इसके और भी कुछ बाद में जोड़ा गया होगा। **अपु.** में नाट्यशास्त्रविषयक कारिकाओं पर **नाशा.** की छाया है। इसके ३३७वें अध्याय में बारह प्रकार के रूपक, उपरूपक (उपरूपक संज्ञा का प्रयोग नहीं हुआ है), अर्थप्रकृतियां, सन्धि आदि विषय विवेचित हैं, ३३८वें अ. में भाव, नायक, नायिका तथा ३३९वें में वृत्ति, ३४०वें में नृत्य और ३४१वें अ. में अभिनय का विवेचन है।

अन्यपुराण

यद्यपि **विधपु.** तथा **अपु.** का काव्यशास्त्र तथा नाट्यशास्त्र के विवेचन की दृष्टि से ऐतिहासिक महत्त्व है, पर कतिपय अन्य पुराणों में भी छिटपुट रूप से साहित्य, नाटक, कला आदि के विषय विवेचित हैं। **वायुपुराण** के २४वें तथा २५वें अध्याय में नाट्यविषयक सिद्धान्तों पर चर्चा है। इस पुराण का समय ३५० ई. से ५५० ई. के बीच माना गया है। इसी प्रकार **मार्कण्डेय पुराण** के २१ वें अ. में नाट्यविषयक विवेचन हैं। इस पुराण का समय चौथी से छठी शताब्दी के बीच माना गया है।

नाट्यसर्वस्वदीपिका (नासदी.) : आदिभरत (?)

भरत के साथ आदिभरत तथा वृद्धभरत ये दो नाम भी नाट्यशास्त्र की आचार्यपरम्परा में जुड़े हुए हैं। सम्भवतः आदिभरत ने **नाट्यशास्त्र** का एक ग्रन्थ लिखा था, जो भरतमुनि के इस समय प्रचलित **नाट्यशास्त्र** से प्रस्थानभेद रखता था। आदिभरत को उद्धृत करने वाले प्राचीन टीकाकारों में राघवभट्ट हैं, जिनका समय १४७५ई. से १५५० ई. के बीच है।

नाट्यसर्वस्वदीपिका नामक ग्रन्थ की एकमात्र हस्तलिखित प्रति भण्डारकर प्राच्यविद्या शोधसंस्थान पूना में है। राघवभट्ट ने आदिभरत के नाम से कुल उन्नीस

उद्धरण **अभिज्ञानशाकुन्तल** की अपनी टीका 'अर्थद्योतनिका' में दिये हैं। इस आधार पर **नाट्यसर्वस्वदीपिका** के ग्रन्थकर्ता आदिभरत सिद्ध होते हैं।

पर आदिभरत ने जो नाट्यशास्त्रविषयक ग्रन्थ लिखा था, उसका नाम **नाट्यशास्त्रदीपिका** रहा होगा–ऐसी सम्भावना नहीं लगती। **नाट्यशास्त्रदीपिका** की पाण्डुलिपि में यह सूचना दी गयी है कि यह ग्रन्थ आदिभरतशिवयोगिप्रोक्त तथा योगी नारायणाचार्य मनीषी के द्वारा संकलित है। इस ग्रन्थ को **नाट्यसर्वस्वदीपिका** यह नाम भी नारायणाचार्य का ही दिया हुआ है। नारायणाचार्य दक्षिण भारतीय थे। उन्होंने अपने द्वारा संगृहीत इस ग्रन्थ की पाण्डुलिपि में अपना परिचय स्वयं दिया है। तदनुसार वे वैद्यप्प मन्त्री के पुत्र, ब्रह्मवेत्ता, कलाओं के ज्ञाता, स्वयं कवि और **आपस्तम्बसूत्र** के विशेषज्ञ थे। नारायणाचार्य ने यह भी कहा है कि उन्होंने इस नाट्यशास्त्रीय ग्रन्थ को स्फुटतर बनाया है। स्पष्ट ही स्फुटतर बनाने की इस प्रक्रिया में नारायणाचार्य ने इस ग्रन्थ में अपनी ओर से अंश जोड़े हैं तथा परवर्ती या अपने समय की परम्पराओं का संग्रह भी किया है। अष्टविध पेरण या पेरणी नृत्य, प्रेङ्खणनृत्य आदि का विवेचन परवर्ती देशी परम्पराओं के आधार पर **नासदी.** में किया गया है। दण्डरास का विवेचन भी इसमें मिलता है, जो वर्तमान में प्रचलित डांडिया-रास है।

ऐसा प्रतीत होता है कि नारायणाचार्य के पास सम्भवतः आदिभरत प्रणीत मूलग्रन्थ की प्रति थी, जिसके आधार पर उन्होंने अपना एक संग्रह उसी ग्रन्थ से बनाया। **नासदी.** में बीच-बीच में कहीं-कहीं गद्य में वृत्ति भी है। यह तो नारायणाचार्य ने ही जोड़ी होगी। ऐसी स्थिति में **नासदी.** के वर्तमान संस्करण में कितना अंश आदिभरत के मूल ग्रन्थ का है तथा कितना नारायणाचार्य का–यह कहना कठिन है। तथापि नारायण ने मूल ग्रन्थ का स्वरूप अक्षत बनाये रखा–ऐसा अवश्य लगता है। इसमें ५ स्कन्ध, ३२ अध्याय तथा २२१ प्रकरण हैं तथा श्लोक या कारिकाओं की संख्या लगभग ६००० तक है, जिसमें भरत के **नाशा.** की ही भाँति यह भी एक षट्साहस्रीसंहिता थी–यह कहा जा सकता है।

अभिनयदर्पण : नन्दिकेश्वर

अभिनयदर्पण (**अद.**) अभिनय और नृत्य के क्षेत्र में अत्यन्त लोकप्रिय ग्रन्थ है। परवर्ती प्रायोगिक परम्पराओं का समावेश होने तथा अत्यन्त सरल और लघुकाय होने के कारण अनेक प्रान्तों में तो नाट्यशास्त्र के स्थान पर इसी का अधिक प्रचार रहा। **अद.** में कुल ३२४ अनुष्टुप्पद्यों में आंगिक अभिनय का विशद निरूपण है।

अद. को आधुनिक विद्वत्समाज में ख्याति आनन्दकुमार स्वामी के कार्य के द्वारा मिली। आनन्दकुमार स्वामी ने इस ग्रन्थ का सचित्र अंग्रेजी अनुवाद १९१७ ई. में हार्वर्ड विश्वविद्यालय से प्रकाशित कराया, यद्यपि उनसे पहले केशव भगवन्त पुनेकर के द्वारा

अद. का मराठी अनुवाद बड़ौदा से १९०१ ई. में प्रकाशित हो चुका था। १९३४ ई. में डॉ. मनमोहन घोष ने भी इस ग्रन्थ को मूल तथा अंग्रेजी अनुवाद के साथ प्रकाशित किया। डॉ. घोष ने अपने संस्करण के लिए अनेक पांडुलिपियों का उपयोग किया, १९५७ ई. में इन्हीं के संस्करण का पुनर्मुद्रण हुआ। इस बीच १९३९ ई. में श्री अशोक भट्टाचार्य ने इस ग्रन्थ को बंगला अनुवाद के साथ प्रकाशित किया तथा तमिल आदि भाषाओं के भी इसके अनुवाद सामने आये।

नन्दिकेश्वर या नन्दी का उल्लेख **नाशा.** के अंत में पुष्पिका में है। वहाँ नन्दी को भरत के साथ **नाशा.** का कर्ता बताया गया है। पर, यह उल्लेख सन्दिग्ध तथा कतिपय पाण्डुलिपियों में ही है। परम्परा नन्दी या नन्दिकेश्वर का सम्बन्ध शिव से मानती आयी है। आचार्य राजशेखर (१०वीं शताब्दी) ने नन्दिकेश्वर नामक आचार्य को रसविषयक मूल ग्रन्थ का प्रणेता बताया है। **रतिरहस्य** तथा **प्रपञ्चसायक** नामक कामशास्त्रविषयक ग्रन्थों में भी नन्दिकेश्वर उल्लिखित हैं। वहाँ उन्हें कामशास्त्र का आचार्य कहा गया है। इसी प्रकार शार्ङ्गदेव ने अपने **सङ्गीतरत्ना**कर में उनका सम्बन्ध संगीतशास्त्र से भी जोड़ा है। नन्दिकेश्वर के नाम से संगीतविषयक ग्रन्थ भी मिलते हैं।

श्रीरामकृष्ण कवि के मत से नन्दिकेश्वर तथा तण्डु एक ही व्यक्ति के नाम हैं। तण्डु का उल्लेख ताण्डव के आचार्य के रूप में **नाशा.** के चतुर्थ अध्याय में आता है, शिव के आदेश पर उन्हीं से भरत ने अंगहार, करण आदि की शिक्षा ली। पर, तण्डु तथा नन्दी को एक मानने का कोई प्रमाण नहीं है। भरत के **नाशा.** में **अद.** तथा उसके कर्ता नन्दिकेश्वर का कहीं उल्लेख नहीं है, जबकि **अद.** में भरत और उनके ग्रन्थ का प्रमाण बार-बार दिया गया है। अत एव नन्दिकेश्वर के नाम से प्रचलित यह ग्रन्थ **नाशा.** के बाद का है। डॉ. मनमोहन घोष इसे पाँचवीं शताब्दी के लगभग रचा हुआ मानते हैं, अन्य विद्वान् बारहवीं शताब्दी के लगभग का।

अद. में देवहस्ताभिनय, दशावतार-हस्ताभिनय, बान्धवहस्ताभिनय, नवग्रह हस्ताभिनय के साथ कुछ पादाभिनय भी निरूपित हैं, जो **नाशा.** में नहीं मिलते। हस्तों के विनियोग में इसमें **नाशा.** से भेद हैं।

भरतार्णव (भरता.)

यह ग्रन्थ भी **अद.** की भाँति नन्दिकेश्वर के द्वारा रचित माना गया है। इसमें आंगिक अभिनय का सांगोपांग विवेचन है। स्थानक, संकरहस्त, ताल शृङ्गनाट्य, प्रेरणी आदि के निरूपण में **नाशा.** से भिन्न और सम्भवतः परवर्ती परम्पराओं का संग्रह ग्रन्थकार ने किया है।

दशरूपक : धनञ्जय तथा उसके टीकाकार

अपने नाम के अनुरूप रूपक के दस भेदों के विषय में **दशरूपक** (**दरू.**) में सांगोपांग विवेचन है। रूपक के इतिवृत्त की दृष्टि से यह ग्रन्थ अत्यन्त उपादेय है तथा आकार में लघु होने से लोकप्रिय भी बहुत रहा है।

दरू. के लेखक धनञ्जय का समय दसवीं शताब्दी है। उनके पिता का नाम विष्णु था। **दरू.** के व्याख्याकार धनिक के साथ वे धारानगरी के शासक मुञ्ज के आश्रय में रहे थे। भोज के पितृव्य, परमार राजा मुञ्ज ने ९७४ ई० से ९९५ ई० तक शासन किया।

दशरूपक में चार प्रकाश हैं। प्रथम प्रकाश में नाट्य, नृत्य तथा नृत्त में भेद, नाटक की वस्तु, वस्तु के भेद, अवस्था, अर्थप्रकृति, सन्धि, सन्ध्यङ्ग, अर्थोपक्षेपक तथा नाट्योक्तियाँ (जनान्तिक, अपवारित, स्वगत, प्रकाश, आकाशभाषित) विवेचित हैं। द्वितीय प्रकाश में नायक-भेद, नायिकाभेद, प्रतिनायक, नायक के सहायक, नायिका की सहायिकाएँ, योषिदलङ्कार, वृत्तियाँ, पाठ्य के भेद तथा सम्बोधन के प्रकार विवेचित हैं। तृतीय प्रकाश में पूर्वरंग, भारती वृत्ति के भेद, वीथ्यङ्ग तथा दश रूपकों के लक्षण बताये गये हैं। चतुर्थ प्रकाश रसनिरूपण विषयक है।

दशरूपक की टीकाएँ : दशरूपक पर धनिक की वृत्ति प्रसिद्ध है। धनिक ने धनञ्जय के साथ रह कर उनकी दशरूपककारिकाओं पर अपनी अवलोकवृत्ति लिखी थी। कारिकाओं तथा वृत्ति में इतना गहरा पारस्परिक संवाद है कि **दशरूपकावलोक** दोनों को मिलाकर एक पूर्णग्रन्थ बन गया है तथा अवलोक के बिना कारिका मात्र का दशरूपक अपूर्ण प्रतीत होता है। धनिक का वैशिष्ट्य लक्षणों की सटीक व्याख्या में ही नहीं, उनके समीचीन उदाहरण खोज-खोज कर देने के कारण भी माना जा सकता है। **रत्नावली, वेणीसंहार, मुद्राराक्षस** आदि नाटकों पर नाट्यशास्त्रीय लक्षणों को घटाते हुए धनिक ने नाटक की शास्त्रीय समीक्षा का भी परिष्कृत रूप सामने रख दिया है।

दशरूपक की दूसरी प्राचीन टीका **दशरूपदीपिका** है। इसके रचयिता बहुरूप मिश्र हैं। बहुरूप मिश्र का समय चौदहवीं शताब्दी के आसपास है।

अभिनवभारती

अभिनवभारती नाट्यशास्त्र की इस समय उपलब्ध एकमात्र प्रामाणिक प्राचीन व्याख्या है, जिसके कर्ता आचार्य अभिनवगुप्त हैं। अभिनवगुप्त का परिचय यहाँ 'नाट्यशास्त्र के आचार्य' शीर्षक के अन्तर्गत दिया गया है।

शृङ्गारप्रकाश : भोज

शृङ्गारप्रकाश (**शृप्र.**) धारा के राजा भोज का रचा हुआ काव्यशास्त्र का ग्रन्थ है। भोज ने ९९९ई. से लगभग १०५४ ई. तक शासन किया। साहित्य की विभिन्न विधाओं

तथा विभिन्न शास्त्रों पर भोज के अनेक ग्रन्थ, काव्य आदि मिलते हैं। **शृप्र.** एक विश्वकोशात्मक ग्रन्थ है। **नाशा.** के ३६ अध्यायों की भाँति इसमें ३६ प्रकाश हैं। प्रथम आठ प्रकाशों में व्याकरण, शब्दव्यापार आदि पर विस्तृत चर्चा है। नवम में काव्य के दोषों और गुणों का, दशम में अलङ्कारों का तथा ग्यारहवें प्रकाश में रस, प्रबन्ध के भेद तथा प्रबन्ध में रस, गुण, अलङ्कार आदि के अन्तःसम्बन्ध पर प्रकाश डाला गया है। बारहवें प्रकाश में सन्ध्यङ्ग, तेरहवें में शृङ्गार के स्थायी भाव रति, चौदहवें में हर्ष आदि संचारी भाव तथा पन्द्रहवें से सत्रहवें तक के प्रकाशों में विभाव और अनुभावों पर विशद चर्चा है। अठाहरवें से इक्कीसवें प्रकाशों में शृङ्गार के चार भेदों (धर्म, अर्थ, काम तथा मोक्ष) के साथ भेदोपभेदों और उदाहरणों को प्रस्तुत किया गया है। इक्कीसवें में ही नायक-नायिका विभाग तथा नायक और नायिका के गुणों का भी निरूपण है। बाईसवें से छत्तीसवें प्रकाश तक शृङ्गार रस का ही विस्तृत निरूपण है।

भोज ने अपने प्रबन्धभेदनिरूपण (ग्यारहवाँ प्रकाश) में चौबीस प्रकार के दृश्य-काव्य तथा चौबीस प्रकार के श्रव्य काव्य प्रतिपादित किये हैं। दृश्य काव्यों का विभाजन वाक्यार्थाभिनय तथा पदार्थाभिनय के आधार पर किया है। रूपक के दस भेदों में वाक्यार्थाभिनय होता है, इन्हीं में भोज ने नाटिका और सट्टक को भी जोड़कर वाक्यार्थाभिनय वाले बारह रूपक परिगणित किये हैं तथा श्रीगदित, दुर्मल्लिका, प्रस्थान, काव्य, भाणक, भाणिका, गोष्ठी, हल्लीसक, नर्तनक, प्रेक्षणक, रासक, नाट्यरासक—इन बारह (उपरूपकों) को पदार्थाभिनय वाले प्रेक्ष्य या दृश्यकाव्य के अन्तर्गत उन्होंने रखा है। चौबीसों दृश्यकाव्यों के अनेक दुर्लभ और सम्प्रति अप्राप्य उदाहरण उन्होंने दिये हैं।

भोज के ६४ काव्यलक्षणों, पाँच आरम्भविधियों, पाँच संस्थाओं, पाँच समवस्थाओं, चौबीसप्रवृत्ति हेतुओं तथा इक्कीस सन्ध्यन्तरों के निरूपण में भी नवीनता या नयी परिकल्पना है। भोज का नायिका भेद निरूपण भी बड़ा विस्तृत है।

शृङ्गार को मूल रस मानते हुए भोज ने रस की अवधारणा की भी भिन्न दार्शनिक आधार से व्याख्या दी है।

समराङ्गणसूत्रधार भोज का वास्तुशास्त्रविषयक ग्रन्थ है, पर इसमें चित्र, मूर्ति, नृत्य—इन कलाओं पर भी विस्तृत निरूपण है तथा इन तीनों कलाओं में **नाशा.**-निरूपित अभिनय-हस्त प्रयुक्त होते हैं, इसलिए भोज ने ६४ हस्तों का भी विवेचन इस ग्रन्थ में किया है। इसी प्रकार सरस्वतीकण्ठाभरण भोज का काव्यशास्त्रविषयक ग्रन्थ है रस, भाव आदि **नाशा.** से सम्बद्ध विषय भी इसमें विवेचित हैं।

काव्यानुशासन : हेमचन्द्र

काव्यानुशासनकार हेमचन्द्र जैनधर्म, दर्शन, व्याकरण, छन्दःशास्त्र, कोश आदि विविध विषयों पर अपनी रचनाओं तथा अपने धार्मिक और राजनीतिक व्यक्तित्व के

कारण जाने जाते हैं। ये गुजरात में **सिद्धराज जयसिंह** (१०९३-११४३ ई.) तथा कुमारपाल (११४३-११७२ ई.) के समकालीन तथा इन दोनों राजाओं के द्वारा सम्मानित विद्वान्, सन्त और उपदेशक थे।

काव्यानुशासन में **साद.** की भाँति साहित्यशास्त्र तथा नाट्यशास्त्र (अभिनयपक्ष को छोड़ कर) दोनों के विषय समाहित हैं। इसके आठवें अध्याय में हेम ने दृश्यकाव्य का विवेचन किया है। रूपकों को उन्होंने पाठ्यरूपक तथा गेयरूपक इन दो कोटियों में बाँटा है। पाठ्यरूपकों में दशरूपकों के अतिरिक्त सट्टक और नाटिका को भी सम्मिलित कर लिया है तथा गेय रूपकों में उन अवान्तर रूपकों को परिगणित किया है, जिन्हें विश्व. तथा अमृता. आदि ने उपरूपक की संज्ञा दी है।

नाट्यदर्पण : रामचन्द्र तथा गुणचन्द्र

नाट्यदर्पण (**नाद.**) के लेखकद्वय में से रामचन्द्र **नलविलास, मल्लिका-मकरन्द** आदि प्रकरणों के रचयिता के रूप में प्रसिद्ध हैं। ये गुजरात के शासकों—सिद्धराज (१०९३-११४३ ई.) तथा कुमारपाल (११४३-११७२ ई.) और अजयपाल (११७२-७५ ई.) के समय में विद्यमान थे। उस समय के सुप्रसिद्ध धर्माचार्य, विद्वान् हेमचन्द्र इनके गुरु थे। गुणचन्द्र रामचन्द्र के शिष्य थे।

नाद. का प्रथम विवेक नाटकनिर्णय कहा गया है। इसमें कवित्व-नाट्यकवित्वविचार, नाटकलक्षण, अङ्क, प्रवेशक, विष्कम्भक, पताका, अर्थप्रकृति, अवस्था तथा सन्धि-सन्ध्यङ्ग विवेचित हैं। द्वितीय विवेक में प्रकरण आदि ग्यारह रूपक भेदों के लक्षण तथा उदाहरण बताये गये हैं। तृतीय विवेक में वृत्ति-रस-भावाभिनय पर विचार किया गया है। चतुर्थ विवेक में नान्दी, ध्रुवा, नाटक के पात्र, नायक तथा नायिका के गुण, नायक-नायिका भेद, नाट्यालङ्कार, तथा उपरूपकों का 'अन्य रूपक' नाम से विचार है।

राम-गुण. ने नाटक को रूपकों में सर्वप्रमुख मान कर उसका लक्षण तो पृथक् से आरम्भ में ही कर दिया है। नाटक के अतिरिक्त ग्यारह रूपक के और भेद उन्होंने माने हैं, जिनमें प्रकरण के आधार पर प्रकरणी तथा नाटक के आधार पर नाटिका की परिकल्पना है। **नाशा.**-विषयक प्राचीन ग्रन्थों में **नाद.** के अतिरिक्त **विधपु.** ही ऐसा ग्रन्थ है, जिसमें प्रकरणी की गणना रूपकों में की गयी है।

रसविचार की दृष्टि से भी राम-गुण. का इतर आचार्यों से प्रस्थान भेद हैं। वे रस को सुख-दुःख रूप मानते हैं, केवल आनन्दरूप नहीं।

मानसोल्लास : सोमेश्वर

मानसोल्लास (**मानसो.**) चालुक्यवंशीय राजा सोमेश्वर तृतीय (११२६-३८) की रचना है। सोमेश्वर तृतीय इस वंश में विक्रमादित्य षष्ठ (१०७६-११२६ ई.) के

उत्तराधिकारी थे। कला, संस्कृति और साहित्य की संपन्न विरासत उन्हें प्राप्त हुई थी। विक्रमादित्य षष्ठ इस वंश में परम प्रतापी राजा हुआ, जिसके आश्रय में महाकवि बिल्हण तथा मिताक्षरा टीका के प्रख्यात प्रणेता विज्ञानेश्वर रहे थे।

मानसो. कला और तत्कालीन नागरिक जीवन का विश्वकोशात्मक ग्रन्थ है। इसका अन्य नाम अभिलषितार्थचिन्तामणि भी प्रचलित है। राजनीति, अश्वविद्या, हस्तिविद्या, रत्नपरीक्षा, वास्तुशास्त्र, प्रतिमालक्षण, चित्रविधान आदि विविध विषयों के साथ इसमें अनेक मनोरंजक क्रीडाओं का वर्णन तथा उनके आयोजन की विधि का भी निरूपण है। आयुर्वेद, ज्योतिष आदि विद्याओं का भी इसमें विवेचन है।

मानसो. का विभाजन विंशतियों में हुआ है। चौथी विंशति के सोलहवें से बीसवें अध्याय तक क्रमशः गीत, वाद्य, नृत्य तथा कथा और चमत्कार के शास्त्रीय निरूपण के साथ प्रयोग-विधि वर्णित है। संगीतशास्त्र के निरूपण में कर्नाटक संगीत की परम्परा का प्रामाणिक ज्ञान यहाँ ग्रन्थकार ने प्रकट किया है, जबकि नृत्यविनोद में आंगिक अभिनय का सारा विधि-विधान **नाशा.** से प्रभावित हो कर ही प्रस्तुत किया गया है।

नाटकलक्षणरत्नकोश : सागरनन्दी

नाटकलक्षणरत्नकोश (नालरको.) के रचयिता सागरनन्दी (सान.) भोज तथा अभिनवगुप्त के पश्चात् हुए, क्योंकि इन आचार्यों के मन्तव्यों का प्रभाव **नालरको.** पर परिलक्षित होता है। अत एव सान. का समय ग्यारहवीं शताब्दी या उसके पश्चात् माना जाना चाहिए। १४३१ ई. के पूर्व यह ग्रन्थ अवश्य लिखा जा चुका था, क्योंकि **अमरकोश** के टीकाकार रायमुक्त ने इसे उद्धृत किया है और रायमुक्त की टीका का रचनाकाल १४३१ ई. है। पर रायमुक्त के पूर्व के कतिपय अन्य टीकाकार भी **नालरको.** को रत्नकोश के नाम से उद्धृत करते हैं। इनमें अमरकोश के ही दो टीकाकार सर्वानन्द और सुभूतिचन्द्र हैं, जिनका समय बारहवीं शताब्दी का पूर्वार्ध है। इस प्रकार **नालरको.** का रचनाकाल ग्यारहवीं शताब्दी के आसपास निर्धारित किया जा सकता है।

नाटक के अध्ययन के लिए टीकाकारों के द्वारा इस ग्रन्थ का बहुत अधिक उपयोग किया जाता रहा है, यह संस्कृत नाटकों की पुरानी टीकाओं से स्पष्ट है। जिन टीकाकारों ने **नालरको.** को उद्धृत किया है उनमें कालिदास के **विक्रमोर्वशीयम्** पर टीका करने वाले रंगनाथ-दीक्षित, मुरारि के **अनर्घराघव** के टीकाकार रुचिपति उपाध्याय उल्लेखनीय हैं। भानुजी दीक्षित जैसे सत्रहवीं शती के महान् वैयाकरण पण्डित ने भी (**अमरकोश** की अपनी सुधा टीका में) **नालरको.** को उद्धृत किया है।

नालरको. की एक अत्यन्त दुर्लभ विशेषता आचार्य मातृगुप्त के मन्तव्यों का विवेचन है) द्र० **नाट्यशास्त्र के आचार्य** शीर्षक के अन्तर्गत 'मातृगुप्त' इसी ग्रन्थ में)।

इसके अतिरिक्त अश्मकुट्ट, नखकुट्ट, बादरायण आदि और भी कतिपय ऐसे आचार्यों के मत सान. ने उद्धृत किये हैं, जिनके मूल ग्रन्थ लुप्त हो चुके हैं।

सान. ने अवस्था, अर्थप्रकृति, सन्धि-सन्ध्यङ्ग, पताकास्थानक, वृत्ति आदि रूपक की संघटना से संबद्ध विषयों का विस्तृत विवेचन किया है। मातृगुप्त जैसे प्राचीन प्रामाणिक आचार्य का अनुकरण करने के कारण उनके प्रतिपादन में दशरूपक आदि से कहीं-कहीं अन्तर आया है। **नालरको.** की एक अन्य दुर्लभ विशेषता लक्षणों का निरूपण है, जिन्हें काव्यलक्षण भी कहा गया है। दशरूपकों के अतिरिक्त उपरूपकों में गोष्ठी, शिल्पक, संलाप, प्रस्थान, काव्य, हल्लीसक, श्रीगदित, भाणिका, भाणी, दुर्मल्लिका, प्रेक्षणक, सट्टक, रासक, नाट्यरासक तथा उल्लाप्यक–इतने उपरूपकों का विवेचन भी सान. ने किया है, उपरूपक सामान्य संज्ञा का प्रयोग अवश्य वे नहीं करते।

अनेक उपलब्ध या अनुपलब्ध संस्कृत रूपकों के विवेचन की दृष्टि से **नालरको.** का अपना महत्त्व है।

शृंगारतिलक : रुद्रभट्ट

शृङ्गारतिलक के कर्त्ता रुद्रभट्ट का स्थितिकाल तथा जीवनपरिचय प्राप्त नहीं है। **काव्यमाला** सीरीज के तीसरे गुच्छक में यह ग्रन्थ प्रकाशित है। काव्यमाला सम्पादकों के मत से रुद्रभट्ट **पञ्चतन्त्र** के लेखक विष्णुशर्मा से प्राचीन हैं. क्योंकि **शृङ्गारतिलक** के प्रथम परिच्छेदक का एक पद्य **पञ्चतन्त्र** में उद्धृत हैं। कुछ विद्वान् दसवीं शताब्दी के प्रख्यात काव्यशास्त्री तथा **काव्यालङ्कार के** प्रणेता रुद्रट तथा शृङ्गाकरतिलककार रुद्र को अभिन्न मानते हैं, **काव्यमाला**-सम्पादकों से इस धारणा का खण्डन किया है। अस्तु, रुद्र को विष्णुशर्मा से प्राचीन मानना सन्देहास्पद ही है, क्योंकि विष्णुशर्मा कृत मूल **पञ्चतन्त्र** में क्षेपक बहुत बाद में भी जुड़ते रहे हैं।

इस ग्रन्थ के प्रथम परिच्छेद में रुद्र कहते हैं कि भरत आदि आचार्यों ने रस की स्थिति प्रायः नाट्य में ही स्वीकार तथा प्रतिपादित की है, मैं इसे काव्य की दृष्टि से विवेचित कर रहा हूँ। इस कथन से अवश्य प्रतीत होता है कि रुद्र उस काल में हुए जब काव्य में रसविचार उतना प्रचलित न था।

रुद्र कैशिकी, आरभटी, सात्त्वती तथा भारती–ये चार वृत्तियाँ काव्य में भी स्वीकार करते हैं, वृत्तियों के कारण रस की अवस्थिति होती है तथा काव्य में धर्म, अर्थ, काम–ये पुरुषार्थ निष्पन्न होते हैं।

प्रथम परिच्छेद में सम्भोगशृङ्गार के अन्तर्गत नायक-नायिकाभेद का विस्तार से निरूपण है, द्वितीय में विप्रलम्भ शृङ्गार के अन्तर्गत मान तथा प्रसादन की विधियों का विस्तृत वर्णन करके ग्रन्थकार ने नायिका की सखियों, सखीकर्म आदि का निरूपण किया

है। तृतीय परिच्छेद में शेष आठ रसों का सोदाहरण निरूपण तथा वृत्तियों से उनके सम्बन्ध विशेष रूप से प्रतिपादित हैं।

सहृदयलीला : रुय्यक

सहृदयलीला नामक लघुकाय ग्रन्थ के कर्ता राजानक रुय्यक संस्कृत काव्यशास्त्र में **अलङ्कारसर्वस्व** नामक ग्रन्थ के लिए जाने जाते हैं। इनका अन्य नाम रुचक था। इन्होंने **उद्भटविवेक** नामक ग्रन्थ भी लिखा था। ये कश्मीर के निवासी थे तथा बारहवीं शताब्दी के पूर्वार्ध में हुए। **काव्यप्रकाशसङ्केत** (टीका) तथा **साहित्यमीमांसा** काव्यशास्त्र के क्षेत्र में तथा **हर्षचरितवार्तिक,** जल्हणकृत **सोमपालविलासकाव्य** की टीका आदि इनके अन्य ग्रन्थ हैं।

आकार में छोटी होती हुई भी **सहृदयलीला** सौन्दर्यशास्त्रीय कोटियों के वर्गीकरण की दृष्टि से महत्त्व की रचना है। इसमें स्त्रियों के शोभाविधायक धर्मों, गुणों तथा अलङ्कारों का वर्णन किया गया है।

भावप्रकाशन : शारदातनय

शारदातनय (शात.) का **भावप्रकाशन** या **भावप्रकाश** (**भाप्र.**) सर्वाधिक महत्त्वपूर्ण नाट्यशास्त्रीय ग्रन्थों में से एक है। शात. काश्यपगोत्रीय ब्राह्मण परिवार में हुए। इनके प्रपितामह लक्षण तथा पितामह कृष्ण प्रतिष्ठित वैदिक पण्डित थे। शात. ने भोज के **शृङ्गारप्रकाश** तथा मम्मट के **काव्यप्रकाश** को उद्धृत किया है, अतः ये ग्यारहवीं शताब्दी के बाद हुए। **भाप्र.** की सबसे प्राचीन पाण्डुलिपि १२२७ ई. की है, जिससे इस पाण्डुलिपि के तैयार होने के लगभग पचास वर्ष पहले शात. के होने का अनुमान होता है।

भाप्र. दस अधिकारों में विभाजित है। प्रथम अधिकार में विभाव, अनुभाव, संचारीभाव के लक्षण, भेद आदि का विस्तृत निरूपण है। अनुभाव के विषय में भोज के मत को उद्धृत किया गया है (पृ. १०)। भाव तथा रस के सम्बन्ध पर भी इसी अधिकार में शात. ने विचार किया है। द्वितीय अधिकार में व्यभिचारी भावों के रसानुरूप निर्वाह पर विस्तार से चर्चा है। वासुकि तथा वृद्धभरत नामक आचार्यों के मतों को भी यहाँ उद्धृत किया गया है (पृ. ३६,३७)। रसानुभूति की शैवतन्त्र के अनुसार शात. ने विशद व्याख्या की है। तृतीय अधिकार में प्रत्येक रस के भेदोपभेदों का विवेचन है। चतुर्थ अधिकार में नायक-नायिका-भेद का रस की दृष्टि से विचार है। पंचम अधिकार में नायक नायिका आदि की अवस्थाओं का और षष्ठ में शान्त रस के साथ शब्दवृत्तियों का भी विवेचन है। सप्तम अधिकार में रूपक के भेद, जाति, राग, संगीत के २७ अलंकार, गमक, पूर्वरंग, नान्दी, नाटक का इतिवृत्त-विभाजन, सन्धि, अर्थप्रकृति, अवस्था आदि अनेक विषय प्रतिपादित हैं। अष्टम अधिकार में रूपकों के लक्षण हैं, नवम में बीस

उपरूपकों के। दशम अधिकार में नाटक में प्रकृति या भूमिकाएँ, रंगमण्डप, मार्गी, देशी आदि का विवेचन है।

अभिनय को छोड़कर **शात.** ने नाट्यशास्त्र के शेष सभी विषयों का सर्वांगपूर्ण विवेचन किया है। रसविचार की दृष्टि से **भाप्र.** की अपनी विशेषता है।

शात. ने अपना जन्मस्थान तथा अपने पूर्वजों का निवास स्थान आर्यावर्त में मेरुत्तर जनपद को बताया है, जिसे अनुमानतः आधुनिक मेरठ माना जा सकता है। इनके पितामह ने वाराणसी में रह कर महादेव की आराधना पुत्रप्राप्त्यर्थ की थी। इनके पिता ने शारदा देवी की उपासना की।

शात. ने अपने ग्रन्थ के आरम्भ में यह भी बताया है कि उन्होंने शारदादेवी के मंदिर में चैत्रयात्रामहोत्सव में नर्तनागार में तीस प्रकार के रूपकों का अलग-अलग अभिनय देखा था और उससे प्रभावित हो कर देवी से नाट्यवेद की प्राप्ति की याचना की थी। देवी ने भी दिवाकर नामक नाट्यशालापति को शात. को पढ़ाने के लिए नियुक्त किया और शात. ने दिवाकर से नाट्यशास्त्र का अध्ययन किया (पृ. २)।

नृत्याध्याय : अशोकमल्ल

नृत्याध्याय नाट्यशास्त्रविषयक एक बृहत् ग्रन्थ का अंश है। सम्पूर्ण ग्रन्थ लिखा गया था या नहीं–कहना कठिन है, इस ग्रन्थ के कर्ता राजा अशोकमल्ल कहे गये हैं, जो राजा वीरसिंह के पुत्र थे। ग्रन्थ में अनेक स्थलों पर अशोकमल्ल के तृतीय पुरुष में उल्लेख तथा उनके लिए प्रशंसापूर्ण विशेषणों के प्रयोग से यह भी अनुमान होता है कि संभवतः राजा अशोकमल्ल के आश्रित किसी नाट्यशास्त्रज्ञ पण्डित ने यह ग्रन्थ उनके नाम पर लिखा हो।

नृत्या. में भरत, कोहल, तण्डु, कीर्तिधर तथा आचार्य अभिनवगुप्त का उल्लेख हुआ है, जिसके आधार पर कहा जा सकता है कि यह ग्रन्थ ग्यारहवीं शताब्दी के बाद का हो सकता है।

नृत्या. भी अद. की भाँति आंगिक अभिनय पर अधिक केन्द्रित हैं, पर **अद.** की अपेक्षा इसका विषय व्यापक है। सभी अंगों, उपांगों और प्रत्यंगों के कर्म बताते हुए इसमें मणिबन्ध, जिह्वा, चिबुक, चरणांगुलि आदि अवयवों का जो अभिनय बताया गया है, वह **नाट्यशास्त्र** के निरूपण से अतिरिक्त है। इसी प्रकार करणों के निरूपण के साथ-साथ अशोक ने उत्प्लुतिकरणों का भी भेदसहित विस्तृत प्रतिपादन किया है, जिससे नृत्य की लोकपरम्पराओं का उनका संग्रह उपादेय हो गया है। चालन-प्रकरण तथा देशी स्थानक के निरूपण में भी यही विशेषता है। **नृत्या.** का एक और दुर्लभ निरूपण कलास-करण का है। इसमें ताल के अनुसार नृत्य के छह प्रकार बताये गये हैं, जिन्हें कलास कहा गया है।

नृत्तरत्नावली : जायसेनापति

नृत्तरत्नावली (**नृर.**) की रचना जायसेनापति (जासे.) ने तेरहवीं शताब्दी में की। जासे. आन्ध्रप्रदेश के काकतीय राजा गणपतिदेव के सेनापति या गजसाधनिक थे। उन्हें जायन, जायचमुप, जायनाचार्य, गजसैन्यनाथ, दन्तिसैन्यपति तथा जायसेनाधिनाथ आदि नामों या विशेषणों से भी **नृर.** में उल्लिखित किया गया है।

नृर. के चतुर्थ अध्याय में जासे. ने बताया है कि उन्होंने इस ग्रन्थ की रचना राजा गणपति के शासनकाल में की,तथा रचनाकाल कलिवर्ष ४३५५ (१२५३-५४ ई.) बताया है। गणपतिदेव ने जासे. के शैशव काल से ही उन्हें आश्रय देकर उनकी शिक्षा की व्यवस्था की थी।

नृर. की सबसे बड़ी विशेषता जासे. के द्वारा अपने समय में प्रचलित देशी नृत्यों का प्रामाणिक विवेचन है। उन्होंने स्वयं कहा है कि उन्होंने राजा गणपति के राज्य में प्रचलित नृत्यप्रकारों का अवलोकन कर उनका विवेचन भी इस ग्रन्थ में किया है।

नृर. में आठ अध्याय हैं। पहले अध्याय में नाट्य का स्वरूप तथा चतुर्विध अभिनयों का लक्षण, नृत्य, नृत्त, मार्ग, देशी, ताण्डव और लास्य का स्वरूप विवेचित हैं। द्वितीय अध्याय में अंग, प्रत्यंग और उपांगों के लक्षण के साथ आंगिक अभिनय का विवेचन आरम्भ होता है। हस्ताभिनय का भी संपूर्ण विवेचन इसी अध्याय में है। तृतीय अ. में चारी तथा स्थान (स्थानक), चतुर्थ में १०८ करण, अंगहार तथा रेचकों का विवरण है। पञ्चम अध्याय में स्थान, करण और भ्रमर के देशी प्रकारों का विवरण है। षष्ठ अध्याय में देशी पाद, देशी चारी और देशी लास्यांग के साथ गतिनिरूपण भी है। सप्तम में नाट्यप्रयोग का देश-काल, पूर्वरंग आदि विविध विषय हैं। प्रेरणी, प्रेक्षणक, सूडनर्तन, रासक, चर्चरी, नाट्य-रासक, शिवप्रिया, कन्दुकनर्तन, भाण्डीरनर्तन, चरणनृत्य, बहुरूप, कोल्लाट, गोण्डली आदि देशी नृत्यभेदों का भी विवेचन इसी अध्याय में हैं। इस अध्याय में नाट्यमण्डप का वास्तुशास्त्रीय विवेचन भी जासे. का वैशिष्ट्य ही है। अष्टम अध्याय में नृत्यप्रयोग के विषय में प्रकीर्ण विषयों का विवेचन है।

नृत्तरत्नावली में नृत्य का तो सर्वांगीण विवेचन है, पर नाट्य का विवेचन जासे. ने नहीं किया है। पांचवें अध्याय में जासे. ने सूचित किया है कि उन्होंने गीतरत्नावली नाम से संगीत पर इसी प्रकार का ग्रन्थ लिखा था। यह ग्रन्थ अनुपलब्ध है।

आंगिक अभिनय के प्रसंग में जासे. ने भरत को सर्वाधिक उद्धृत या उल्लिखित किया है। कोहल को भी वे उद्धृत करते हैं। **नाशा.** के व्याख्याकारों में कीर्तिधर, भट्टतण्डु तथा अभिनवगुप्त की टीकाएँ जासे. को उपलब्ध थीं और उनका उपयोग इन्होंने किया है, यह **नृर.** के उल्लेखों से सिद्ध है।

एकावली : विद्याधर

एकावली मुख्यतः काव्यशास्त्र का ग्रन्थ है। इसके रचयिता विद्याधर का समय लगभग चौदहवीं शताब्दी का है। इसमें ९ अध्याय हैं, जिनमें से तीसरा अध्याय नाटक से सम्बद्ध है।

सङ्गीतरत्नाकर : शार्ङ्गदेव

सङ्गीतरत्नाकर (**संर.**) के रचियता शार्ङ्गदेव (**शार्ङ्ग.**) मूलतः काश्मीर के अभिजन थे। उनके पूर्वजों में भास्कर कश्मीर छोड़कर दक्षिण आ गये। भास्कर के पुत्र सोढल को राजा सिंघण का आश्रय मिला। यह यादववंशीय राजा था, जिसने देवगिरि (आधुनिक दौलताबाद) में १२१० ई० से १२४७ ई० तक शासन किया था। सोढल के पुत्र शार्ङ्ग. हुए। इनका समय तेरहवीं शताब्दी है।

संर. संगीतशास्त्र के अत्यन्त प्रामाणिक तथा लोकप्रिय ग्रन्थों में से है। संगीत के साथ नृत्य तथा अभिनय का भी विशद विवेचन इसमें है। वस्तुतः इस विषय पर इतना विस्तृत विवेचन परवर्ती ग्रन्थों में अन्यत्र नहीं मिलता। **संर.** में सात अध्याय हैं, जिनमें क्रमशः स्वर, राग, प्रकीर्णक, प्रबन्ध, ताल, वाद्य, नृत्य-- ये विषय निरूपित हैं। प्रबन्ध, ताल, वाद्य, नृत्य आदि में मार्गी तथा देशी दोनों का विवेचन शार्ङ्ग. के निरूपण का वैशिष्ट्य है। देशी रागों का विवेचन भी इन्हीं के ग्रन्थ से व्यवस्थित हुआ है।

आंगिक अभिनय का कोई भी पक्ष शार्ङ्ग. ने छोड़ा नहीं है। वर्तना, चालक, जठर, मणिबन्ध, कपोल, अनिल, जिह्वा तथा उत्प्लुतिकरण–इत्यादि विषयों का विवेचन उनमें नाट्यशास्त्र से अतिरिक्त है। इसी प्रकार चारियों के विवेचन में उन्होंने कोहल के द्वारा निरूपित अतिरिक्त चारियों के लक्षण दिये हैं। देशी स्थानक तथा लास्याङ्गों का विवेचन भी शार्ङ्ग में विशिष्ट है। रस निरूपण तथा आंगिक अभिनय की शेष विधियाँ उनमें भरत के समान हैं।

संर. के टीकाकार : संर. पर प्राचीनकाल से ही प्रामाणिक व्याख्याओं का लिखा जाना उसकी उपादेयता और प्रचलन को सूचित करता हैं। **संर.** पर सात संस्कृत में, एक तेलगु तथा एक हिन्दी में लिखी गयी व्याख्या का पता चलता है। संस्कृत टीकाकारों में कल्लिनाथ तथा सिंहभूपाल सर्वप्रथम उल्लेखनीय है। सिंहभूपाल नाट्यशास्त्र के प्रसिद्ध आचार्य थे, जिनका परिचय **'रसार्णवसुधाकर'** शीर्षक से यहीं दिया गया है। कल्लिनाथ विजयनगर में रहे तथा वहाँ के शासक देवराय के समकालीन थे। देवराय ने १४२३ ई. से १४४६ ई. तक शासन किया। इस प्रकार कल्लि. का समय पन्द्रहवीं शती का पूर्वार्ध है। सिंहभूपाल की टीका का नाम सुधाकर तथा कल्लि. की टीका का नाम कलानिधि है।

रसार्णवसुधाकर : सिंहभूपाल

रसार्णवसुधाकर (**रसु.**) के कर्ता सिंहभूपाल (सिभू.) रेचरलावंश के राजा थे। इनके पिता अनपोत, जिनका दूसरा नाम अनन्त भी मिलता है, विन्ध्य तथा श्रीशैल के बीच राजाचल नगर के शासक थे। सिंभू. का समय १३३० ई. के आसपास है। **रसु.** के अतिरिक्त इनकी अन्य कई रचनाओं का पता चलता है। इनमें से कुवलयावली नाटिका प्राप्त होती है। **कन्दर्पेश्वरवैभव** नामक रूपक का उल्लेख सिभू. ने **रसु.** में अपनी रचना के रूप में किया है। यह कृति अप्राप्य है। **रसु.** के साथ ही सिभू. ने नाटक से सम्बद्ध एक अन्य लघुकाय कृति **नाटकपरिभाषा (नाप)** भी लिखी थी।

अलङ्कारशास्त्र के सुप्रसिद्ध ग्रन्थ **चमत्कारचन्द्रिका** के लेखक विश्वेश्वर सिभू. के आश्रय में रहे।

रसु. में तीन विलास हैं। प्रथम विलास में विभाव, अनुभाव तथा सात्त्विक-भाव विवेचित हैं, द्वितीय में व्यभिचारी भाव, स्थायीभाव, रस तथा रसाभास तथा। तृतीय विलास में दशरूपक का सम्पूर्ण विवेचन है।

रसरत्नाकर

रसरत्नाकर संस्कृत नाट्यशास्त्र और काव्यशास्त्र का विलुप्त ग्रन्थ है। मल्लिनाथ ने इससे कुछ स्थलों में उद्धरण प्रस्तुत किये हैं। अत एव इसकी रचना चौदहवीं शताब्दी के पूर्व हो चुकी थी। **मेघदूत** (९१वाँ पद्य) पर अपनी टीका में वियोगिनी की दशाओं के निरूपण में मल्लिनाथ ने इस ग्रन्थ की एक कारिका उद्धृत की है, इसी प्रकार १०२वें पद्य पर टीका में **रसरत्नाकर** में वियोगिनी की आसक्ति, रोदन, निद्रा, लज्जा, अनर्थवाक्, श्रम आदि स्थितियों को प्रतिपादित करने वाला अंश उद्धृत किया है। ९३, १०९वें पद्यों पर वियोग में सुखोपाय तथा अनुक्तकथनदोषपरिहार के प्रसंग में भी मल्लिनाथ ने इस ग्रन्थ से उद्धरण दिये हैं।

नृत्यसर्वस्व

नृत्यसर्वस्व नामक ग्रन्थ का पता भी मल्लिनाथ की टीका से ही चलता है। **मेघदूत** के ३९वें पद्य पर टीका करते हुए महाकाल के मन्दिर में नृत्य करती गणिकाओं के नृत्य की व्याख्या में इसी ग्रन्थ से उद्धरण दे कर उसके आधार पर मल्लिनाथ देशिक नृत्य का प्रतिपादन यहाँ मानते हैं।

सङ्गीतसमयसार

इस ग्रन्थ के कर्ता सङ्गीतकार श्री पार्श्वदेव हैं। इन्होंने अपने को हेमचन्द्राचार्य का शिष्य तथा श्रुतिज्ञानचक्रवर्ती बताया है। इनका समय १३०० ई. के आसपास श्री रामकृष्ण

कवि ने निश्चित किया है, व्ही. राघवन् के अनुसार ये ११६५ ई. से १३३० ई. के बीच हुए। **सङ्गीतसमयसार** में १० अभिकरण हैं, पर टी. गणपतिशास्त्री के द्वारा एक मात्र खण्डित पाण्डुलिपि के आधार पर त्रिवेन्द्रम संस्कृत सीरीज में प्रकाशित संस्करण (तालषट्प्रत्ययलक्षण) नवम अधिकरण पर ही समाप्त हो जाता है।

यह ग्रन्थ सङ्गीत, नृत्य और अभिनय पर शास्त्ररचना करने वाले आचार्यों में प्रचलित और लोकप्रिय रहा है। सिंहभूपाल ने अपनी **संर.** की टीका में इससे अनेक पद्य उद्धृत किये हैं।

पार्श्वदेव ने अपने से पहले के सङ्गीतशास्त्र के आचार्यों में मातङ्ग, कोहल, प्रताप तथा दत्तिल का और नाट्य-नृत्य के आचार्यों में भोज, मातृगुप्त, सोमेश्वर और परमर्दिदेव का उल्लेख किया है।

सुधाकलश के **सङ्गीतोपनिषत्सारोद्धार** पर इस ग्रन्थ का गहरा प्रभाव परिलक्षित होता है।

सङ्गीतमण्डन

इस ग्रन्थ के कर्ता प्रसिद्ध जैन कवि मण्डन हैं, जिन्होंने **सङ्गीतमण्डन** के अतिरिक्त **काव्यमण्डन, शृङ्गारमण्डन, सारस्वतमण्डन, मण्डनकादम्बरीदर्पण, चम्पूमण्डन, अलङ्कारमण्डन** तथा **चन्द्रविजयप्रबन्ध** की भी रचना की थी। ये मालवा के होशंगशाह गौरी के प्रधान अमात्य थे। **काव्यमण्डन** तथा **सङ्गीतमण्डन** की रचना १४४७-४८ ई. के लगभग इन्होंने की।

सङ्गीतमण्डन अप्रकाशित है। इसके अन्तिम (चतुर्थ) परिच्छेद में नृत्य का निरूपण है। द्वितीय परिच्छेद में देशी प्रबन्धों का निरूपण महत्त्व का है।

(उक्त दोनों ग्रन्थों के विवरण **सङ्गीतोपनिषत्सारोद्धार,** बड़ौदा, १९६१ की भूमिका के आधार पर)।

सङ्गीतोपनिषत्सारोद्धार

इस ग्रन्थ के कर्ता सुधाकलश हैं। अनुमान है कि सुधाकलश ने इसमें अपने ही विपुलकाय ग्रन्थ **सङ्गीतोपनिषत्** का सार प्रस्तुत किया है। **सङ्गीतोपनिषत्** अप्राप्य है। प्रस्तुत ग्रन्थ में अवश्य उसका उल्लेख हुआ है।

इस ग्रन्थ की रचना सुधाकलश ने १४०६ विस. (१३५० ई.) में की थी। ये श्वेताम्बर सम्प्रदाय में हर्षपुरीय गच्छ के श्री तिलक के शिष्य थे।

इस ग्रन्थ के प्रथम अध्याय में देशी गीत का लक्षण तथा देशी की व्याख्या उल्लेखनीय है। मार्गी तथा मार्ग गीत का प्रतिपादन सुधाकलश ने नहीं किया है। द्वितीय अध्याय में ताल, तृतीय में राग, चतुर्थ में वाद्य तथा पञ्चम में नृत्य का विवेचन है। पञ्चम

अध्याय में अङ्ग, उपाङ्ग तथा प्रत्यङ्गों के निरूपण के साथ नाट्यशास्त्रीय आङ्गिक अभिनय का विशद प्रतिपादन किया गया है। सुधाकलश ने हस्तों की संख्या ६४ ही मानी है, पर पक्षिरुत (असंयुक्त हस्तों के अन्तर्गत- सुनन्द (संयुत हस्तों में) तथा उल्बण, नृत्तहस्तों में)-ये नाम नये हैं। अन्य अङ्गों में हृदयलक्षण का प्रकरण भी सुधाकलश में नवीन हैं।

षष्ठ अध्याय नृत्यपद्धति का विवेचन करता है। १०५ करण, ३२ अङ्गहार भ्रमरी, चारी, नर्तक का लक्षण, सभापति आदि के लक्षण महत्त्वपूर्ण हैं। इनके साथ ही बइकारलक्षण तथा गन्धर्वरञ्जकलक्षण के प्रकरण नये हैं।

सुधाकलश का सबसे महत्त्व का योगदान समकालीन नटों तथा रंगमंच के विषय में उनके द्वारा प्रत्यक्ष ज्ञान के आधार पर किया गया निरूपण है। इन्होंने शास्त्र की भाषा तथा अपने समय के नटों, नर्तकों की भाषा में आ चुके अन्तर की चर्चा की है (**ससारो.**, ६।१२८-३१) तथा अपने समय के नटों के द्वारा व्यवहृत पदावली भी प्रस्तुत की है, जो शास्त्र की भाषा तथा उसके व्यवहार से बहुत अलग है। तदनुसार सात श्रम हैं-मुलश्रमु, चालश्रमु, दण्डवाश्रमु, बइठाअलीढ, ऊभी अलीढ़ तथा चित्रवाढ झलकणी। निम्नलिखित नृत्यभाव हैं-गाडलुल्यु, पावटउ, माछलियउ, सिहरियउ, तिरापेउ, बइठी छडक, ऊभी छडक, आविंड, पाछिंड, एकसरा, दुसरा आदि (वही, पृ. १४०-४१)।

रङ्गमण्डली में ऐसा व्यक्ति जो प्रयोगज्ञ भी हो, शास्त्रज्ञ भी हो, वाङ्मयकारक (लिखने की योग्यता रखने वाला) तथा गीतकार हो-सुधाकलश के अनुसार बइकार कहलाता है (**वही,** ६.१४३)।

ऐसा गन्धर्व गायक, जिसका गीत अत्यन्त मधुर हो और जिससे सब सुनने वाले रंजित हो जाएँ-गन्धर्वरञ्जक कहलाता है (वही, ६।१४४)।

कविकण्ठहार

इस अप्राप्त ग्रन्थ का उल्लेख शङ्कर ने **अभिज्ञानशाकुन्तल** की अपनी **रसचन्द्रिका** नामक टीका में किया है। अत एव इस ग्रन्थ का रचनाकाल पन्द्रहवीं शती के आसपास या उसके पहले हो सकता है। शङ्कर द्वारा इस ग्रन्थ से दिये गये उद्धरण से प्रतीत होता है कि नाट्यशास्त्र-विषयक अनेक प्रकरणों पर भी ग्रन्थकार ने यहाँ विचार किया था। शङ्कर ने **कविकण्ठहार** से आवेध्य, बन्धनीय, आरोप्य तथा आक्षेप्य-ये चार प्रकार के आभूषणों का निरूपण करने वाली दो कारिकाएँ उद्धृत की हैं (**अभिज्ञानशाकुन्तल,** मिथिला, सं. पृ. २३८)।

इस ग्रन्थ के विषय में अन्य विवरण अनुसन्धेय हैं।

शङ्कर और नरहरि ने लास्याङ्गों के लक्षण इसी ग्रन्थ से उद्धृत किये हैं। ऐसा प्रतीत होता है कि नाट्यशास्त्रीय विभिन्न कोटियों के अध्ययन या संस्कृत नाटकों के

आधार पर नयी कोटियों की उद्भावना की दृष्टि से यह ग्रन्थ महत्त्व का रहा होगा। शङ्कर ने ही **शाकुन्तल** के प्रथम अङ्क में दुष्यन्त से बात करती प्रियंवदा को शकुन्तला के द्वारा अंगुलि के संकेत पर मना करने की स्थिति की व्याख्या ललित भाव के रूप में इसी ग्रन्थ से उद्धरण दे कर की है। **कविकण्ठहार** का ललित का लक्षण शकुन्तला की चेष्टा पर लागू भी होता है—

भ्रूनेत्रादिक्रियाशाली सुकुमारविधानवद्।
हस्तपादादिविन्यासस्तरुण्या ललितं मतम्।। (वही, पृ. १८८)

इसी प्रकार दुष्यन्त के द्वारा शकुन्तला की भ्रमरबाधा के निरूपण के वर्णन (**शाकुन्तल, १.२२**) में युक्ति (सन्ध्यङ्ग) मानते हुए शङ्कर ने युक्ति का यह लक्षण भी **कविकण्ठहार** से ही उद्धृत किया है।—

अयुज्यमानस्य मिथः शब्दस्यार्थस्य वा पुनः।
योजना क्रियते चासौ युक्तिरित्युच्यते बुधैः।। (वही, पृ. १८२)

नाट्यशेखर

इस ग्रन्थ का उल्लेख भी शङ्कर ने अपनी उपर्युक्त **शाकुन्तल** की टीका में किया है। प्रदत्त उद्धरण से प्रतीत होता है कि **नाट्यशास्त्र** के सन्धि, सन्ध्यङ्ग नाट्यालङ्कार आदि विषयों का निरूपण **नाट्यशेखर** में किया गया होगा। **शाकुन्तल** के चौथे अङ्क में सखियों के संवाद में नाट्यशेखरकार ने आश्वास नामक अलङ्कार माना है (**वही**, पृ. २४६)।

ग्रन्थकार का नामनिर्देश किये बिना अन्य स्थलों पर भी शङ्कर ने नाट्यालङ्कारों से सम्बद्ध उद्धरण प्रस्तुत किये हैं, जो इसी ग्रन्थ के हो सकते हैं।

शङ्कर ने नान्दी का लक्षण रङ्गशेखर नामक ग्रन्थ से उद्धृत किया है, जो संभवतः **नाट्यशेखर** का ही अन्य नाम हो सकता है (**वही**, पृ. १५६)।

अलङ्कारसङ्ग्रह : अमृतानन्दयोगी

अमृतानन्द योगी का अलङ्कारसङ्ग्रह (**असं.**) मुख्य रूप से काव्यशास्त्र का ग्रन्थ है, पर इसमें नाट्यशास्त्रविषयक कतिपय प्रकरणों पर महत्त्वपूर्ण विवेचन है। यह ग्रन्थ दक्षिण के राजा भक्ति के पुत्र मन्म (मन्व, मन्न) के आदेश पर लिखा गया था। इस उल्लेख के आधार पर डॉ. कुन्हन राजा ने इसके १३६६ ई. के पूर्व लिखे जाने का अनुमान किया है (अलङ्कारसङ्ग्रहः भूमिका, पृ. ४०-४३)।

असं. में ११ परिच्छेद हैं, जिनमें विषयविचार इस प्रकार हैं—

१. वर्णगुणविचार, २. शब्दार्थनिर्णय, ३. रसनिर्णय, ४. नेतृभेदनिर्णय, ५. अलङ्कारनिर्णय, ६. दोषगुणनिर्णय, ७. सन्ध्यङ्गनिर्णय, ८. वृत्तिनिरूपण,

९. रूपकनिरूपण, १०. नाट्यालङ्कारनिरूपण तथा ११. चाटुप्रबन्धनिरूपण।

इनमें आठवें से १०वें परिच्छेद तक का विवेचन नाट्यशास्त्र की परवर्ती अवधारणाओं के ज्ञान की दृष्टि से विशेष महत्त्व रखता है। अमृता. का उपरूपकों का विवेचन सबसे विशिष्ट है।

प्रतापरुद्रयशोभूषण (प्रतापरुद्रीय) : विद्यानाथ

प्रतापरुदीय (प्ररु.) भी **असं.** की ही भाँति मुख्य रूप से अलंकारशास्त्र का ग्रन्थ है। इसके रचयिता विद्यानाथ त्रिलिंगदेश (आधुनिक वारंगल) के काकतीय राजा प्रतापरुद्र के आश्रित थे, जिनका समय तेरहवीं शती का अंत और चौदहवीं शती का आरम्भ है। विद्यानाथ ने **प्रतापरुद्रकल्याणनाटक** की रचना की तथा **प्ररु.** में नाटकविषयक सभी कोटियों के उदाहरण इस नाटक से दिये हैं। इस ग्रन्थ के नायकप्रकरण, नाटकप्रकरण, रसप्रकरण तथा काव्यप्रकरण में वृत्तिविषयक विचार नाट्यशास्त्र से संबद्ध हैं। नाट्यशास्त्र सिद्धान्तों के निरूपण में विद्यानाथ ने दशरूपक का अनुकरण किया है।

काव्येन्दुप्रकाश : कामराज दीक्षित

काव्येन्दुप्रकाश (काइप्र.) भी उक्त दोनों ग्रन्थों की ही भाँति काव्यशास्त्र का ग्रन्थ था, जो अपूर्ण मिलता है। इसके रचयिता कामराज दीक्षित सत्रहवीं शती के सुप्रसिद्ध साहित्यकार सामराजदीक्षित के पुत्र थे। इनका समय १६६० ई. से १७१० ई. के आसपास माना गया है।

काइप्र. का चौदहवाँ तथा पन्द्रहवाँ उल्लास ही प्राप्त तथा प्रकाशित हुए हैं। चौदहवें उ. में वृत्तियों तथा पन्द्रहवें में इतिवृत्त, सन्धि, सन्ध्यङ्ग आदि का विवेचन किया गया है।

साहित्यदर्पण : विश्वनाथ

असं. तथा **प्ररु.** की ही भाँति विश्वनाथ के **साहित्यदर्पण (साद.)** में भी काव्यशास्त्र तथा नाट्यशास्त्र दोनों विषय विवेचित हैं। विश्वनाथ के वृद्धपितामह भी काव्यशास्त्र के अपने समय के श्रेष्ठ आचार्य थे। उनका नाम नारायण था। **विश्व.** ने अपने **साद.** में उन्हें अपना वृद्धपितामह बताते हुए उनका मत उद्धृत किया है, जबकि अपने दूसरे ग्रन्थ काव्यप्रकाशदर्पण (काव्यप्रकाश की टीका) में उन्होंने नारायण को अपना पितामह ही कहा है। विश्व. के पिता चन्द्रशेखर भी कवि तथा विद्वान् थे। विश्वनाथ कलिंगदेश (वर्तमान उड़ीसा) के निवासी थे–ऐसा उनके उल्लेखों से सूचित होता है। उन्होंने अपनी और अपने पिता की उपाधि **'सन्धिविग्रहिकमहामात्र'** बतायी है, जिससे लगता है कि वे कलिंग के राजा के यहाँ अधिकारी थे।

साद. की सबसे प्राचीन हस्तलिखित प्रति १३८४ ई. की मिली है। अत एव इस

ग्रन्थ की रचना १३८४ ई. के पूर्व अवश्य हो चुकी थी। **विश्व.** के द्वारा उद्धृत एक पद्य में सुल्तान अलाउद्दीन खिलजी की प्रशस्ति है, जिससे साद. का रचनाकाल १३०० ई. से १३८० ई. के बीच कहा जा सकता है।

साद. में दस परिच्छेद हैं। इनमें से षष्ठ परिच्छेद में नाट्यशास्त्र से संबद्ध वे सभी विषय लिए गये हैं, जिन पर **दशरूपक** में विचार हुआ है। इसके अतिरिक्त तृतीय परिच्छेद में रस तथा नायक-नायिकादि का निरूपण भी नाट्यशास्त्र की परम्परा में है। विश्व. का उपरूपकों का विवेचन विशेष महत्त्व का है।

नृत्यरत्नकोश (नृरको.)

नृरको. के कर्ता राणा कुम्भ अपने संगीत और नाट्यविषयक ग्रन्थों, मौलिक रचनाओं तथा टीकाओं के लिए संस्कृत साहित्य के इतिहास में सुविदित हैं। इन्होंने चित्तौड़गढ़ (मेवाड़) के शासन की बागडोर १४३३ ई. में सँभाली तथा ३५ वर्षों तक मेवाड़ पर शासन किया। १४५६ ई. में इन्होंने संगीतविषयक बृहत्काय ग्रन्थ **'सङ्गीतराज'** की रचना की थी। १४६८ ई. में इनका देहावसान हुआ।

इनके ग्रन्थों में **रसिकप्रिया** (जयदेव के **गीतगोविन्द** की टीका), बाण के **चण्डीशतक** की पद्यात्मक व्याख्या या रूपान्तर, **गीतगोविन्द** नाम से संस्कृत में अपना स्वयं का भी एक गीतिकाव्य, **सङ्क्षेपकामशास्त्रम्** आदि उल्लेखनीय हैं।

सङ्गीतराज नाट्यरत्नकोश तथा गीतरत्नकोश—इन दो भागों में मिलता है। कुम्भ ने भरत के **नाशा.** के अनुसार लक्षण, काव्यालङ्कार, काव्यगुण और काव्यदोषों का विवेचन किया है।

सङ्गीतराज के डॉ. प्रेमलता शर्मा के द्वारा सम्पादित संस्करण में नाट्यरत्नकोश तथा गीतरत्नकोश—ये दोनों भाग प्रकाशित हैं। नृत्यरत्नकोश इसी का अंश था या स्वतन्त्र ग्रन्थ—इसकी चर्चा इस संस्करण में नहीं की गयी है। मुनि जिनविजय ने रसिकलाल पारीख तथा प्रियबाला शाह के सम्पादन में **नृरको.** को स्वतन्त्र ग्रन्थ के रूप में प्रकाशित किया है। तथापि इस ग्रन्थ की पुष्पिकाएँ देखने से स्पष्ट होता है कि स्वयं कुम्भ ने इसे **सङ्गीतराज** के एक भाग के रूप में ही रचा था। इस ग्रन्थ में आङ्गिक अभिनय का विस्तार से निरूपण है। यह दो उल्लासों में विभाजित है। प्रथम उल्लास में अङ्ग, प्रत्यङ्ग, उपाङ्ग तथा आहार्याभिनय—ये चार विषय निरूपित हैं। दूसरे उल्लास में स्थान चारी, देशी चारी तथा मण्डल का प्रतिपादन किया गया है।

देशीचारियों के लिए कुम्भ ने कोहल को प्रमाण माना है (**नृरको.** पृ. १३४) तथा उनका कहना है कि भरत मुनि के अनुक्रम में ही कोहल ने इनका प्रतिपादन किया है। देशीचारियों का निरूपण कुम्भ ने **कलानिधि** नामक टीका के आधार पर किया है—यह वे

स्वयं स्वीकार करते हैं (**वही**)। लोक में ये चारियाँ मुडुप के नाम से प्रचलित हैं (**वही**)। इसी प्रकार वर्तना का निरूपण भी कुम्भ ने **संर.** की टीका कलानिधि के आधार पर ही किया है।

हस्त की संख्या ६४ हो या ६७—इस प्रश्न पर कुम्भ ने विचार किया है (**वही**, पृ. ६४) तथा दृढतापूर्वक **संर.** के ६७ हस्तों के प्रतिपादन का खण्डन करते हुए ६४ की संख्या का निर्धारण किया है। अतिरिक्त हस्तों के रूप में कुम्भ स्वयं अञ्जन, चन्द्रकान्त, जयन्त–इन तीन हस्तों का निरूपण करते हैं (वही, पृ. ६५-६६)। आङ्गिक अभिनय के अतिरिक्त उपभेदों में उन्होंने स्तन, करभ, अनिल, उच्छ्वास, निश्वास, चिबुक, दन्त आदि का निरूपण किया है।

सङ्गीतचन्द्र (संच.) : विप्रदास

सङ्गीतचन्द्र मुख्य रूप से शार्ङ्ग के **संर.** पर आधारित है। इसका रचनाकाल चौदहवीं शताब्दी का उत्तरार्ध माना गया है। **संच.** में नाट्योत्पत्ति के साथ नाट्यशालानिर्माण का प्रकरण बहुत विस्तार से लिखा गया है। विप्र ने भरत प्रतिपादित तीन प्रकार के नाट्यमण्डप स्वीकार करते हुए चतुरस्र के दीर्घ तथा सम ये दो भेद नये-नये बताये हैं, जिससे उनके नाट्य-मण्डपों के भेद चार हो जाते हैं। नाट्यशाला के निर्माण और संरचना में अनेक नये पक्ष यहाँ हैं। शेष प्रकरणों में रंगपूजा, पूर्वरंग के साथ आंगिक अभिनय का समग्र विवेचन है। **संर.** की भाँति यहाँ गायन तथा वादन से संबद्ध विषय विवेचित नहीं हैं।

आंगिक अभिनय के अतिरिक्त रस, भाव, सात्त्विक भाव तथा व्यभिचारी भावों और पात्र लक्षण तथा पात्रालंकार, लास्यांग, पेरणी नृत्य—ये विषय भी **संच.** में विवेचित हैं।

काव्यानुशासन : वाग्भट

वाग्भट का **काव्यानुशासन** मुख्य रूप से काव्यशास्त्र का ग्रन्थ है। इसके प्रथम अध्याय में दशरूपक तथा पाँचवें में नायक-नायिका भेद वर्णित है। वाग्भट का समय चौदहवीं शताब्दी माना गया है।

रसमञ्जरी : भानुदत्त

रसमञ्जरी भी उक्त ग्रन्थ की भाँति मुख्यतः काव्यशास्त्र का ही ग्रन्थ है। इसके रचयिता भानुदत्त १४५० ई. से १५०० ई. के बीच हुए। इसमें नायक-नायिका-भेद का विस्तृत विवेचन है।

रसकौमुदी : श्रीकण्ठ

रसकौमुदी के रचयिता श्रीकण्ठ मातृशल्य राजा के आश्रित थे। मातृशल्य का समय १५६९ ई. से १६०८ ई. के बीच है। पी.के. गोडे श्रीकण्ठ की इस रचना का

लेखनकाल १५७५ ई. के आसपास निर्धारित करते हैं। **रसकौमुदी** में दस अध्याय हैं, जिनमें से पाँचवाँ अध्याय नृत्याध्याय है। इसमें संगीत, अभिनय आदि विषय विवेचित हैं।

सङ्गीतदामोदर : शुभङ्कर

संर. की भाँति शुभङ्कर का **सङ्गीतदामोदर (संदा.)** भी संगीत तथा अभिनय (नृत्य) का विवेचन करने वाला ग्रन्थ है। शुभङ्कर का समय पन्द्रहवीं शताब्दी है। इनके पिता कविचक्रवर्ती श्रीधर थे। ये बंगाल के निवासी थे।

संदा. पाँच स्तवकों में विभाजित है। प्रथम स्तवक में भाव, हाव, अनुभाव, कामदशा तथा विभावों का विवरण है। द्वितीय में नायिकाभेद तथा नायिका के परिजन आदि विवेचित हैं। नायकभेद के साथ नाद और गीत का विवेचन भी इसी स्तवक में है। तृतीय स्तवक में स्वर, गमक, गान, मूर्च्छना तथा राग और ताल निरूपित हैं। चतुर्थ में श्रुति, कला तथा वाद्य के साथ अङ्गहार, नृत्य, चारी, मण्डल, नाट्योत्पत्ति, रङ्गविन्यास, जर्जरपूजा, वर्णिका या मसी, पूर्वरङ्ग, नान्दी, प्रस्तावना, वृत्ति, लास्य के अंग, भाषाविधान, नाट्योक्तियाँ नाट्यालंकार, दशरूपकलक्षण के साथ उपरूपकों के भी लक्षण विवेचित हैं। सन्धि और पताकास्थानक भी इसी स्तवक में विवेचित हैं। पञ्चम स्तवक में गायनदोष, रस, रसों के वर्ण, लय आदि विषयों के साथ शान्तरस की स्वीकृति तथा प्रेम नामक दसवें रस की मान्यता के पूर्वपक्ष पर भी विचार किया गया है।

नर्तननिर्णय : पुण्डरीक विट्ठल

शाङ्गदेव के **सङ्गीतरत्नाकर** के पश्चात् पुण्डरीक विट्ठल का **'नर्तननिर्णय'** संगीत, नाट्याभिनय तथा नृत्य पर सर्वाधिक महत्त्वपूर्ण ग्रन्थ है । पुण्डरीक विट्ठल कर्णाटक के निवासी थे । ये अकबर के समय महाराज मानसिंह और माधवसिंह के आश्रय में रहे । पुण्डरीक विट्ठल तथा पण्डरी विट्ठल भी नाम इनके मिलते हैं । **रागमाला, रागमञ्जरी** तथा **दूतीकर्म प्रकाश** इनके अन्य ग्रंथ हैं ।

नर्तननिर्णय में १८६७ श्लोकों में तालधर्तृ, मृदङ्गी, गायक, प्रबन्ध, नर्तक-नर्तन तथा नर्तक-नृत्त का चार प्रकरणों में निरूपण है

हस्तमुक्तावली (हमु.) : शुभङ्कर

यह ग्रन्थ भी **संदा.** के कर्ता शुभङ्कर के द्वारा ही विरचित है। इसमें हस्ताभिनय का ही विस्तार से प्रतिपादन है तथा ३० असंयुत, १५ संयुत और २७ नृत्तहस्त मिला कर कुल ७१ प्रकार के हस्त निरूपित हैं। **नाशा.** में प्रतिपादित ६४ या ६७ हस्तप्रकारों से यह संख्या अधिक है। असंयुत हस्तों में कदम्ब, द्रोणिक, कृष्णसार, मुख, सिंहास्य, अङ्कुश तथा तन्त्रीमुख ये नाम अतिरिक्त हैं। हस्तों के विनियोग की दृष्टि से भी **हमु.** के प्रतिपादन में विशेषता है। पताक हस्त के विनियोग का प्रतिपादन ६६ श्लोकों में किया गया

है। केवल एक हस्तभेद के उपयोग पर इतना विस्तृत विवेचन अन्यत्र सम्भवतः कहीं नहीं है।

नाटकचन्द्रिका : रूपगोस्वामी

नाटकचन्द्रिका (**नाचं.**) के कर्ता रूपगोस्वामी (रूगो.) गौडीय भक्ति सम्प्रदाय तथा गौडीय रसशास्त्र के प्रमुख आचार्य हैं। रूगो. तथा उनके भाई सनातन बंगाल के बादशाह हुसैन शाह के प्रधानमंत्री रहे तथा दोनों चैतन्य के अनन्य भक्त थे। रूगो. का जन्म १४९० ई. में तथा देहावसान १५६३ ई. में हुआ। **नाचं.** के अतिरिक्त गौडीय भक्ति सिद्धान्त का प्रमुख प्रतिपादक ग्रन्थ **भक्तिरसामृतसिन्धु** तथा गौडीय काव्यशास्त्र के ग्रन्थ **उज्ज्वलनीलमणि** की रचना भी उन्होंने की। **उद्धवसन्देश** और **हंसदूत** उनके सन्देशकाव्य हैं। **दानकेलिकौमुदी, ललितमाधव** तथा **विदग्धमाधव** रूपक रचनाएँ हैं। इनके अतिरिक्त उनकी अनेक अन्य काव्य रचनाएँ हैं।

नाचं. में रूगो. ने अपनी नाट्यकृतियों **विदग्धमाधव** तथा **ललितमाधव** से लक्षणों के अनेक उदाहरण दिये हैं।

नाचं. में नाटक का लक्षण विस्तार से दे कर अन्य रूपकप्रकारों का संकेत भर कर दिया है। रूगो. ने भक्तिरस को मूल रस माना है, शेष विवेचन में सन्धि, सन्ध्यङ्ग, अवस्था, अर्थप्रकृति, पताकास्थानक आदि का निरूपण **दरू.** तथा **रसु.** के अनुसार किया है।

शृङ्गारमञ्जरी : अकबरशाह

शृङ्गारमञ्जरी की रचना सत्रहवीं शताब्दी में हुई। इसके रचयिता का पूरा नाम सैयद शाह कलीमुल्लाह हुसैनी था, जो दक्षिण भारत के कुतुबशाही साम्राज्य से संबद्ध थे। इसमें नायक-नायिका-भेद पर प्रमुखता से विचार है तथा विट, चेट, विदूषक आदि इतर पात्रों के लक्षण भी किये गये हैं। **रसमञ्जरी** नामक पूर्ववर्ती ग्रन्थ के मतों की समीक्षा ग्रन्थकार ने कहीं-कहीं की है। नायिकाभेदों में वक्रोक्तिगर्विता नामक नये भेद की उद्भावना भी अकबरशाह ने की है।

सङ्गीतमालिका (संमा.) : मोहम्मदशाह

सङ्गीतमालिका की रचना भी सत्रहवीं शताब्दी के आसपास हुई। ग्रन्थकार मोहम्मदशाह ने अपने पिता का नाम तातार खान तथा पूर्वपुरुष का नाम फीरोज खान दिया है। **संमा.** के संगीत के विषयों के साथ नृत्याध्याय में नृत्य का विवेचन है, जिसमें निम्नलिखित २१ प्रकरण विवेचित हैं—नृत्यशाला, सभा, सभापति, पात्र, नर्तक-नर्तकीलक्षण, नृत्यभेद, अंग-उपांग, शिरोभेद, तीन प्रकार के हस्त, कटिभेद, पादभेद, चारी, स्थानक, करण, अंगहार, रेचक तथा नृत्यलक्षण। अभिनय के विवेचन में मार्गी तथा

देशी दोनों पद्धतियों का उल्लेख है। **नाशा.** सम्मत सभी भेद यहाँ स्वीकृत नहीं हैं। उदाहरण के लिए १०८ करणों के स्थान पर केवल ४३ करणों का ही विवेचन है, इनमें भी चार देशी करण मिश्रित हैं। चारियों में केवल १६ भौमी तथा १५ आकाशिकी चारियाँ प्रतिपादित हैं।

नृत्तसङ्ग्रह

नृत्तसङ्ग्रह के कर्ता का नाम तथा देशकाल अज्ञात है। इसकी जीर्ण-शीर्ण तथा अपूर्ण पांडुलिपि अहमदाबाद में प्राप्त हुई थी। इसमें सम्प्रदाय का लक्षण **संर.** से उद्धृत है, अतः शार्ङ्ग. के पश्चात् इसकी रचना हुई होगी। इस ग्रन्थ के लेखक ने सम्भवतः गुजरात की परवर्ती देशी नृत्य और लोकनाट्य की परम्पराओं का संग्रह किया है। इसमें नृत्त के निबन्धक तथा अनिबन्धक—ये दो भेद बताये गये हैं। नृत्तगतियों तथा विविध बन्धों का विशद निरूपण किया गया है।

इस पुस्तक में विभिन्न देशी नृत्यों के साथ **जक्कड़ी** नामक नृत्य का निरूपण भी किया गया है, जिसमें यावनी भाषा (फारसी) के गीत होते हैं, कल्ला और गजरे का उपयोग होता है। यह नृत्य पारसीक पण्डितों को विशेष प्रिय बताया गया है तथा इसमें गाये जाने वाले गीत को भी जक्कड़ी कहते हैं। **दण्डरास** (डांडिया रास) का भी विस्तृत लक्षण इस ग्रन्थ में किया गया है।

नाट्यमनोरमा : रघुनाथ

नाट्यमनोरमा का विवेच्य विषय मुख्यतया सङ्गीतशास्त्र है। आङ्गिक अभिनय के अन्तर्गत हस्ताभिनय आदि के भेदों का उल्लेखमात्र यहाँ किया गया है तथा नृत्त की अनेक विधाओं का लक्षण अवश्य रघुनाथ ने विस्तार से किया है।

इस ग्रन्थ के लेखक रघुनाथ रथ उत्कल प्रदेश के निवासी प्रतीत होते हैं। इसकी पांडुलिपि भी भुवनेश्वर में प्राप्त हुई थी। पर स्वयं ग्रन्थकार के द्वारा दिये गये विवरण के अनुसार वे केरल के राजा नीलकण्ठ के आश्रय में रहे थे। इसके साथ ही उन्होंने अपने आप को उड़ीसा के राजा गजपति दिव्यसिंह (१६९३ ई. १७२० ई.) का समसामयिक बताया है। इस ग्रन्थ की रचना रघुनाथ ने १७०२ ई. में की थी।

नाट्यमनोरमा के अन्त में रघुनाथ ने यह भी बताया है कि यह कृति उनकी **'सङ्गीतार्णवचन्द्रिका'** नामक बड़ी रचना का एक भाग है।

नाट्यमनोरमा के पाँच पादों में से चार में सङ्गीतशास्त्र के विषयों का विवेचन है। पंचम पाद में चतुर्विध वाद्यों के निरूपण के पश्चात् नृत्य-लक्षण, नृत्य के भेद, प्रेरणी, ताण्डव, लास्य आदि का लक्षण है। इसी प्रकरण में जाकड़ी नृत्य तथा काष्ठी नृत्य के

निरूपण के द्वारा आंचलिक अथवा परवर्ती परम्पराओं का भी समावेश ग्रन्थकार ने किया है। जाकड़ी नृत्य को तुरुष्क (तुर्कों) के जोड़े के द्वारा मदिरापान करके अपनी भाषा में गाये जाते हुए गीत के साथ किया जाने वाला नृत्य बताया गया है, जो ऊपर चर्चित जक्कड़ी नृत्य से तुलनीय है। शावरी, करङ्गी तथा मत्तावली भी इसी प्रकार के विभिन्न जनजातियों में प्रचलित नृत्य हैं।

रसरत्नहार : शिवरामत्रिपाठी

रसरत्नहार के कर्ता शिवरामत्रिपाठी का परिचय उपलब्ध नहीं है। यह ग्रन्थ **काव्यमाला** के छठे गुच्छक में प्रकाशित है। इसमें नायिकाभेद, नायकभेद, स्त्रियों के अलङ्कार (योषिदलङ्कार), सामग्री, कामावस्था, नवों रसों के लक्षण तथा रसदृष्टियों का परिगणन—इतने विषयों का विवेचन है।

गौडीय-भक्तिसम्प्रदाय के अन्तर्गत रचित ग्रन्थ

गौडीय-भक्ति-सम्प्रदाय ने रसास्वाद की भिन्न परिप्रेक्ष्य में व्याख्या प्रस्तुत की। इस धारा में भक्ति पर दार्शनिक और शास्त्रीय ग्रन्थ भी लिखे गये और काव्यशास्त्र तथा नाट्यशास्त्र से सम्बद्ध ग्रन्थों का भी प्रणयन हुआ। नाट्यशास्त्रविषयक इस परम्परा का उल्लेख ग्रन्थ **नाटकचन्द्रिका (नाचं.)** है, नायिकाभेद आदि विषयों की विशद चर्चा इस परम्परा के काव्यशास्त्रीय ग्रन्थों में प्राप्त होती है। इनमें रूपगोस्वामी का **उज्ज्वलनीलमणि (उनीम.)** प्रमुख ग्रन्थ है।

रूगो. के भतीजे जीवगोस्वामी ने **उनीम.** पर लोचनरोचनी नामक टीका लिखी थी। विश्वकर्ताचक्रवर्ती ने भी **उनीम.** पर आनन्दचन्द्रिका या उज्ज्वलनीलमणिकिरण नामक व्याख्या लिखी।

कवि कर्णपूर भी चैतन्य सम्प्रदाय के कवियों और आचार्यों में उल्लेखनीय हैं। इनका **चैतन्यचन्द्रोदय** नामक नाटक १५७६ ई. में लिखा गया था। इन्होंने काव्यशास्त्र पर **अलङ्कारकौस्तुभ** नामक ग्रन्थ लिखा इसमें दस किरणों में काव्यशास्त्र के समस्त विषय विवेचित हैं। पञ्चम किरण में रस भाव-विवेचन है। डॉ. एस.के.डे. ने इस ग्रन्थ पर रचित चार संस्कृत टीकाओं का उल्लेख किया है (हिस्ट्री ऑफ संस्कृत पोएटिक्स, डे, पृ. २५७)।

कविराजप्रणीत रसमकरन्द भी इस परम्परा का ग्रन्थ है। इसके रचयिता का देशकाल अज्ञात है, पर गौडीय काव्यशास्त्र से सम्बद्ध होने के कारण बंगाल से इनका सम्बन्ध हो सकता है। रूगो. से प्रेरित हो कर कविराज ने इस ग्रन्थ में शृङ्गाररस का भी भक्तिपरक विशद विवेचन किया है।

अन्य ग्रन्थ (बारहवीं से सत्रहवीं शताब्दी)

उक्त ग्रन्थों के अतिरिक्त कतिपय अन्य परवर्ती ग्रन्थों का उल्लेख श्री रामकृष्ण कवि ने किया है। इनमें से **भरतरत्नाकर हनुमत्संहिता** का ही अन्य नाम है। **भरतसङ्ग्रह** विद्याचक्रवर्ती के द्वारा रचित है। इसका समय १२८० ई. है। **भरतसारसङ्ग्रह** की रचना चिक्कदेवराय ने की। इसका रचनाकाल १७०० ई. के आसपास है। इसमें **हरिपालीरत्नाकर** के विषयों की ही पुनः प्रस्तुति है। इसी नाम से यह ग्रन्थ **(भरतसारसङ्ग्रह)** नरसिंहाचार्य ने तैयार किया। यह ग्रन्थ संस्कृत तथा तेलगु में अनुवाद के साथ लिखा गया है। इसका रचनाकाल १५५० ई. है। मुख्य रूप से इसमें आङ्गिक- अभिनय पर ही विचार है। इसी नाम से एक और ग्रन्थ जगज्ज्योतिर्मल्ल का लिखा हुआ है।

संर. के ही समान एक अन्य ग्रन्थ **सङ्गीतसुधाकर** है। इसके कर्ता श्री हरिपाल सौराष्ट्र प्रदेश के राजा थे। इनका समय ११७५ ई. के आसपास है। ग्रन्थ की अवतरणिका में हरिपाल ने लिखा है कि श्रीरंग में कावेरी के तट पर नाट्यविद्या का अभ्यास करने वाली स्त्रियों के शिक्षणार्थ यह ग्रन्थ रचा गया है। **सङ्गीतमकरन्द** के कर्ता नारद कहे गये हैं। इसी नाम से एक अन्य ग्रन्थ वेद के द्वारा रचित होने का भी उल्लेख है। नारदप्रणीत **सङ्गीतमकरन्द** में **संर.** के ही समान सात अध्याय हैं। रामकृष्ण कवि के अनुसार **शार्ङ्ग.** के किसी शिष्य ने उनके **संर.** का ही संक्षेप इस ग्रन्थ में नारद के नाम से कर दिया है। **संर.** तथा **सङ्गीतमकरन्द** में अनेक श्लोक समान हैं। अभिनव का नामोल्लेख होने से भी इसकी अर्वाचीनता प्रमाणित होती है।

दूसरा **सङ्गीतमकरन्द** शिवाजी के पोते शाहाजी के आश्रित वेद के द्वारा लिखा गया। इस ग्रन्थ में रूपकनृत्त, ध्वजतालनृत्त, आदि नये नृत्तप्रकारों का विवेचन है।

सङ्गीतमुक्तावली नाम से देवणभट्ट तथा देवेन्द्रभट्ट के द्वारा लिखे अलग-अलग ग्रन्थ मिलते हैं। पहले का समय १४०० ई. तथा दूसरे का १४५० ई. के लगभग है। देवेन्द्रभट्ट के ग्रन्थ में नृत्त के प्रकारों के विवेचन में नवीनता है। आङ्गिक अभिनय का विवेचन दोनों ग्रन्थों में है।

सङ्गीतसुधाकर नाम से दो ग्रन्थ मिलते हैं। एक के कर्ता सिंहभूपाल (सिंगभूपाल, शिंघभूपाल) माने गये हैं। यह ग्रन्थ **संर.** की व्याख्या है। दूसरे **सङ्गीतसुधाकर** के रचयिता हरिपाल हैं, जिनका ऊपर उल्लेख किया गया है। इस ग्रन्थ से **भरतार्णव** में उद्धरण दिये गये हैं, अतः इसकी रचना **भरतार्णव** के पहले हो चुकी थी।

सङ्गीतसारकलिका (मोक्षदेव, १३०० ई.), **सङ्गीतसारार्णव** (गौरीसूनु, १६०० ई.), **सङ्गीतसुधा** (तंजौर के राजा रघुनाथ, १६००-३० ई.), **सङ्गीतसूर्योदय** (लक्ष्मणाचार्य- कृष्णदेवराय के आश्रित, १५२० ई.) आदि इसी प्रकार के ग्रन्थ हैं, जिनमें नृत्य तथा अभिनय के विषय भी विवेचित हैं। **सङ्गीतसार** नाम से पाँच अलग-अलग ग्रन्थ हैं, जिनके कर्ता विद्यारण्य तथा अनूपसिंह हैं, शेष के कर्ता अज्ञात हैं।

साहित्यसार (सासा.)

सासा. के रचयिता सर्वेश्वराचार्य (सर्वे.) हैं। **साद.** की भाँति **सासा.** भी काव्यशास्त्र तथा नाट्यशास्त्र दोनों शास्त्रों का प्रतिपादन करने वाला ग्रन्थ है। इसका रचनाकाल अज्ञात है।

सर्वे. अनुमानतः केरल में दक्षिण त्रावणकोर के निवासी थे। इन्होंने **सासा.** के अतिरिक्त **षट्साहस्री** तथा **काव्यसार**—ये दो अन्य ग्रन्थ भी लिखे थे।

सासा. में ६२२ कारिकाएँ छह प्रकाशों में विभाजित हैं। १४ कारिकाएँ अप्राप्त होने से मुद्रित संस्करण में ६०८ कारिकाएँ ही मिलती हैं।

प्रथम प्रकाश में नाट्य-विषयक प्रकरण प्रमुखतया विवेचित है। इनमें प्रयोक्ता, प्रेक्षक तथा नाटक के लक्षण और **दशरूपक**-विचार के साथ-साथ प्रस्तावना, आमुख और स्थापना के लक्षण अलग-अलग दिये गये हैं। सन्धियों में अवान्तर सन्धियों का निर्देश भी सर्वे. ने किया है। द्वितीयप्रकाश में वृत्ति-विचार में कैशिकीवृत्ति के अन्तर्गत नर्म के भेदों का विशद विवेचन भी इन्होंने किया है। वस्तुतः सर्वे. के वृत्ति-विचार में नवीनता है।

काव्यलक्षण (३६ प्रकार के लक्षणों) का प्रतिपादन करने वाले परवर्ती आचार्यों में विरले सर्वेश्वर भी एक हैं। रंगमंचविषयक अनेक प्रकीर्णविषयों का प्रतिपादन भी इन्होंने किया है।

मन्दारमरन्दचम्पू : श्रीकृष्णकवि

श्रीकृष्णकवि का **मन्दारमरन्दचम्पू** (**ममच.**) भी **साद.** तथा **काव्यानुशासन** की भाँति काव्यशास्त्र तथा नाट्यशास्त्र दोनों का विवेचन करता है। नाट्यशास्त्र के प्रायोगिक पक्ष को इसमें नहीं लिया गया है।

श्रीकृष्ण कवि के कृष्णशर्मा तथा कृष्णावधूत—ये दो अन्य नाम भी मिलते हैं। इनका समय १८३५ से १६०६ ई. के बीच माना गया है।

ममच. का विभाजन ग्यारह बिन्दुओं में किया गया है। प्रथम बिन्दु में छन्दःशास्त्र या पिंगल का विवेचन है। द्वितीय में नायक वर्णन तथा तीसरे से पाँचवे तक की बिन्दुओं में शब्दालङ्कार और चित्रालङ्कार है। सप्तम बिन्दु में दशरूपक, इतिवृत्त, सन्धि, सन्ध्यङ्ग

आदि विवेचित हैं। सन्धि के छह प्रयोजन श्रीकृष्णकवि ने बताये हैं। इसके आगे के बिन्दुओं में वृत्ति, रस, भाव आदि विषयों का निरूपण है।

नाट्यशास्त्रसङ्ग्रह (नाशासं.)

नाशासं. अभिनयविषयक विभिन्न प्रकरणों पर मुख्यतः शार्ङ्ग के **संर.** तथा कुछ अन्य ग्रन्थों से प्रासंगिक अंशों का संकलन है। यह तंजौर में राजा प्रतापसिंह तथा सरफो जी के शासनकाल में १७५० ई. के आसपास तैयार किया गया। इन राजाओं के आश्रय में नृत्य और नाट्य के अनेक आचार्य रहे। इनमें से उटके गोविन्दाचार्य ने संस्कृत उद्धरणों के साथ मराठी अनुवाद भी देते हुए यह संकलन तैयार किया।

संर. के अतिरिक्त इस संग्रह में **भरता.**, **समु.**, **सङ्गीतमकरन्द** आदि ग्रन्थों से भी अंश संकलित है।

नञ्जराजयशोभूषण : नरहरि

नञ्जराज अठारहवीं शताब्दी में मैसूर के दरबार में अधिकारी थे। उनके आश्रित कवि नरहरि ने **प्ररु.** के अनुकरण पर **नञ्जराजयशोभूषण** लिखा। प्रधान रूप से यह काव्यशास्त्र का ग्रन्थ है, पर **साद.** और **प्ररु.** की भाँति दशरूपक-विवेचन तथा उससे सम्बद्ध विषय इसमें विवेचित हैं।

नाट्यशास्त्रविषयक आधुनिक संस्कृत ग्रन्थ

डॉ. रामजी उपाध्याय द्वारा विरचित **'नाट्यशास्त्रीयानुशासनम्'** (१९८४ ई.) में कतिपय नाट्यशास्त्रीय अवधारणाओं की आधुनिक नाटकों के सन्दर्भ में उपादेयता पर विचार किया गया है तथा कतिपय नवीन कोटियों की उद्भावना भी की गयी है। सन्ध्यङ्ग और सन्ध्यन्तर को पर्याय मानने के मत का डॉ. उपाध्याय ने खण्डन किया है। अभिनेय वस्तु वे पाँच प्रकार की बताते हैं—श्रव्यदृश्य, दृश्य, श्रव्य, ऊह्य तथा सूच्य। इनमें एक पात्र के द्वारा दूसरे पात्र के कान में कही जाने वाली बात, जो दर्शकों को सुनायी नहीं देती, ऊह्य की श्रेणी में रखी गयी है। रंगशीर्ष और रंगपीठ के माप पर भी इस ग्रन्थ में पुनर्विचार है। इसी तरह छाया पात्र से संवाद तथा छाया नाटक का विवेचन नया है।

डॉ. रेवाप्रसाद द्विवेदी का **नाट्यालङ्कारकारिका** नाट्यशास्त्र की शैली में लिखा गया शास्त्रीय ग्रन्थ है।

डॉ. राधावल्लभ त्रिपाठी की दो पुस्तकों **नाट्यमण्डपम्** तथा **भारतीयरङ्गसमुन्मेष** में क्रमशः भरतसम्मत तथा परवर्ती प्रेक्षागृहों पर और नाट्याभिनय की परम्परा पर सर्वेक्षण प्रस्तुत किया गया है।

इन सभी रचनाओं में नृत्य, संगीत और अभिनय के विषय में शास्त्रीय चर्चा नहीं है। अभिनय की दृष्टि से कथकलि को ध्यान में रख कर नटकलानिधि गोपीनाथ ने **अभिनयाङ्कुरम्** नामक संकलन ग्रन्थ का निर्माण किया (१९४६), जिसका विस्तृत संस्करण **अभिनयप्रकाशिका** के नाम से अंग्रेजी अनुवाद के साथ प्रकाशित हुआ (१९५७)। इस पुस्तक **में नाशा. अद. हस्तलक्षणदीपिका** आदि ग्रन्थों से संस्कृत उद्धरण संकलित कर के उनकी सचित्र व्याख्या की गया है।

नाशा. से मूलकारिकाओं का प्रकरणों के अनुसार संग्रह तथा अंग्रेजी अनुवाद गो. क.भाट ने **भरतनाट्यमञ्जरी** (१९७५) में किया है। भाट द्वारा ही संपादित **नाट्यमञ्जरीसौरभ** (१९८१) में नाशा. के अतिरिक्त अन्य शास्त्रीय ग्रन्थों से भी प्रकरणानुसार अंश संकलित करके उन्हें अंग्रेजी अनुवाद के साथ प्रस्तुत किया गया है।

७

पश्चिमी नाट्यचिन्तन तथा नाट्य-परम्परा

पश्चिम में नाट्यशास्त्र के समान कोई प्राचीन शास्त्रीय ग्रन्थ नहीं मिलता। नाट्य (रंगमंच तथा नाटक) के विषय में चिन्तन की परम्परा अवश्य योरोप में लगभग ढाई हजार वर्षों से चली आ रही है। इसका सूत्रपात ग्रीस में हुआ।

अरस्तू

अरस्तू के चिन्तन को ग्रीक देश की ही नहीं, समस्त योरोप की संस्कृति और चिन्तन-परम्पराओं का प्रेरणास्रोत माना जाता है। यूनानी भाषा में अरस्तू का वास्तविक नाम अरिस्तोतेलेस है। उनका जन्म ३८४ ई. पू. में स्तगिरा नगर में हुआ था। ३६८ ई. पू. में वे एथेंस आये और प्लेटो के प्रसिद्ध विद्यापीठ (एकेडेमी) में प्रवेश किया। बीस वर्ष तक वे ग्रीक देश के उस समय के धुरन्धर राजनीतिज्ञ और विचारक प्लेटो के सान्निध्य में रहे। इसी एकेडमी में अरस्तू ने स्वयं भी आगे चल कर कुछ समय तक अध्यापन किया। प्लेटो स्वयं उनकी प्रतिभा के प्रशंसक थे। अरस्तू ने प्लेटो की अनेक मान्यताओं का दृढ़ता से खण्डन किया। ३४३ ई.पू. में मेसेडोनिया के राजा फिलिप ने उन्हें अपने बेटे राजकुमार सिकन्दर का शिक्षक नियुक्त किया। ३३५ ई.पू. में उन्होंने एथेंस के निकट अपोलो में अपनी स्वतंत्र एकेडेमी बनायी, जिसमें ज्ञान-विज्ञान की विभिन्न शाखाओं का अध्ययन और उन पर चिन्तन होता था। ३२३ ई.पू. में बेबिलोन में सिकन्दर की मृत्यु हो जाने के पश्चात् अरस्तू को बड़ा कष्ट झेलना पड़ा और प्राणरक्षा के लिए उन्होंने एथेंस त्याग दिया। इसके एक वर्ष बाद खलकिस नगरी में उनकी मृत्यु हुई।

अरस्तू ने विभिन्न विषयों पर अनेक ग्रन्थों की रचना की। वक्तृत्वकला पर **'तेखनेस रितोरिकेस'** तथा साहित्यशास्त्र और नाटक पर **'पेरिपोइतिकेस'** नामक उनके दो ग्रन्थ हैं। अरस्तू मानते थे कि कलाकृति में सर्जक यथार्थ जगत् का अनुकरण करता है, जिससे दूसरों को सार्वभौम आनन्द प्राप्त होता है। यह आनन्द ज्ञानार्जन के कारण होता है। अनुकरण के अतिरिक्त सामञ्जस्य तथा लय की भी प्रवृत्ति कलासृष्टि के मूल में रहती है।

नाटक को अरस्तू ने दो कोटियों में बाँटा है—त्रासदी और कामदी। कामदी निम्नतर कोटि के पात्रों का अनुकरण है, महाकाव्य तथा त्रासदी में उच्चतर कोटि के पात्रों का।

कथानक, चरित्रचित्रण, पदरचना, विचारतत्त्व, दृश्यविधान तथा गीत को अरस्तू ने त्रासदी के सौष्ठवनिर्धारक अंगों में परिगणित किया है। अरस्तू नाटक में अन्वितित्रय को भी अपेक्षित मानते हैं। इसके साथ ही वे त्रासदी में 'अद्‌भुत तत्व' की आवश्यकता पर भी जोर देते हैं।

नाट्यानुभूति को अरस्तू ने विरेचन के सिद्धान्त के द्वारा समझाया है। त्रासदी को देखने से करुणा और त्रास के अनुभव से भावक गुजरता है, जिससे आत्मा विशद और प्रसन्न हो जाती है।

होरेस

होरेस का समय पहली शताब्दी ई.पू. है। ३० ई.पू. के बीच वे लेटिन भाषा के कवि तथा विद्वान् के रूप में ख्याति प्राप्त कर चुके थे। 'आर्स पौएतिका' उनका काव्यशास्त्र विषयक ग्रन्थ है।

नाटक पर विचार करते हुए होरेस ने त्रासदी तथा कामदी में भाषा के स्तर का भेद माना है। साथ ही कामदी में प्रयुक्त छन्द त्रासदी के छन्द नहीं हो सकते—यह भी वे मानते हैं। अपवादस्वरूप होरेस यह भी मानते हैं कि कहीं-कहीं कामदी में भी उदात्त और उत्तम काव्यगुण से युक्त भाषा का प्रयोग हो सकता है और कभी-कभी त्रासदी में भी सफलतापूर्वक साधारण बोलचाल की भाषा से गहन मनोभावों को अभिव्यक्ति मिल सकती है।

अभिनेताओं को सीख देते हुए वे कहते हैं कि मूल पात्र की भावनाओं या आन्तरिक जगत् में पैठ कर उन्हें अभिनय करना चाहिए। 'यदि तुम मुझे रुलाना चाहते हो, तो तुम्हें स्वयं अपने भीतर सन्ताप का अनुभव करना होगा।'

होरेस ने अरस्तू के ही समान त्रासदी में विषयवस्तु की गम्भीरता पर बल दिया है। अभिनेताओं तथा नाटककारों को सलाह देते हुए वे कहते हैं कि "किसी अज्ञात तथा अछूते विषय के बजाय, इलियड का नाट्यरूपान्तर प्रस्तुत करना कहीं अधिक बुद्धिमानी का कार्य है। मैं चाहूँगा कि किसी परिचित विषय को लेकर ऐसी सुन्दर कविता लिखी जाय कि कोई भी उसे देखकर उसके अनुकरण के लिए लालायित हो उठे, परन्तु सारे प्रयत्नों के बावजूद वह उसका अनुकरण न कर पाये।"

बेन जॉनसन

बेन जानसन का समय १५७३ ई. से १६३७ ई. तक है। वे इंग्लैंड में नव्यक्लेसिकल आन्दोलन के प्रवक्ता बने। उन्होंने अपने नाटकों में ग्रीक नाटकों की संरचना का अनुसरण किया और प्राचीन साहित्य के अनुशासन को सिद्धान्ततः वरेण्य माना।

ड्राइडन

ड्राइडन अंग्रेजी के प्रसिद्ध कवि, नाटककार, व्यंग्यकार तथा आलोचक थे। इनका समय सन् १६१० ई. से १७०० ई. तक है। विभिन्न विषयों पर आलोचनात्मक टिप्पणियों के साथ उन्होंने रंगमंच तथा वीरनाटक के विषय में गम्भीर विवेचन भी किया है। **एसे ऑफ ड्रामेटिक पोएट्री** में उन्होंने नाट्यकाव्य की अवधारणा पर प्रकाश डाला है। ड्राइडन ने अरस्तू के अन्वितित्रय के सिद्धान्त की समीक्षा की तथा समकालीन नाटकों में उसके उल्लंघन का विश्लेषण किया। इसके साथ ही उन्होंने रोमेंटिक नाटक के पक्ष में अपना मन्तव्य दिया और त्रासदी तथा कामदी के भेद को स्वीकार करते हुए भी दोनों के सम्मिलित रूप (ट्रेजीडी-कामेडी) के नये प्रभेद का भी प्रतिपादन किया।

गोइथे

गोइथे जर्मन भाषा के महान् कवि तथा नाटककार हैं। उनका समय १७४६ ई. से १८३२ ई. तक है। वे नाटककार होने के साथ-साथ रंगकर्मी तथा नाट्यविचारक भी थे। वे वाइमार में ड्यूक चार्ल्स आगस्त की निजी नाट्यशाला के निर्देशक रहे। उन्होंने जर्मन अभिनेताओं के लिये अभिनयविषयक नियम बनाये, जो मंच पर गतिप्रचार, कलात्मक मुखमुद्रा (जेस्चर) तथा अभिनेताओं के आचरण से सम्बद्ध हैं। ये नियम नाट्यशास्त्र की भरत की परम्परा से कुछ साम्य रखते हैं, पर नाट्यशास्त्र में सात्त्विक अभिनय को सर्वोपरि रखा गया है। गोइथे के नियमों की कड़ी पाबन्दी में अभिनेता की रचनात्मकता तथा सात्त्विक अभिनय के लिये अवकाश न रहा और उसके नाटकों की प्रस्तुतियों में अभिनय निष्प्राण तथा कृत्रिम होता गया।

नाट्यनिर्देशक के रूप में गोइथे ने अरस्तू के काव्यशास्त्र का परिशिष्ट तैयार किया। अरस्तू के विरेचन सिद्धान्त को विस्तार देते हुए उसने कहा कि त्रासदी की परिणति भावों के सन्तुलन और सामंजस्य में होनी चाहिए। यद्यपि प्रत्येक काव्य विधा की परिणति में यही सन्तुलन तथा सामंजस्य है, पर त्रासदी में वह मनुष्य के उत्सर्ग के द्वारा सम्पन्न होता है। गोइथे के अनुसार त्रासदी में नायक अपराध करता है, पर उससे निस्तार पा कर वह देवोपम हो जाता है। इसीलिए वे कोलोनस के 'ईदिपस' को उदात्त विरेचन' का सर्वश्रेष्ठ उदाहरण मानते हैं, क्योंकि इसमें नायक अपनी प्रकृति पर आसुरी

दबाव के कारण, अपने चरित्र की विषादमूलक तीक्ष्णता और उसके साथ ही (उसकी) महत्ता के कारण तथा अपने दृढ़ कार्यकलाप के कारण अपने आप को चिर अज्ञेय, अपरिवर्तनशील शक्तियों के सहारे छोड़ देता है, अपने साथ अपने परिवार को भी अगाध अप्रतिकार्य विपदा के गर्त में गिराता है, तथापि अन्त में प्रायश्चित्त और प्रतिकार के पश्चात् दिक्पाल के रूप में देवताओं की श्रेणी में आ जाता है तथा विशेष यज्ञोपचार से सम्मानित होता है" (**पाश्चात्त्य काव्यशास्त्र की परम्परा;** सावित्री सिन्हा, पृ. १३१)।

गोइथे के अनुसार सभी कलाएँ नैतिकता तथा शुचिता की भावना उत्पन्न करने में योग देती हैं, पर यह योग अप्रत्यक्ष तथा आनुषंगिक होता है (वही, पृ. १३२)।

कोलेरिज

सेम्युएल टेलर कोलेरिज (१७७२-१८३४ ई.) अंग्रेजी के कवि, समीक्षक और दार्शनिक के रूप में जाने जाते हैं। इन्होंने कई पद्य नाटक भी लिखे। शेक्सपीयर के नाटकों पर इनकी समीक्षाएँ प्रसिद्ध हैं। काव्यास्वाद या नाट्यानुभूति के दार्शनिक विवेचन के लिए ये विशेष रूप से स्मरणीय हैं। नाट्यानुभूति को इन्होंने "अविश्वास का स्वैच्छिक स्थगन" *(Willing Suspension of Disbelief)* कहा। परवर्ती नाट्यचिन्तकों में जे.बी. प्रीस्टले (आगे देखें) पर इनका स्पष्ट प्रभाव है।

हैजलिट

विलियम हैजलिट (१७७८-१८३० ई.) अंग्रेजी के निबन्धकारों तथा समीक्षकों में ख्यातिप्राप्त हैं। नाटकों की समीक्षा के क्षेत्र में इनका प्रवर्तक कार्य रहा है। १८१३ से १८१८ ई. के बीच इंग्लैंड में हुई रंगमंच की गतिविधियों पर उनकी विभिन्न समाचारपत्रों आदि में प्रकाशित टिप्पणियों और लेखों का संग्रह (A View of English Stage) के नाम से १८१८ ई. में पुस्तकाकार छपा।

हैजलिट ने शैक्सपियर या पूर्ववर्ती महान् नाटककारों की कालजयी रचनाओं के सन्दर्भ में समकालीन नाट्यकृतियों की दुर्बलताओं पर विचार किया। महान् रचनाओं के प्रति सराहना के अतिरेक में उन्होंने यहाँ तक कह डाला कि वे अभिनीत होते हुए नाटक के स्थान पर लिखे हुए नाटक को पढ़ना अधिक पसन्द करते हैं। फिर भी अपने निबन्ध (On Actars and Acting) में हैजलिट ने अभिनय तथा रंगमंच के प्रति उनकी निष्ठा और संलग्नता प्रकट की है। उनका कहना है–'समाज और ऐसा कोई वर्ग नहीं, जिसे बहुसंख्य लोगों का इतना स्नेह मिलता हो, जितना अभिनेता को। हम उनका रंगमंच पर स्वागत करते हैं, उनसे सड़कों पर मिलना चाहते हैं। वे हमें सदैव सुखद साहचर्य का ही स्मरण कराते हैं और हम उनके प्रति कृतज्ञता का अनुभव करते है।' (**ऑक्सफोर्ड कम्पेनियन टु थियेटर,** पृ. ३५६)।

इब्सन

हेनरिक जॉन इब्सन (१८२८-१९०६ ई.) नार्वे देश के निवासी थे। कवि तथा नाटककार के रूप में विश्वसाहित्य में इनका अमिट स्थान है। विशेष रूप से बीसवीं शताब्दी के रंगमंच पर इब्सन की छाप बहुत गहरी रही है। आरम्भिक दौर में इन्होंने मध्ययुगीन कथाओं पर रोमांटिक नाटक लिखे। केटेलिना (१८५० ई.) इस दौर का पहला नाटक था। यह दौर १८६७ ई. तक चला। इस अवधि में इब्सन ने नाटकों में पद्य का प्रयोग खूब किया। इस अवधि के उनके प्रमुख नाटकों की संख्या आठ है। अपने साहित्यिक जीवन के दूसरे दौर में इब्सन की यथार्थ की अवधारणा परिपक्व होती गयी। (The Pillars of Society) **ए डोल्स हाउस, एन इनेमी ऑफ दि पीपुल** तथा **दि घोस्ट्स** जैसे बहुचर्चित तथा विश्व के अनेक देशों में विभिन्न भाषाओं में खेले जाने वाले नाटक इस दौर में इब्सन ने लिखे। अपनी नाट्ययात्रा के आखिरी दौर में इब्सन ने प्रतीकात्मकता का उपयोग किया तथा व्यक्ति और समाज के अन्तःसम्बन्धों और मनुष्य के अन्तर्जगत् की गहरी पड़ताल की। **हेडा गेबलर** (१८९०) तथा **दि मास्टर बिल्डर** (१८९१-९२) इस दौर की उनकी प्रमुख रचनाएँ हैं।

आधुनिक रंगमंच पर यथार्थवाद को अनुभव की गहनता से सम्पन्न बनाने में इब्सन का योगदान अविस्मरणीय है।

मैथ्यू अर्नाल्ड

मैथ्यू अर्नाल्ड मूलतः अंग्रेजी कवि के रूप में जाने जाते हैं तथा साहित्य-समीक्षा के क्षेत्र में इनका योगदान सुविदित है। १८८० ई. के आसपास इन्होंने रंगमंच के लिए राजकीय प्रश्रय और प्रोत्साहन दिलाने हेतु संघर्ष किया। **इम्पेडोकल्स ऑन एटना** (१८५२) तथा **मेरोप** (१८५८) इनके दो काव्यनाटक हैं। नाट्यरचना तथा नाट्यसमीक्षा दोनों में अर्नाल्ड प्राचीन कालजयी नाट्यपरम्परा के अनुयायी थे। इनके नाटकों में अभिनेयता कम और पाठ्यतत्त्व अधिक है, पर इन्होंने रंगमंच और नाटक की सांस्कृतिक भूमिका पर बहस और सकारात्मक चर्चा उठायी। १८८२ में **दि फ्रेंच प्ले इन लण्डन** शीर्षक से इनका विस्तृत निबन्ध प्रकाशित हुआ। कुछ समय तक ये **पाल मेल गजट** में नाट्यसमीक्षक भी रहे।

जॉर्ज बर्नार्ड शॉ

जॉर्ज बर्नार्ड शॉ (१८५६-१९५० ई.) नाटककार, समीक्षक और विचारक के रूप में चर्चित हैं। जीविका के लिए विभिन्न पदों पर कार्य करते हुए अन्ततः ये संगीत-समीक्षक और फिर नाट्यसमीक्षक के रूप में प्रतिष्ठित हुए। १८९६-९८ में इन्होंने **सटरडे रिव्यू** के लिए नाटकों पर समीक्षाएँ भेजने का कार्य किया। इस अवधि में प्रकाशित उनकी

समीक्षाएँ या निबन्ध बाद में **आवर थियेटर्स इन नाइन्टीज** के नाम से पुस्तकाकार रूप में प्रकाशित हुए। इन्हें रंगमंचविषयक लेखन के क्षेत्र में शॉ का महत्त्वपूर्ण योगदान माना जाता है।

शॉ राजनीतिक विषयों पर लेखन तथा वक्तृता के लिए चर्चित रहे। रंगमंच का उपयोग भी उन्होंने अपने राजनीतिक दृष्टिकोण या विचारों के प्रचार के लिए करना प्रारम्भ किया। इब्सन के नाटक अंग्रेजी में अनूदित होकर उनके समय चर्चित हो रहे थे। शॉ ने इब्सन की कृतियों से शिष्य की भाँति प्रेरणा और प्रभाव ग्रहण किया। १८८५ ई. से उन्होंने नाटककार के रूप में रंगमंच पर प्रवेश किया। सामाजिक विसंगतियों तथा पाखंड के उद्‌घाटन और उन्मूलन के लिए रंगमंच तथा नाटक को कारगर माध्यम बनाने की दृष्टि से शॉ समकालीन नाटककारों में बेजोड़ हैं। **आर्म्स एण्ड दि मैन** उनकी (१८९४) नाट्यरचनायात्रा के आरम्भिक दौर की महत्त्वपूर्ण कृति थी, तो **मेन एण्ड दि सुपरमैन** (१९०३), **बैक टु मैथसेलाह** (१९२१) आदि कृतियों में उनका वैचारिक दर्शन प्रतिफलित हुआ।

शॉ ने अपने नाटकों के मुद्रण पर विशेष ध्यान दिया, मुद्रित नाटकों के साथ लम्बी भूमिकाएँ अपनी ओर से लिखीं तथा नाटकों में विशद रंग-संकेत इस प्रकार दिये, जिससे पढ़ते समय पाठक उनके दृश्यों का साक्षात्कार करते चलें।

रंगमंच तथा नाटक के सम्बन्ध में शॉ की मीमांसा के लिये उनकी पुस्तक **दि क्विटेसेंस ऑफ इब्सनियनिज्म** भी उल्लेख्य है।

ओटो ब्राम (१८५६-१९१२ ई.)

ओटो ब्राम एक जर्मन समीक्षक थे, जिनकी नाटक तथा रंगमंच में गहरी रुचि थी। इन्होंने नाट्यविषयक गतिविधियों को सुसंगठित करने का कार्य किया और १८८९ ई. में एण्टोइन के कार्य से प्रेरित हो कर समीक्षा की एक पत्रिका तथा एक मण्डली की स्थापना की। वे स्वभाववादी रंगमंच को और सम्पन्न बनाते हुए अपनी प्रस्तुतियों का आयोजन करते रहे। स्तानिस्लाव्स्की का असर भी उनकी प्रस्तुतियों पर था।

डेविड बेलास्को (१८५९-१९३१ ई.)

डेविड बेलास्को अमेरिका के अभिनेताओं में स्मरणीय हैं तथा नाटककार और नाट्यप्रबन्धक के रूप में भी कार्यरत रहे हैं। इनके पिता भी रंगकर्मी थे। बचपन से ही बेलास्को ने रंगमंच पर कार्य करना आरम्भ किया। बाद में इन्होंने सेन फ्रांसिस्को थियेटर में रह कर अपने समय के श्रेष्ठ अभिनेताओं का सहयोग किया। इन्होंने अनेक उपन्यासों, कहानियों तथा काव्यों के नाट्यरूपान्तर भी तैयार किये तथा अनेक नाट्यमण्डलियों के प्रबन्ध का कार्य भी किया। इस दौरान **पैशन प्लेज** तथा **मेलो ड्रामा** की प्रस्तुतियों में रंग

सज्जा के अनेक प्रयोग इन्होंने किये। इनका अविस्मरणीय कार्य न्यूयार्क पहुँचकर **सैंसेशन ड्रामा** के प्रवर्तन का है। बेलास्को ने अपनी अनेक प्रस्तुतियों को लेकर अमेरिका और इंग्लैंड में कई प्रदर्शन किये। ये प्रस्तुतियाँ स्थूल यथार्थवाद के कारण आरम्भ में बहुत आकर्षित करतीं थीं तथा सज्जा के चमत्कार के द्वारा बेलास्को के साथ काम करने वाले कुछ अभिनेताओं ने रातों-रात अपार ख्याति और लोकप्रियता अर्जित की। **गवर्नर्स लेडी** नामक नाटक की प्रस्तुति में बेलास्को ने मंच पर एक रेस्टोरेंट का हू बहू दृश्य खड़ा कर दिया। १६२२ ई. में **मर्चेण्ट ऑफ वेनिस** की प्रस्तुति तथा उसमें शाइलाक की भूमिका इनका अमेरिकी रंगमंच को सबसे बड़ा योगदान माना गया।

बेलास्को ने रंगमंच के उपकरणों का भारी संग्रह किया, जो अब न्यूयार्क पब्लिक लाइब्रेरी में सुरक्षित है (**ऑक्सफोर्ड कम्पेनियन टू थियेटर,** पृ. ६०-७०)।

मैक्स रीनहार्ट (१८७३-१६४३ ई.)

मैक्स रीनहार्ट ओटो ब्राम के शिष्य थे। इनकी जन्मभूमि तथा कर्मभूमि ऑस्ट्रिया रहा। १८६३ ई० में साल्जबर्ग में रंगमंच पर अभिनेता के रूप में ये अवतरित हुए, उसके पश्चात् जर्मनी आ कर ओटो ब्राम के साथ कार्यरत रहे। १६०३ ई० से अभिनेता के रूप में कार्य करना बन्द करके इन्होंने अपना सारा ध्यान नाट्य-प्रस्तुतियों के आयोजन पर लगाया। बीसवीं शताब्दी के सबसे महान् नाट्यनिर्माताओं में इनकी गणना होती है। इन्होंने रंगमंच पर नवीन यान्त्रिक साधनों और पद्धतियों का उपयोग आरम्भ किया। प्रकाश व्यवस्था में आधुनिक तकनीकों का सहारा ले कर क्रान्तिकारी परिवर्तन किये। रंगमंच की प्रविधियों, संगीत, नृत्य और अभिनय के संयोजन की कुशलता के द्वारा उन्होंने अपनी नाट्यप्रस्तुतियों को साहित्य के अनुशासन या बन्धन से मुक्त कर के बीसवीं सदी के रंगमंच का नया उपक्रम किया। रीनहार्ट ने अपनी दृष्टि और कल्पनाशीलता के द्वारा न केवल तकनीक का सही उपयोग किया, अपितु उन्होंने रंगमंच तथा नाट्यशाला के स्थापत्य में भी दूरगामी महत्त्व के परिवर्तन किये। रंगमंच को दर्शकों के बीच अवस्थित करते हुए दर्शक और अभिनेता के बीच की खाई को उन्होंने पाटने का कार्य किया। उन्होंने रंगशाला के स्थापत्य को अभिनय की अपेक्षाओं से इस तरह जोड़ा कि आवश्यकतानुसार अभिनेता को बौना या बहुत ऊँचा दिखाया जा सके। अभिनयपद्धति में लय तथा समूहदृश्यों के संयोजन के द्वारा दर्शकों को नाटक के पर्यावरण की गहराई से जोड़ देते थे। इनकी ग्रीक त्रासदियों तथा शेक्सपीयर के नाटकों की प्रस्तुतियों को विश्वस्तर पर ख्याति मिली और अनेक देशों में उनकी प्रस्तुतियाँ इनके द्वारा दी गयीं। इन्होंने नाट्यनिर्माण के प्रशिक्षण के लिए भी संस्था बनाई।

रीनहार्ट की प्रस्तुतियों में लोकप्रियता और चमत्कार के कारण भव्यता और उदात्तता से स्खलित होकर छिछोरेपन का खतरा भी बना रहा, जिसके कारण उनकी

आलोचना भी की गयी। पर उनकी उपलब्धि यह मानी जानी चाहिए कि बड़े पैमाने पर टीमटाम के साथ आयोजित अपनी भव्य प्रस्तुतियों के साथ-साथ वे चुनिंदा सहृदयों के लिए सीमित स्तर पर होने वाली प्रस्तुतियों में भी सहकर्मी रहे।

रीनहार्ट की प्रस्तुतियों ने स्वभाववाद तथा भाववाद के द्वैध को मिटाने का कार्य भी किया। उन्होंने नाटक के पर्यावरण में दर्शकों को शामिल किया तथा रंगमंच और प्रेक्षागार को एक ही दिक्काल पर स्थापित करने की पद्धति भी शुरू की। उन्होंने रंगमंच पर अभिव्यंजनावाद तथा तथ्यात्मकता दोनों का समन्वय किया। क्रेग के रंगमंच के ही समान इनकी प्रस्तुतियों में भी नाट्यप्रस्तोता की ओर से दर्शकों से संवाद स्थापित करने के लिए रची गयी विशिष्ट पद्धतियों के प्रयोग के कारण अभिनेता का स्थान गौण होता गया। नाट्यप्रस्तोता की विशेषज्ञता के हावी होने का दोष भी रीनहार्ट के प्रयोगों में देखा जा सकता है। फिर भी उनके प्रयोग आज तक विश्व के रंगमंच पर दोहराये जाते रहे हैं। स्थापत्य की दृष्टि से रीनहार्ट ने रंगमंच को बाहर निकली जिह्वा की तरह दर्शकों के मध्य में ले जाने का प्रयोग किया। अभिनय के स्तर पर उन्होंने अभिनेताओं को दर्शकों के बीच में बिठाकर कुछ दृश्यों की प्रस्तुति की। **ईदिपस रैक्स** की अपनी प्रस्तुति में उन्होंने अभिनेताओं का प्रवेश दर्शकों के बीच से कराया और **दि मिराकल** की प्रस्तुति में तो नाट्यशाला के एक भाग को उन्होंने गिरजाघर की तरह बनवा दिया, जिससे दर्शकों को गिरजाघर में बैठ कर प्रार्थना या प्रवचन में शिरकत करने का भ्रम हो सके। रीनहार्ट की पद्धति दर्शकों के भीतर नाटक के दिक्काल का भ्रम बिठाने और भ्रम की दुनिया में उन्हें रमाये रखने की थी।

स्तानिस्लाव्स्की

आधुनिक रंगमंच पर प्रतिभाशाली निर्देशकों तथा नाट्यचिन्तकों में स्तानिस्लाव्स्की एक जाना पहचाना नाम है। १८६३ ई. में इनका जन्म हुआ। १८९७ ई. में मास्को आर्ट थियेटर की स्थापना में इनका योग रहा। इस थियेटर की पहली प्रस्तुति ताल्सटाय-कृत 'इवान इवानोविच' स्तानिस्लाव्स्की के निर्देशन में ही खेली गयी। शेक्सपीयर, चेखव, इब्सन, गोर्की आदि प्रसिद्ध नाटककारों के नाटक उन्होंने प्रस्तुत कराये तथा अनेक नाटकों में महत्त्वपूर्ण भूमिकाएँ भी निभायीं। १९३८ ई. में उनका निधन हुआ।

स्तानिस्लाव्स्की के रंगमंच तथा नाटक से सम्बद्ध विचार उनकी पुस्तकों **माइ लाइफ इन आर्ट** (अमरीकी सं., १९२४ ई.) तथा **एन एक्टर प्रिपेयर्स** (अमरीकी सं., १९३६ ई.) में संगृहीत हैं। उनके द्वारा प्रतिपादित तथा व्यवहृत रंगमंचीय प्रविधियों को संक्षेप में **सिस्टम** कहा जाता रहा है। सिस्टम अभिनेताओं के लिए व्यहारोपयोगी शास्त्र है और इस अर्थ में वह भरतमुनि के **नाशा.** के निकट है।

भरत की भाँति स्तानिस्लाव्स्की भी अभिनेता को अपने रंगमंचीय-प्रस्थान के केन्द्र में रखते हैं (**स्तानिस्लाव्स्की : एन इंट्रोडक्शन,** पृ. ३५)। अभिनय में नेत्रों से भावाभिव्यक्ति पर इन्होंने जोर दिया (वही, पृ. ४१)।

रोजमर्रा के जीवन का यथावत् अनुकरण स्ता. ने रंगमंच के लिए उचित नहीं माना। भरत की नाट्यधर्मी की अवधारणा के समान ही वे भी रंगमंचीय रूढ़ियों और रंगमंच के अपने व्याकरण की अनिवार्यता की बात कहते हैं (वही, पृ. ३४, **कलेक्टेड वर्क्स ऑफ स्तानिस्लाव्स्की,** भाग-१, पृ. ३६६-७०)।

भरत के परकायप्रवेश या परभावानुकरण के सिद्धान्त के अनुरूप की स्ता. के प्रस्थान में यह स्वीकार किया गया है कि अभिनेता को अपनी भूमिका में प्रवेश करना होता है।

स्ता. ने स्वभाववाद का खण्डन करते हुए यथार्थवाद को अंगीकार किया। भौतिक जगत् का हू-बहू अनुकरण इन्होंने अभिनेता के लिए अच्छा नहीं माना। उनके यथार्थवाद को 'आन्तरिक यथार्थवाद' (इनर रियलिज्म) भी कहा जाता है, क्योंकि वे यथार्थ के निरूपण के द्वारा पात्र के अन्तर्लोक और नाट्य की भावभूमि में गहराई तक प्रेक्षक को उतारना चाहते हैं।

स्तानिस्लाव्स्की के प्रस्थान, जिसे 'मेथड' कहा जाता रहा है, का उद्देश्य अभिनेता को रंगमंच के सत्य की उपलब्धि कराना है। इसमें वह रूढियों और शैलियों के परिचय के द्वारा अपने देह और मन का उपयोग अधिक सतर्क और एकाग्र होकर कर सकता है। फिर भी स्तानिस्लाव्स्की अपने प्रस्थान को किन्हीं स्थिर नियमों से परिचालित नहीं मानते, प्रस्थान अपने आप में गत्यात्मक और परिवर्तनशील हैं।

भरत या भारतीय नाट्यचिन्तकों के ही समान स्तानिस्लाव्स्की रंगमंच को एक साधना और तप मानते हैं। इसके लिए अभिनेता को उत्सर्ग करना पड़ता है। उत्सर्ग तथा विसर्जन की अभिव्यक्ति हृदय की शुचिता तथा सौन्दर्य में तथा विचारों के तप में होती है। (**स्तानिस्लाव्स्की ऑन दि आर्ट ऑफ स्टेज,** पृ. ११०)।

भरत की ही भाँति स्तानिस्लाव्स्की ने दैहिक चेष्टाओं या देहव्यापारों के माध्यम से चित्त या मनःस्थिति की अभिव्यक्ति की प्रक्रिया को स्वीकार किया है। कुछ अभिनेताओं में सहज रूप से दैहिक चेष्टाओं या बाह्य व्यापारों के प्रति सचेत हुए बिना ही अपनी भूमिका का अन्तरंग अनुभव करने की क्षमता होती है। पर यह सहज स्फूर्त क्षमता, जिसे भारतीय परम्परा ने प्रतिभा कहा है, सर्वदा जाग्रत नहीं रहती। स्तानिस्लाव्स्की ने अभिनेता की प्रतिभा को जाग्रत करने के लिए एक प्रक्रिया की खोज की। इस प्रक्रिया में अभिनेता अपनी भूमिका को रचता है।

जैक्स कोप्यू

जैक्स कोप्यू का समय १८७८ ई. से १९४९ ई. है। ये फ्रांस के अभिनेता तथा नाट्यनिर्माता थे। इनके काम का भी योरोप तथा अमेरिका के रंगमंच पर प्रभाव रहा है। ये यथार्थवादी रंगमंच के आलोचक थे तथा एण्टाइन के काम और मन्तव्यों में इनकी रुचि थी। रंगमंच के लिए सुनिर्धारित नाट्यालेख की अपरिहार्यता का भी इन्होंने विरोध किया। फ्रांस के सुप्रसिद्ध साहित्यकार आन्द्रे जीद के साथ मिलकर इन्होंने अपनी नाट्यसंस्था खड़ी की। फ्रांसीसी रंगमंच पर सौन्दर्य, सत्य और कवित्व की अवतारणा करने का इनका संकल्प था। रंगसज्जा में कोप्यू ने काफी सुधार किया, उसकी यथार्थवादी जटिलता को कम करके उसे सहज तथा प्रतीकात्मक बनाया। इन्होंने बाद में निर्देशन के कार्य से संन्यास लेकर युवा अभिनेताओं के प्रशिक्षण पर ही सारा ध्यान लगा दिया। कोप्यू ने रंगमंच विषयक अनेक लेख तथा पुस्तकें भी प्रकाशित की हैं।

तैरोफ

तैरोफ का जन्म १८८५ ई. में हुआ। रूस से नाट्यनिर्माताओं में इनकी गणना होती है। स्तानिस्लाव्स्की के मास्को आर्ट थियेटर में ये सहयोगी रहे। इन्होंने रंगमंच पर प्रकृतवाद का विरोध किया और क्रेग के समान ही अभिनेताओं को गौण बनाते हुए नाट्यनिर्माता की परिकल्पना तथा रंगमंच के विभिन्न उपादानों के समन्वय को अधिक महत्त्व दिया। अपने रंगमंच को उन्होंने 'समन्वित रंगमंच' (सिन्थेटिक थियेटर) की संज्ञा दी। तैरोफ का अपना रंगस्थान 'कामेर्नी थियेटर' अक्टोबर की क्रान्ति के बाद बहुत अधिक चल नहीं सका। उनकी उपस्थापनाएँ तथा प्रस्तुतियाँ आम दर्शकों तक सम्प्रेषित नहीं हो पायीं। उनके रंगसंस्थान को अन्ततः एक समिति ने अपने अधिकार में ले लिया, जिसके निर्देशानुसार तैरोफ अपने आप को यथार्थवाद में प्रशिक्षित करते रहे। बाद में उन्होंने रंगमंच विषयक अपनी अवधारणाओं और यथार्थवाद—दोनों का समन्वय कर के नया रंगदर्शन भी प्रस्तुत किया। रूस में पश्चिमी नाटकों की प्रस्तुति का वातायन खुला रखने के लिए तैरोफ को याद किया जाता है।

एडवर्ड गोर्डन क्रेग

एडवर्ड गोर्डन क्रेग का जन्म १८७२ ई. में हुआ। उनका परिवार रंगकर्मियों का प्रतिष्ठित परिवार था। उनकी माता एलन टेरी, पिता ई. डब्ल्यू गोडविन और बहिन एडिथ क्रेग—सभी अभिनय और नाट्यप्रस्तुतियों में यश पा चुके थे। गोर्डन क्रेग ने बचपन से ही अभिनय करना आरम्भ किया और बाद में अनेक नाटकों की रंगसज्जा के लिए भी प्रसिद्धि प्राप्त की। प्रकाशव्यवस्था के चमत्कार तथा कोहरे का दृश्य निर्मित करने में इनकी दक्षता सराही गयी। मास्को आर्ट थियेटर के लिए १९१२ ई. में **हैमलेट** की प्रस्तुति इन्होंने

कराई थी। १६०८ ई. से ये फ्लोरेंस में बस गये और वहाँ से 'दि मास्क' नामक रंगमंच की पत्रिका निकाली तथा इसके साथ ही अभिनय के प्रशिक्षण के लिए एक विद्यालय भी चलाते रहे।

क्रेग रंगमंचविषयक अपने नये चिन्तन से समकालीन नाट्यविश्व को लगातार स्फूर्त करते रहे। उनके विचार **'दि आर्ट ऑफ थियेटर'** (१६०५ ई.), **आन दि आर्ट ऑफ थियेटर** (१६११ ई.), **टुवर्ड्स ए न्यू थियेटर** (१६१३ ई.), **दि मेरियोनेट** (१६१८ ई.), **दि थियेटर एड्वांसिंग** (१६२१ ई.), **बुक्स एण्ड थियेटर** (१६२३ ई.) आदि पुस्तकों में मिलते हैं।

अभिनेता को रंगपरिकल्पना करने वाले निर्देशक के आगे कठपुतली भर बना देने के कारण क्रेग के मन्तव्यों की कड़ी आलोचना भी हुई। फिर भी जर्मनी और अमेरिका के रंगमंच पर उनके काम और उससे अधिक उनके विचारों तथा नाट्यचिन्तन का असर पड़ा।

स्तानिस्लाव्स्की के समकालीन महान् निर्देशकों में गोर्डन क्रेग का नाम उल्लेखनीय है। अभिनय, रंगसज्जा तथा निर्देशन के विषय में इनका चिन्तन स्तानिस्लाव्स्की के समान है। स्तानिस्लाव्स्की के सहयोग से इन्होंने मास्को में रह कर 'हैमलेट' का प्रयोग भी किया था। क्रेग बराबर प्रयोग की ऐसी पद्धति की खोज में रहे, जिसके द्वारा जीवन्त मानव उद्वेगों की सरल, सशक्त, समुन्नत और सुन्दर अभिव्यक्ति की जा सके।

क्रेग ने अभिनेता में प्रतिभा और व्यक्तित्व की उपस्थिति पर बल दिया। व्यक्तित्व और प्रतिभा से रहित अभिनेता से वे निर्जीव कठपुतली को अधिक अच्छा समझते थे।

मेयरहोल्ड

मेयरहोल्ड स्तानिस्लाव्स्की के सहयोगी रहे। बाद में स्तानिस्लाव्स्की के प्रस्थान से मतभेद होने पर उन्होंने उसकी प्रतिक्रिया में रीतिवाद का प्रवर्तन किया। रीतिवाद से मेयरहोल्ड का आशय था 'किसी युग या घटनावृत्त के आंतरिक संयोजन की सभी अभिव्यंजनात्मक साधनों के द्वारा अभिव्यक्ति, उसकी उन गूढ़ विशेषताओं का पुनरुत्थान, जो किसी कलात्मक प्रस्तुति की गूढ़ शैली का अंग होता है।' रीतिबद्ध (स्टाइलाइज्ड) अभिनय-पद्धति के द्वारा मेयरहोल्ड ने अभिनेता तथा सामाजिक के बीच के अन्तर को समाप्त कर दिया। उसकी प्रस्तुतियों में दर्शकों तथा अभिनेता के बीच परदा तथा पादप्रकाश (फुटलाइट) का उपयोग नहीं किया जाता था। अनावश्यक रूपसज्जा तथा परिधानों की टीमटाम का भी उसने परित्याग किया। रंगमंच से चित्रित परदों का बहिष्कार करते हुए मेयरहोल्ड ने लकड़ी के बने विभिन्न ज्यामितीय आकारों का उपयोग करना आरम्भ किया, जो नाट्यशास्त्र में आहार्य-अभिनय के अन्तर्गत वर्णित पुस्त की विधियों से

तुलनीय है। रंगमंच पर चबूतरों या कई तलों की परिकल्पना भी उन्होंने की तथा कभी-कभी एक तल से दूसरे की ऊँचाई अधिक होने पर रंगमंच पर सीढ़ियों का उपयोग भी करवाया। इस प्रकार मेयरहोल्ड ने रंगमंच पर निर्माणवाद (कंस्ट्रक्टिविज्म) का प्रवर्तन किया तथा रंगसज्जा की दृष्टि से प्रतीकवाद का आधार अधिक लिया। अभिनय-पद्धति में भी उन्होंने प्रतीकात्मकता का निर्वाह किया। इस प्रकार मेयरहोल्ड ने रीतिबद्ध उपस्थापन और रूढियों की एक निश्चित प्रणाली विकसित की। इसमें विशेष प्रकार के मुखौटों, मुखभंगिमाओं तथा संगीतात्मकता का भी विशिष्ट प्रयोग उन्होंने किया।

गोर्डन क्रेग तथा मेयरहोल्ड दोनों ने स्तानिस्लाव्स्की के प्रस्थान के विरोध में एक कार्यप्रणाली और रंगप्रक्रिया विकसित करने का प्रयास किया। गोर्डन क्रेग ने रंगमंच पर सज्जा (डिजाइन) पर अत्यधिक बल दिया और उसके बीच अभिनेता को कठपुतलीनुमा बना देना चाहा, जिसे वे अपनी शब्दावली में 'ऊबर मेरियोवेट' कहते हैं। इस प्रकार के उनके प्रयोगों में मैक्स रीनहार्ट उनके सहायक रहे (**फार्म एण्ड आइडिया इन मॉडर्न थियेटर** पृ. ६४)। १६११ ई. में क्रेग ने लिखा—'किसी भी कलाकृति की रचना के लिए निश्चय ही हमें ऐसी सामग्री का उपयोग करना होता है, जिससे हम (मनुष्य को) जाँच परख सकें, मनुष्य इस सामग्री के अन्तर्गत नहीं आ सकता' (वही, पृ. ६५)।

मेयरहोल्ड वे रूसी क्रान्ति के आसपास के प्रयोगों में निर्माणवाद के द्वारा अभिनेता के कार्य को अधिकाधिक यान्त्रिक बना दिया, उनके १६१८ ई. के बाद के प्रयोगों में तो अभिनेता कठपुतली ही बन कर रह गया। प्रथम महायुद्ध के पश्चात् योरोप के रंगमंच पर मशीनों का उपयोग वैसे ही बढ़ता जा रहा था तथा इस मशीनीकरण को रंगमंच के भविष्य से जोड़ कर 'भविष्यवाद' (फ्यूचरिज्म) की संज्ञा दी जाने लगी थी।

१८६८ ई. में मेयरहोल्ड ने 'मास्को आर्ट थियेटर' में काम करना शुरू किया और १६०२ ई. में इस संस्था को त्याग भी दिया। इसके पश्चात् रूढिवाद (कन्वेंशनलिज्म), मिस्टिक थियेटर तथा निर्माणवाद का उन्होंने उपयोग किया। अभिनेता की गति को उन्होंने नृत्यात्मक बनाने का प्रयोग भी किया। १६२० ई. के आसपास मेयरहोल्ड ने रंगमंच का जो प्रस्थान विकसित किया, उसे 'बायो मेकेनिक्स' और 'बायो-डायनामिक्स' की संज्ञा दी गयी है (वही, पृ. १६६)। उन्होंने अभिनेता को मल्ल (एथलीट), नट (एक्रोबेट) तथा जंगम मशीन में तब्दील करा कर प्रयोग करना चाहा। रंगमंच को कई भागों में बाँट कर कई दृश्य मंच पर एक साथ प्रस्तुत करने की पद्धति भी उन्होंने विकसित की। मेयरहोल्ड ने इसके बाद अगले सत्रह वर्षों तक इस प्रकार के प्रयोग जारी रखे, जिनकी उत्कृष्ट परिणति उनके **इन्सपेक्टर जनरल** (गोगोल-कृत) की प्रस्तुति में हुई।

वस्तुतः मेयरहोल्ड तथा स्तानिस्लाव्स्की के बीच के द्वन्द्व, सहकार और मतभेद में

आधुनिक रंगमंच का महत्त्वपूर्ण पक्ष सामने आता है। स्तानिस्लाव्स्की के लिए रंगमंच का सार रंगमंच पर निहित था तथा अभिनेता उसका केन्द्र था। मेयरहोल्ड ने इसे रंगमंच और प्रेक्षक के बीच अन्तःसंवाद और पारस्परिकता में प्रतिष्ठित किया। नाट्यप्रयोग अभिनेता द्वारा निष्पादित अनुभव न हो कर मेयरहोल्ड के प्रयोगों में प्रेक्षक द्वारा अपनी चेतना में गृहीत या साक्षात्कृत अनुभव बन गया। मेयरहोल्ड के अनुसार प्रकृतवादी रंगमंच में अभिनेता और प्रेक्षक के बीच अन्तःसंवाद की स्थिति लगभग शून्य हो गयी थी और वह नाट्यनिर्देशक का रंगमंच बन कर रह गया था, क्योंकि निर्देशक की प्रस्तुति परिकल्पना के अनुसार ही नाट्यकार तथा अभिनेता यहाँ प्रस्तुत हो पाते थे। मेयरहोल्ड ने इसे 'त्रिकोणीय रंगमंच' कहा।

स्तानिस्लाव्स्की के प्रस्थान तथा मेयरहोल्ड की प्रयोगविधि के बीच अन्तर उसी प्रकार का है, जिस प्रकार का नाशा. में प्रतिपादित लोकधर्मी तथा नाट्यधर्मी के बीच है। मेयरहोल्ड ने अभिनेता के प्रशिक्षण की विशेष प्रविधि विकसित की, जिसे उसने 'बायोमेकेनिक्स' कहा। वस्तुतः बायोमेकेनिक्स नाशा. के 'आङ्गिक-अभिनय' की अवधारणाओं के बहुत निकट है। स्तानिस्लाव्स्की यथार्थवादी शैली में अभिनय करवाते हुए भी अभिनेता को अपने में एकाग्र कराते हुए परिणति में सात्त्विक अभिनय तक पहुँचते थे।

वख्तांगोफ

स्तानिस्लाव्स्की के सहयोगियों में वख्तांगोफ का नाम स्मरणीय है। ये मूलतः अत्यन्त संवेदनशील व निपुण अभिनेता के रूप में जाने जाते हैं। इनका जीवन काल १८८३ ई. से १६२२ ई. है। इन्होंने रूस में रंगसंस्थान की स्थापना करके नाट्यनिर्देशन और नाट्यनिर्माण का कार्य भी किया, यह संस्थान अब इनके नाम से ही जाना जाता है। स्तानिस्लाव्स्की के ये शिष्य तथा सहयोगी भी रहे और मास्को आर्ट थियेटर की प्रस्तुतियों में इनका सक्रिय योग रहा। बाद में वख्तांगोफ ने प्रकृतवाद का विरोध करते हुए अपने संस्थान में रंगमंच का अलग मुहावरा गढ़ने का प्रयास किया, जिसमें वे नाटक की आत्मा का साक्षात्कार रंगमंच की विभिन्न शैलियों, प्रविधियों और उपादानों के समन्वय से करना चाहते थे। इस क्रम में उन्होंने प्रस्तुतिपद्धति में शैलीबद्धता को तोड़ते हुए कई बार भदेसपन का समावेश किया, जो उनका विशिष्ट योगदान माना जाता है।

वख्तांगोफ ने स्तानिस्लाव्स्की के स्वभाववाद तथा मेयरहोल्ड के शैलीबद्ध अभिनय की प्रविधि के बीच समन्वय स्थापित करते हुए 'फंतासीमय यथार्थवाद' (फैंटास्टिक रियलिज्म) की अवधारणा प्रस्तुत की। इसमें यथार्थ को कहीं-कहीं अमूर्त और अतिरंजित बनाया जाता था। एक प्रकार से वख्तांगोफ ने रंगमंचीय उपकरण तो स्तानिस्लाव्स्की के

लिए, पर प्रयोग का लक्ष्य उनकी दृष्टि में वही रहा, जो मेयरहोल्ड का था। अभिनेता के प्रशिक्षण पर वख्तांगोफ ने सबसे ज्यादा जोर दिया। वे तिब्बती दर्शन से भी प्रभावित हुए तथा अभिनेता को योग और ध्यान का अभ्यास कराना उन्होंने अनिवार्य माना।

वख्तांगोफ नाट्यप्रयोग को उस परिणति तक ले जाना चाहते थे, जहाँ अभिनेता की साधना उसे एकदम सहज बना दे और वह आनन्द की सिद्धावस्था में अवस्थित हो सके। स्तानिस्लाव्स्की के प्रस्थान में अभिनेता आनन्द की साधनावस्था में रहता है, सत्त्व में अवस्थित होने के लिए उसे अपने आप को एकाग्र करना होता है। स्तानिस्लाव्स्की अभिनेता के इस प्रयास को बहुत गम्भीरता से लेते हैं, जबकि वख्तांगोफ का नाट्यप्रयोग उस स्थिति में आ जाता है, जिसे **नाशा.** में नाट्य का 'कीडनीयक' होना कहा गया है (१. ११)

वख्तांगोफ में यथार्थ का अतिक्रमण कर के अतियथार्थ तक आने की प्रवृत्ति थी, जिससे बर्तोल्त ब्रेख्त बहुत प्रभावित हुए, क्योंकि ब्रेख्त के अनुसार इसके द्वारा प्रेक्षक अपने समय और अपने यथार्थ को और अच्छी तरह परखने और समझने का अवसर पाता था।

एडोल्फ आपिया (१८६२-१९२८)

आपिया मूलतः स्विट्जरलैंड के निवासी थे। इनका नाम रंगमंच पर प्रकाशव्यवस्था तथा रंगसज्जा में नवीन योगदान के लिए स्मरणीय है। वस्तुतः आधुनिक रंगमंच पर प्रकाशव्यवस्था की नवीन परम्परा आपिया ने ही आरम्भ की और उसी का अनुवर्तन अभी तक होता आया है। सज्जा की दृष्टि से भी आपिया ने इकहरी दृश्यसज्जा के स्थान पर त्रिआयामी दृश्यबन्धरचना और उसमें सौन्दर्यबोध तथा नाट्योचित पर्यावरण के निर्माण की दृष्टि से प्रकाश और विभिन्न प्रकाशकिरणों में संयोजन, उनके द्वारा रंगों के मिश्रण से प्रस्तुति और नाट्यानुभूति में नये आयाम जोड़े।

अपने ग्रन्थ **दी मूजिक एण्ड दी इंसीनिरुंग** (१८९९) में आपिया ने १८ प्रकार की दृश्यरचनाओं की परिकल्पना प्रस्तुत की है। विशेष रूप से प्रकाश व्यवस्था द्वारा किसी अभिनेता की छवि विशेष कोण से उभारना, उसे प्रमुखता या गौण रूप देना अथवा छाया रूप में प्रस्तुत करना—ये प्रविधियाँ आपिया का आविष्कार रही हैं। प्रकाश और रंगसज्जा को उन्होंने समग्र नाट्यानुभव और प्रस्तुति के पर्यावरण से सम्पृक्त किया।

रंगमंच के पीछे गगनिका (साइक्लोरामा) पर प्रकाशकिरणों के विकिरण और सम्मिश्रण से प्रस्तुति के लिए उपयुक्त पृष्ठभूमि बनाने की शुरूआत भी आपिया के कार्य से ही हुई।

एगट

जेम्स इवरशेड एगट (१८७७-१९४७) ब्रिटेन के नाट्यसमीक्षकों में प्रसिद्ध हैं। ये दीर्घ काल तक विभिन्न समाचारपत्रों में नाट्यप्रस्तुतियों पर सुचिन्तित समीक्षाएँ लिखते रहे। समकालीन रंगमंच की गतिविधियों पर इतनी अच्छी पकड़ के साथ लिखने वाले समीक्षक कम ही मिलते हैं। १९१४ ई. से १९३९ ई. के बीच लिखी गयी। इनकी नाट्यसमीक्षाएँ लगभग बारह पुस्तकों के रूप में भी पृथक् से प्रकाशित हुईं। इनमें शेक्सपीयर के नाटकों की प्रस्तुतियों तथा एलिजाबेथोत्तर रंगमंच की समीक्षाएँ प्रमुख हैं। १९३२ ई. में इनकी **इंग्लिश ड्रामेटिक क्रिटिक्स** नामक पुस्तक की समीक्षाएँ प्रमुख हैं।

रंगकर्मियों के प्रति एगट के मन में बड़ा सम्मान रहा। उनकी समीक्षाओं या निष्कर्षों पर विवाद भी होता रहा, पर रंगमंच के प्रति उनकी निष्ठा सदैव स्वीकार्य रही। (**ऑक्सफोर्ड कम्पेनियन टु थियेटर,** पृ. १५)।

एण्टोइन

आन्द्रे एण्टोइन (१८५८-१९४३) फ्रांस के अभिनेता, प्रस्तोता, नाट्यप्रबन्धक तथा समकालीन रंगमंच के एक महत्त्वपूर्ण व्यक्तित्व हैं। १८८७ ई. के आसपास पेरिस गैस कम्पनी के लिए कार्य करते हुए इन्होंने स्वभाववादी नाटकों की प्रस्तुति के लिए **थियेतर लिब्रे** की स्थापना की। इब्सन तथा अन्य समकालीन महत्त्वपूर्ण नाटककारों की कृतियों को प्रस्तुत करते हुए इन्होंने अभिनय तथा आकल्पन और सज्जा की पद्धतियों में क्रांतिकारी परिवर्तन किये। जर्मनी के आटो ब्राम तथा इंग्लैंड के ग्रीन पर इनके काम का गहरा असर पड़ा। समकालीन योरोपीय तथा अमेरिकी रंगमंच पर एण्टोइन की प्रेरणा और छाप लगातार बनी रही। इन्होंने रंगमंच को एक 'सुनिबद्ध' नाट्यकृति से मुक्त किया तथा इब्सन जैसे नाटककार को योरोप तथा विशेषतः फ्रांस के रंगमंच पर प्रतिष्ठा दिलायी। बाद के महान् नाट्यनिर्देशकों में जेक्स कोप्यू पर उनका बहुत प्रभाव रहा है।(वही, पृ. २८)।

रंगमंच पर नाट्यकृति के पर्यावरण की रचना करने वाली सज्जा की अवधारणा, जो अभिनेता को अपनी भूमिका में प्रवेश करने और उससे तादात्म्य अनुभव करने में मदद दे—आधुनिक रंगमंच पर एण्टोइन की विशेषता रही है। इस प्रकार की सज्जा के द्वारा अभिनेता मनोवैज्ञानिक रूप से नाटक के विश्व से जुड़ जाता है (**फॉर्म एण्ड आइडिया इन मॉडर्न थियेटर**, पृ. ८०)।

जे.बी. प्रीस्टले

जे.बी. प्रीस्टले अंग्रेजी के नाटककार, उपन्यासकार तथा समीक्षक के रूप में सुप्रसिद्ध हैं। इनका जन्म १८९४ ई. में हुआ। **पीपुल एट सी, दि लिण्डेन ट्री, होम इज**

टुमारो, टाइम एण्ड दि कोनवेज आदि इनके नाटक हैं।

३० सितम्बर १९५६ के दिन श्री प्रीस्टले ने हर्बर्ट हेनरी डेविस फण्ड के तत्त्वावधान में **दि आर्ट ऑफ दि ड्रामेटिस्ट** शीर्षक से व्याख्यान दिया। व्याख्यान पर अनेक प्रकार की चर्चाएँ और प्रश्न उठे, जिनके उत्तर या विचार में श्री प्रीस्टले ने व्याख्यान में टिप्पणियाँ जोड़ीं। इन टिप्पणियों के साथ प्रीस्टले का यह व्याख्यान अगले वर्ष प्रकाशित हुआ। प्रीस्टले रंगमंच के प्रति अपनी सुस्पष्ट प्रतिबद्धता घोषित करते हैं। एक नाटककार रंगमंच के लिए लिखता है। जो व्यक्ति पढ़ने के लिए नाटक लिखता है, खेले जाने के लिए नहीं, वह नाटककार ही नहीं है। नाटककार मुद्रक को नहीं, रंगमण्डल को दृष्टि में रख कर रचना करता है, पाठकों को नहीं, दर्शकों को दृष्टि में रखकर लिखता है। रंगमंच से उसका वैसा ही घनिष्ठसम्बन्ध है, जैसा शेफ (मुख्य रसोइये) का रसोईघर से (**दि आर्ट ऑफ दि ड्रामेटिस्ट,** पृ. ३)।

प्रीस्टले ने विशेष रूप से नाट्यानुभव पर विचार किया है। प्रेक्षकों की मनोवृत्ति नाटक देखने के लिए तत्पर होते समय विचित्र प्रकार की होती है। 'रंगशाला में हम सामान्य दिमाग के बाहर हो जाते हैं, हम जान बूझकर शिजोफ्रेनिक बन जाते हैं' (वही, पृ. ५)। प्रेक्षकं अभिनेताओं को अभिनेता के रूप में भी देखता है और पात्र के रूप में भी। रंगमंच पर की हर वस्तु का यह दोहरा चरित्र होता है, ये सारी वस्तुएँ विश्वास और अविश्वास के विचित्र प्रकाश और अंधेरे से मिली हुई छाया में दिखती हैं, वे एक उच्चतर यथार्थ का हिस्सा होती हैं, जिसे हम अयथार्थ कर के जानते हैं (वही, पृ. ५)।

प्रीस्टले के अनुसार वास्तविकता और अवास्तविकता के बीच के इस विचित्र सम्बन्ध के कारण ही रंगमंच हमारे जीवन से किसी स्तर पर बहुत गहराई से जुड़ जाता है और अन्य कोई कला-माध्यम मानवजीवन से इतना संसक्त नहीं हो सकता। स्वप्न और यथार्थ तथा विश्वास और अविश्वास के बीच के इस रिश्ते में से ही नाट्यानुभूति का जन्म होता है। इस बात को दृष्टान्त से समझाते हुए प्रीस्टले कहते हैं कि सही नाट्यानुभव न तो पोली ब्राउन को अभिनेत्री मात्र के रूप में देखने से जन्म ले सकता है, न उसे मात्र मैगी स्मिथ (पात्र) के रूप में देखने से। जब उसे हम मैगी स्मिथ का अभिनय करती पोली ब्राउन के रूप में देखते हैं, तब नाट्यानुभूति जन्म लेती है।

प्रीस्टले स्वभाववाद या यथार्थवाद तथा नाटकीयता (थियेट्रिकलिटी) के बीच विरोध नहीं देखते, ये दोनों रंगमंच की रूढ़ियों के दो पहलू हैं जो एक दूसरे से घनिष्ठ रूप से जुड़े हुए हैं।

नाट्यानुभूति की अपनी उक्त धारणा के कारण प्रीस्टले ने ब्रेश्त के प्रचारवादी रंगमंच और पार्थक्य के सिद्धान्त का भी विरोध किया है। वे रंगमंच पर साहित्य या शब्द

की प्रतिष्ठा के पक्षधर हैं। उत्कृष्ट साहित्य के साथ खिलवाड़ करने वाले रंगमंच को संसार में प्रतिष्ठा नहीं मिल सकती (वही, पृ. ११)।

बर्तोल्त ब्रेख्त

बर्तोल्त ब्रेश्त बीसवीं सदी के नाटककारों तथा नाट्यचिन्तकों में अत्यन्त महत्त्वपूर्ण हैं। उनका जन्म १० फरवरी १८९८ ई. को जर्मनी में आउसबर्ग में हुआ तथा निधन १४ अगस्त १९५६ के दिन हुआ। १९२० से १९३० ई. के बीच उन्हें **मैन इक्वल्स मैन थ्री पेनी आपेरा दि मदर** जैसी नाट्यकृतियों से विश्व में ख्याति मिली। १९३३ ई. में हिटलर के सत्ता में आने पर उन्होंने जर्मनी छोड़ दी तथा विभिन्न देशों में भटकते हुए १९४१ ई. में अमेरिका पहुँचे, जहाँ वे १९४७ ई. तक रहे और इसी अवधि में उन्होंने अपनी सर्वश्रेष्ठ नाट्यरचनाओं– **दि लाइफ ऑफ गेलिलियो मदर करेज काकेशियन चाक सर्किल** तथा **पुण्टीला** का प्रणयन किया। १९४७ ई. में पूर्वी जर्मनी के आजाद होने पर वे बर्लिन आये और 'बर्लिन एन्सेम्बल' नामक नाट्यशाला की नींव डाली, जहाँ मृत्युपर्यन्त वे अपने रंगमंचीय प्रस्थान के अनुरूप नाट्यप्रस्तुतियों के आयोजन में लगे रहे।

ब्रेश्त ने अपनी नाट्यरचना, नाट्यप्रस्तुतियों तथा नाट्यविषयक चिन्तन के द्वारा अरस्तू के समय से योरोप में चली आ रही रंगमंच की परम्परा पर गहरे सवाल खड़े किये और उन्होंने दर्शक और अभिनेता के बीच की उस अदृश्य चौथी दीवार को ढहा दिया, जो अरस्तू के रंगमंच और रंगदर्शन का अनिवार्य घटक थी।

ब्रेश्त के रंगमंच का प्रमुख तत्त्व पार्थक्यप्रभाव (एलियनेशन इफेक्ट) है। इसमें अभिनेता अपनी भूमिका से अलग हो कर दर्शक को सीधे सम्बोधित कर सकता है तथा दर्शक को भी अभिनेता और उसकी भूमिका दोनों में पार्थक्य का अनुभव करते हुए नाटक को समझने के लिये प्रेरित किया जाता है। ब्रेश्त ने स्वीकार किया है कि उनके रंगमंच के अनेक तत्त्व भारत, चीन और जापान के पारम्परिक नाट्यों में उपस्थित रहे हैं।

नाशा. कार भरत के ही समान ब्रेश्त ने भी काव्य और नाटक को भिन्न-भिन्न नहीं माना और इसीलिए ड्रामेटिक थियेटर के समानान्तर अपने रंगमंच को उन्होंने **एपिक थियेटर** या महाकाव्यात्मक रंगमंच कहा। ब्रेश्त ने रंगमंच पर यथार्थ का भ्रम खड़ा करने का विरोध किया। ब्रेश्त के रंगमंच पर दर्शक घटनाओं और चरित्रों के साथ तादात्म्य का अनुभव नहीं करता, वह अपने विवेक से उन्हें समझता है। ब्रेश्त ने होरेस के द्वारा अभिनेताओं के लिए दिये गये इस उपदेश की कड़ी आलोचना की कि 'यदि तुम खुद को हँसाना चाहते हो, तो खुद हँसने की ताब रखो और रुलाना चाहते हो, खुद अपने को आँसुओं में डुबा दो।'

ब्रेख्त ने जिस सम्पूर्ण रंगमंच (टोटल थियेटर) की परिकल्पना सामने रखी, वह भारतीय नाट्यपरम्परा तथा भरत के सिद्धान्त के बहुत निकट है। ब्रेश्त ने अपने नाटकों में गीत, कथागायन, कथाकथन, नृत्य-संगीत आदि विभिन्न तत्त्वों का मिश्रण किया। त्रासदी तथा कामदी के भेद को भी उन्होंने आत्यन्तिक रूप से स्वीकार न करते हुए उसमें सम्मिश्रण तथा परस्पर विपर्यास उत्पन्न किया। इस प्रकार अनेक दृष्टियों से वे भारत की नाट्यशास्त्रीय-परम्परा से साम्य प्रकट करते हैं।

ब्रेख्त के पहले महाकाव्यात्मक रंगमंच (एपिक थियेटर) तथा सूचनात्मक रंगमंच (डाक्युमेंटरी थियेटर) की अवधारणाएँ एरविन पिस्केटर के प्रयोगों में सामने आ चुकी थीं। पिस्केटर रीनहार्ट के शिष्य थे। ब्रेख्त को रीनहार्ट के साथ-साथ पिस्केटर के साथ भी काम करने का अवसर मिला।

ब्रेख्त ने रंगमंच को अपने समकालीन समाज को बदलने के उपकरण के रूप में भी देखा। उसके पहले तक नाट्यप्रयोग मनुष्य के व्यवहार को तो प्रस्तुत करता था, पर ब्रेख्त ने उसे मनुष्य के व्यवहार की परीक्षा, उसके अज्ञात पक्षों की समझ और उस पर प्रेक्षकों के द्वारा तर्क और निर्णय लेने का जरिया भी बनाया।

अर्ताउड

स्तानिस्लाव्स्की के स्वभाववाद तथा इस काल के यथार्थवादी रंगमंच की प्रतिक्रिया में एक और भिन्न शैली तथा भिन्न रंगमंच की परिकल्पना अर्ताउड ने प्रस्तुत की। अर्ताउड की दृष्टि में नाट्य एक जादू के अनुष्ठान की प्रस्तुति है, जो प्रेक्षक की चेतना में आध्यात्मिक अनुभव को सम्प्रेषित करती है। रंगमंच पर प्रयुक्त उपादान सामग्री तथा अभिनेताओं की सारी दैहिक चेष्टाएँ जो प्रत्यक्षगम्य या ऐंद्रिय अनुभव का विषय बनती हैं, वास्तव में एक परोक्ष और इन्द्रियातीत अनुभव के माध्यम मात्र हैं। इसीलिए अर्ताउड ने रंगमंच पर गद्यात्मकता तथा सतही यथार्थ के स्थान पर कविता को प्रस्तुत करने का आग्रह किया। इस रंगमंच पर अभिनेता अपने आप को विसर्जित करता है, एक अर्थ में यह उसकी मृत्यु है। इसलिए अर्ताउड ने अपने रंगमंच को 'क्रूरता के रंगमंच' की संज्ञा दी। अभिनेता को निर्मम हो कर प्रस्तुति के लक्ष्य के प्रति अपने आप को समर्पित करना होता है। समर्पण की यह प्रक्रिया अतिशय यन्त्रणादायक प्रक्रिया है और इस यन्त्रणा से गुजरता हुआ अभिनेता ही सही अर्थ में नाट्य प्रयोग कर पाता है। इसमें अभिनेता को पूरे आवेग और ऊर्जा के साथ दैहिक भाषा का उपयोग करना होता है, जिसे मेयरहोल्ड के 'बायोमेकेनिक्स' के समान अर्ताउड ने 'प्रभावी क्रीडात्मकता' (इफेक्टिव एथेलेटिज्म) की संज्ञा दी। इस प्रक्रिया में अभिनेता एक गहरी समाधि में चला जाता है और इस दशा

में अवस्थित रहकर वह प्रेक्षक की चेतना को भेदता हुआ नाट्यप्रस्तुति देता है। अर्ताउड ने अपने अभिनेता की तुलना अग्नि की लपटों में जीवित जलते हुए शहीद से की, जो जल चुकने के पहले प्रेक्षकों तक सांकेतिक भाषा के द्वारा अपार परोक्षानुभूति का सम्प्रेषण कर रहा है। नाट्य अर्ताउड के लिए एक गहन संकट है, जिससे गुजर कर या तो मृत्यु मिलती है या विकारों के नाश के लिए स्वास्थ्य की प्राप्ति होती है। नाट्य समाज में व्याप्त पाखण्ड, झूठ और क्षुद्रता को मिटाता चलता है, यह मुखौटों को गिराता है। पश्चिम के समाज में व्याप्त क्षरण और नैतिक पतन के सन्दर्भ में अर्ताउड ने रंगमंच को मनश्चिकित्सा तथा उपचार के साधन के रूप में भी देखा।

अर्ताउड का रंगमंच भौतिक जगत् तथा उसकी तार्किकता का विरोध करता है। नाट्यनाभुव की प्रक्रिया उसकी दृष्टि में तर्कातीत तथा एक अनुशासित उन्माद की प्रक्रिया है। अर्ताउड अपने रंगमंच और उसकी अवधारणा को ग्रीक दार्शनिक डायोनिसस के विचारों के अनुरूप मानते हैं (**नाट्यदीपप्रकरण** : भारतीयविद्या, ४७.१-४, पृ. २४३-४६)।

ग्रोताव्स्की

पोलैण्ड के निवासी श्री ग्रोताव्स्की बीसवीं शताब्दी के चर्चित नाट्यनिर्देशक और नाट्यविचारक हैं। इन्होंने दरिद्र रंगमंच (पुअर थियेटर) की उद्भावना की तथा इस प्रस्थान के अन्तर्गत १९६४ ई. से १९७१ ई. के बीच इनके द्वारा किये गये प्रयोगों में एशियाई रंग-परम्परा तथा विशेषतः भारतीय रंगमंच की परम्परा का प्रभाव भी प्रतिफलित हुआ। ग्रोताव्स्की ने अपनी नाट्यप्रक्रिया में अभिनेता के मनो-दैहिक अभ्यास पर बल दिया और इस अभ्यास के लिए उन्होंने योग की अवधारणाओं का आधार बनाया। इस प्रक्रिया में इनके काम पर कथकलि का प्रभाव भी पड़ा (**परफारमेटिव्ह सरकम्स्टांसेज : फ्राम अवागार्द टु रामलीला,** पृ. १४७)।

अर्ताउड के ही समान ग्रोताव्स्की भी रंगमंच को उपचार का साधन मानते हैं। उपचार की इस प्रक्रिया में अभिनेता अपने आप की ही चीरफाड़ करता है, जिससे मुखौटों के पीछे के सत्य सामने आ जाते हैं। ग्रोताव्स्की की दृष्टि में भी नाट्यानुभव एक गहरे विचलन से गुजरना है।

रंगमंच ग्रोताव्स्की की दृष्टि में एक प्रयोगशाला है, इस पर किये गये प्रयोग वैज्ञानिक दृष्टि से सत्य होते हैं। प्रयोग की यह प्रक्रिया अभिनेताओं के अपने-आप में एकाग्र होने से निष्पन्न होती है तथा यह एकाग्रता नाट्यप्रयोग को समय के निस्सीम फलक पर ला खड़ा करती है। इस फलक पर अभिनेता भी आत्मविश्लेषण करता है और प्रेक्षक

श्री। अभिनय-आत्म तक पहुंचने के साक्षात्कार में होने वाले विघ्नों को हटाने की प्रक्रिया है। इस प्रकार ग्रोतावस्की की दृष्टि में नाट्यप्रयोग भारतीय-परम्परा की पदावली में एक याज्ञिक-प्रक्रिया बन जाता है, जिसमें अभिनेता अपने-आप का होम करता है और अपने-आप को पाता है तथा प्रयोक्ता और प्रेक्षक के बीच का सम्बन्ध पुरोहित तथा यजमान के बीच का सम्बन्ध बन जाता है।

ग्रोतावस्की का रंगमंच इस अर्थ में दरिद्र रंगमंच है कि अभिनेता उसमें बाह्य साधनों की दृष्टि से ही केवल विपन्न हो—ऐसा नहीं है, वह अपने पास का सब कुछ उक्त याज्ञिक-प्रक्रिया में विसर्जित कर के भी दरिद्र हो जाता है, उसके पास केवल उसकी देह तथा निरवधि काल बचता है।

रिचर्ड शेख्नर

रिचर्ड शेख्नर न्यूयार्क विश्वविद्यालय के स्कूल ऑफ आर्ट्स में नाट्यप्रयोग के अध्यापक रहे तथा वे एक जाने माने नाट्यप्रयोक्ता भी हैं। 'परफार्मेंस ग्रुप' नामक नाट्य संस्था के वे संस्थापक-निर्देशक हैं।

श्री शेख्नर ने नाट्यप्रयोग के प्रचलित ढर्रे, पारम्परिक रगशाला तथा रंगमंच के चौखटे से अलग हट कर अपने प्रयोग किये तथा उनके अनुरूप सैद्धान्तिक विचार भी किया। उन्होंने नाट्यप्रयोग और नाट्यानुभूति की प्रक्रिया पर आदिम जनजातियों के अनुष्ठानों या कर्मकाण्डों, वैदिक अग्निचयन, एशिया, अफ्रीका तथा आस्ट्रेलिया के लोक नृत्यों और लोकनाट्यों, अर्वागार्द रंगमंच तथा रामलीला और भरत के **नाट्यशास्त्र** आदि का अध्ययन करते हुए अनुसंधान किया है। रंगमंच के सन्दर्भ में दिक् (स्पेस) का उपयोग तथा रंग-पर्यावरण (थियेटर इन्वायर्नमेण्ट) पर इन्होंने सिद्धान्त और प्रयोग दोनों दृष्टियों में नया कार्य करने का प्रयास किया है।

शेख्नर अपने रंगमंच को 'एन्वायर्नमेण्टल थियेटर' की संज्ञा देते हैं तथा इस एन्वायर्नमेण्टल थियेटर का पारम्परिक भारतीय रंगमंच—जात्रा, कथकलि तथा रामलीला आदि से गहरा सम्बन्ध तथा साम्य प्रतिपादित करते हैं। एन्वायर्नमेण्टल थियेटर का मुख्य सिद्धान्त प्रयोगस्थल पर दिक् का समग्र उपयोग है, दिक् का वृत्त या परिधि, दिक् के भीतर दिक्—इन सभी को शेख्नर प्रयोग में समाहित करने का प्रयास करते हैं। शेख्नर प्रेक्षक को प्रयोग से पृथक् रखने के पारम्परिक सिद्धान्त के भी घोर विरोधी हैं, वे अपने प्रयोगों में दर्शकों को शामिल करते हैं—यहाँ तक कि उनके प्रयोगों में अभिनेता और प्रेक्षक रंगस्थली में एक दूसरे में मिल जाते हैं। नाटक में यदि पार्टी का दृश्य है, तो दर्शक उसमें शामिल हो कर खाने-पीने लगते हैं तथा अभिनेता अपने परिधान या रूपसज्जा में

परिवर्तन दर्शकों के सामने ही करने लगते हैं। रसास्वाद की प्रक्रिया का भरत के नाशा. की परम्परा में प्राप्त रूप शेख्नर की दृष्टि से उनके इस रंगमंच के निकट है।

शेख्नर कर्मकाण्ड तथा नाट्यप्रयोग का भी घनिष्ठ सम्बन्ध मानते हैं। उनके अनुसार कर्मकाण्ड से नाट्य तथा नाट्य से कर्मकाण्ड का जन्म होता चलता है।

अभिनेता द्वारा अपनी भूमिका के निर्वाह की प्रक्रिया को शेख्नर ने 'रेस्टोरेशन बिहेवियर' के सिद्धान्त के द्वारा स्पष्ट किया है। रेस्टोरेशन बिहेवियर का अर्थ है—एक व्यक्ति की तरह व्यवहार। यह व्यवहार उस दूसरे व्यक्ति के साथ तादात्म्य या अभेद अनुभव करते हुए भी हो सकता है या अपने-आप का तथा उस दूसरे व्यक्ति का अनुभव एक साथ बनाये रखते हुए भी। शेख्नर दोनों स्थितियों से अलग अभिनेता के कर्म की व्याख्या 'दोहरी नकारात्मक स्थिति' के रूप में करते हैं, जहाँ वह अपने होने को भी नकारता है और पात्र को भी (शेख्नर : **परफार्मेटिव्ह सरकम्सटांसेज–फ्राम अवाँगार्द टु रामलीला,** पृ. ४४, ५६, १०८-६, १३०)।

८

नाट्यशास्त्र तथा आधुनिक रंगकर्म

भरत तथा स्तानिस्लाव्स्की

भरतमुनि ने अपने नाट्यशास्त्र की रचना नटों को प्रशिक्षित करने के लिए की थी। उनके व्याख्याकार आचार्य अभिनवगुप्त कहते हैं कि नाट्य का प्रायोगिक शास्त्र भरतमुनि ने ब्रह्मा से सीखा, फिर उन्होंने यह शास्त्र प्रयोग में लगे अपने शिष्यों को सिखाया । इसके साथ ही भविष्य में होने वाले नटों के लाभ के लिए फिर उन्होंने उस शास्त्र को ग्रंथ के रूप में निबद्ध भी किया ।

स्तानिस्लाव्स्की (१८६३-१६३८) हमारे समय के महान् नाट्यनिर्देशकों में एक हैं। उन्होंने अपनी रंगयात्रा में अपने प्रयोगों, अनुभवों तथा अन्तर्दृष्टि के द्वारा रंगमंच का एक दर्शन विकसित किया, अपने सहकर्मी अभिनेताओं के लाभ के लिए वे वर्षों तक अपने रंगदर्शन पर प्रवचन करते रहे तथा उनके प्रवचनों को ग्रंथों के रूप में प्रकाशित भी किया गया। स्तानिस्लाव्स्की ने अभिनय की जिन प्रविधियों को विकसित किया, उन्हें संक्षेप में "सिस्टम" या "मेथड" कहा गया । यह मेथड या सिस्टम कई अर्थों में भरतमुनि की अभिनयदृष्टि तथा अभिनयदिशा के बहुत निकट है।

कालिदास, भवभूति तथा राजशेखर आदि नाटककारों ने भरतमुनि का एक महान् नाट्यप्रयोक्ता के रूप में स्मरण किया है (विवरण के लिए देखें–प्रस्तुत लेखक की पुस्तक– Lectures On Nāṭyaṣāstra" १६६२, पृ० ६२)। उनका नाट्यशास्त्र महज एक किताब नहीं, सदियों तक जारी रहने वाली एक जीवन्त परम्परा रही है। स्तानिस्लाव्स्की के व्याख्याकार बेनेडेटी का कहना है कि स्तानिस्लाव्स्की का सिस्टम कोई अमूर्त विचार नहीं है। वह प्रयोग तथा प्रक्रिया है । यह काम करने वाले अभिनेताओं के काम की पद्धति है। उसे सिस्टम या व्यवस्था इसी अर्थ में कहा जा सकता है कि वह सुस्पष्ट, तर्कसंगत तथा व्यवस्थित है (बेनेडेटी जे., १६८२, भूमिका, पृ. १)। शास्त्र या नियम के अंधानुकरण का भरत तथा स्तानिस्लाव्स्की दोनों ने विरोध किया है।

स्तानिस्लाव्स्की कहते हैं कि **अभिनेता के** भीतर जो सहज रचनात्मक व्यवस्था है, वही सिस्टम है, उससे अलग उनका अपना या और किसी का सिस्टम नहीं हो सकता। यह सिस्टम भी स्थिर नहीं है, यह लगातार बदलता है (स्तानिस्लाव्स्की, १९८०, भूमिका, पृ०१)।

भरतमुनि की दृष्टि से भी रंगमंच एक सतत परिवर्तनशील गद्यात्मक माध्यम है, क्योंकि इसका आधार लोक है, लोक स्वयं लगातार बदल रहा है, तो नाट्य भी स्थिर या अपरिवर्त्य कैसे हो सकता है ? नाट्यशास्त्र में लोक नाट्य के तीन प्रमाणों में से एक कहा गया है। भरत कहते हैं कि इस लोक को शास्त्र की सीमाओं में नहीं बाँधा जा सकता, क्योंकि यह अपनी विविधता में अपार है, इसलिए प्रयोक्ता को चाहिए कि जिन बातों का निर्णय शास्त्र से नहीं हो सकता, उनके लिए लोक का आश्रय ले । वास्तव में तो लोक पर समूचा शास्त्र भी टिका हुआ है, यदि लोक न रहे, तो सारे शिल्प और मनुष्यों का सारा कर्तृत्व भी समाप्त हो जाएगा (नाशा० १२०-२७) ।

लोक के साथ नाट्य के लिए अन्य दो प्रमाण जो भरतमुनि ने बताए हैं, वे हैं वेद तथा अध्यात्म। अध्यात्म से आशय प्रयोक्ता या अभिनेता की अपनी चेतना से है। भरत और स्तानिस्लावस्की दोनों ही अभिनेता की अंतर्दृष्टि पर जोर देते हैं।

स्तानिस्लावस्की कहते हैं–"The actor simply following the coded set of rules stands on the stage with an empty soul. स्तानिस्लावस्की, १९८०, पृ०१८) अभिनेता सबसे पहले अपनी आत्मा में प्रतिष्ठित रहे, यहीं से वह नाटक की दुनिया रच सकता है । स्तानिस्लाव्स्की ने अभिनेता को अपने आत्म या सत्त्व में अवस्थित करने की प्रक्रिया की खोज अपनी नाट्ययात्रा में की और उसके द्वारा वे नाट्य के सत्य तक पहुँचे। उनके व्याख्याकार बेनेडेटी ने इस प्रक्रिया को बताते हुए कहा है–" The logical sequence of the physical actions and feelings will lead the actor to truth and the truth will evoke belief and together, they will create what Stanislavsky calls 'I am', which means 'I exist, I live, I feel and I think in the same way as the chracter I am representing on the stage does'... 'I am' evokes emotions and feeling and enables the actor to enter into the feelings of his part. 'I am' is according to Stanislavasky the condensed and almost absolute truth on the stage."

भरत ने नाट्य के लिए वेद को एक प्रमाण भी माना है और नाट्य को उन्होंने चार वेदों के अतिरिक्त पाँचवाँ वेद भी कहा है । कालिदास नाट्य को चाक्षुष यज्ञ कहते हैं। इस परम्परा में नाट्य वेद है और उसका अनुष्ठान एक यज्ञ है । यज्ञ में यजमान अपने

सीमित व्यक्तित्व या अहंकार की आहुति देकर अनन्त से जुड़ता है। नाट्य में भी अभिनेता अपने सीमित व्यक्तित्व का विसर्जन करता है और अनन्त से जुड़ता है। नाट्य अपने आप में अनन्त विश्व को समेटे हुए है। नाट्योत्पत्ति के मिथक में ब्रह्मा कहते हैं–

नैकान्ततोऽत्र भवतां देवानां चानुभावनम्।
त्रैलोक्यस्यास्य सर्वस्य नाट्यं भावानुकीर्तनम्।।

(नाशा०, १.१०७)

अभिनवगुप्त भरत के आशय को स्पष्ट करते हुए कहते हैं कि नाट्य के अवलोकन से प्रेक्षक का चित्त निर्मल होता है तथा वह संस्कारों को ग्रहण करता है (द्र०-उपर्युक्त पर अभिनवभारती)।

स्तानिस्लाव्स्की की अवधारणाएँ भरत और अभिनवगुप्त के मन्तव्यों से काफी कुछ समाकार हैं। फर्क यह है कि स्तानिस्लाव्स्की इन दोनों से इतिहास में बहुत दूरी पर खड़े हुए हैं। उनके सामने विज्ञान और तकनीकी का युग है। उनके समय का अभिनेता भौतिक सुख-सुविधाएँ चाहता है। स्तानिस्लाव्स्की समय की धारा के विपरीत अभिनेता को भौतिकता के प्रलोभनों से दूर रहकर रंगमंच को एक साधनास्थली समझने तथा उसके लिए जीवन का उत्सर्ग करने का उपदेश देते रहे। उनके इस आग्रह ने उन्हें आधुनिकतावादी अभिनेताओं का कोपभाजन भी बनाया। पर स्तानिस्लाव्स्की उन अभिनेताओं को कड़ी फटकार सुनाते हैं, जो दोहरी जिन्दगी जी रहे हैं। जो रंगमंच पर महान् आदर्शों को रूपायित करते हैं, पर असली जिन्दगी में उसके ठीक उलटे चलते हैं। "सही कलाकार वही आदमी है, जिसके लिए रंगमंच ही जीवन का सब कुछ है, रंगमंच उसके लिए देशसेवा का एकमात्र माध्यम है। रंगमंच ही उसका देश है उसकी प्रेरणा है, तथा उसके लिए शाश्वत साहस का स्रोत है ।" (The true artist in the man to whom the theatre is the be all and the end all of his entire life, the stage is his only way of serving his country. The stage is his country, his inspiration, his source of eternal courages (Stanislavaky, 1980, p. 107).

स्तानिस्लाव्स्की विसर्जन में अभिनेता के जीवन की अर्थवत्ता देखते हैं, "जिसकी अभिव्यक्ति पावन हृदय के सौन्दर्य तथा विचारों की आग में होती है। इस विसर्जन का संबंध अभिनेता के आंतरिक जीवन से है (वही, पृ० ११०)। यदि भरत की या भारतीय-परम्परा में नाट्य यज्ञ या वेद है, तो स्तानिस्लाव्स्की के लिए भी रंगमंच 'कला का देवालय' है, "जहाँ केवल उदात्तता और सौन्दर्य के लिए ही जगह है" (वही, पृ० ९५)।

भरतमुनि की परम्परा में रस ही नाट्य का प्राण है, रस के बिना नाट्य में कहीं

कुछ भी घटित हो ही नहीं सकता–**"न रसादृते कश्चिदर्थः प्रवर्तते" (नाशा०,** अ०६)। रसों में चार मूल रस हैं, जिनका संबंध चार पुरुषार्थों से है। इस प्रकार रसास्वाद जीवन के पुरुषार्थों से अनिवार्यतया अनुषक्त है। योग साधना तथा अध्यात्म मनुष्य को मुक्ति देता है, काव्य या नाट्य भी भावुक या सहृदय को मुक्ति देता है। आनंद दोनों में ही परम प्रयोजन है। भट्टनायक तो कहते हैं कि काव्य या नाट्य से मिलने वाले रस का जो आनंद है, वह योगियों के आनंद से भी विलक्षण है।

वाग्धेनोर्दुग्धमेतं हि रसं यद् बालतृष्णया।
तेन नास्य समः स स्यात् दुह्यते योगिभिर्हि यः।।

(अभिनवगुप्त **द्वारा ध्वन्यालोकलोचन में** उद्धृत)

रस की सृष्टि तथा उसके आस्वाद दोनों के लिए हृदय की पावनता अपेक्षित है। रंगमंच की प्रक्रिया पर विचार करते हुए स्तानिस्लाव्स्की भी यही कहते हैं। वे रंगमंच पर विकारों के प्रक्षेप या यथार्थ की सतही अनुकृति का विरोध करते हैं (स्तानिस्लाव्स्की, १९६३, पृ. ८२)।

रस एक जटिल तथा सम्मिश्र अनुभव है। भरत की दृष्टि से यह नाट्यसंग्रह के ग्यारह (या तेरह) तत्त्वों का निचोड़ है। ये तत्त्व हैं–रस, भाव, अभिनय, धर्मी, वृत्ति, प्रवृत्ति, सिद्धि, स्वर, आतोद्य, गान तथा रंग या रंगमंच। नाट्यशास्त्र के एक केरलीय संस्करण में इनमें दो तत्त्व और जोड़े गए हैं–प्रकृति तथा उपचार। इन ग्यारह या तेरह तत्त्वों के अन्तःसंबंध तथा अंतःक्रिया में नाट्य निष्पन्न होता है। आचार्य अभिनवगुप्त ने इन तत्त्वों की समुदायरूपता में नाट्यानुभव माना है।

स्तानिस्लाव्स्की भी नाट्यानुभव को एक जटिल तथा सम्मिश्र अनुभव मानते हैं। उनके अनुसार नाट्य की संरचना बहुआयामी होती है। कोई भी नाट्यालेख उनके अनुसार सात स्तरों पर रचा जाता है। इन सात स्तरों में–बाह्य जगत्, नाट्य की सामाजिक अधिरचना, उसकी काव्यात्मकता या रीत्यात्मकता, उसकी सौन्दर्यमूलकता, उसके पात्रों का आभ्यन्तर जगत् तथा अभिनेता की भावभूमि–ये सभी समाविष्ट हैं। (स्तानिस्लाव्स्की, १९६३, पृ० ११)।

नाट्य संग्रह के ग्यारह तत्त्वों में धर्मी की अवधारणा केन्द्रीय महत्त्व रखती है। ध र्मी का अर्थ है रंगमंच पर नाटक की इतिकर्तव्यता, उसका अपने मुहावरे में ढलना। धर्मी दो प्रकार की है–लोकधर्मी और नाट्यधर्मी। लोक का यथावत् रूप नाट्य प्रस्तुति में झलकता हो, तो लोकधर्मी और अभिनेता जब उसी में अपनी ओर से कुछ अतिशय ला कर उसे प्रस्तुत करें, तो नाट्यधर्मी होती है। लोकधर्मी में हमारा भौतिक जगत् आभासित होता है, नाट्यधर्मी में अभिनेता का आभ्यन्तर जगत्। स्तानिस्लाव्स्की ने किसी भी

भूमिका की रचना के दो पक्ष माने हैं–भौतिक तथा आध्यात्मिक। जिस तरह भरतमुनि की धर्मी की अवधारणा में उसके दोनों पक्ष–लोकधर्मी तथा नाट्यधर्मी अनिवार्यतया और अविभाज्यतया एक-दूसरे से जुड़े हुए हैं, उसी प्रकार स्तानिस्लाव्स्की में भूमिका के निर्वाह की ये दोनों स्थितियाँ भी परस्पर अनुषक्त हैं। "रंगमंच पर भौतिक जीवन की रचना में तो उसका आधा काम ही हो पाता है।...क्योंकि कला का मुख्य उद्देश्य बाहर को नहीं, मानवीय आत्मा की रचना को सम्प्रेषित करना है।" यह अवश्य है कि जो सीधे इस आत्मिक अनुभव तक नहीं पहुच पाते, वे भौतिक पक्ष से आरम्भ करते हैं।

रंगमंच पर मनुष्य की आत्मा की खोज ने स्तानिस्लाव्स्की को योगदर्शन और योगसाधना की ओर आकृष्ट किया। अभिनेता को वे अपने-आप पर एकाग्र होने की सलाह देते थे। नाटक के पाठ में कुछ अंश वे छुड़वा देते, इन अंशों की प्रस्तुति फुसफुसाहट या मौन के द्वारा करने की सलाह देते थे। मौन का अर्थ था अभिनेता का अपने में गहरे तक उतरना और उसके द्वारा नाटक के पाठक के भीतर छिपे हुए उप-पाठ से साक्षात्कार।

भरतमुनि के प्रस्थान में लोकधर्मी तथा नाट्यधर्मी एक ही सिक्के के दो पहलू हैं। स्तानिस्लाव्स्की के प्रस्थान में भी भौतिक दृष्टि तथा आध्यात्मिक दृष्टि एक दूसरे से अविभाज्य रूप से जुड़ी हुई हैं। लोकधर्मी के बिना नाट्यधर्मी नहीं बन सकती और नाट्यधर्मी के बिना लोकधर्मी अपने में कुछ नहीं है। यही बात स्तानिस्लाव्स्की अपनी यथार्थवाद की अवधारणा में स्वीकार करते हैं। उन्होंने स्वभाववाद का इसी आधार पर विरोध किया है–

Naturalism for him implied the indiscriminate reproduction of the surface of life. Realism on the other hand while taking material from the real world and from direct observation, selected only those elements which revealed the relationships and tendencies being under surface. (बेनेडेटी जे०ए १९८२, पृ०११)

नाट्य जीवन का अनुकरण है–यह भरत मुनि और उनकी परम्परा के आचार्य बार-बार कहते आए हैं। पर वह जीवन का सतही अनुकरण नहीं है। अभिनेता सतही यथार्थ को अतिक्रान्त करता है। रंगमंच पर यह अतिक्रांति नाट्यधर्मिता के द्वारा सम्भाव्य होती है। भरतमुनि नाट्यधर्मी का विवेचन इसी अतिक्रांत की अपार सौन्दर्यमूलक संभावनाओं का आख्यान है। स्तानिस्लाव्स्की के लिए तो नाटकीयता अभिनेता का सर्वस्व है (वही, पृ० २४)। यह नाटकीयता रंगमंच में अनेक स्तरों पर अनुप्रविष्ट होती है। नाटक की कथा में कल्पना का पुट यथार्थ की सतही अनुकृति के बजाय यथार्थ की परतों

को उघाड़ने के लिए है। नाटक की कथा को रंगमंच पर साकार करने के लिए अभिनेता को फिर इसमें अपनी कल्पना का पुट देना होता है। इसके द्वारा अभिनेता अपने चारों ओर एक रचनात्मक वृत्त निर्मित कर लेता है और यह रचनात्मक वृत्त उसे भीड़ के सामने रहते हुए भी अपने में एकाकी बने रहने के लिए सहायक होता है। अपने में एकाकी रहकर वह अपने भीतर के स्रोत से नाट्य को रचता चला जाता है। तब उसे बाहर से प्राप्त मानकों, विधिविधानों पर निर्भर नहीं रहना होता।

स्तानिस्लाव्स्की ने जिसे "भीड़ के आगे एकान्त" कहा है, वह भरतमुनि द्वारा चतुर्विध अभिनय के रूप में व्याख्याायित है। आंगिक, वाचिक तथा आहार्य अभिनेता के लिए बाह्य स्रोत हैं, सत्त्व उसके भीतर है। सत्त्व में प्रतिष्ठित रहकर ही वह भूमिका के आरपार देख सकता है। यह देख पाना एक तरह से दूसरे चोले में घुसना होता है। भरतमुनि ने इसके लिए परकायप्रवेश का ही दृष्टांत दिया है। अभिनेता अपनी साधना, सूक्ष्म दृष्टि और एकाग्रता के द्वारा अपने खुद के चोले के बाहर आ जाता है और फिर दूसरे के चोले में वह जा सकता है। इस प्रक्रिया में असीम कष्ट तथा असीम आनंद दोनों को वह पाता है। अभिनेता के रूप में यह उसका मरण भी है और यही उसका नया जीवन भी है।

वाचिक, आंगिक और आहार्य की सारी प्रक्रिया वस्तुतः इसी परकाय प्रवेश के लिए की जाने वाली साधना है। स्तानिस्लाव्स्की इस प्रक्रिया से अनभिज्ञ नहीं हैं। वे इसकी सिद्धि के लिए सोपानदशी बताते हैं। उनके बताये दस सोपान ये हैं–

(१) यदि, (२) प्रदत्त परिस्थितियाँ, (३) कल्पना, (४) अवधान, (५) मांसपेशियों को ढीला छोड़ना, (६) प्रसंग तथा समस्याएँ, (७) सत्य और विश्वास, (८) भावात्मक स्मृति, (९) सम्प्रेषण तथा (१०) बाह्य उपादान।

स्तानिस्लाव्स्की के ये दस सोपान पूरी तरह तर्कसंगत तो नहीं हैं और वे अतिव्याप्ति और अव्याप्ति के दोषों से सर्वथा अस्पृष्ट हों, ऐसा भी नहीं है। यदि से आशय है अभिनेता का कल्पना करना कि यदि मैं वह होता, जिसका मुझे अभिनय करना है, तो मैं क्या-क्या करता। कल्पना, भावात्मक स्मृति तथा अवधान एक-दूसरे से बहुत अधिक जुड़े हैं। पहले सोपान–यदि–को मिलाकर ये सब उस सारी प्रविधि के करीब पहुँचते हैं। जिसे भरत ने सात्त्विक अभिनय कहा है। मांसपेशियों को ढीला छोड़ना आंगिक अभिनय की तैयारी है। बाह्य उपादान से तो सीधे-सीधे आशय आहार्य अभिनय से ही है। इस तरह इस सोपान–दशी के द्वारा स्तानिस्लाव्स्की ने प्रयोग का जो क्रम बनाया है, उसमें अभिनेता को अपने भीतर एकाग्र होना सबसे प्राथमिक आवश्यकता है। भरतमुनि ने अभिनेता के

अपने भीतर की इस एकाग्रता को सत्त्व कहा है। सत्त्व ही सारे अभिनय का बीज है।

तत्र कार्यः प्रयत्नस्तु नाट्यं सत्त्वे प्रतिष्ठितम्। (नाशा०, २२.१),

सत्त्व की इस स्थिति में अभिनेता भूमिका में ऐसे प्रवेश कर जाता है, जैसे एक जीव अपनी देह त्याग कर अन्य देह में प्रवेश करता है।

यथा जन्तुः स्वभावं स्वं परित्यज्यान्यदैहिकम्।
तत्स्वभावं हिं भजते देहान्तरमुपाश्रितः।
वेषेण वर्णकैश्चैव छादितः पुरुषस्तथा।
परभावं प्रकुरुते यस्य वेषं समाश्रितः।। (नाशा., २१.९०.९१)

मिकैल शैप्किन (१७८८-१८६३), जिनका स्तानिस्लाव्स्की पर गहरा प्रभाव पड़ा, इस स्थिति की व्याख्या करते हुए कहते थे कि अभिनय पात्र की त्वचा के भीतर सरकना है- Acting is crawling under the skin of the character- बेनेडेटी जे०, १९८२, पृ०७। स्तानिस्लाव्स्की भी भरतमुनि के परकाय प्रवेश के सिद्धांत को स्वीकार कर लेते हैं। जब वे कहते हैं कि मैं पात्र की वेशभूषा के भीतर अपने आप को कल्पित कर के देखता हूँ–I try to imagine myself in them (स्तानिस्लाव्स्की, १९६४, पृ० २४)। अपनी भूमिका के भीतर पहुँचना स्तानिस्लाव्स्की की दृष्टि में किसी भी अभिनेता का रूपान्तरण है, इसमें वह या तो किसी और का हिस्सा बन जाता है या कोई और उसका हिस्सा बन जाता है। स्तानिस्लाव्स्की ने अपने व्याख्यानों में कई जगह अभिनेता के उस रूपान्तरण की चर्चा की है, जो भूमिका के निर्वाह के समय घटित होता है। इब्सन के नाटक में नायक की भूमिका करते समय अपने अनुभव की विवृति करते हुए वे कहते हैं–

"The image and passions of that part became my own organic ones,, or rather, the reverse was true, my own feelings were transformed into Stockmann's and in the process, I experienced the greatest joy an actor can ever experience, namely the ability of speaking the thoughts of another man on stage, of putting yourself entirely at the serivice of someone esle's passions, and of reproducing someone else's actions as if they were your own. (Stanislavsky on *Art of Stage*. p. 16).

सिद्ध अभिनेता अपने-आप को तत्काल आमूलचूल उन क्षणों में बदल डालता है, नौसिखिये को इसके लिए तैयारी या साधना करनी पड़ती है। सिद्ध अभिनेता अभिनय के दौरान स्तानिस्लाव्स्की के अनुसार एक आविष्ट स्थिति या पराचेतना में पहुँच जाता है, जिसके लिए उन्होंने superconsciousness शब्द का इस्तेमाल किया है। भरतमुनि ने

अभिनेता की इस क्षमता का आकलन अपने सिद्धि-विचार में किया है। नाट्यप्रयोग में सिद्धि दो प्रकार की है–दैवी तथा मानुषी। दैवी सिद्धि में प्रेक्षक प्रयोग के देश-काल से पूरी तरह तादात्म्य स्थापित कर लेता है। इस समय अभिनेता अभिनेता के रूप में नहीं भासता। मानुषी सिद्धि में प्रेक्षक अभिनेता को अभिनेता के रूप में देखता है। भरत तथा स्तानिस्लाव्स्की दोनों ही दैवी सिद्धि के पक्षधर हैं। इसके लिए अभिनेता को अपने भीतर गहरे उतरना पड़ता है। स्तानिस्लाव्स्की का दृष्टिकोण यहाँ शब्दांतर में नाट्यशास्त्र में निरूपित सात्त्विक अभिनय की ही व्याख्या है–

The essence of art and the main source of creativity are hidden deep in man's soul, there in the centre of our inaccessible super-consciousness, our mysterious "I" has its being and inspiration itself. That is the store-house of our most important material.

(स्तानिस्लाव्स्की, १९६३, पृ० ८१)

अन्ततः भरत और स्तानिस्लाव्स्की दोनों के लिए अभिनयकर्म एक साधना है और अभिनेता एक योगी है। स्तानिस्लाव्स्की ने तो अपने अभिनेताओं को भारतीय योगसाधना की प्रविधि अभिनयकर्म में अपनाने की सलाह भी दी थी। वास्तव में स्तानिस्लाव्स्की का काम तथा उनका सोच पश्चिमी रंगमंच की विकासयात्रा में उस महत्त्वपूर्ण मोड़ को इंगित करता है, जहाँ पश्चिमी रंगमंच भारतीय तथा एशियाई रंग-परम्परा के साथ प्रत्यक्ष रूप में जुड़ता हुआ विश्व-रंगमंच के लिए नई भूमिका रच रहा है।

भरत तथा ब्रेख्त

समकालीन रंगमंच पर ब्रेख्त का अवतरण एक क्रांतिकारी घटना रही है। ब्रेख्त ने यूरोप के रंगमंच की हालत को ही नहीं बदला, उसके सौंदर्यशास्त्र को भी नया रूप दिया। ब्रेख्त ने अरस्तू से चली आती नाट्य परम्परा पर प्रश्नचिह्न लगाते हुए दर्शक और अभिनेता के बीच की उस अदृश्य चौथी दीवार को ढहा दिया, जिसे ढाई हजार साल की उस परम्परा ने मजबूती से खड़ा कर रखा था।

इस समय के हमारे रंगमंच पर ब्रेख्त का असर सबसे ताजा और गहरा कहा जा सकता है। निश्चय ही ब्रेख्त का दुनियाँ के रंगमंच को योगदान बहुत बड़ा है। पर उसकी अंधाधुंध नकल को स्वस्थ प्रवृत्ति नहीं कहा जा सकता। ब्रेख्त का सही उपयोग हम अपने रंगमंच की जीवित और प्राणवान् परम्पराओं को समझकर ही कर सकते हैं।

ब्रेख्त के रंगमंच का एक मूल सूत्र अभिनेता द्वारा अपनी भूमिका से अलकर होकर दर्शक को सीधे संबोधित करना है। हमारे रंगमंच की दुनिया में करीब तीन हजार

साल पहले से यह चीज मौलिक रूप में मौजूद रही है और परम्परागत भारतीय नाट्य में अभी भी देखी जा सकती है। इस देश में नाटक की शुरुआत प्रस्तुतकर्ता द्वारा श्रोता या प्रेक्षक से सीधे बातचीत के द्वारा ही हुई। प्रागैतिहासिक काल में सूत, चारण या कुशीलव इतिहास, पुराण या गाथाओं को जनता के सामने गा-गाकर सुनाया करते थे। आगे चलकर सूत ने सूत्रधार के रूप में अपने साथ एक दो अभिनेताओं को जोड़कर मंडली बनाई थी, जिसकी प्रस्तुतियों में मुख्य भाग कथा के नैरेशन का होता था, अभिनय उसके साथ-साथ चलता था। संस्कृत नाटक में यह सूत्रधार बराबर मौजूद रहा। वह प्रस्तावना में नाटक की कथा के बारे में प्रेक्षक से सीधे बातचीत ही नहीं करता अपितु, नाटक के जारी रहते समय भी वह कई बार बीच-बीच में आकर हस्तक्षेप करता है। ऐसे भी नाटक हैं, जिनमें मुख्य पात्रों की भूमिकाओं के जारी रहते समय सूत्रधार प्रकट होकर उनके बारे में कई पद्य बोलता है। वह प्रस्तुति के दौरान प्रेक्षकों के समक्ष नाटक की घटनाओं की व्याख्या करता चलता है। संस्कृत रंगमंच की हजारों वर्ष की परम्परा के जीवित अवशेष कूडियाट्टम् में सूत्रधार तथा विदूषक मूल नाटक के साथ काफी आजादी लेते हुए दर्शकों से वार्तालाप करते रहते हैं, एक नाटक की एक प्रस्तुति में केवल विदूषक का संबोधन ही कई दिनों तक चलता है। हमारे लोकनाट्य के कई रूपों में अभिनेता अपने अभिनय में अपनी भूमिका की व्याख्या दर्शक के आगे करने लगता है। यही नहीं, वह उस भूमिका के बारे में गाये जाने वाले समूह गीत में भी शामिल हो जाता है और उसके बाद फिर अपनी भूमिका में लौट आता है। ब्रेख्त ने अभिनेता के लिए इसी स्थिति को आदर्श माना है, जहाँ वह चरित्र से अपने को पृथक् कर ले–"अभिनेता के लिए कतई जरूरी नहीं कि वह खुद को वैसा ही प्रदर्शित करे, जैसा चरित्र उसे अभिनीत करना है। उसे सिर्फ उस चरित्र का मंच पर बखान करना है, उसी तरह जिस तरह किसी पुस्तक में उसका वर्णन किया जा सकता है।"

सूत्रधार के हस्तक्षेप तथा अभिनेता द्वारा दर्शक से सीधे साक्षात्कार से हमारी परम्परा में ठीक वह चीज पैदा होती है, जिसे ब्रेख्त ने पार्थक्य-प्रभाव (ऐलियनेशन-इफेक्ट) कहा है। यह पार्थक्य-प्रभाव ब्रेख्त के रंग-दर्शन का मूल आधार है, जिसके द्वारा उसने यूरोप के रंगमंच की समूची परिकल्पना को बदल दिया।

ब्रेख्त की रंगमंचीय परिकल्पनाओं, सौंदर्यशास्त्रीय सिद्धांतों तथा अभिनय पद्धतियों का परम्परागत भारतीय नाट्य से साम्य एकदम स्वाभाविक है, इसमें खींचातानी करके तुलना बिठाने की कोई बात नहीं। फर्क इस बात का है कि हमारी परम्परा में जो चीज आदिम रूप में मौजूद थी, वह ब्रेख्त के शब्दों में उसके रंगमंच पर अत्यधिक यांत्रिक और वैज्ञानिक विकास के बाद तथा अरस्तू की परम्परा के खिलाफ प्रतिक्रिया के फलस्वरूप

आकार ले सकी। खुद ब्रेख्त ने ही यह भी स्वीकार किया है कि उसके रंगमंच पर नया कुछ भी नहीं है, जो प्रयोग उसने किए हैं, वे हिन्दुस्तान, जापान और चीन के रंगमंच पर सदियों पहले हो चुके थे। ब्रेख्त एशियाई रंग परम्परा से प्रभावित भी था। यही कारण है कि ब्रेख्त ने रंगमंच का जो शास्त्र गढ़ा है, वह अनेक बातों में **नाट्यशास्त्र** के बहुत निकट है, जिसे भरत आज से करीब ढाई हजार वर्ष पूर्व लिख चुके थे। भरत ने काव्य और नाटक में अंतर नहीं माना है और हमारी पारंपरिक रंगचेतना काव्य और नाटक को अलग-अलग विधाओं के रूप में देख भी नहीं सकती थी, क्योंकि हमारे यहाँ नाटक का बीज काव्यपाठ में निहित रहा है, ब्रेख्त ने अरस्तू के समय से चले आ रहे नाटक तथा कविता को अलग-अलग मानने वाले ड्रामेटिक थियेटर का विरोध करते हुए अपने रंगमंच को उसकी तुलना में एपिक थियेटर या महाकाव्यात्मक रंगमंच कहना पसंद किया, क्योंकि भरत की परम्परा की तरह उसमें कविता का पाठ,कथा का बखान या नैरेशन का तत्त्व मौजूद था। भरत और ब्रेख्त दोनों दर्शक और अभिनेता को वस्तुजगत् से परे किसी दूसरी दुनिया में ले जाने के विरोधी हैं। ब्रेख्त ने दर्शक के मन में यह भ्रमजाल पैदा करने की कड़ी आलोचना की है कि वह कुशल अभिनेताओं द्वारा काफी रिहर्सल के बाद तैयार कर के प्रस्तुत किया जाने वाला प्रदर्शन नहीं, बल्कि सचमुच की घटनाएँ देख रहा है। भरत की परम्परा भी यह मानती है कि अभिनेता को खुद के राम, दुष्यंत आदि होने का भ्रम पैदा करने की जरूरत नहीं, उसे उनकी चरित्रगत विशेषताओं को साकार करना है। इसीलिए भरत और उनके अभिनव आदि व्याख्याकारों ने नाटक की प्रस्तुति को असली दुनिया की नकल और तज्जनित भ्रम मानने पर आपत्ति की है। रसास्वाद की भ्रममूलक व्याख्या का भी इन आचार्यों ने विरोध किया है। उन्हीं के स्वर में ब्रेख्त कहता है–"यदि मैं रिचर्ड थर्ड देखने जाता हूँ, तो इसका आशय यह नहीं कि मैं रिचर्ड तृतीय के जैसा अपने आपको महसूस करना चाहता हूँ। मेरा उद्देश्य यही हो सकता है कि मैं उस चरित्र के वैशिष्ट्य और असाधारणता को समझना चाहता हूं।" भरत और ब्रेख्त दोनों रंगमंच को किसी जादुई माहौल में ले जाने के विरुद्ध हैं, जहाँ प्रस्तुत की जा रही चीजों के बारे में यह भ्रम हो कि वे सचमुच में घटने जा रही हैं। 'किसी भी जादू और करिश्मे से भरी चीज से हमें अपने मंच को बचाना होगा और दर्शक को भी एक सम्मोहन-भरे तनाव में गुजरने से रोकना होगा।' इसके साथ ही ब्रेख्त प्रेक्षक के द्वारा मंच पर प्रस्तुत घटनाओं और चरित्रों से तादात्म्य का भी विरोधी है। चित्र की रचना का उदाहरण देते हुए कहता है कि चित्रकार चित्र बनाता है, दर्शक उसे देखता है । दोनों का अस्तित्व चित्र से अलग है। यहाँ यह बात ध्यान देने की है कि नाटक को देखने से होने वाली जटिल अनुभूति को समझाने के लिए हमारे आचार्य शंकुक ने भी चित्र का ही उदाहरण दिया है। प्रेक्षक **चित्रतुरगन्याय**

से नाटक से प्रस्तुत चीजों को समझता है। चित्र में बना घोड़ा चित्रकार और दर्शक दोनों से भिन्न वस्तु है और उसे बनाते समय तो देखते समय उसके साथ तादात्म्य अपेक्षित नहीं है। इसके साथ ही चित्र में बने हुए घोड़े के बारे में दर्शक न तो यह कह सकता है कि वह सचमुच का असली घोड़ा है, अथवा वह घोड़ा नहीं ही है और न यही कि वह घोड़े से मिलती-जुलती कोई और चीज है। इसी प्रकार राम का अभिनय करने वाला अभिनेता न तो अभिनय के समय यह अनुभव कर सकता है कि मैं सचमुच राम ही हूँ और न दर्शक ही यह अनुभव करता है कि वह वास्तविक राम ही है।

रसानुभूति के सिद्धांत के बारे में कई बार यह भ्रम खड़ा कर दिया जाता है कि उसमें प्रेक्षक का चरित्र तथा घटनाओं के साथ तादात्म्य आवश्यक है जब कि स्थिति इसके विपरीत है। भरत और उनकी परम्परा के सभी आचार्यों का यही आशय रहा है कि प्रेक्षक यदि तादात्म्य का अनुभव करेगा, तब रसानुभूति होगी ही नहीं। ब्रेख्त की ही तरह हमारे यहाँ भी नाट्यानुभव के लिए पार्थक्य एक बुनियादी शर्त है। अभिनेता अपने-आपको वास्तविक राम समझने लगे, तो वह अभिनय कर ही नहीं सकेगा। दर्शक भी यदि राम के साथ तादात्म्य अनुभव करे तो वह नाटक के रस से वंचित रहेगा। भरत के प्रथम व्याख्याकार लोल्लट ने कहा था कि प्रेक्षक अभिनेता में राम आदि का अनुसंधान करता है। अनुसंधान अपने-आप में एक पार्थक्यजनित प्रक्रिया है, दर्शक राम से तटस्थ होकर नट में राम का अनुसंधान कर सकता है । लोल्लट के बाद शंकुक ने अनुसंधान की इस प्रक्रिया को अभिनेता और प्रेक्षक दोनों पर लागू करते हुए अनुकृति तथा अनुमिति के द्वारा समझाया। अभिनेता अपनी शिक्षा, अभिनय कुशलता तथा अभ्यास के द्वारा राम आदि पात्रों का अनुसंधान करते हुए उनका अनुकरण करता है और प्रेक्षक उसमें राम आदि की अनुमिति करता है। अत एव पार्थक्य का तत्त्व भट्टनायक तथा अभिनव की व्याख्याओं में भी एकदम स्पष्ट है। यह बात अवश्य है कि इन आचार्यों ने अभिनेता के मूल पात्र से और प्रेक्षक के नाटक की दुनिया से पार्थक्य बनाए रखने पर बहुत जोर नहीं दिया, क्योंकि कलासर्जना और कलास्वाद की प्रक्रियाएँ इतनी जटिल और मिश्रित होती हैं कि उनमें पार्थक्य की अनुमिति ही सर्वोपरि नहीं मानी जा सकती। उनकी जटिल बुनावट में पार्थक्य के साथ-साथ तादात्म्य का भी उतना ही योग रहता है। अभिनेता रचना के एक स्तर पर मूल पात्र की मनःस्थिति को उसके साथ एकाकार होकर जीता है, तो दूसरे उससे अलग होकर उसे अभिव्यक्त करता है। यही स्थिति दर्शक के साथ है। ब्रेख्त ने भी नाटक के प्रस्तुतीकरण के समय अभिनेता की ओर से तथा उसके अवलोकन में प्रेक्षक की ओर से तादात्म्य की संभावना और अनिवार्यता को नकारा नहीं है, अलबत्ता तादात्म्य की बात को वह बहुत जोर देकर नहीं कहता। इसका कारण भी स्पष्ट है। ब्रेख्त ने अरस्तू की

हजारों वर्ष पुरानी जिस परम्परा के खिलाफ मोर्चा लिया था, उसमें तादात्म्य पर बल देने में अति ही कर दी गई थी। अभिनेता और प्रेक्षक दोनों से अपने विवेक और अपनी इयत्ता को तिलांजलि देकर नाटक की दुनिया से तदाकार होने की अपेक्षा की जाती थी। इस प्रवृत्ति का कड़ा विरोध करते हुए ब्रेख्त होरेस के आर्स पोएटिका का हवाला दिया है, जिसमें होरेस अभिनेता को सीख देता है कि यदि तुम दर्शक को हँसाना चाहते हो, तो खुद हँसने की ताब रखो यदि उसे रुलाना चाहते हो, तो पहले खुद अपने आपको आँसुओं में डुबा दो। सिसरो ने पोलस नामक रोमन अभिनेता का एक संस्मरण लिखा है, जिसके अनुसार जब पोलस को अपने भाई की मृत्यु से व्यथित इलेक्ट्रा का अभिनय करना था, ठीक उसी समय उसके अपने बेटे की मृत्यु हुई थी और वह अपने साथ मृतक पुत्र का अस्थिकलश मंच पर लेकर आया था तथा अपने पुत्र की मृत्यु के वास्तविक दुःख के कारण उसने इलेक्ट्रा के दुःख का प्रदर्शन करने के लिए अपने पुत्र के अस्थिकलश को इलेक्ट्रा का बताते हुए ऐसा सजीव अभिनय किया था कि दर्शक रोने लगे थे। इस पर टिप्पणी करते हुए ब्रेख्त ने कहा है–'यह शुद्ध बर्बरता के अतिरिक्त और कुछ नहीं है।' आचार्य भरत की दृष्टि से भी अभिनेता और प्रेक्षक के साथ इस ज्यादती को बर्बरता ही कहा जा सकता है । भरत ने नाट्य को विनोदजनक और विश्रामजनक कहा है। वे भी प्रेक्षक को उस संमोहन भरे तनाव में से ले जाने के पक्ष में नहीं जिससे उसकी अपनी विवेकबुद्धि ही बिसर जाए।

ब्रेख्त ने रंगमंच की पुरानी परम्परा को तोड़ते हुए हमारे समय की आर्थिक और सामाजिक स्थितियों के संदर्भ में नए प्रयोग किए। उसने त्रासदी को कोमेडी और कोमेडी को त्रासदी बनाया, जहाँ अरस्तू का प्रेक्षक जार-जार आँसू बहाता था, वहाँ ब्रेख्त ने उसे हँसाया, जिस जगह पर वह विरूप और घृणा से भर उठता था, वहाँ ब्रेख्त ने उसे गंभीर होकर सोचने के लिए मजबूर किया। सबसे बढ़कर ब्रेख्त ने अपने रंगमंच पर पार्थक्य-प्रभाव के द्वारा प्रेक्षक की आलोचना बुद्धि और विवेक के स्वातंत्र्य को प्रतिष्ठित किया। संस्कृत नाटकों के साथ भी भरत की परम्परा के तथा लोकमंच के कलाकारों ने इस तरह के प्रयोग किए। संस्कृत नाटक की शास्त्रीय परम्परा के रंगमंच–कुडियाट्टम में ठीक उस समय जब नायक दुःख और करुणा में डूबा विलाप करता हुआ कोई अत्यंत गंभीर संवाद बोलता है, विदूषक अपने समय की या अपनी घर-गृहस्थी की कोई हल्की-फुल्की बात उसकी पैरोडी में कहकर सारे वातावरण को बदल देता है। भारतीय लोकनाट्यों–तमाशा, भवाई, मांच, स्वांग आदि में भी यह प्रक्रिया अक्सर देखी जा सकती है। पर ब्रेख्त की तरह दोनों ही परंपराओं में शास्त्रीय तत्त्वों के साथ उलटफेर जीवन की गरिमा और गंभीरता का मखौल के लिए नहीं, उसे और गहराई से समझने के लिए है।

ब्रेख्त ने अपने रंगमंच के लिए स्मोकर्स थियेटर (धूम्रपान करने वालों का नाट्य) इस संज्ञा का इस्तेमाल भी इसलिए नहीं किया गया था कि वह रंगमंच को मात्र मनोरंजन का हल्का-फुल्का साधन समझता था। स्मोकर्स थियेटर–यह नाम भी शेक्सपीयर के रंगमंच के खिलाफ प्रतिक्रिया में आया था, जहाँ के गुरु-गंभीर किन्तु उस माहौल में त्रासदी देखते समय दर्शक दीर्घा में बैठे किसी व्यक्ति को राहत पाने के लिए चुरुट सुलगा लेना भी बम-विस्फोट करने के समान घातक अपराध माना जा सकता था।

ब्रेख्त के बारे में दो बातें ध्यान में रखने की हैं। एक तो ब्रेख्त यूरोप के रंगमंच का अंतिम सत्य नहीं है। वह विशेष सामाजिक, आर्थिक संदर्भों तथा तकनीकी विकास के दौर में परिस्थिति विशेष से जन्मे एक आंदोलन का प्रतिनिधित्व करता है। ब्रेख्त ने खुद भी स्वीकार किया है कि उसका मंच हर स्थिति के लिए परिपूर्ण नहीं है, वह एक दौर में उपजा है। दूसरे, ब्रेख्त ने जिन बातों को भारत या एशिया के मंच से उधार लिया था, उन्हीं बातों को हम ब्रेख्त से लें तो यह हमारी बीमार मनोवृत्ति का ही द्योतक होगा। उन चीजों को हम अपनी परम्परा से सीधे लेकर अपने रंगमंच को अधिक बहुआयामी और संपन्न बना सकते हैं।

६

संस्कृत नाटक तथा लोकनाट्य

नाटक जनभावनाओं में उच्छ्वसित और उल्लसित हुआ था, जनसमूह उसे अनायास गढ़ता और आकार देता चला गया था। वैदिक काल में प्रचलित अध्वर्यु और सोमविक्रयी का संवाद, पुंश्चली-ब्रह्मचारी का संवाद, वैश्य-शूद्र-संवाद–जिनके कर्मकाण्ड-की विधियों में अभिनीत होने के सुस्पष्ट प्रमाण मिलते हैं, लोकनाट्य के ही रूप हैं। साथ ही, **ऋग्वेद** के उन सूत्रों में भी, जिनका संवाद-सूक्तों के रूप में प्रथम अध्याय में विवरण दिया गया है, आदिम लोकनाट्य की झलक मिलती है।

भरत के सामने अपने से पूर्व की कई शताब्दियों से चली आती लोक-नाट्य की यह परम्परा मौजूद थी, जिसका संकेत उन्होंने वृत्तियों और प्रवृत्तियों के अपने विवेचन में दिया है। साथ ही मार्ग तथा देशी का निरूपण कर के भी उन्होंने अपने से पहले की वैविध्यपूर्ण रंगपरम्परा को पहचाना है। लोकनाट्य के कई रूपों की जानकारी भरत तथा उनकी परम्परा के नाटककारों को निश्चित रूप से थी। इस परम्परा ने लोकनाट्य को उपरूपक के रूप में मान्यता प्रदान की थी, जिसका दूसरा शास्त्रीय नाम नृत्यप्रबन्ध भी मिलता है। उपरूपकों का जो विवेचन भरत की परम्परा में हमें मिलता है, उसमें उपरूपक, निश्चय ही किंचित् परिष्कार के साथ सीधे लोकनाट्य से उठाये हुए लगते हैं। संस्कृत नाटककारों में उपरूपक सर्व प्रथम का उल्लेख करने वाले भास हैं, जिन्होंने **पञ्चरात्रम्** तथा **बालचरितम्** इन दो नाटकों में आभीर जाति के लोकनृत्य 'हल्लीसक' का उल्लेख किया है, तथा बालचरित में तो गोप-गोपियाँ हल्लीसक करते हुए चित्रित भी हैं। हल्लीसक का उपरूपकों के बीच उल्लेख भरत की परम्परा के अनेक शास्त्रकारों ने किया है। यह एक सामूहिक नृत्य था, जिसमें स्त्री-पुरुष दोनों एक साथ सम्मिलित होते थे।

कथावस्तु तथा नाटकीय संविधान की बनावट की दृष्टि से भी संस्कृत नाटककार लोकनाट्य की परम्परा से अनेक तत्त्व ग्रहण करते हुए प्रतीत होते हैं। भास के

मध्यमव्यायोग में जंगल में यात्रा करते ब्राह्मण-परिवार को **राक्षस का** मिलना और मँझले को सौंपने पर शेष को छोड़ने का कथांश, कालिदास के **विक्रमोर्वशीयम्** में प्राकृत या अपभ्रंश के पद्यों के साथ चर्चरी आदि लोकनृत्य तथा राजशेखर के नाटकों के बहुत-से संविधान लोकनाट्य से प्रेरित प्रतीत होते हैं।

भरत की परम्परा में उपरूपकों का विशद विवेचन करने वाले आचार्यों में अभिनवगुप्त सर्वोपरि हैं। अभिनव ने यह कर कि ये उपरूपक पुराने आचार्यों (चिरन्तनैः) के द्वारा स्वीकृत और निरूपित हैं, उपरूपकों की प्राचीनता का साक्ष्य दिया है। अनेक उपरूपक संस्कृत नाटक के विकास के पहले से प्रचलित रहे होंगे। अभिनव ने निम्नलिखित उपरूपकों का परिगणन किया है- डोम्बिका (प्रच्छन्न अनुराग की अभिव्यक्ति या राजा की प्रशस्ति के लिए सुकुमार नृत्य), भाणक (नृसिंह, शूकर आदि अवतारों की कथाओं को चित्रित करते हुए उद्धत नृत्य), उत्तर (सुकुमार नृत्य में उद्धत नृत्य का अल्प अनुप्रवेश), भाणिका (उद्धत नृत्य में सुकुमार का अनुप्रवेश), प्रस्थान (हाथी आदि पशुओं के सदृश गति, चेष्टा आदि में नृत्य करते हुए उनका स्वरूप मूर्त करना), षिद्गक (सुकुमार नृत्य में उद्धत का अनुप्रवेश करते हुए, नायिका का अपनी सखी के सामने पति को उपालम्भ देना या उसके असाधु आचरण की चर्चा करना), भाणिका (उद्धत नृत्य में सुकुमार नृत्य का अनुप्रवेश करते हुए बच्चों के खेल, शूकर, सिंह आदि का अभिनय करना), प्रेरण (हास्य-प्रधान प्रहेलिका से युक्त नृत्य), हल्लीसक (मण्डल बना कर सामूहिक नृत्य, जिसमें एक पुरुष बीच में नेता हो, जिस प्रकार गोपियों में कृष्ण), अनेक नर्तकियों के द्वारा योजित चित्रताल-लयान्वित सुकुमार तथा उद्धत नृत्य।

उपरूपकों की विस्तृत सूची विषयवस्तु तथा तकनीक की दृष्टि से उनकी विविधता को उजागर करती है। अभिनवगुप्त का यह कथन भी प्रमाणपुष्ट है कि उपरूपकों का निर्वचन पुराने अनेक आचार्यों ने किया था, क्योंकि छठी-सातवीं शती के काव्यशास्त्र के आचार्यों भामह तथा दण्डी ने उपरूपकों का उल्लेख किया है। इस प्रकार उपरूपकों के प्रचलन की परम्परा बहुत पीछे चली जाती है, संभवतः ये उपरूपक रूपकों के प्रचलन से भी पहले चले आ रहे होंगे। हल्लीसक, नाट्य रासक तथा प्रेक्षणक के प्रचलन की सूचना कामसूत्रकार वात्स्यायन ने भी दी है। भामह तथा दण्डी ने द्विपदी, रासक, स्कन्धक, लास्य छलित, शम्या-इनका दृश्यकाव्य के अवान्तर भेदों (उपरूपकों) के रूप में नाम लिया है। सभी उपरूपक प्रायः नृत्य के रूप में थे। इनमें पुराकथा के एक अंश, विशिष्ट घटना या प्रसंग को नृत्य और अभिनय के द्वारा प्रदर्शित किया जाता था। इनमें भरत प्रोक्त चतुर्विध अभिनय में से किसी एक अभिनय की न्यूनता रहती थी। जैसे कथकली में वाचिक अभिनय (संवाद) नहीं होता शेष तीन प्रकार के अभिनय रहते हैं। पात्र की दृष्टि से भी उपरूपकों में एक या दो पात्र पर्याप्त होते थे। प्रायः एक ही नर्तक या नर्तकी भी विभिन्न

भूमिकाओं का निर्वाह करता या करती थी।

उपरूपक लोकनाट्य के ही परिष्कृत प्राचीन रूप हैं। ऊपर परिगणित उपरूपकों में कुछ ऐसे हैं, जो नामान्तर से अलग अलग प्रान्तों में लोकनाट्य के रूप में अभी भी प्रचलित हैं। हल्लीसक तथा रासक परवर्ती रासलीला में संक्रांत हो गये होंगे तथा षिद्गक जैसे उपरूपकों की परिणति परवर्ती भांड आदि में देखी जा सकती है।

उपरूपक तथा लोकनाट्य का गहरा सम्बन्ध जयदेव के **गीतगोविन्द** में देखा जा सकता है। अभिनवगुप्त की परिभाषा के अनुसार **गीतगोविन्द** 'चित्रकाव्य' नामक उपरूपक का उदाहरण है। विभिन्न रागों में गाया जाने वाला, नृत्य और अभिनय से योजित उपरूपक चित्रकाव्य है। **गीतगोविन्द** विभिन्न प्रान्तों में लोकनाट्यों का प्रेरक, स्रोत और परिपोषक रहा है। असम का अंकीया नाट, बिहार में उमापति के नाटक, दक्षिण में भागवत नाटक, यक्षगान, कथकली तथा कृष्णाट्टम् और बंगाल की यात्रा और हरिकीर्तन–इन सबका प्रेरणास्रोत **गीतगोविन्द** रहा है।

उपरूपकों-लोकनाट्यों का प्रचलन संस्कृत नाटक की क्लासिकी परम्परा के अभ्युदय के पूर्व था और उसके समानान्तर भी जारी रहा। संस्कृत नाटककार जहाँ अपने समय के लोकनाट्यरूपों से प्रभावित हुए, वहीं क्लासिकी नाटकों की परम्परा ने भी लोकनाट्यरूपों पर दूरगामी प्रभाव डाला। दोनों की परस्पर सहकारिता तथा आदान-प्रदान की ईसा के बाद की कुछ शताब्दियाँ रंगमंच का स्वर्णिम काल कही जा सकती हैं। बाद की शताब्दियों में संस्कृत नाटक अपनी सप्राणता तथा सार्थकता खोता गया और उसका क्षेत्र भी संकुचित होता गया। तब उसे लोकनाट्य की शैलियों से जोड़ कर मंदिर के मंच पर बोधगम्य बना कर प्रस्तुत किया जाता रहा तथा वह लोकनाटकों का एक स्रोत और उपजीव्य बना रहा। भाषा, वस्तु, छन्द तथा नाट्यसंविधान की दृष्टि से भी लोकनाटक के मंच के लिए लिखे जा रहे नाटकों में संस्कृत नाटकों का प्रभाव स्पष्ट है, विशेषतः बारहवीं शती के पश्चात् अपभ्रंश-मिश्रित संस्कृत के साथ मैथिली, बंगाली, आदि में हरिकीर्तन, यात्रा और अंकीया नाट आदि लोकनाट्यों के लिए लिखे गये नाटकों में हम यह बात देख सकते हैं। इन नाटकों में सूत्रधार का कर्तृत्व संस्कृत नाटक की अपेक्षा अधिक विस्तृत और गुरुतर हो गया है। वह प्रस्तावना के बाद भी लगभग पूरे नाटक में उपस्थित रह कर पात्रों के संस्कृत संवादों तथा कथांशों को अपने लोकभाषागीतों आदि के द्वारा समझाता चलता है। इस प्रकार लोकनाट्य का सूत्रधार इतिहासपुराणों के गायक सूत के अपने मूल रूप के अधिक निकट है। संस्कृत नाटक की प्रतीकात्मक और व्यंजनाप्रधान शैली यहाँ व्याख्यात्मक हो जाती है।

ऐसी स्थिति में संस्कृत के श्रेष्ठ नाटककारों पर लोकनाट्य या उपरूपक की परम्परा का प्रभाव होना स्वाभाविक था। ऊपर कालिदास, भवभूति, राजशेखर आदि

नाटककारों पर लोकनाट्यरूढियों के प्रभाव की चर्चा की गई है।

अनेक संस्कृत नाटकों की प्रस्तावनाओं में संगीतक का उल्लेख आता है। चतुर्भाणी में संगीतक की गेय रूपक में कई जगह चर्चा है। यह संगीतक आगे चल कर सांगीत या नौटंकी के विकास का प्रमुख स्रोत बना होगा।

पूर्व रंग के विधिविधान, प्रस्तावना, अभिनय-पद्धतियों तथा रंगमंच की सरंचना की पुष्टि से लोकनाट्य के अनेक रूप भरत के शास्त्र का अनुसरण करते हैं तथा अपनी प्रामाणिकता स्थापित करने के लिए वे भरत मुनि को ही अपने स्रोत के रूप में उद्धृत करते भी हैं।

लीलातत्त्व, लीलानाट्य तथा संस्कृत नाटक

लीला का सामान्य अर्थ क्रीडा, केलि, शृङ्गारपूर्ण चेष्टा, विलासविहार, सौन्दर्य आदि बताये गये हैं (संस्कृतशब्दार्थकौस्तुभ, पृ. ६६६)।

अमरकोश ने लीला को (हाव के छः प्रकारों में माना है; अ.को. १.७.३२)। अन्यत्र इसी कोश में (३.३.१९६) लीला के तीन अर्थ बताये गये हैं– विलास, केलि तथा शृङ्गारजन्य-क्रिया।

वेदान्त दर्शन की परम्परा में लीलातत्त्व का सर्वप्रथम निरूपण बादरायण के ब्रह्मसूत्र में हुआ है। ब्रह्मसूत्र (२.१.३३) में कहा गया है-**"लोकवत्तु लीलाकैवल्यम्।"** सूत्रकार का आशय यह प्रतीत होता है कि जिस प्रकार लोक में भी नृत्य आदि के लिए निष्प्रयोजन अनुकृति की जाती है, उसी प्रकार ब्रह्म की लीला यह जगत् है। इस सूत्र के भाष्य में आचार्य शंकर कहते हैं जिस पुरुष की एषणा पूरी हो चुकी है, वह किसी अतिरिक्त प्रयोजन के बिना क्रीडा विहार आदि में लीला मात्र के लिए प्रवृत्त होता है अथवा जिस प्रकार उच्छ्वास और निःश्वास किसी बाहरी प्रयोजन के बिना स्वभावतः लीला रूप प्रवृत्ति (सृष्टि-क्रिया में) होती है लोक की लीला में खोजने पर अन्य कोई प्रयोजन मिल भी जाय, पर इस लीला में तो किसी प्रयोजन की उत्प्रेक्षा (कल्पना) भी नहीं की जा सकती (ब्रह्मसूत्र, पृ. २१६-१७)।

भाषागत निरुक्ति की दृष्टि से जिसमें लीन करने की क्षमता हो वह लीला है। इसलिए और क्रीडा इस दृष्टि से पर्याय के रूप में प्रयुक्त होते आये हैं। गौडपाद ने माण्डूक्य कारिका (१.९) में कहा है-

भोगार्थं सृष्टिरित्यन्ये क्रीडार्थमिति चापरे।
देवस्यैष स्वभावोऽयमाप्तकामस्य का स्पृहा।।

विष्णु पुराण (१.२.१८) में ईश्वर के द्वारा सृष्टि करना बच्चे की खिलौनों से क्रीडा के समान कहा गया है-

क्रीडतो बालकस्येव चेष्टां तस्य निशामय।

रामानुज ने श्रीभाष्य (ब्रह्मसूत्र, १.४.२७) में सृष्टि-क्रिया की व्याख्या में कहा है कि चित् तथा अचित् वस्तुएँ इस क्रिया में ब्रह्म की लीला के उपकरण हैं, ब्रह्म इनमें तन्मय होकर जगदाकार हो जाता है।

तन्मयी-भवन के द्वारा जगदाकार परिणति में ब्रह्म अन्य रूप में आभासित होने लगता है। ब्रह्मसूत्र में इस अन्यथाभास के लिए नट का उदाहरण दिया गया है- **"लीलया व्यामोहनार्थमन्यथा भासयेन्नटवत्"** (ब्रह्मसूत्र, १.१.२६)। यह लीला निर्गुण को सगुण व अशरीर को शरीर बनाती है (**स्वलीला-सिद्ध्यर्थं तच्छरीरम्**। वही, १.१२०)

वल्लभाचार्य ने श्रीमद्भागवत में निरूपित दशलक्षणों की भी व्याख्या परमेश्वर की दस लीलाओं के रूप में की है। दशलक्षण इस प्रकार हैं-

अत्र सर्गो विसर्गश्च स्थानं पोषणमूर्तयः।
मन्वन्तरेषानुकथा निरोधो मुक्तिराश्रयः
दशमस्य विशुद्ध्यर्थं नवानामिह लक्षणम्।।

(भागवत, २.१०. १-२)

देवों का मर्यादापूर्वक पालन स्थान है, इश्वरानुग्रह पोषण है, कर्मवासनाएँ ऊतियाँ है, ईशानुकथा लीला है, इसमें लीला में आख्यान का भी समावेश हो जाता है, आश्रय परब्रह्म स्वयं है।

वल्लभाचार्य ने उपानेषदों के **"स न रेमे, तस्मादेकाकी न रमते"** इत्यादि वाक्य उद्धृत करते हुए सिसृक्षा या रचने की इच्छा को लीला का मूल माना है।

लीलानाट्य में लीला की ये दार्शनिक अवधारणाएँ बीजरूप में निहित हैं। इन अवधारणाओं के मूल रूप ये हैं-

१. सिसृक्षा या सृष्टि की इच्छा।
२. क्रीडा या रञ्जन।
३. अनुकरण।
४. अनुकार्य के रूप में अनुकर्ता की परिणति-तादात्म्य या तन्मयी भवन।

इसके अतिरिक्त लीला तत्त्व की दार्शनिक अवधारणा लीला को स्वप्रयोज्य स्वीकार करती है। महाप्रभु वल्लभाचार्य ने ब्रह्मसूत्र की व्याख्या में कहा है कि लीला का प्रयोजन लीला ही है। स्वयं अपना प्रयोजन है। श्रीमद्भागवत की सुबोधिनी में लीला का प्रयोजन "स्वानन्दस्थापना" बताया है- **"स्वानन्दस्थापनार्थं लीला भगवता कृता"**- (**रासपञ्चाध्यायी**, सुबोधिनी, कारिका-१)।

कला और सौन्दर्यशास्त्र की भारतीय परम्परा में "लीला" का प्रथम विवेचन

भरतमुनि ने **नाट्यशास्त्र** (ना.शा.) में किया है। **नाशा.** में निरूपित लीला की ऊपरी तौर पर लीलातत्त्व की उक्त दार्शनिक अवधारणा से समाकारिता स्पष्ट रूप से प्रतीत नहीं होती। भरतमुनि ने सामान्याभिनय के अन्तर्गत २२ वें अध्याय में लीला का विवेचन किया है। अको. में लीला को हाव का प्रकार मान लिया है, जब कि नाशा. में भाव, हाव और हेला यौवन में शरीरज अलङ्कार हैं और लीला यौवन के ही दस स्वभावज अलङ्कारों में सबसे पहला है।

लीला की दार्शनिक अवधारणा के निम्नलिखित तत्त्व नाट्यशास्त्रीय अभिनियात्मक लीला में समाहित हो गये हैं- स्वतःप्रयोज्यता, आनन्दमूलकता, अनुकरणात्मकता तादात्म्यापत्ति या तल्लीनता तथा स्वयं की अन्यथा परिणति।

भरत मुनि ने इसका लक्षण यह किया है-

वाङ्गालङ्कारैः शिष्टैः प्रीतिप्रयोजितैर्मधुरैः।
इष्टजनस्यानुकृतिर्लीला ज्ञेया प्रयोगज्ञैः।। (नाशा., २२.१४)

अर्थात् वाचिक, आङ्गिक और आहार्य अभिनयों के द्वारा प्रेम से भर कर मधुर शिष्ट भाव से प्रिय की अनुकृति की जाए, तो लीला नामक अलङ्कार होता है।

टीकाकार अभिनवगुप्त ने इसकी व्याख्या में लीला में सौकुमार्य की विशेषता अपेक्षित मानी है। अभि. ने यह भी कहा है कि नायिका के अलङ्कारों में कुछ प्राप्त-संयोगा नायिका से सम्बद्ध हैं, अन्य अप्राप्तसम्भोगा नायिका से। लीला प्राप्तसम्भोग नायिका का अलङ्कार है (**अभिभा.**, भा. ३ पृ. १५९)।

नाट्यशास्त्रीय परम्परा के परवर्ती आचार्यों में शारदातनय ने लीला के लक्षण को कुछ विस्तार देते हुए कहा है कि केवल स्त्री या नायिका के द्वारा अपने प्रिय की अनुकृति करने में ही नहीं, पुरुष या नायक के द्वारा भी नायिका की अनुकृति इसी प्रकार प्रेमभाव से करने पर भी लीला अलङ्कार होता है (**भाप्र.**, पृ.)।

सागरनन्दी ने 'लीला' के लक्षण में मनोविनोद का तत्त्व और जोड़ा है। अर्थात् प्रियतम की अनुपस्थिति में नायिका अपनी सखियों के आगे अपना मन बहलाने के निमित्त से वेश, गति, हँसी तथा बातचीत के द्वारा प्रिय का जब अनुकरण करे तो लीला अलङ्कार है (**नालरको.**, पृ. २४७)।

इस प्रकार इस पूरी परम्परा में लीला का सम्बन्ध शृङ्गार रस से है और लीला अभिनय या नाट्य-प्रयोग की एक प्रवृत्ति है। नाट्यशास्त्रीय दृष्टि से लीला में अभिनय का दोहरा स्तर है अर्थात् अभिनेता या अभिनेत्री रंगमंच पर जिस पात्र का अभिनय कर रहा है, वह पात्र भी अन्य का अभिनय करके शेष पात्रों को बताने लगता है। यदि कोई नटी नाट्य-प्रयोग में राधा या गोपी का अभिनय कर रही है, तो राधा या गोपी की भूमिका में शेष सखियों के आगे श्रीकृष्ण की चेष्टाओं का अभिनय करके दिखाने लगे, तो यह लीला

हो जाएगी। लीला की यह नाट्यशास्त्रीय अवधारणा ही लीलानाट्य का बीज रही है।

सौकुमार्य तथा माधुर्य की लीला में सभी आचार्यों ने अनिवार्यतः निष्पत्ति मानी है। अतः लीला का लास्य नृत्य में प्रतिफल होता है- यह भी स्वीकार किया गया। जायसेनापति ने कहा है-

देव्या लीलाललितमधुरं लास्यमुल्लासयन्त्याः।
यः शृङ्गारो रहसि पुरतः पत्युराविष्कृतस्तम्।।

(नृर., १०३)

जासे. ने ही लास्य के दस अङ्गों में उत्तमोत्तमक नामक अङ्ग **को** **'लीलाभावमनोहर'** कहा है (वही १.६८)।

इस प्रकार नाट्यशास्त्र में अभिनय की दृष्टि से जिस लीला-तत्त्व का निरूपण किया गया है, वह एक ओर सूक्ष्म रूप से वेदान्त दर्शन में प्रतिपादित लीला के स्वरूप से सम्बद्ध है, तो दूसरी ओर लीला-नाट्य का स्वरूप भी बीजरूप से उसमें निहित है।

आख्यान तत्त्व, आख्यान और संस्कृत नाटक

लीला की ही भाँति आख्यान की अवधारणा भी वैदिक वाङ्मय से ही मिलने लगती है। वस्तुतः आख्यान समग्र भारतीय साहित्य तथा अभिनेय कलाओं की परम्परा में एक केन्द्रीय अवधारणा है।

आख्यान का सर्वप्रथम उल्लेख **अथर्ववेद** में मिलता है। १.४.४० में पाणिनि ने कहने या घोषित करने के अर्थ में इस शब्द का प्रयोग किया है, जब कि ८.२.१०५ तथा २.३.११० में उत्तर देने के अर्थ में आख्यान शब्द **अष्टाध्यायी** में प्रयुक्त है।

प्राचीन कथा या कथाप्रबंध के अर्थ में आख्यान शब्द के प्रचलन का प्रमाण **मभा.** में मिलता है। संपूर्ण **मभा.** के लिए भी 'आख्यान' शब्द का प्रयोग किया गया है तथा इसके अंतर्गत समाविष्ट प्राचीन कथाओं के लिए 'उपाख्यान' शब्द व्यवहृत है। नलोपाख्यान, शकुन्तलोपाख्यान, सावित्र्युपाख्यान आदि मभा. के प्रसिद्ध उपाख्यान हैं।

उपख्यान तथा आख्यान में संबंध और अंतर को भोज ने स्पष्ट किया है। उनके अनुसार-

नलसावित्रीषोडशराजोपचारवत्प्रबन्धान्तः।
अन्यप्रबोधनार्थं यदुपाख्याति तदुपाख्यानम्।।
आख्यानसत्तां तल्लभते यद्यभिनयन् पठन् गायन्।
ग्रन्थिक एकः कथयति गोविन्दवदवहिते सदसि।।

इसके अनुसार किसी प्रबंध के अंतर्गत किसी पात्र को उद्बोधन देने के लिए कोई दूसरा पात्र जब कोई पुरानी कथा दृष्टांत के रूप में सुनाये, तो यह उपाख्यान माना जाना चाहिए, जैसे नल-सावित्री आदि के उपाख्यान। **मभा.** में किसी पात्र को संदेश या

शंकासमाधान के लिए सुनाये गये हैं। यही आख्यान जब किसी ग्रन्थिक (ग्रन्थ से पढ़ कर सुनाने वाले) के द्वारा पाठ, अभिनय, गायन के साथ प्रस्तुत किया जाता है, तो वह आख्यान बन जाता है।

इससे प्रतीत होता है कि आख्यान उपाख्यान का ही नाट्यरूप है। परन्तु प्राचीन परम्परा में आख्यान और उपाख्यान के बीच इस प्रकार का अंतर नहीं किया गया है और आख्यान शब्द उपाख्यान की अपेक्षा अधिक प्राचीन और व्यापक भी है। वैदिक काल से ही प्राचीन कथाओं को कहने की विधा के लिए आख्यान शब्द चल पड़ा था और आख्यान अध्ययन का एक महत्त्वपूर्ण विषय माना जाता था। वेद और वेदाङ्गों के साथ आख्यानों का अध्ययन व अध्यापन होता था। **छान्दोग्य उपनिषत्** में वेद आदि के साथ आख्यान को पढ़ने-पढ़ाने का अनेकत्र उल्लेख है तथा आख्यान को पाँचवा वेद भी कहा गया है–

अधीत्य चतुरो वेदान् साङ्गानाख्यानपञ्चमान्।–छा., ७.६.२०
वेदानध्यापयामास साङ्गानाख्यानपञ्चमान्। – वही, १.६३.८६
साङ्गोपनिषदान् वेदांश्च चतुराख्यानपञ्चमान्। – वही, ३.४५.८

रामा. तथा **मभा.** में भी किसी प्राचीन बड़ी कथा के लिए आख्यान शब्द प्रयुक्त है और **इस दृष्टि से रामा.** और **मभा.** ये दोनों ग्रन्थ भी आख्यान कहे गये हैं-

श्रूयतामिदमाख्यानमनयोर्देववर्चसोः। – रामा., १.४.१
इक्ष्वाकूणामिदं तेषां राज्ञां वंशे महात्मनाम्।
महदुत्पन्नमाख्यानं रामायणमिति श्रुतम्।। – रामा., १.५.३
सर्वमेतत् पुरावृत्तमाख्यानं भद्रमस्तु वः।
– वही, ६.१५३.११६, ७.११.४
साङ्गोपनिषदान् वेदान् चतुराख्यानपञ्चमान्।
– मभा., वन., ५५.१
योऽधीते चतुरो वेदान् सर्वानाख्यानपञ्चमान्। -
– वही, द्रोण., १.३१
वेदानाख्यानपञ्चमान्। - वही, कर्ण., १.४४
तस्याख्यानवरिष्ठस्य। - वही, आदि., १.२४

यास्क ने वेद के कुछ सूक्तों को भी इतिहास और आख्यान की संज्ञा दी है (**निरुक्त,** ११.२५)। ब्राह्मण ग्रंथों में भी वेद में उल्लिखित कुछ प्रसंगों, जैसे शुनःशेप का प्रसंग, को आख्यान कहा गया है।

यज्ञ के अवसर पर कुछ विशेष आख्यानों को प्रस्तुत किये जाने की प्रथा थी। ये आख्यान पारिप्लव आख्यान कहे जाते थे।

इस आख्यान शैली का प्रभाव संस्कृत नाटकों की संरचना पर परिलक्षित होता है।

१०

संस्कृत नाटक तथा विश्वनाट्य

समग्र नाटक की अवधारणा तथा शाकुन्तल

संस्कृत नाटक के उद्भव के बारे में सोच और शोध हमारे समय में पश्चिम की विभाजनवादी और साम्राज्यवादी दृष्टि के आधिपत्य में शुरू हुआ। डी.आर.माकड़, मनमोहन घोष तथा व्ही. राघवन् आदि विद्वानों का विचार था कि संस्कृत नाटक के उद्भव की प्रक्रिया में पहले छोटे-छोटे रूपक, जिन्हें उपरूपक के रूप में परिभाषित किया गया है, आये। इनसे भाण, प्रहसन, वीथी जैसे एक एक अंक और एक-एक या दो-दो वृत्तियों वाले रूपक, विकसित हुए, फिर इनसे समवकार, डिम आदि दो-दो या तीन तीन अंकों वाले रूपक और पाँच या अधिक अंकों वाले, सभी वृत्तियों वाले रूपक, जिन्हें नाटक और प्रकरण के रूप में परिभाषित किया गया है, इस विकासक्रम में सबसे अन्त में आये।

नाट्यशास्त्र की पूरी परम्परा इस विकासवादी विचार के विरुद्ध लगती है। एक तो उपरूपक संज्ञा का प्रयोग बहुत बाद में शुरू हुआ। बारहवीं शती के आचार्य अमृतानन्द ने अलङ्कारसंग्रह में सबसे पहले उपरूपक शब्द को लघु रूपकों के पारिभाषिक अर्थ में प्रयुक्त किया। दूसरी ओर भरतमुनि अपने नाट्यशास्त्र में कहते हैं कि नाटक और प्रकरण के बन्धयोग के अन्य रूपक-प्रकार प्रयोक्ता (नाटक खेलने वाले) बना सकते हैं (**नाशा. १८. ५८.५८**)। इसकी व्याख्या में आचार्य अभिनवगुप्त स्पष्ट कहते हैं कि नाटक और प्रकरण न केवल सारे रूपकों में प्रधान हैं, बल्कि इन्हीं से सारे रूपकों का प्रसार होता है और इनके लक्षणों का सांकर्य करने से सारे रूपकों का दर्शन हो जाता है- **'तत्र प्रधानभूतयोः सर्वरूपकप्रसरणकारिणोः नाटकप्रकरणयोर्लक्षणसाङ्कर्ये दर्शिते सर्वरूपकाणां दर्शनं भवति। अभिनवभारती,** (भा.२, पृ. ४३४)।

आचार्य भरत और अभिनवगुप्त के प्रतिपादन से यह आशय निकाला जा सकता है

कि नाटक या प्रकरण जैसे पूर्णाकार रूपकप्रकारों में बाकी रूपकप्रकार या उपरूपकप्रकार समाहित रहते हैं। **रसार्णवसुधाकर** के रचयिता सिंहभूपाल तो यह भी घोषण करते हैं कि नाटक प्रकृति है, बाकी रूपकभेद उसकी विकृतियाँ हैं (**रसु.**, ३.१२६.३०)।

अभिनवगुप्त ने तो इस विचारसरणि को आगे बढ़ाते हुए दशरूपक की अवधारणा की एकदम अलग ही व्याख्या का हवाला दिया है। यह व्याख्या दशरूपक की प्रचलित व्याख्या से बहुत भिन्न है। दशरूपक से प्रचलित आशय यह लिया जाता है कि रूपक या ड्रामा के दस मुख्य प्रकार हैं (नाटक, प्रकरण, भाण, समवकार, डिम, व्यायोग, ईहामृग, अंक, वीथी तथा प्रहसन)। पर अभिनव कहते हैं कि कुछ दूसरे आचार्यों के अनुसार से दशरूपक का आशय यह है कि एक ही रूपक में दसों रूपकों के दर्शन किये जा सकते हैं। **(अन्ये त्वाहुः-एकैकस्य रूपकस्य दश दश रूपकाणि सम्भवन्ति। तथा च वीथ्यङ्गानां सर्वत्र सम्भवः। परगतवचनानुरूपभाणप्रयोगश्च किं ब्रवीषीत्याकाशभाषिते। तेन दशरूपाणि यस्य तादृशं काव्यमित्यर्थः। अत एव न सकलः प्रबन्धो नाटकम्, अपितु प्रबन्धस्य किञ्चिद् रूपम्, तल्लक्षणांशबाहुल्यात् तदुपदेशयोगः। अत एव न दशसंख्या विभागार्थो येन सट्टकादीनां त्यागः स्यात्, तत्रापि दशरूपकलक्षणयोगोऽस्त्येव'-अभिनवभारती,** भा. २, पृ. ४०८)। रूपक के दस प्रकार न मान कर किसी भी रूपक के भीतर दस तरह के नाट्यतत्त्व हो सकते हैं- ऐसा माना जाना चाहिए। अभिनवगुप्त इस व्याख्या का खण्डन न करके प्रकारान्तर से मण्डन ही करते हैं, क्योंकि यह व्याख्या भरतमुनि के निरूपण से संगति रखती है। भरतमुनि तो स्वयं दस प्रकार के रूपकों के अलग-अलग लक्षणों में यह संकेत देते चलते हैं कि एक रूपक के भीतर दूसरे रूपक के तत्त्व अनुप्रविष्ट रहते हैं। उदाहरण के लिए वीथी के अंग वीथी नामक रूपकप्रकार में ही नहीं होते, वे शेष रूपकप्रकारों में भी अपेक्षित हैं। आकाशभाषित भाण नामक रूपक की पूरी संरचना में पिरोया होता है, पर बाकी नौ तरह के रूपकों में भी बीच-बीच में यथावसर आकाशभाषित का प्रयोग नाटककार करता ही है।

किसी रूपकविशेष में रूपकविधा के अन्यप्रकारों के तत्त्व शामिल हो जाएँ, यह स्वाभाविक है। पर रूपकविधाओं की इस पारस्परिक अन्तः क्रिया और परस्पर सांकर्य की सम्भावनाएँ नाटक नामक रूपकप्रकार में सर्वाधिक हो सकती हैं, क्योंकि नाटक की जो परिकल्पना नाट्यशास्त्रीय आचार्यपरम्परा में की गई है, उसमें जीवन की समग्रता और विविधता नाटक में ही सर्वाधिक मूर्त मानी गई। नाटक की परिपूर्णता पर प्रकाश डालते हुए आचार्य भरत यही बताते हैं।

पञ्चसन्धिचतुर्वृत्तिचतुःषष्ट्यङ्गसंयुतम्।
षट्त्रिंशल्लक्षणोपेतं गुणालङ्कारभूषितम्।।

महारसं महाभोगमुदात्तवचनान्वितम्।
महापुरुषसञ्चारं साध्वाचारजनप्रियम्।
सुश्लिष्टसन्धियोगं सुप्रयोगं सुखाश्रयम्।
मृदुशब्दाभिधानं च कविः कुर्यात् तु नाटकम्।।

(नाट्यशास्त्र, १९.१३९-४१)

आचार्य की इस विचारसरणि से एक आशय यह निकलता है कि नाटककोटि के रूपक में बाकी सभी रूपकप्रकारों के तत्त्व समाहित रहते हैं। तब यह सवाल उठता है कि क्या कोई ऐसा नाटक हो सकता है, जिसमें बाकी सारी नाट्यविधाओं की छटाएँ समाई हुई हैं? यदि ऐसा कोई नाटक हो, तो उसे **समग्र नाटक** कहा जाना चाहिए।

समग्र नाटक जैसी संज्ञा का प्रयोग भरत या उनकी परम्परा के आचार्यों ने नहीं किया। इन आचार्यों से कुछ अलग परम्परा के आचार्य हुए हैं– सुबन्धु। उनके नाट्यनिरूपण में भरत के प्रस्थान से कहीं-कहीं अन्तर परिलक्षित होता है। उदाहरण के लिए सुबन्धु ने नाटक के पाँच प्रकार बताये– पूर्ण, प्रशान्त, भास्वर, ललित और समग्र। इनमें से समग्र नाटक का कुल मिला कर लक्षण सुबन्धु ने यही किया है, जो ऊपर के सारे विवेचन की तर्कसंगत परिणति में आता है–

सर्वेषां यत्र दृश्यन्ते रूपाणि विविधानि च।
नाटकं नृत्ताचाराख्यं तत् समग्रमितीरितम्।।

(भावप्रकाश, पृ. २४१ पर उद्धृत)

अर्थात् जिसमें सारे रूपकों के रूप विविधरूप से दिखाई दें, वह समग्र नाटक है। नृत्तचार (?) भी इसी का नाम है।

सुबन्धु की दृष्टि में **समग्र नाटक** नाट्यरचना की परिणति या शिखर है। हर नाटककोटि के रूपक में यह अपेक्षा नहीं की जा सकती कि उसमें सभी रूपकों के नाना तत्त्वों के समावेश की गुंजाइश रहे। पर रंगमंच की अच्छी समझ रखने वाला कोई प्रतिभाशाली रचनाकार नाटक कोटि का रूपक लिखे, तो उसकी कृति में यह संभावना साकार हो सकती है।

रंगमंच की अपने समय तक की सम्पन्न परम्परा का अवबोध और उसकी प्रविधियों की अच्छी पकड़ कालिदास में थी। नाट्यशास्त्र के सिद्धान्तों का भी उन्हें ज्ञान था। अपनी सारी रूपक रचनाओं में वे इतर नाट्यप्रकारों के तत्त्वों का समावेश करते हुए अलग-अलग तरह के प्रयोग करते हैं। **मालविकाग्निमित्रम्** में छलित नाट्य है, तो **विक्रमोर्वशीयम्** का चौथा अंक भाँति-भाँति के लोकनाट्यों या लघु नृत्यनाट्यप्रकारों का जखीरा ही है।

संस्कृत नाटकों में हमारी परम्परा **अभिज्ञानशाकुन्तल** को निर्विवाद रूप से सर्वोच्च स्थान देती आई है। **अभिज्ञानशाकुन्तल** में इतर रूपक प्रकारों के समावेश का उस तरह आयास नहीं झलकता, जैसा **मालविकाग्निमित्रम्** और **विक्रमोर्वशीयम्** में है। फिर भी **शाकुन्तल** की सारी संरचना और उसके अपने रंगमंच की जाँच की जाय, तो लगता है कि **समग्र नाटक** की परिकल्पना का सबसे उत्तम नमूना यदि किसी नाटक में मिल सकता है, तो वह शाकुन्तल है।

शाकुन्तल की संरचना की सारी कसावट में इतर रूपकप्रकारों के समायोजन के लिए लचीलापन आरम्भ से ही अनुभव होता है। भरतमुनि ने तो कहा ही है कि नाटक की प्रस्तावना या आमुख में वीथी के तेरह अंग समाविष्ट होते हैं। **शाकुन्तल** की प्रस्तावना में वीथी नामक रूपक के अनेक अंग सहज रूप में आ गये हैं– जैसे– वाक्केलि, अवगलित, प्रपंच आदि। **शाकुन्तल** की प्रस्तावना का कलेवर ही ऐसा बन पड़ा है कि इसमें एक लघुनाटक अपने आप में उभर जाता है। ग्रीष्म ॠतु का वर्णन और नटी का ॠतु सम्बन्धी गीत गाना इसकी संरचना में भराव का काम भी करता है और वीथी तथा नाटिका जैसे नृत्त-गीत-प्रधान रूपक प्रकारों का बन्ध भी उपस्थित करता है।

वीथी के तेरह अंग ये हैं– उद्घात्मक (एक पात्र के कहे पदों में दूसरे पात्र के द्वारा अन्य पदों का योजन), अवगलित (एक कार्य में अन्य कार्य का समावेश करके अन्य कार्य की सिद्धि), अवस्पन्दित (किसी अवांछित कथन को छिपाने के लिए अन्य कथन का समावेश), नालिका (हास्ययुक्त पहेली), असत्प्रलाप (मूर्ख जनों के बीच विद्वान् का हितकारक वचन न सुना जाना), वाक्केलि (दो या अधिक पात्रों के बीच प्रश्नोत्तर), प्रपञ्च (हास्यजनक कृत्रिम वचन), मृदव (दोषों को गुण और गुणों को दोष बता कर बातचीत करना), अधिबल (उक्तिप्रत्युक्ति में एक पात्र का दूसरे के कथन का अपने पक्ष की पुष्टि के लिए उपयोग), छल (किसी अन्य प्रयोजन से कहे गये कथन से एक पात्र का हास्य व अन्य का रोष), त्रिगत (शब्द की समानता के कारण युक्ति से एक कथन में अनेक कथनों का समावेश), व्याहार (आगे चलकर सामने आने वाली बात का कथन) तथा गण्ड (संरम्भ, सम्भ्रम, विवाद, अपवाद तथा आक्षेप से भरे कथन) (**नाशा.**, १८.११६-२६)।

शाकुन्तल में प्रस्तावना के बाद पहले अंक के उपक्रम में ही ईहामृग (नामक रूपकप्रकार) का स्वरूप बनता लगता है। दुष्यन्त बहुत तेजी से भागते हिरन का पीछा कर रहा है। ईहामृग का यों तो शाब्दिक अर्थ भी मृग के लिए ईहा या पीछा करना लिया जा सकता है, पर दुष्यन्त की मृगया का नाटक की वस्तु में अविभाज्य रूप से ग्रथित अपना अभिप्राय भी है। वह हरिण का नहीं, वस्तुतः शकुन्तला का आखेटक है। ईहामृग के लक्षण में भरत कहते हैं– **'स्त्रीभेदकापहरणावमर्दनप्राप्तवस्तुशृङ्गारः'** - स्त्री को अपने पक्ष में फोड़ने, उसका अवमर्दन या अपहरण करने से शृङ्गार रस इस रूपक की वस्तु में आता

है। **शाकुन्तल** के आरम्भ के तीन अंकों में तो दुष्यन्त के भीतर यही अवमर्दन का भाव है। ईहामृग के लिए एक और बात भरत मुनि ने बताई है– वह **स्त्रीरोषग्रथितकाव्यबन्ध** होता है (नाशा., १८.७६)। शाकुन्तल का पूरा पाँचवाँ अंक इसका नमूना है। जहाँ **शकुन्तला** उद्दीप्त स्वर में दुष्यन्त को फटकारती है।

भरत मुनि ने प्रहसन दो प्रकार का बताया है शुद्ध तथा संकीर्ण। संकीर्ण में वेश्या, चेट, नपुंसक आदि पात्र भी रहते हैं। शुद्ध में भाषा व आचार, अविकृत होता है। (**वही**, १८.१०३-५)।

शाकुन्तल का दूसरा अंक अपने-आप में एक प्रहसन बन गया है। दरअसल इस अंक का नायक ही विदूषक है, आद्यन्त वह इस अंक में छाया रहता है। वह राजा से अपनी बात मनवा लेता है। यही नहीं, इस अंक के समाप्त होते-होते उसकी यह हार्दिक-इच्छा भी पूरी हो जाती है कि किसी तरह मृगया के लिए वन में मारे-मारे फिरने से उसे मुक्ति न मिले। राजा उसे प्रतिनिधि बना कर हस्तिनापुर भेजने का प्रस्ताव रखते हैं, जिस पर विदूषक कहता है– 'तब तो मैं युवराज हो गया।' विदूषक को नायक मान कर उसके लिए आरम्भ, यत्न, प्राप्त्याशा, नियताप्ति और फलागम ये पाँचों अवस्थाएँ यहाँ घटाई जा सकती हैं। संस्कृत नाटक में विदूषक की ओर कहीं ऐसी सर्वातिशायी भूमिका नहीं दिखाई देती। प्रहसन हास्यवादसम्बद्ध, कापुरुषसम्प्रयुक्त, परिहासाभाषणप्राय (**वही**, १८.१०३) होता है। ये सभी लक्षण **शाकुन्तल** के दूसरे अंक पर खरे उतरते हैं। इस अंक को हम शुद्ध प्रहसन कह सकते हैं।

शाकुन्तल के तीसरे और पाँचवें अंकों में नाटिका की छाया है। नाटिका स्त्रीप्राया और रतिसम्भोगात्मिका होती है (**वही**, १८.५८) । इसे राजोपचारयुक्ता, प्रसादन-क्रोध-दम्भ-संयुक्ता तथा नायक-देवी दूती-सपरिजना भी भरतमुनि ने बताया है (**वही**, १८.६०)। ये सभी लक्षण किसी न किसी रूप में तीसरे और पांचवे अंकों में घटते हैं। चौथे और पाँचवें अंकों में विष्कम्भक आकाशभाषित के प्रयोग के कारण विलाप की बहुलता होने के कारण करुणरसप्रधान उत्सृष्टिकाङ्क (नामक रूपकप्रकार) का निदर्शन मिल जाता है। उत्सृष्टिकाङ्क वास्तव में शोकान्त रूपक या त्रासदी है। पाँचवाँ अंक अपने-आप में एक गहरी त्रासदी का अनुभव है।

समवकार नामक रूपक के तत्त्व भी इसी तरह **शाकुन्तल** के विन्यास में सम्मिश्र हैं। समवकार में तीन प्रकार के कपट, तीन प्रकार के विद्रव तथा तीन प्रकार के शृङ्गार की उपस्थिति अपेक्षित है। त्रिविध कपट में वस्तुक्रमविहित, भाग्यप्रदत्त तथा परप्रयुक्त ये तीन प्रकार **शाकुन्तल** में दुष्यन्त के शकुन्तला के प्रति प्रणय, दुर्वासा के शाप तथा देवी के द्वारा मातलि को भेजने और मातलि के छल में देखे जा सकते हैं। भरत के अनुसार तीन प्रकार के कपट से रूपक में सुख-दुःख दोनों आते-जाते हैं। यह भी यहाँ होता है। विद्रव

(भगदड़) भी तीन प्रकार का है- युद्धजलसम्भव; वायु, अग्नि, हाथी आदि के कारण होने वाला तथा नगर पर घेरा डालने से होने वाला। इनमें से हाथी के कारण होने वाली भगदड़ का अच्छा चित्रण **शाकुन्तल** के पहले अंक में है। धर्मशृङ्गार, अर्थशृङ्गार और कामशृङ्गार–ये तीनों भी **शाकुन्तल** में व्याप्त हैं। दुष्यन्त को गान्धर्वविवाह से धर्मशास्त्रीयविधान के अनुरूप पुत्रप्राप्ति होना है- यह धर्म का योग है और उसे राज्य के लिए योग्य उत्तराधिकारी भी मिलना है-यह अर्थ का। समवकार में तीन अंक होते हैं। **शाकुन्तल** के पहले तीन अंकों में समवकार का स्वरूप समाहित है। वस्तुतः द्वन्द्व या टकराव समवकार का खास लक्षण है। **शाकुन्तल** के इन अंकों में नगर और आश्रम की संस्कृतियों के बीच का टकराव उभरता है। नागर-संस्कृति के द्वारा तपोवन पर किये जा रहे हमले का बोध तीखे रूप में कालिदास यहाँ कराते हैं। दुष्यन्त की तीनों सखियों के साथ बतकही के समय पीछे से आता किसी तपस्वी का आकुल आह्वान (अरे तपस्वियो, तपोवन के प्राण बचाने के लिए जुट जाओ, यह आ गया है मृगयाविहारी राजा दुष्यन्त)- नगरोपरोध के अभिप्राय को भी संकेतित करता है, जो त्रिविध विद्रव में ऊपर बताया गया है।

रूपक के दस प्रकारों में कुछ सुकुमार श्रेणी में आते हैं, कुछ आविद्ध श्रेणी में । डिम, समवकार, व्यायोग तथा ईहामृग–ये आविद्ध श्रेणी के रूपक हैं। **शाकुन्तल** सुकुमार श्रेणी का नाटक है। डिम, समवकार–ईहामृग तथा व्यायोग में उद्धत पुरुष पात्रों की प्रधानता रहती है, युद्ध, माया, इन्द्रजाल के दृश्य रहते हैं। इस तरह के रूपकों का बन्ध **शाकुन्तल** जैसी कैशिकी वृत्तिप्रधान शृंगारमयी कृति में कैसे समाविष्ट हो सकता है? फिर भी हम पाते हैं कि शाकुन्तल के पहले अंक में अतिशय कोमल प्रणयभावमय संसार में आखेट, प्राणपण से भागना, भगदड़, आक्रमण तथा प्रतिरोध का एक प्रतिसंसार समाया हुआ है। दूसरे अंक में भी सेनापति और विदूषक के बीच तीखी झड़प है। तीसरे अंक में दुष्यन्त और शकुन्तला के मिलन के सारे रोमांच, उन्माद, संशयाकुलता और नर्मवचनों के साथ राक्षसी छायाओं के मंडराने की पृष्ठभूमि है। पाँचवे अंक में शार्ङ्गरव के अभियोग और तीखे रोष भरे वचन इस अंक को उद्धत पुरुषप्राय बना देते हैं, जो आविद्ध श्रेणी के रूपकों की विशेषता है। डिम तथा व्यायोग में देवासुरसङ्ग्राम की कथा रहती है। यह कथा **शाकुन्तल** में है, पर पृष्ठभूमि में। देवासुरसङ्ग्राम के चलते मातलि दुष्यन्त को लेने आता है। पर प्रच्छन्न रह कर वह विदूषक का गला दबोच लेता है और दुष्यन्त वहीं धनुष-बाण मँगवा कर उस पर प्रहार करने को उद्यत हो जाता है। इस तरह के दृश्यों में **शाकुन्तल** आविद्ध श्रेणी के रूपकों को अंशतः अपने में अन्तगर्भित कर लेता है।

रूपकों के ये दस प्रकार या दशरूपक उस रंगमंच की परम्परा से मुख्यतया अनुषक्त रहे हैं, जिसे अभिजात रंगमंच या क्लासिक थियेटर कहा जा सकता है। इस

रंग-परंपरा के समानान्तर लोकनाट्यों के नाना रूप भी हमारे यहाँ बहुत प्राचीन काल से फलते-फूलते रहे हैं। इन लोकनाट्य रूपकों को बाद में आचार्यों ने उपरूपक के नाम से परिभाषित और वर्गीकृत किया। **शाकुन्तल** में नाटकेतर नौ रूपकों के तत्त्व ही नहीं, इन उपरूपकों की विच्छित्ति भी सम्मिश्रित है। उपरूपकों में नाटिका अन्तःपुर में राजा के परकीया प्रेम पर आधारित होती है। पाँचवें अंक में हंसपदिका के उपालम्भगीत और राजा के द्वारा विदूषक के माध्यम से उसका उत्तर भेजने में नाटिका का वातावरण बनता है। रूसी प्राच्यविद्याविद् सेरेब्र्याकोप अनुमान करते हैं कि छठे अंक का धीवर एक पात्र के रूप में लोकनाट्य की परम्परा से कालिदास ने उठाया है।

आधुनिक रंगकर्मी ब्रेख्त ने समग्र रंग (टोटल थियेटर) की अवधारणा प्रस्तुत की है। यथार्थवादी रंगमंच के बरक्स समग्र रंग गीत, नृत्य, काव्य, त्रासदी में कामदी और कामदी में त्रासदी, लोकनाट्य के नाना रूप-इन सबको समाहित करता है। **शाकुन्तल** का आलेख समग्र रंग की अवधारणा पर भी खरा उतरता है।

त्रासदी की भारतीय अवधारणा और संस्कृत-नाटक

पाश्चात्य काव्यशास्त्र के प्रवर्तक आचार्य अरस्तू ने त्रासदी और महाकाव्य को काव्यविधाओं में सर्वोच्च स्थान दिया था। कॉमेडी या सुखांत नाटक को उसने गंभीरता से नहीं लिया। उसका कहना था कि त्रासदी उत्कृष्ट मानव के चरित्र का अनुकरण करती है, जबकि कॉमेडी निकृष्ट लोगों का। अरस्तू की दृष्टि में त्रासदी में हमारे भीतर की श्रेष्ठता निहित है। अरस्तू की त्रासदी के नायक की अवधारणा अंशतः नाट्यशास्त्र की भारतीय परम्परा में धीरोदात्त नायक की अवधारणा को स्पर्श करती है। कम से कम महासत्त्व, उच्चकुल, गाम्भीर्य तथा संपत्ति और कीर्तिमान आदि लक्षण धीरोदात्त नायक तथा त्रासद नायक पर समानतया लागू होते हैं।

अत एव नाट्यशास्त्रीय शब्दावली में त्रासदी को परिभाषित करना हो, तो कह सकते हैं कि करुणरसप्रधान नाटक त्रासदी है। अरस्तू ने त्रासदी या करुणरसप्रधान नाटक को इतनी अहमियत दी, तो सहज ही प्रश्न उठता है कि क्या नाट्यसाहित्य की इतनी संपन्न विरासत और नाट्यशास्त्रीय लक्षण चिंतन की सुदीर्घ परम्परा के रहते हमारे यहाँ करुणरसप्रधान नाटकों की परिकल्पना नहीं थी? भरत के नाट्यशास्त्र की परम्परा तो इस प्रश्न का तत्काल सीधा और सकारात्मक उत्तर प्रस्तुत करती है। करुणरसप्रधान नाटक की अवधारणा तो इस परम्परा में थी ही, रूपकों के भेदों में ऐसे नाट्यप्रकार का समावेश करके उसे विधिवत् परिभाषित भी किया गया था। रूपक के दस प्रमुख भेदों में ही सदैव 'अङ्क' या 'उत्सृष्टिकाङ्क' की गणना की जाती रही है। भरत के प्रमुख भाष्यकार आचार्य अभिनवगुप्त बताते हैं कि इस रूपक प्रकार की "उत्सृष्टिकाङ्क" संज्ञा

इसीलिए पड़ी कि इसमें (अपने स्नेही बांधवों की मृत्यु पर) विलाप करती स्त्रियों के प्राण दुःखावेग से निकल पड़ने को होते हैं **(उत्क्रमणीया सृष्टिर्जीवितं प्राणा यासां ता उत्सृष्टिकाः** शोचन्त्यः स्त्रियस्ताभिरङ्कित इति– **नाशा०, १८.९३-९७ अ०भा०)**। उत्सृष्टिकाङ्क में वाग्व्यापारप्रधान भारती वृत्ति का प्रयोग अधिक रहता है, शेष तीन वृत्तियों (सात्त्वती, आरभटी और कैशिकी) का कम। उसकी ये विशेषताएँ इस रूपकप्रकार को ग्रीक त्रासदी के बहुत निकट ला देती हैं। संस्कृत नाट्य-परम्परा में उत्सृष्टिकाङ्क का एक उत्कृष्ट उदाहरण भास का 'ऊरुभङ्ग' है। मृत्यु शैया पर पड़ा हुआ, जंघाएँ टूट जाने से अपने नन्हें बेटे को गोद में उठाने या सामने अपने माता-पिता के सम्मुख उठकर अभिवादन करने में असमर्थ **ऊरुभङ्ग** का नायक अपनी गरिमा, उदात्तता, कुलीनता, अपनी भूलों पर पश्चात्ताप, अश्वत्थामा और बलराम को बदला लेने से रोकने के कारण प्रकट अपनी उदारता में ग्रीक त्रासदी के ही नहीं, विश्वनाट्‌य साहित्य की सर्वोत्कृष्ट त्रासदियों के नायकों के समकक्ष आ बैठता है। भय, आतंक क्षोभ, दुःख आदि का उद्रेक इस रूपक में त्रासदी के अनुरूप ही हुआ है। अन्य भी कई उत्सृष्टिकांक संस्कृत में रचे गये।

अब यह पूछा जा सकता है कि समग्र भारतीय परम्परा रस के अनुभव को परम साध्य के रूप में नाटक के केंद्र में रखती है और रसानुभूति आनंदरूप मानी गयी है, तब दुर्योधन की मृत्यु के साथ समाप्त होने वाली ग्लानि, विषाद, शंका और भय का परम क्षोभकारक अनुभव देने वाले **ऊरुभङ्ग** जैसे रूपक या उत्सृष्टिकाङ्क जैसे रूपक प्रकार से आनंद का अनुभव कैसे होगा- और यदि आनंद का अनुभव इससे नहीं होता तो, क्या वह रूपक-प्रकार अभारतीय माना जाएगा–और क्या इसी कारण संस्कृत नाट्यकाङ् परम्परा में उत्सृष्टिकांक के उदाहरण दुर्लभ हैं?

प्रथम प्रश्न के समाधान में तो यह कहा जा सकता है कि रसानुभूति के संदर्भ में जिस आनंद की चर्चा की जाती है, उसे मात्र सुखात्मक नहीं कहा जा सकता। जिस औपनिषदिक चिंतन से आनंद की अवधारणा उतारी गयी है, वहां 'आनंद' जीवन के समग्र प्राप्य, समग्र उत्स तथा एक जटिल अविभाज्य संश्लिष्ट अनुभव को द्योतित करता है– जिसके लिए हम सब जी रहे हैं, खट रहे हैं और जिसमें हमारा आदि और अंत हैं।

निश्चय ही यह कोई सुख का अनुभव नहीं है। यदि आनंद जीवन के समस्त भाव का एक संपूर्ण अनुभव है, तो इसमें दुःखानुवेध अनिवार्यतया रहेगा। इसलिए रसानुभूति में दुःखांश निश्चित रूप से रहता है–यह तो रस पर विचार करने वाले आचार्य स्वीकार करके चलते हैं, उनमें संप्रदाय की दृष्टि से अंतर यही है कि कुछ आचार्य रस में दुःख के इस अनुभव को न्यग्भूत मानते हैं कुछ सुख के साथ सहकृत। इन आचार्यों की प्रतिपत्तियों और विप्रतिपत्तियों पर विस्तरशः विचार न करके यहाँ हम इतना अवश्य कहेंगे कि रस के

अनुभव के विशाल वृत्त से दुःख का निषेध करना और उसे मात्र सुखोद्रेकमय मानना उसे अनुचित रूप से संकुचित करना तो है ही, **'यो वै भूमा तत् सुखम्, नाल्पे सुखमस्ति'** की जिस औपनिषदिक भूमि से वह आया है, उसे भी विकृत करना है।

उत्सृष्टिकाङ्क की रूपक विधा में विपुल नाट्यसर्जना क्यों नहीं हुई- इस प्रश्न पर विचार करने का अवकाश यहाँ नहीं है, पर यह ध्यातव्य है कि यही एक रूपक-प्रकार नहीं है, जिसमें दुःखानुवेध आचार्य भरत मानते हों। डिम, ईहामृग, समवकार जैसे रूपक भेदों में भी दुःख के अतिशय की बात भरत कहते हैं। इस दृष्टि से वे समग्र नाट्यपरम्परा को ही दो धाराओं में बाँट देते हैं- आविद्ध और सुकुमार। आविद्ध श्रेणी के रूपक–डिम, समवकार, व्यायोग, ईहामृग आदि आतंक, भय, त्रास और दुःख के अनुभव को प्रमुखता देते हैं। सुकुमार श्रेणाी के रूपक–नाटक, प्रकरण आदि जीवन के लालित्य और शृंगार को। इसके साथ यह भी विशेषतः ध्यान देने की बात है कि भरत के सामने हमारे नाटक की जो मूल परंपरा थी, वह आविद्ध श्रेणाी के रूपकों की थी। उन्होंने स्वयं समुद्रमंथन समवकार और त्रिपुरदाह डिम के प्रयोग करा कर इसी परंपरा को गति दी। वृत्तिचतुष्टय में सुकुमारात्मिका कैशिकी वृत्ति के बाद में जोड़े जाने की परंपरा की जो सूचना नाट्यशास्त्र देता है, उससे भी यही धारणा पुष्ट होती है। भरत इस तथ्य के प्रति सजग थे कि नाट्यानुभव एक जटिल तथा विविध भावों से संश्लिष्ट अनुभव है। पानकरसन्याय से परवर्ती आचार्यों की दृष्टि में इस अनुभव में किसी एक भाव की स्वतंत्रतया प्रतीति भले ही होती हो, पर जब तक जीवन के संपूर्ण भावों का मिश्रीकृत रूप इस नाट्यानुभूति के पेय में न होगा, (भले ही वे शोक, अमर्ष आदि के कसैले-कड़वे भाव ही क्यों न हों,) कला का अनुभव परिपूर्णता में प्राप्त नहीं हो पाएगा। इस दृष्टि से भरत ने नाट्य रस का लक्षण करते हुए कहा है कि नाना व्यंजनों से जिस तरह आस्वादक विविध स्वाद पाते हैं, उसी तरह नाट्य से हर्ष, शोक आदि विविध भावों का अनुभव करते हैं। अत एव भरत की दृष्टि से रस के अनुभव से जनित स्थिति सुखदुःखात्मक होती है–

लौकिकी सुखदुःखाख्या यथावस्था रसोद्भवा।। (ना.शा., १९.६)

नाट्यलोक की अवस्थाओं का अनुकरण है। ये अवस्थाएँ सुखदुःखरूप या सुखदुःखसमुद्भव होती हैं– यह भी भरत अनेक बार कह चुके हैं–

अवस्था या तु लोकस्य सुखदुःखसमुद्भवा।
नाना पुरुषसञ्चारा नाटकेऽसौ विधीयते।। (१९.१४२)
योऽयं स्वभावो लोकस्य नानावस्थान्तरात्मकः।
सोऽङ्गाद्यभिनयोपेतो नाट्यमित्यभिधीयते।। (१९.१४४)
योऽयं स्वभावो लोकस्य सुखदुःखसमन्वितः।
सोऽङ्गाद्यभिनयोपेतो नाट्यमित्यभिधीयते।। (१.१२१)

आचार्य अभिनवगुप्त भी नाट्य में सुखदुःख का अनुगमन या अनुवेध स्वीकार करते हैं–

लोकस्य सर्वस्य साधारणतया स्वत्वेन भाव्यमानश्चर्व्यमाणोऽर्थो नाट्यम्।
स च सुखदुःखरूपेण विचित्रेण समनुगतिः।।

(१.१२१ पर अभि०भा०)

इसके आगे अभिनव ने रति, हास, उत्साह आदि की सुखदुःखात्मकता, विस्मय की सुरूपता, क्रोध, भय, शोक और जुगुप्सा की दुःखस्वरूपता प्रतिपादित की है। रस और नाट्य की समुदाय रूपता की बात भी अभिनव ने जोर देकर कही है (**वही**)।

तब यह मानना पड़ता है कि आविद्ध रूपकों की और दुःखप्रधान रूपकों की भी एक परंपरा हमारे यहाँ थी। यह हो सकता है कि सामंतवादी संस्कृति की विकृतियों के द्वारा हमारी नाट्यपरंपरा को जकड़ लेने–अन्तःपुर और राज सभा के चाकचक्य में नाटक के भटक जाने से इस आविद्ध और करुणाप्रधान नाट्यधारा को क्षति पहुँची हो या इसे समुचित सुरक्षा न मिल पायी हो। पर आठवीं शताब्दी के प्रसिद्ध काव्यशास्त्री आचार्य वामन तो स्पष्टतया साक्ष्य देते हैं कि करुणरसप्रधान रूपकों की परम्परा उनके समय विद्यमान थी और यही नहीं, इस परम्परा के अपने प्रत्यक्ष अनुभव के कारण वामन यह भी बताते हैं कि रस का अनुभव एक सम्प्लवात्मक अनुभव है-उसमें सुखःदुख का सम्प्लव रहता है–

स तु सम्प्लवस्त्वनुभवसिद्धः। तद्विदां रत्नादिविशेषवत्। अत्र श्लोकः-
करुणप्रेक्षणीयेषु सम्प्लवः सुखदुःखयोः।
यथानुभवतः सिद्धस्तथैवौजःप्रसादयोः।। (कालं.सू.वृ., ३.८.९)

अभिनव ने रस को सुखदुःखस्वभाव मानने वाले सांख्यमत का उल्लेख किया है (**सांख्यदृशा सुखदुःखस्वभावो रसः– अभि० भा०**, पृ० २६७)। रस को सुखदुःखात्मक मानने वालों मे भोज तथा रामचंद्र का उल्लेख सर्वप्रथम किया जा सकता है।

भोज ने कहा है–**'रसाः सुखदुःखावस्थारूपाः' शृंप्र.भा.**, २ पृ. ३६९। रामचन्द्रगुणचन्द्र ने भी रस का स्वरूप सुखदुःखात्मक माना है (**नाद.**, ३.७)। शृंगार, हास्य, वीर, और शान्त–ये पाँच रस सुखात्मक हैं, शेष चार दुःखात्मक। सभी रसों को सुखदुःखात्मक मानना अनुभवसिद्ध नहीं है। भयानक, बीभत्स, करुण तथा रौद्र जैसे रसों से प्रेक्षक के चित्त में क्लेश उत्पन्न होता है तथा सामाजिक, भयानक जैसे रसों से तो उद्विग्न ही होते हैं फिर इन रसों के प्रसंग नाटक में देखने की प्रवृत्ति कैसे होती है। इसके उत्तर में राम-गुण कहते हैं रसास्वाद के विराम की स्थिति में यथावस्थित वस्तु

प्रदर्शन का कवि या नट के कौशल में जो चमत्कार है, उसके कारण यह प्रवृत्ति होती है। संग्राम में अपने शत्रु को भी अपने ऊपर कौशल से प्रहार करते देख वीरमानी लोग चमत्कृत होते हैं, यद्यपि इस चमत्कृत होने में उनके लिए दुःख ही है। इस प्रकार कवि-नट-कौशल से विप्रलब्ध या ठगे गये प्रेक्षक सुखदुःखात्मक करुण रस में भी परमानंदरूपता का अनुभव करते हैं। वस्तुतः संसार सुखदुःखात्मक है और कवि इसका अनुकरण करते हुए काव्य में सुखदुःखात्मक रस को ही निबद्ध करते हैं। जिस प्रकार पानक रस की मधुरता में कटुता या तीक्ष्णता भी मिली रहती है, फिर भी उसका स्वाद पीने वाला सुख से ही लेता है, वैसे ही दुःखसम्मिश्रित सुख का ऐसे रसों में आस्वाद सहृदय लेते हैं। सीताहरण, द्रौपदी का केशाम्बराकर्षण, हरिश्चंद्र का चांडालकर्म, रोहिताश्व की मृत्यु, लक्ष्मण को शक्ति लगना– इन सब प्रसंगों का उल्लेख कर राम-गुण. कहते हैं कि क्या ऐसे प्रसंगों को देखकर कोई सुखानुभव कर सकता है! राम-गुण. का निष्कर्ष यही है कि परमार्थतः इनमें दुःखानुभव ही होता है।

अभिनव ने कुछ स्थायीभावों की सुखरूपता और कुछ की दुःखरूपता बतलायी है, तथा रस को समुदायरूप कहा है, पर अभिनवगुप्त, मम्मट, विश्वनाथ, जगन्नाथ आदि की परम्परा है, जो रस को आनन्दरूप या सर्वथा सुखात्मक ही मानती है। राम-गुण. के मत का प्रत्याख्यान करते हुए विश्वनाथ कहते हैं कि हरिश्चन्द्र आदि के दुःखमय चरित में अश्रुपात आदि चित्त की द्रुति के कारण होते हैं, दुःख के कारण नहीं (साद., ३.७)। सुरत में दंतघात की पीड़ा भी जैसे सुख रूप होती है, वैसे ही करुण रस में अश्रुपात आदि। अतः काव्य में सभी विभावादि से सुख ही होता है– यह नियम मानना चाहिए (वही)।

पंडितराज जगन्नाथ ने रस को सुख प्रधान मानने वालों की परम्परा में रहकर भी, एक विकल्प यह सुझाया कि दुःखानुवेध रस में है, पर सुख-भूयिष्ठता के कारण दर्शक या श्रोता की काव्य या नाट्य में प्रवृत्ति होती है, जिस प्रकार चंदन पीसने में कष्ट तो है, पर उसके बाद तदुपभोगजन्य आनंद के कारण पेषण में प्रवृत्ति होती है।

अतः रस के अनुभव को लेकर आचार्य परम्परा में दो खेमे हो जाते हैं। एक दुःखानुवेध की उसकी प्राथमिक शर्त ही स्वीकार करके चलती है। वह रस को एक सम्प्लवात्मक, जटिल और सम्मिश्रित अनुभूति ही मानती है। दूसरी परम्परा सुख-प्राधान्य को उसकी प्राथमिक और अनिवार्य शर्त मानती है, दुःखानुवेध के प्रत्यक्ष अनुभव को दबा देना चाहती है और अन्ततः कविता या नाटक को स्रक्-चंदन वनितादिसुखोपभोग सामग्री में परिणत कर डालती है।

इन दो परम्पराओं में रस को सम्प्लवात्मक अनुभव मानने वाली परम्परा ही आचार्य भरत और भारतीय जीवन-बोध, जीवन मूल्यों के अधिक निकट है। जहाँ रामायण में करुण रस का प्राधान्य अनुभव सिद्ध तथा आचार्य परम्परा को भी मान्य हो,

जहाँ कुंती अपने प्रभु से वर के रूप में दुःख माँगती हों, वहाँ समग्र जीवन के अनुभव से दुःख को अस्वीकार करने वाली परम्परा के लिए अवकाश नहीं हो सकता। रस जीवन के व्यापक वृत्त का उसकी समग्रता में अनुभव है, उसे संविद्विश्रांति मात्र कहने से उसकी संपूर्णता की क्षति होती है। एक सम्पूर्ण मनुष्य बनने के लिए दुःख से गुजरना अनिवार्य है, उसी तरह कविता में जीवन के संपूर्ण अनुभव पर्यन्त दुःख की अनुभूति का सातत्य भी।

उपर्युक्त पृष्ठभूमि में संस्कृत नाट्यकारों की पंक्ति में भवभूति की ओर ध्यान जाना स्वाभाविक है, विशेषतः आचार्य वामन का ऊपर जो उद्धरण दिया गया है, उसके संदर्भ में। वामन करुण-प्रेक्षणीय या करुण रस प्रधान नाटक के लिए ही अभिनय में सुख और दुःख के संप्लव की बात करते हैं। वामन भवभूति के समकालीन थे। उन्होंने भवभूति के रूपक पढ़े थे या संभवतः मंच पर देखे भी थे। वे भवभूति को उद्धृत करने वाले संस्कृत काव्यशास्त्र के पहले आलंकारिक हैं। वे भवभूति के महावीरचरित तथा उत्तर रामचरित इन दो नाटकों के एक-एक पद्य उद्धृत करते हैं। इस बात की पूरी संभावना है कि करुणरस के प्रेक्षणीय में सुख-दुःख की संप्लवात्मकता की बात वामन भवभूति के कर्तृत्व से प्रभावित होकर कह रहे हों। भवभूति रस के सम्मिश्र अनुभव को अपने कर्तृत्व से रेखांकित करते हैं। सुख में दुःख के अनुवेध का, सीधी सपाट समझी गयी अनुभूति की जटिलता का इतनी तीव्रता से बोध संस्कृत कविता में अन्यत्र कहीं नहीं होता, जितना भवभूति में।

सत्य कितना ही भयावह क्यों न हो, जीवन और जगत् की विभीषका कितनी ही दारुण क्यों न हो, भवभूति चाहते हैं कि उससे बच निकलने की बजाय उसे स्वीकार किया जाय। इस भयावहता, विभीषिका की दारुणता और मर्मान्तक पीड़ा से जो सामना नहीं कर सकता, वह जीवन के सुख और राग के आनन्द को भी नहीं जान सकता। भवभूति जीवन की अकाण्डविवर्तनदारुणता की, मन के रोगों के परिशेष की, विशद और व्यापक अनुभूति कर पाते हैं तभी वे हृदय के सौन्दर्य और प्रेम के सामर्थ्य को भी उतनी गहरायी से जान पाते हैं और प्रस्तुत कर पाते हैं। जीवन की त्रासदी की एक अवधारणा भवभूति के रूपकों में मिलती है और इस अवधारणा के प्रक्षेप में वे अपने से पहले की एक लंबी परम्परा से अपने को जोड़ लेते हैं। यह परम्परा व्यास की है जिन्होंने अपने युग की सारी विभीषिका को बहुत बेबाक ढंग से कहा–

अतिक्रांतसुखाः कालाः प्रत्युपस्थितदारुणाः।
श्वः श्वः पापीयदिवसाः पृथिवी गतयौवना।।

यह परम्परा वाल्मीकि की है जो सैकड़ों वर्षों के संघर्ष और दुःख के बाद भी जीवन में आनंद की आशा रखती है–

कल्याणी बत गाथेयं लौकिकी प्रतिभाति माम्।
एति जीवन्तमानन्दो नरं वर्षशतैरपि।।

वामन की तरह भवभूति भी रस के विषय में यही कहते हैं–**'मिश्रीकृतक्रमो रसो वर्तते'**। संस्कृत नाट्यकारों में भवभूति ही इस तथ्य का जीवंत अनुभव देते हैं कि इस संसार का वृत्त जिन चीजों से बना है उनमें बीभत्सता भी है, संत्रास भी। इस संसार वृत्त को जब वे अपने नायक राम के शब्दों में परिभाषित करते हैं, तो कुछ इस तरह का पाते हैं–

'निरन्वय-विपर्यास-विप्रलम्भ-स्मृति-पर्यवसानिका-स्तावकाः संसारवृत्तान्ताः।'
(उराच०, षष्ठ अंक)

इस कथन को राम की उद्विग्न दुःखाकुल मनःस्थिति की उपज मात्र कह कर नहीं टाला जा सकता। भावभूति का रचनाकार मूलतः इस दृष्टि को लेकर चलता है कि संसार में करुणा, राग, सौंदर्य और प्रेम के अद्वितीय आनन्द के साथ बीभत्सता, मर्मान्तक कष्ट और त्रास भी है। हर तरह का संबंध इस द्वैध से ग्रस्त है। उत्तररामचरित के आरम्भ होते ही हम राम के इस वाक्य पर अटकते हैं–

'एते हि हृदयमर्मच्छिदः संसारभावाः येभ्यो बीभत्समानाः सन्त्यज्य सर्वान् कामानरण्ये विश्राम्यन्ति मनीषिणः।'

इस वाक्य की व्याख्या में टीकाकार वीरराघव ने **'संसारो हि शरीरसंबंधानुबन्धिसुखदुःखसमुदायः'** कह कर जगत् के विषय में भवभूति के दृष्टिकोण को सम्यक्' समझाया है। जब तक मनुष्य हैं, मानवीय सम्बन्ध है तब तक सुख के साथ दुःख संश्लिष्ट है। फिर भी भवभूति अरण्य में विश्रांति के पक्ष में नहीं हैं, वे इस संसार की तमाम बीभत्सता और त्रास, सौन्दर्य और स्नेह की शक्ति का साक्षात्कार करते हैं। उनकी जीवन तथा रचना के प्रति यह दृष्टि उन्हें आविद्ध रूपकों की छीजती हुई परंपरा के पुनराविष्कार के लिए प्रेरित करती है। पुनराविष्कार की यह प्रक्रिया उनके **महावीरचरित** से आरम्भ होकर **मालतीमाधव** में विशेष रूप से प्रतिफलित हुई है।

यों तो **मृच्छकटिक** जैसी शक्तिशाली रचना प्रकरण की विधा में भवभूति के पहले आ चुकी थी। भवभूति ने **मालतीमाधव** जैसा एक प्रकरण लिखकर नया क्या कर दिखाया? इसका उत्तर अपने कर्तृत्व और दृष्टि की व्याख्या करते हुए प्रस्तावना में कदाचित् भवभूति स्वयं देने की चेष्टा करते हैं–

भूम्ना रसानां गहनाः प्रयोगाः सौहार्दहृद्यानि विचेष्टितानि।
औद्धत्यमायोजितकामसूत्रं चित्रा कथा वाचि विदग्धता च।।

सबसे पहली ही बात सारे रसों के गहन प्रयोग की है किसी एक रस के परिपोष से जन्य आस्वाद से नाटककार को परितोष नहीं है। वह विविध रसों की गहन अभिव्यक्ति के द्वारा जीवन के वैविध्य और गहनता को प्रस्तुत करना चाहता है। फिर सौहार्द की

हृद्यता के साथ औद्धत्य भी समाविष्ट है। प्रस्तावना में दावा किया गया है कि यह कृति 'एवम्प्रायगुणभूयसी' है और यह दावा गलत नहीं है।

संविधान की दृष्टि से **मालतीमाधव** शूद्रक के प्रकरण की तुलना में एक शिथिल और कमजोर रचना हो सकती है, पर उसकी अपनी उपलब्धियाँ उसे **मृच्छकटिक** से आगे ले जाती हैं। संस्कृत के अन्य किसी रूपक में कदाचित् पिता के द्वारा बेटी को विवाह की बलिवेदी पर अर्पित कर देने की बात इतने साहस के साथ नहीं कही गयी (**कथमुपहारीकृतास्मि तातेन राज्ञे**), कापालिक अघोरघण्ट के द्वारा सचमुच एक मालती को बलि चढ़ाता दिखाने के पहले पिता के भी एक कापालिक बन जाने की निष्करुणता का उद्घाटन भी ऐसे तेजस्वी शब्दों में और कहीं नहीं कराया गया– (**निर्व्यूढं च निष्करुणतया तातस्य कापालिकत्वम्**)। स्त्री के जीवन की विडम्बना को कालिदास ने भी अपने समकालीन सामंतवादी समाज के संदर्भ में चित्रित किया था, पर भवभूति ने अपनी ओजस्वी बानगी के साथ उसे जब कहा, तो उसका अनुभव अधिक मनोन्माथी बनकर सामने आया–

> **गृहे गृहे पुरुषाः कुलकन्यकाः समुद्वहन्ति, न खलु कोऽपि लज्जापराधीनमनमपराद्धं मुग्धसुकुमारस्वभावं कुलकुमारीजनं प्रभवामीति वाचानलेन प्रज्वालयति। एते खलु ते हृदयशल्यनिक्षेपा आमरणं संस्मर्यमाणदुःसहाः पतिगृहनिवासवैराग्यकारिणो महापरिभवा येषां कृते स्त्रीजनमलाभं जुगुप्सन्ते बान्धवाः। (मा.मा. पृ. ८३)**

कालिदास ने कण्व के मुख से **'पीड्यन्ते गृहिणः कथं न तनयाविश्लेषदुःखैर्नवैः'** जैसे कथनों के द्वारा प्रकारान्तर से स्वीकार कर लिया था कि गृहस्थ की पीड़ा उनके नाटक में साक्षात् चित्रित नहीं है। उनके नाटकों की तीनों नायिकाओं पर भी यह बात लागू होती है। वे कुटुम्ब से, घर परिवार से कटी हुई हैं। भारतीय परिवार के बीच पलकर वयस्क होती एक लड़की के द्वन्द्व, कचोट, पीड़ा और साहस का चित्रण संस्कृत नाटक में केवल भवभूति ने करके दिखाया और इस लड़की के दुःख तथा अपने ही घर और कुटुंबियों के साथ विपरिवर्तित होते संबंधों की पीड़ा के साथ उसे साहस की अप्रतिमता में भवभूति ने 'विचेष्टित' और 'औद्धत्य' के द्वारा आविद्ध रूपकों की परम्परा को नये रूप में जीवित किया। श्मशान, नरबलि, युद्ध और नगर की सड़कों पर सिंह से संग्राम के चित्रण द्वारा भवभूति प्रणयकथा को एक बड़े विश्व से जोड़ते हैं। इसमें 'सौहार्द की हृद्यता' के साथ 'विचेष्टित' का दुस्साहस और औद्धत्य है। यदि मालतीमाधव की कथा दस अंकों तक खींचकर आगे ले जायी गयी है, तो दुःख के वृत्त को पूर्ण करने के लिए। दुस्साहस करके घर छोड़कर चली गयी पुत्री के लिए पिता का दुःख अंतिम अंक में ही सामने आता है और वही पिता पुत्री को फिर से एक दूसरे से

जोड़ता है। इसलिए **मालतीमाधव** युवा प्रणय की जितनी ही बड़ी कथा है उतनी ही दुःख की अंतर्निहित धारा और जीवन की विभीषिका और अभिशाप की भी। दुःख जीवन को काटता है, फिर भी जीवन का प्रवाह निरन्तर बह रहा है क्योंकि 'विचेष्टित' या मनुष्य की विशिष्ट चेष्टा भी उतनी ही बड़ी है जितना बड़ा दुःख। **मालतीमाधव** बृहत् दुःख से उबरने के लिए विचेष्टित में निरत लोगों की गाथा है। इनमें सभी लोग हैं– माधव, मालती, कामंदकी, मकरंद और भूरिवसु भी। पूरे नाटक से उभरती हुई कर्तृत्व और संसार के दुःख के इस महासंघर्ष की कथा में यदि कहीं कमी रह जाती है, तो यही कि कहीं-कहीं मनुष्य की चेष्टा सम्मूर्च्छित होती लगती है, नियति-जन्य यादृच्छिकता कथा के सूत्र अपने हाथ में हो ही लेती है। भारतीय जीवन दृष्टि दुःख को सृष्टि का अंश मान कर भी कर्म से विरत नहीं होती, नियति के हाथों अपनी निजता नहीं सौंपती। **मालतीमाधव** में यद्यपि पात्र कर्म से विरत नहीं होते, पर भाग्य का अप्रत्याशित हस्तक्षेप कई बार अपनी आकस्मिकता में उनकी सामर्थ्य को पराहत छोड़ देता है, इसकी अनुगूँज भी बार-बार हम उनके संवादों में सुनते हैं–

प्रविक्षिप्तं चेतः प्रविशति च मोहान्धतमसम्।
अकिञ्चित्कुर्वाणाः पशव इव च तस्यां वयमहो
विधातुर्वामत्वाद् विपदि परिवर्तामह इमे।। (६.८)
सुहृदिव प्रकटय्य सुखप्रदः प्रथममेकरसामनुकूलताम्।
पुनरकाण्डविर्वतनदारुणः प्रविशिनष्टि विधिर्मनसोरुजम्।। (४.७)
को नाम पाकाभिमुखस्य जन्तुर्द्वाराणि दैवत्य विधातुमीष्टे
पुनरुक्तदारुणस्य परिणामरमणीयत्वं विधेः।। (पृ. १२६)

उत्तररामचरित में नियति मनुष्य के कर्तृत्व के द्वारा विस्थापित कर दी गयी है। यद्यपि 'दारुणदैवनिर्घात' की बात यहाँ भी उठती है, पर नियति की अवधारणा के स्थान पर भवभूति यहाँ 'ऋत' की वैदिक अवधारणा को अंगीकार करते हुए लगते हैं। दूसरी ओर राम जानते हैं कि उनका दुःख नियति-जन्य नहीं, उनके अपने निर्णय और कर्म का परिणाम है, और यह निर्णय भी संयोग या यादृच्छिकता के कारण नहीं, 'विशिष्ट' सामाजिक स्थितियों के कारण लिया गया है। अस्तित्ववादी दर्शन की शब्दावली में कहें, तो राम अपने कर्म से अपने को परिभाषित करते हैं। इसलिए **मालतीमाधव** का माधव तो ग्रीक या अंग्रेजी नाटक की त्रासदी के नायक के कद तक नहीं पहुँचता, पर राम उस तक या उससे भी ऊपर तक पहुँचते हैं।

उपर्युक्त विवेचन से वह पृष्ठभूमि जानी जा सकती है जिसमें संस्कृत नाटक की क्लासिकी परम्परा विशेषतः भवभूति के नाटक से त्रासदी की एक विशिष्ट अवधारणा

निर्मित होती है और जिसका तारतमिक वैशिष्ट्य ग्रीक या एलिजाबेथन त्रासदी की तुलना में देखा जा सकता है। यदि ग्रीक त्रासदी से तुलना करके देखें तो स्पष्टतः ग्रीक और भारतीय संस्कृतियों तथा जीवन दर्शनों में परस्पर मूलतः इतना वैषम्य है कि ग्रीक त्रासदी हमारी परम्परा के नाटक से बहुत भिन्न और दूसरी ही छोर पर खड़ी हुई लगती है। ग्रीक त्रासदी में देवता या नियति मनुष्य के साथ जो क्रूर खिलवाड़ करते हैं और उसे अपना एक खिलौना बना लेते हैं– उसकी कोई कल्पना हमारी परम्परा में नहीं की जा सकती। ईदीपस के द्वारा अपनी माँ से विवाह की अवांछित घटना नियति के ऐसे विधान से घटती है, जिसमें मनुष्य सर्वथा अवश, दयनीय और उपहासास्पद हो गया है। यद्यपि **मालती-माधव** के पात्र भी कहीं-कहीं नियति के हाथों खिलौने बने हुए से लगते हैं, पर कर्म की संभाव्यता ने उन्हें ऐसी अवशता या दयनीयता की दशा से उबार लिया है। ग्रीक त्रासदी से हमारी परम्परा के श्रेष्ठ नाटक का इतना साम्य अवश्य है कि दोनों में नायक अत्यंत अभिजात और विशिष्ट व्यक्ति है। उसकी उदात्तता, सदाशयता, शौर्य आदि असामान्य गुण उसके दुःख को भी विशिष्ट बना देते हैं, वह अपने दुःख में भी असामान्य धैर्य और असामान्य पीड़ा दोनों के कारण साधारण जनप्रवाह से कुछ अलग ही खड़ा हुआ लगता है।

स्वप्नवासनदत्तम् में उदयन के मुख से भास ने इस बात को बहुत मार्मिक रूप में व्यक्त किया है–

यात्रा त्वेषा यद् विमुच्येह वाष्पं।
प्राप्तानृण्या याति बुद्धिः प्रसादम्।।

यहाँ नायक लोकयात्रा से अलग कुछ और ही अपनी पीड़ा के सातत्य के कारण हमें लगता है। जीवन में आये आकस्मिक आघात से जनित पीड़ा या कचोट के कारण ग्रीक त्रासदी अंशतः हमारे नाटक से साम्य रखती है।

भवभूति निरन्तर यह प्रत्यय देते हैं कि राम की करुणा असाधारण है। अपने असामान्य धैर्य से ही वे उसे झेल जाते हैं।

अनिर्भिन्नो निगूढत्वादन्तर्गूढघनव्यथः।
पुटपाकप्रतीकाशो रामस्य करुणो रसः।।

असाधारण दुःख को झेलते हुए वे असामान्य स्थितियों से गुजरते हैं–

ईदृशानां विपाकोऽपि जायते परमाद्भुतः।

इसलिए त्रासदी का अनुभव हमें **स्वप्नवासवदत्तम्, शाकुन्तल या उत्तररामचरित** पढ़ते या देखते समय होता अवश्य है। इन तीनों नाटकों में पात्र जीवन की गहरी पीड़ा या मर्मान्तक अनुभव से गुजरते हैं। जीवन में दुःख का सातत्य या अविभाज्यता है वह

अनुभव ही त्रासदी को जन्म देता है। उक्त तीनों नाटकों में हम इस सातत्य का निरन्तर अनुभव करते हैं। अत एव इस दृष्टि से इन्हें त्रासदी कहा जा सकता है।

त्रासदी की इस भारतीय परम्परा में भवभूति का अवदान इसलिए महत्त्वपूर्ण हो जाता है कि दुःख की अविभाज्यता और नैरंतर्य दोनों का प्रत्यय जितने विस्तार और गहराई के साथ वे हमें देते हैं, उतना उनके पहले के नाटककार नहीं। यद्यपि **शाकुन्तल** में नायक और नायिका का पुनर्मिलन भी अतिशय कारुणिक है। पाँचवें अंक में अप्रत्यभिज्ञा के कारण जो त्रासद स्थिति बनी थी। उसकी पुनरावृत्ति एक भिन्न पर अधिक मार्मिक रूप में यहाँ होती है पहली दृष्टि में अब की बार शकुन्तला दुष्यंत को नहीं पहचान पाती और कहती है ये तो आर्यपुत्र नहीं है, फिर वह कौन है जो अपने गात्रसंग से मेरे पुत्र को दूषित कर सकता है! बात यहीं तक नहीं है। उसका बेटा अपने ही पिता का परिचय उससे पूछता है, तो अप्रत्यभिज्ञा-जन्य त्रासदी अधिक कारुणिक होती है और इससे आगे जब अप्रत्यभिज्ञान का कारण बनी अँगूठी को दुष्यंत वापस शकुंतला को पहनाना चाहता है, तो उसका यह कहना–'मुझे इसका विश्वास नहीं, आप ही इसे पहने रहिये'– इस पुनर्मिलन में अनुस्यूत गहरी पीड़ा के सातत्य का बोध हमें होता है। भवभूति सुख में भी दुःख अनुस्यूत होने के संकेत को यहाँ से उठाकर उसे कई आयामों में विशद विस्तार से व्यक्त करते हैं। सुख और दुःख के पर्यायक्रम की और सम्मिश्रण की बात कालिदास ने भी कही थी, पर भवभूति जीवन में दुःखानुवेध को इतनी गहराई से अनुभव करते हैं कि उनमें सुख के दिनों की स्मृति भी दुःख में परिणत हो जाती है–

मातृभिश्चिन्त्यमानानां ते हि नो दिवसाः गताः। (उराच.)

कालिदास में दुःख के दिनों की स्मृति भी सुख में परिणत हो जाती है–

तयोर्यथा प्रार्थितमिन्द्रियार्थाना–
सेदुषोः सद्मसु चित्रवत्सु।
प्राप्तानि दुःखान्यपि दण्डकेषु
सञ्चिन्त्यमानानि सुखीबभूवुः।।

रघु., (१४.२५),

भवभूति ने इसे उलट दिया है, पर जीवन के सत्य और मर्म को उद्घाटित उन्होंने भी किया है, कालिदास ने भी। मनुष्य अपने आप में एक संभावना है, उसके अनुभव और संवेदन में अपार संभावनाशीलता है। यही जीवन में दुःख का संश्लेषण है, जिसे भवभूति ही इस रूप में अपने संवेदन से उद्घाटित कर सके हैं। सुख की स्मृति आह्लाद बनकर उच्छ्वसित कर सकती है, तो दुःख की कचोट भी दे सकती है। भवभूति मनुष्य के साथ लगी सदा की साँसत, उसके भीतर निरंतर चलते महा हाहाकार की पीड़ा का मर्मोद्घात

करते हैं। अतीत का झेला दुःख नये दुःख को जन्म देता ही है– **(पुरा भूतः शोको विकलयति मां नूतन इव)** – अतीत के सुख के दिनों की स्मृति भी सालती है क्योंकि वह आज के अभाव का बोध देती है, वे सुख के दिन अब लौटाए नहीं जा सकते–

मातृभिश्चिन्त्यमानानां ते हि नो दिवसा गताः। (उराच.)

फिर भी भवभूति आज के छायावादी या रहस्यवादी कवियों की तरह की वेदना के कवि नहीं हैं, क्योंकि वे जीवन को परिपूर्णता में देखकर, उसके संपूर्ण वृत्त में अंतर्निहित अजस्र करुणा की धारा को प्रत्यक्ष करते हैं। वे मात्र सुख की "संस्मर्यमाणदुस्सहता" के कवि नहीं हैं, सुख की स्मृतियों में बस दुःखोच्छ्वास ढूँढ़ते रहने की उनकी प्रकृति नहीं; वे उन तत्त्वों का संकेत करते हैं, जिनके कारण मनुष्य अपने अभ्युदय में भी पतन और शोक के बीज पाता है जिनके कारण निर्वहण में भी दुःखांश संश्लिष्ट हो जाता है। इस दृष्टि से भवभूति नाटक के सुखांत को भी नया बोध देते हैं। **उराच०** में राम के भरतवाक्य के पूर्व का वाक्य ही यह है–

सर्वमिदमनुभवन्नपि न प्रत्यैमि, यद् वा प्रकृतिरियमभ्युदयानाम्

अभ्युदय की प्रकृति में दुःखानुभूति का यह संश्लेष जीवन को उसकी जटिलताओं के साथ समझने के कारण है। चरम आह्लाद के क्षणों में जब दुःख की कोई स्मृति कोई कचोट आपाततः न हो, तब भी क्या भीतर अनाहत नाद की तरह करुणा का कोई स्वर बजता नहीं होता? भवभूति ही जीवन के इस अंतःस्वर को सुन पाये हैं। सीता के साथ सुख के उच्छ्वास में खोये, उसके स्पर्श से रोमांच का अनुभव करते, अतीत और अनागत के सारे कष्टों से बेखबर राम जब प्रेम और आनंद की अपनी अनुभूति को परिभाषित करते हैं, तो कुछ इस तरह–

विनिश्चेतुं शक्यो न सुखमिति वा दुःखमिति वा।
प्रमोहो निद्रा वा किमुं विषविसर्पः किमु मदः।।

जिसे सुख समझा जा रहा है, वह इत्थमित्थं रूप में पूरा का पूरा सुख ही हो–ऐसा नहीं है। जिसे दुःख जाना जा रहा है, वह भी सारा का सारा दुःख ही नहीं है। जीवन में मनुष्य के सामने जो स्थितियाँ आती हैं, उन्हें सुख और दुःख के अलग-अलग खाँचों में बाँट कर इस तरह सरलीकृत करके नहीं देखा जा सकता। यही जीवन के रस का 'मिश्रीकृतक्रम' रूप है। इसमें सदैव एक विडंबना भी मिली रहती है और सुखोच्छ्वास भी। जीवन की मधुधारा में विष के अंश का मिश्रण अनिवार्यतः रहता है– **एतास्ता मधुरा धाराश्च्योतन्ति सविषास्त्वयि।**

भवभूति के नाटकों में दुःख की इस अनिवार्य अवतारणा ने भारतीय नाटक को त्रासदी का एक रूप दिया है। इसकी झलक पहले के नाटकों में दिख चुकी थी। भवभूति ने

इसको जीवन की अनदेखी संभावनाओं से साक्षात् करते हुए गहनता और पूर्णता दी। उन्होंने इस कारण प्रेक्षणीय या भारतीय त्रासदी को परिपूर्णता देने के लिए अपने नाटकों में निम्नलिखित अभिप्रायों को चरितार्थ किया–

१. विरुद्धधर्माध्यास।

२. अप्रत्यभिज्ञा।

३. कर्म और दायित्वबोध।

४. मनुष्य की संभावनाशीलता।

पहली स्थिति से उत्पन्न विडंबनाए **मालतीमाधव** की त्रासदी के पीछे अधिक सक्रिय दिखायी पड़ती हैं। इस प्रकरण के लगभग सारे पात्र अपने सहज धर्म के विपरीत आचरण करते दिखायी पड़ते हैं। कामंदकी भिक्षुणी वैराग्यैकसंश्रया होकर सारे "कपटनाटक की प्रस्तावना" रचती है। जीवन के बड़े विचित्र अंतर्विरोध और सम्मिश्र अनुभूतियाँ उद्‌गत होती हैं जब हम उसे कहते पाते हैं–

तवाङ्कशायी परिवृत्तभाग्यया
मया न दृष्टस्तव यः स्तनन्धयः सुतः।।

अपने दार्शनिक अवबोध से प्रेरित होकर भवभूति ने अध्यास व अध्यारोप के सहारे उनके कार्यकलाप में वैचित्र्य संकट का अनुभव भर दिया है। निर्वेद और निर्वाण की जगह सांसारिक भावों की ओर उन्मुखता, ममता और करुणा में कामंदकी का चीवर विरुद्ध परिचय है। यह विरुद्धधर्माध्यास मालती के पिता भूरिवसु, राजा और उनके बूढ़े नर्म सचिव नंदन में भी है। नंदन अल्पवयस्का मालती से विवाह करना चाहता है और राजा उसकी सहायता करता है। अमात्य भूरिवसु उसका आदेश सिर-माथे पर रखते हुए से लगते हैं। यह इन पर विरुद्ध धर्म का अध्यास है। अध्यास इसलिए कि नाटक के अंत में तीनों अपने सहज प्रकृत रूप में सामने आते हैं। माधव और मकरंद ब्राह्मण होकर भी क्षत्रियोचित कर्म में संलग्न दिखायी पड़ते हैं। माधव आन्वीक्षिकी पढ़ने के लिए पद्मपुर से पद्मावती आता है और मालती के अन्वीक्षण में रत हो जाता है। **मालतीमाधव** में पिता कापालिक जैसा प्रतीत होने लगता है और एकस्थल पर **"हन्त माधबानुरक्तेयं तपस्विनी"**– कापालिकी के इस कथन की प्रतिक्रिया करता हुआ कापालिक पिता जैसा। ये विरुद्ध धर्माध्यासजन्य स्थितियाँ त्रासदी के बोध को तीव्रता और उतेजना प्रदान करती हैं।

इसी से जुड़ा अभिप्राय अप्रत्यभिज्ञा (न पहचाना जाना) का है। **महावीरचरितम्** में मंथरा पर शूर्पणखा का व्यक्ति अध्यस्त है, दशरथ आदि उसे पहचान नहीं पाते। मकरंद नववधू के रूप में नंदन से परिणीत होता है और नंदन उसे मालती समझ कर

मनाता-रिझाता और लात खाता है। पर जीवन की कारुणिकता अप्रत्यभिज्ञा के अभिप्राय के द्वारा **उत्तररामचरितम्** में खुलती है। मनुष्य अपनी सहज प्रकृति से सौजन्य के साथ कुछ करता या कहता है और नहीं जानता कि उसने क्या कर दिया, क्या कह दिया! लव और कुश जिस व्यक्ति के आगे वे रामायण के प्रसंग सुनाकर उसके अतीत के मर्म उखाड़ रहे हैं, उसके पत्नी के साथ बीते दिनों के मधुर प्रेम-प्रसंग वाले पद्य पढ़ रहे हैं और एक दूसरे को समझा रहे हैं कि भाई ये दुःखी तो होंगे ही, सीता देवी के बिना सब कुछ दुःखद तो लगता ही होगा इन्हें –

बिना सीतादेव्याः किमिव नहि दुःखं रघुपतेः।
प्रियानाशे कृत्स्नं किल जगदरण्यं हि भवति।।

तो वे क्या जानते थे कि जिसके बारे में इतनी सहजता से वे यह कह गये, वह तो उनका पिता ही है और जिसकी प्रिया के नाश की बात कर गये, वह उनकी ही माता है "प्रिया के बिना सारा जग जंगल जैसा हो जाता है"– यह बात कुश ने लव से कही थी– राम का दुःख समझाते हुए। यह बात सीता को छोड़ते समय राम ने भी कही थी– **शून्यमधुना जीर्णारण्यं जगत्**–पुराने उजाड़ जंगल-सा सारा जग आज मेरे लिए सूना हुआ। पर कहने-कहने में बड़ा अंतर हो गया। प्रत्याभिज्ञा न होने से चीज कुछ और ही दिखाई देती है, उसी तरह जैसे विरुद्ध धर्मों के अध्यास में वह कुछ दूसरी हो जाती है। अध्यास और अप्रत्याभिज्ञा में जो जैसा था, वह वैसा नहीं रह जाता। वस्तु अपने स्वभाव को छोड़ देती है। ये दोनों अभिप्राय एक दूसरे से जुड़कर **"निरन्वय- विपर्यास-विप्रलम्भ-पर्यवसायी संसार-वृत्तान्त"** के चक्र को घुमाते रहते हैं।

कर्म और पात्रों के दायित्वबोध के कारण भवभूति अपने पात्रों को विकट संशय और अनुताप झेलता दिखाते हैं। नियतिविधान को निरस्त कर उनके पात्र वरण की स्वत्रंतता प्रकट करते हैं। मालती को अपने पिता और प्रेमी में से एक चुनना है और वह साहस के साथ दूसरे का वरण करती है। इस वरण के कारण वह जिस गहरी यंत्रणा से गुजरती है, उसका चित्रण भी संस्कृत नाटक में भवभूति को छोड़ अन्य किसी ने इस रूप में नहीं किया। माधव को भी राजा की निषेधाज्ञा के रहते छद्मविवाह करने का दायित्व लेना है। पर कर्म नहीं और दायित्वबोध से जनित अन्तर्द्वन्द्व और मानसिक पीड़ा की दृष्टि से त्रासदी का बृहत्तर आयाम **उत्तररामचरित** में खुलता है। राम जान-बूझ कर सचेत रह कर ही सीता त्याग का निर्णय लेते हैं और इसके लिए वे अकेले जिम्मेदार हैं। निर्णय लेते समय की दारुण यंत्रणा उन्हें अकेले ही झेलनी है।

यह स्थिति शेक्सपीयर के **ओथेलो** का स्मरण कराती है। अपनी पत्नी डेस्डेमोना की हत्या करते समय भी ओथेलो अपने कृत्य की जघन्यता के प्रति सचेत है। वह कहता है कि पत्नी का जीवन दीप बुझाने के पहले उसने अपना जीवन दीप बुझा दिया है। इधर

सीता को त्यागने का निर्णय राम के लिए निष्पाप सुकुमार प्रेयसी की हत्या से भी अधिक त्रासदायक है। यह घर में स्नेह से पाले-पोसे गये पंछी को चोरी से बहेलिये के हाथों सौंपने के लिए विवश हो जाने जैसा है–

शैशवात् प्रभृति पोषितां प्रियां
सौहृदादपृथगाश्रयामिमाम्।
छद्मना परिददामि मृत्यवे
सौनिके गृहशकुन्तिकामिव।।

ओथेलो की त्रासदी से गहरी त्रासदी यहाँ इस अर्थ में है कि राम जानते हैं कि सीता के अनन्य विश्वास, हृदय के भोलेपन के प्रति वञ्चना कर रहे हैं। उन्हें अपने इस कर्म से संभावित दारुण परिणामों का पूरा बोध भी है। सीता के विस्रम्भ, गृह-लक्ष्मीत्व, भीरुत्व और आपन्नसत्व स्थिति का पूरा भान एक तरफ, अपने कृत्य की घोर क्रूरता का भी बोध उसके साथ–

विस्रम्भादुरसि निपत्य जातनिद्रा–
मुन्मुच्य प्रियगृहिणीं गृहस्य लक्ष्मीम्।
आतङ्कस्फुरितकठोरगर्भगुर्वी
क्रव्याद्भ्यो बलिमिव दारुणः क्षिपामि।।

और साथ ही यह भी राम जानते हैं कि जो काम वे कर रहे हैं उसका पूरा दायित्व उनका अपना है। किसी और पर इसका दोष नहीं मढ़ सकते– भाग्य पर भी नहीं। राम का बोध ही **उत्तररामचरित** में मनुष्य के जीवन की उस गहरी त्रासदी का अभूतपूर्व चित्र खड़ा कर देता है, जिसका बोध सार्वकालिक है, जो सोफोक्लीज और एरिस्टोफेनीज के काल से लगा कर भास, कालिदास और शेक्सपीयर तक में नाना रूपों में झलका है और भी बाद के उन्नीसवीं-बीसवीं शती तक के पश्चिमी नाट्यकारों –ड्राइडन के रूपकों, रेसाइन या वाल्टेयर अथवा विक्टर ह्यूगो की त्रासदियों तक यह प्रकारान्तर से उपस्थित में है। महानगरों में बढ़ते औद्योगीकरण और यांत्रिक सभ्यता के अंतर्विरोधों के परिवेश में रचना करने वाले कुछ पाश्चात्य नाट्यकारों ने दो आदर्शों के बीच दोलायमान होने की यन्त्रणा झेलते या प्रेम तथा कर्तव्य के बीच चुनाव करने की कष्टकर प्रक्रिया से गुजरते नायकों का जो चरित्र प्रस्तुत किया है, उस तक को भवभूति के राम की वेदना अपने प्रसार और गहराई में समेट गयी है। अपने सारे अपराध बोध, अपने कर्म के दायित्व और सीता के प्रति की गयी क्रूरता की कचोट को लेकर राम को जीवित रहना है। यह त्रासदी की चरम परिणति है। जीवन के प्रयोजन का अवसान हो गया। यह जानकर भी जीते जाना है–**अद्यावसितं जीवितप्रयोजनं रामस्य, शून्यमधुना जीर्णारण्यं जगत्' पर**

'न च रामो न जीवति!' रही बात **उत्तररामचरित** के सुखांत होने की, तो जो कवि संस्मर्यमाण सुख को भी विषाद में विपरिवर्तित होता पा रहा हो, उसकी दृष्टि में सीता-राम का पुनर्मिलन क्या सचमुच पूर्ण सुख में परिणित है!

उत्तररामचरित में भवभूति ने त्रासदी के सारभूत तत्त्व को जीवन्त रूप में साकार कर दिया है। त्रासदी मनुष्य की अपार संभावनाओं से साक्षात्कार करती है। पश्चिमी नाटक के एक अध्येता लुकास का तो कहना ही यह है कि हैमलेट के शब्दों में त्रासदी का मूल अभिप्राय बस इस एक वाक्य में बताया जा सकता है–**'व्हाट ए पीस ऑफ वर्क इज ए मैन'**–मनुष्य भी कितनी अद्भुत वस्तु है। मनुष्य चरित्र की अप्रत्याशित संभावनाओं, उसके कर्म की परिणतियों में त्रासदी अपने-आपको प्रकट करती है। अभी-अभी जो राम सीता को **'इयं गेहे लक्ष्मीरियममृतवर्षिर्नयनयोः'** बता रहे थे तथा **'उत्पत्तिपरिपूतायाः किमस्याः पावनान्तरैः'** की घोषणा कर रहे थे, वे मात्र एक दुर्मुख के वचन से उसे छोड़ने का दारुण निर्णय ले लेते हैं। **उत्तररामचरित** की सारी त्रासदी राम के निर्णय और उनके इस कर्म की मीमांसा करती है– सीता परित्याग पर इतने कोणों से उसमें विमर्श उठाया गया है कि समस्या मूलक अद्यतन नाटक या त्रासदी के धरातल उसमें उभर आते हैं। फिर भी मनुष्य के चरित्र की अव्याख्येयता बनी ही रही–

त्वं जीवितं त्वमसि मे हृदयं द्वितीयं
त्वं कौमुदी नयनयोरमृतं त्वमङ्गे।
इत्यादिभिः प्रियशतैरनुरुध्य मुग्धां
तामेव शान्तमथवा किमिहोत्तरेण।।

जीवन में सहसा आये इस अप्रत्याशित मोड़, उस मोड़ पर पहुँच कर लिए गये दारुण निर्णय पर और कहा भी क्या जा सकता था **शान्तमथवा किमिहोत्तरेण**?

प्रकरण को आचार्यों ने 'क्लेशाढ्य' विधा कहा है। प्रकरणों के पात्र त्रासदी के नायकों की तरह कष्ट झेलते हैं। स्कैलिजर ने त्रासदी की जो परिभाषा प्रस्तुत की है उसका मूल मंतव्य भी लगभग यही है–"त्रासदी किसी ख्यात के दुर्दिन में पतन का अनुकरण है। यह कार्य-व्यापार के रूप में होती है और अभाग्य से परिपूर्ण प्रसंग का चित्रण करती है। (Barret H Clark: *European Theories & Drama,* New York 1941, p. 61).

चारुदत्त एक महान् नायक है, जो समृद्धि और ऐश्वर्य से च्युत होकर विपत्ति और दारिद्र्य को भोग रहा है। पहले उसके घर की देहली पर बिखेरी गई बलि के अनाज के दाने हंस और सारस चुगते थे, आज उस देहली पर कीड़े रेंगते हैं और वह घास से भर गई है। चारुदत्त अनुभव करता है कि सुख के दिन बीत जाने पर वह देह धर कर भी मृत की तरह जी रहा है–

यासां बलिः सपदि मद्गृहदेहलीनां
हंसैश्च सारसगणैश्च विलुप्तपूर्णः।
तास्वेव सम्प्रति विरूढतृणाङ्कुरासु
बीजाञ्जलिः पतति कीटमुखावलीढः।।
सुखं हि दुःखान्यनुभूय शोभते
घनान्धकारेष्विव दीपदर्शनम्।
सुखात्तु यो याति नरो दरिद्रतां
धृतः शरीरेण मृतः स जीवति।। (मृच्छ., १.८.१०)

चारुदत्त सोचता कुछ और है और होता कुछ और है। वह वसन्तसेना से उद्यान में मिलने जाता है और उस पर वसन्तसेना की हत्या का आरोप लग जाता है। जो आभूषण वसन्तसेना ने अपनी प्राणरक्षा के लिए उसे धरोहर के रूप में सौंपे थे, वे इस हत्या के साक्ष्य मान लिए जाते हैं। अन्त में चारुदत्त और वसन्तसेना का इन सब विकट परिस्थितियों से गुजर कर दोनों का जो मिलन होता है, वह भी कम त्रासद नहीं है।

वस्तुतः **स्वप्नवासवदत्तम्, अभिज्ञानशाकुन्तलम्, मालतीमाधवम, उत्तररामचरितम्** और **मृच्छकटिकम्** जैसी नाट्यकृतियाँ सुखान्त हो कर भी पर्यन्त में जो समग्र अनुभव देती हैं, उसमें त्रासदी का अनुभव समाहित है।

११

संस्कृत नाटकों में उपकरण

कदाचित् किसी भी आधुनिक भाषा में ऐसा कोई शब्द नहीं है, जो भरत के 'अभिनय' की अवधारणा को समग्र रूप में प्रकट कर सके। भरत के प्रस्थान में अभिनय की विवृति अतिशय विशद तथा व्यापक है। वह किसी भी नाट्यप्रयोग के प्रवर्तन तथा निर्वहण का मूलभूत उपादान है। भरत ने नाट्य के संग्रह का निरूपण करते हुए उसके जो ग्यारह मूलभूत तत्त्व बताये हैं, उनमें अभिनय को उन्होंने रस और भाव के ठीक बाद में तीसरे स्थान पर रखा है। नाट्यप्रयोग अभिनय से भाव तथा भाव से रस की में सृष्टि होती है, अतः अभिनय वहाँ केन्द्रीय महत्त्व रखता है। निष्कर्ष के रूप में भरत का यह कथन सर्वथा सटीक है कि विभिन्न भेदोपभेदों से युक्त समग्र नाट्य अभिनय में ही प्रतिष्ठित है। इस दृष्टि से अभिनय और प्रयोग को परस्पर पर्याय कहना भी संगत है। वस्तुतः अभिनय प्रयोग की सारी अपेक्षाएँ और शर्तें पूरी करता है। भरत की दृष्टि से किसी भी नाट्यप्रयोग का केन्द्र अभिनेता रहता है और अभिनेता की समग्र चेष्टाओं और प्रवृत्तियों की दिशाएँ अभिनय में समाहित हैं। अत एव अभिनेता की आंगिक, वाचिक, सात्त्विक तथा आहार्य – इन चतुर्दिक् प्रवृत्तियों को अभिनय अपने में समेट लेता है। इनमें से प्रथम तीन अभिनेता की देह, वाणी तथा अभिव्यक्ति की सम्पूर्ण साधना को इंगित करती हैं, तो चतुर्थ-आहार्य-उसके द्वारा मंच पर प्रयुक्त होने वाले स्थूल उपादानों के उक्त तीनों के साथ सामंजस्यपूर्ण विनियोग को। भरत की दृष्टि में नाट्योपकरण की सम्पूर्ण सामग्री आहार्य अभिनय के अन्तर्गत आ जाती है।

आहार्य अभिनय मंच पर प्रयुक्त होने वाले स्थूल भौतिक उपादानों से प्रवृत्त होता है, पर अभिनय की प्रथम तीन सूक्ष्मतर और अभिव्यंजनाप्रधान प्रवृत्तियों की तुलना में उसका महत्त्व कम नहीं आँका जा सकता। अभिनवगुप्त ने ठीक ही कहा है कि आहार्य अभिनय सब अभिनयों में भित्तिस्थानीय या उनका आधारभूत है। उसका महत्त्व अभिनव के अनुसार विशेष रूप से इसलिए भी है कि जब प्रथम तीन प्रकार के अभिनय रोक लिए गये हों या समाप्त कर दिए गये हों, तब केवल आहार्य ही प्रयोग के वैशिष्ट्य को झलकाता

रहता है। आहार्य अभिनय की भित्तिस्थानीयता को स्पष्ट करने के लिए आचार्य ने यह भी उचित ही कहा है कि किसी भी प्रयोग में प्रथम तीन प्रकार के अभिनय नाटकीय संस्थितियों-भावों और रसों के अनुसार लगातार बदलते रहते हैं, पर आहार्य प्रायः आद्यन्त वही बना रहता है, अतः वह एक स्थिर और स्थायी प्रभाव छोड़ने में सहायक होता है। कुछ विशेष प्रकार के रूपकों के प्रयोग में अवश्य आहार्य में बीच-बीच में परिवर्तन अपेक्षित हो सकता है, पर वहाँ भी वह उस तरह प्रतिक्षण नहीं बदला जाता, जिस तरह प्रथम तीन प्रकार के अभिनय में।

आहार्य अभिनय चार प्रकार का है–पुस्त, अलंकार, अंगरचना तथा संजीव (सजीव?)। अलंकार तथा अंगरचना में विनियुक्त प्रसाधन और आभूषण-सामग्री अभिनेता अपने शरीर पर धारण करता है, जबकि शेष दो प्रकार के आहार्य अभिनयों में पुस्त के अन्तर्गत मंच पर विभिन्न विधियों से दृश्यबन्ध तैयार किये जाते हैं तथा जीवित प्राणियों को मंच पर गतिशील दिखाना सजीव या संजीव है। **विष्णुधर्मोत्तरपुराण** के अनुसार मिट्टी से यक्ष, गज, अश्व, मृग, पक्षी आदि के प्रतिशीर्ष (मुखौटे) तैयार किये जाते हैं। भरत के अनुसार इसमें पर्वत, विमान, ध्वज, वृक्ष आदि के दृश्यबन्ध या दृश्यखण्ड तैयार किये जाते हैं। इनके तैयार करने की तीन पद्धतियाँ बतायी गयी हैं - सन्धिभ (सिलना, बांधना), व्याजिम (डोरियों या सूत्र से खींचना) तथा वेष्टिम (मोम, लाख आदि से आवेष्टित करना)।

आहार्य-अभिनय की उपर्युक्त पद्धतियों में भरत ने रंगमंच पर उपकरणों के प्रकार और विस्तार की अनन्त सम्भावनाएँ इंगित कर दी हैं। पर उपकरणों का उपयोग प्रयोग-विशेष की प्रकृति तथा अपेक्षाओं पर निर्भर है। भरत ने नाट्यप्रयोग को उसकी प्रकृति की दृष्टि से दो श्रेणियों में रखा है–आविद्ध तथा सुकुमार। दस प्रकार के रूपकों में से – डिम, समवकार, व्यायोग, ईहामृग- ये चार आविद्ध हैं। आविद्ध प्रयोग में उत्कट अंगहारों का समावेश होता है, पुस्त, नेपथ्य, माया तथा इन्द्रजाल का प्रयोग अधिक बहुलता से होता है। इसमें सात्वती के साथ आरभटी वृत्ति की प्रधानता रहती है तथा देवता, दानव, जैसे पात्र होते हैं। अतः इस श्रेणी के प्रयोगों में पुस्त की विधियों से निर्मित उपकरणों के प्रयोग की अपेक्षाकृत अधिक आवश्यकता पड़ सकती है। भरत ने स्वयं आरभटी वृत्ति में पुस्त का प्रयोग अधिक होने की सूचना दी है। आरभटी का प्रथम अंग 'संक्षिप्तक' है, जिसे भरत ने **'बहुपुस्तोत्थान - चित्रनेपथ्य'** कहा है। भरत ने डिम के लक्षण में भी इसे 'मायेन्द्रजाल-बहुल' तथा 'बहुपुस्तोत्थानयुक्त' कहा है। डिम, समवकार, व्यायोग तथा ईहामृग–इन चारों का कथानक युद्ध की घटना तथा रौद्र, भयानक आदि रसों से युक्त होता है। इनके लिए अपेक्षाकृत बड़ा रंगमंच तथा दृश्यबंधरचना अपेक्षित हो सकती है। भरत ने देवता और राक्षस आदि पात्र जिनमें हों - ऐसे नाटकों के लिए

ज्येष्ठ नाट्यमण्डप का विधान भी इस अपेक्षा को दृष्टिगत रखकर किया है। ऐसे रूपकों के प्रयोग के लिए पृथक् से दृश्यबन्ध तैयार कराये जाते होंगे। आरभटी के दूसरे अंग 'संक्षिप्तक' को भरत ने 'अन्वर्थशिल्पयुक्त' कहा है, जिसकी व्याख्या करते हुए अभिनवगुप्त ने कहा है कि इसका तात्पर्य कुशल शिल्पियों के द्वारा विरचित पुस्त की विविध रचनाओं से है।

इनके विपरीत-नाटक, प्रकरण, भाण, प्रहसन, वीथी तथा नाटिका का प्रयोग सुकुमार होता है। इनके पात्र मनुष्य ही रहते हैं। इनमें आंगिक, वाचिक तथा सात्त्विक अभिनय अधिक होता है, उपकरणों की मात्रा अपेक्षाकृत कम रह सकती हैं, पर भरत के आहार्य अभिनय के स्वरूप को देखते हुए उपकरणों का सर्वथा अभाव किसी भी श्रेणी के प्रयोग में संभव नहीं है।

इस दृष्टि से भरत का 'नाट्योपकरण' का लक्षण भी विचारणीय है। नाट्यप्रयोग के निमित्त से भौतिक जगत् के किसी भी स्थूल उपादान से निर्मित शिल्प या रचना उपकरण कहते हैं। अतः नाट्य के लिए अनन्त उपकरण हो सकते हैं, उनका उपयोग नाट्यप्रयोक्ता के अपने विवेक तथा कल्पनाशक्ति पर निर्भर है। हमारी दुनिया की किसी भी वस्तु की अनुकृति मंच पर प्रस्तुत करने के लिए नाट्योपकरण का उपयोग अपेक्षित हो सकता है। पर निश्चय ही संसार की हर एक वस्तु या हर एक दृश्य मंच पर हूबहू रूपायित नहीं किये जा सकते। अत एव भरत का निर्देश है कि नाट्योपकरणों का उपयोग कहीं लोकधर्मी पद्धति (भौतिक पदार्थों की यथार्थ अनुकृति) से किया जाय, तो कहीं नाट्यधर्मी अर्थात् प्रतीकात्मक या सांकेतिक पद्धति से किया जाय।

निश्चय ही भरत की दृष्टि में कुछ उपकरण ऐसे थे, जिन्हें एक सुनिश्चित रूप, प्रकार तथा मात्रा में प्रत्येक नाटकीय दल को अपने पास रखना चाहिए। इनमें उन्होंने पुस्त की विधियों से तैयार किये जाने वाले अस्त्र-शस्त्रों का सबसे पहले उल्लेख किया है। पर उनसे अधिक जरूरी उपकरणों की एक सूची भरत ने इस प्रकार दी है–जर्जर, दण्डकाष्ठ, प्रतिशीर्षक, छत्र, चामर, ध्वज तथा भृंगार। इन उपकरणों के अभाव में क्लासिकी संस्कृत नाटक के किसी प्रयोग की कल्पना भी कदाचित् उस समय नहीं हो सकती थी। इनमें से जर्जर तथा भृंगार पूर्वरंग की विधि में अत्यावश्यक हैं। दण्डकाष्ठ विदूषक के लिए अपेक्षित है। छत्र-चामर आदि की आवश्यकता राजा या इस श्रेणी के पात्रों के लिए हो सकती है।

प्रतिशीर्षक भरत के नाट्योपकरणों में अत्यधिक महत्त्वपूर्ण है। भरत के अनुसार अमात्य, कंचुकी, श्रेष्ठी और पुरोहित के लिए प्रतिशीर्षक अपेक्षित है। **विष्णुधर्मोत्तर** ने प्रतिशीर्षक का और भी विस्तृत उपयोग बताते हुए कहा है कि देव, दानव, यक्ष, गज, अश्व, मृग तथा पक्षियों के लिए भी प्रतिशीर्षक बनाये जाने चाहिए। राजशेखर ने अपनी

कर्पूरमंजरी में विभिन्न पात्रों द्वारा प्रतिशीर्षक के उपयोग का स्पष्ट संकेत दिया है तथा अपने विदूषक को भी प्रतिशीर्षक पहने हुए सूचित किया है।

उपकरणों के प्रयोग का अभिनय के मूलभूत दर्शन से अन्तःसम्बन्ध जोड़ते हुए भरत ने बहुत महत्त्व की बात कही है - 'जिस तरह जीव एक देह को छोड़कर दूसरी देह में प्रवेश करके दूसरी देह जैसा प्रतीत होने लगता है, उसी तरह अभिनेता उपकरणों के द्वारा अपने ऊपर उस पात्र की खोल चढ़ा लेता है, जिसका उसे अभिनय करना है।' अभिनवगुप्त ने भी कहा है कि मुकुट, प्रतिशीर्षक आदि पहन लेने पर किसी पात्र के प्रति यह मात्र अभिनेता है– ऐसा बोध स्थगित हो जाता है। निश्चय ही उपकरणों की अपेक्षा अभिनेता की सर्जनात्मक क्षमता और उनका अभिव्यक्ति-चातुर्य ही अधिक महत्त्व रखता है। उपकरण उस आकृति की मात्र रेखाएँ ही प्रकट करते हैं, जिसमें अभिनेता अपनी निजी कला से रंग भरता है, विच्छित्तियाँ और छायाएँ उत्पन्न करता है। पर रेखाओं के बिना चित्र आकार ले ही नहीं सकता, उसी तरह अभिनय का सजीव चित्र निर्मित हो सके–इसके लिए किसी न किसी मात्रा में उपकरण अनिवार्य है।

जीवात्मा और देह के उपर्युक्त दृष्टान्त को भरत की सरणि पर आगे ले जाते हुए कहा जा सकता है कि उपकरणों के द्वारा रेखांकित आकृतियों में आत्मा या जीवन का संचार अभिनेता ही करता है। जिन आकृतियों को अभिनेता मंच पर रूपायित करता है, वे मूल रूप से सजीव भी हो सकती हैं निर्जीव भी। इन्हीं को भरत ने प्राणी और अप्राणी–इन दो कोटियों में रखा है। देव, दानव, यक्ष, तथा विभिन्न पशु और पक्षी–ये सब प्राणी हैं और नदी, पर्वत, समुद्र, वाहन, विभिन्न अस्त्र-शस्त्र, प्रासाद, ध्वज आदि अप्राणी (नाटक के विशिष्ट अभिप्राय से ये अप्राणी कहीं-कहीं प्राणी के रूप में भी प्रस्तुत होते हैं)।

उक्त आकृतियों के प्रदर्शन के लिए बाँस के खाँचे बनाकर उन पर वस्त्र चढ़ाकर रंग करने का निर्देश भरत ने दिया है।

ये आकृतियाँ लाक्षा, जतु, मिट्टी, मधूच्छिष्ट (मोम), तालीय अभ्रक या किलिंज (भूर्ज-वेणुदल) आदि से भी तैयार की जा सकती हैं। भरत ने प्रतिशीर्षक की तरह प्रतिहस्त, प्रतिपाद आदि बनाने का भी निर्देश दिया है। **विष्णुधर्मोत्तर** पुराण में इस बात को और भी स्पष्ट रूप से कहा गया है कि पुस्त की विधि से बनायी गयी आकृतियों में पुरुष या अभिनेता रह सकता है।

भरत ने अभिनेता को दृष्टि में रखकर ही उपकरण-विधान की चर्चा की है। रंग-दीपन के लिए किसी प्राविधि की बात इसलिए आहार्य-अभिनय वाले अध्याय में कहीं नहीं आ पायी है। तृतीय अध्याय में रंगमण्डप की पूजा के वर्णन में अवश्य दो स्थानों पर

रंगदीपन का संकेत भरत ने दिया है। अभिनवगुप्त ने उल्मुक या मशाल का इसमें उपयोग होने का उल्लेख किया है। भरत के निरूपण से यह स्पष्ट है कि नाट्यशाला के स्थापत्य में ही रंगदीपन के उपयुक्त स्थलों का ध्यान रखा जाता था तथा प्रयोग आरम्भ होने के पूर्व (यदि प्रयोग रात्रि में हो तो) उसे सब ओर से अच्छी तरह प्रकाशित कर लिया जाता था। इस पद्धति में प्रयोग के समय पृथक् से रंगदीपनार्थ उपकरणों की आवश्यकता नहीं रह जाती होगी।

पर कुछ संस्कृत नाटकों के साक्ष्य से लगता है कि रंगदीपन के लिए एक पद्धति और काम में लायी जाती होगी, जिससे प्रयोग के समय भी स्थल-विशेष पर आवश्यकतानुसार प्रकाश या अन्धकार अलग से किया जा सके। **विक्रमोर्वशीयम्** के तीसरे अंक में राजा तल्प पर रात्रि के समय पहुँचता है। यहाँ स्पष्ट कहा गया है कि वह हाथों में दीपिकाएँ ले कर चलती परिचारिकाओं से घिरा हुआ है। बाद में चन्द्रिका के प्रकाश को लक्ष्य कर राजा उन परिचारिकाओं से कहता है कि दीपिकाओं की आवश्यकता नहीं है, अतः आप लोग जा सकती हैं। **मृच्छकटिक** का प्रथमांक भी रात के अंधेरे में घटित होता है। वहाँ भी सेविका रदनिका हाथ में दीपक ले कर आती है। तीसरे अंक में शर्विलक रात में चारुदत्त के घर चोरी करने के लिए घुसता है, घर में दीपक जल रहे हैं। कदाचित् मंच पर प्रकाश-व्यवस्था के लिए इस प्रकार नाटक के गौण पात्रों का कल्पनापूर्ण, सुन्दर उपयोग किया जाता होगा।

अब कुछ प्रमुख संस्कृत नाटकों के संविधान, रंगसंकेतों तथा संवादों से सूचित होने वाली उनके अभिनय में अपेक्षित उपकरण-सामग्री पर भरत के विवेचन के संदर्भ में विचार करना उचित होगा। इन नाटकों से इनके प्रयोग के लिए निम्नलिखित उपकरण अनिवार्य रूप में अपेक्षित प्रतीत होते हैं।

(१) आसन : राजसभा से सम्बद्ध सभी नाटकों में अथवा जिन नाटकों में राजा पात्र हैं, उनमें राजा के बैठने के लिए एक सिंहासन अवश्य रहता होगा। पर राजसभा के दृश्य में भी मंच पर बहुत अधिक आसन नहीं रखे जाते थे - यह नाटकों के अनुशीलन से स्पष्ट है। मंच पर उपकरणों का अधिक सम्भार एकत्र करना भरत को भी अभीष्ट नहीं है। राजा के आसन पर बैठे होने पर यदि कोई महत्त्वपूर्ण पात्र प्रवेश करता, तो राजा परिजनों को आसन लाने का आदेश देकर उसके लिए मंच पर आसन उसी समय मँगवा लेता है। राजा के सिंहासन के अतिरिक्त कदाचित् एक या दो आसन कभी-कभी अमात्यों के बैठने के लिए पहले से रखे जाते हों।

मालविकाग्निमित्र के प्रथमांक में राजा आसन पर बैठा प्रवेश करता है। विदूषक इस पूरे दृश्य में राजा के पास खड़ा रहता है। नाट्याचार्यों के प्रवेश करने पर राजा

परिजन को आदेश दे कर दोनों के लिए दो आसन मंगवाता है। यहाँ कालिदास ने रंगसंकेत दिया है–**उभौ परिजनोपनीतयोरासनयोरुपविष्टौ**– दोनों नाट्याचार्य परिजनों के द्वारा लाये गये दो आसनों पर अलग-अलग बैठ जाते हैं। इस दृश्य में यदि पहले ही से मंच पर अधिक आसन रख दिये जाते, तो विदूषक तथा अन्य पात्रों के गतिप्रचार के लिए अवकाश कम रहता, जब कि भरत की दृष्टि से उपकरणों की अपेक्षा पात्रों के गतिप्रचार का अच्छी तरह होना अधिक महत्त्व रखता है।

संस्कृत रंगमंच पर आसनों के विन्यास की यह व्यवस्था चीनी रंगमंच से कुछ साम्य रखती है। वहाँ भी नाटक के जारी होते हुए नेपथ्य से कुछ लोग पात्रों के लिए आसन या अन्य अपेक्षित सामग्री देते रहते हैं। अन्तर यह है कि संस्कृत नाटक में आसन लाने और फिर उठा कर ले जाने वाले परिजन भी नाटक के संविधान के ही अंग हैं।

मालविकाग्निमित्र के उपर्युक्त दृश्य में आगे धारिणी तथा परिव्राजिका का प्रवेश होता है। यहाँ हम देखते हैं कि राजा इन दोनों के लिए आसन लाने को नहीं कहता। धारिणी तो निश्चय ही राजा के सिंहासन के अर्ध-भाग पर बैठेगी– विक्रमोर्वशीयम् में भी उर्वशी के बैठने की यही व्यवस्था की गयी है। परिव्राजिका सम्भवतः अमात्य के लिए पहले से रखे गये एक आसन पर बैठ जाती है।

विक्रमोर्वशीयम् के अन्तिम अंक में उर्वशी के प्रवेश करने पर राजा अपने सिंहासन पर ही कुछ सरक कर उसके लिए स्थान बनाता है। यहाँ रंग संकेत है–**राजा अर्धासनं ददाति**। इसके पहले राजा कुमार आयुष् को भी इसी सिंहासन के पादपीठ पर बिठा चुका है, पर आयुष् के साथ आयी तापसी के लिए आसन लाने का आदेश राजा अपने परिजन को देता है और आसन आ जाने पर तापसी बैठ जाती है। इसी दृश्य में आगे चल कर जब नारद आते हैं तो तापसी आ चुकी है और उसका आसन वहीं खाली रखा है। राजा कदाचित् इसी आसन को दिखाकर नारद से कहता है– **विष्टरोऽयमनुगृह्यताम्**- और नारद के लिए अलग से आसन नहीं मँगवाता।

शाकुन्तलम् के प्रथम तीन अंकों में पृथक् से आसनों के विन्यास की अपेक्षा प्रतीत नहीं होती। प्रथम अंक में चारों प्रमुख पात्र आरम्भ में खड़े हुए ही वार्तालाप करते हैं और बाद में सप्तवर्ण-वेदिका पर बैठते हैं। दूसरे अंक में कोई पात्र आसन पर नहीं बैठता। तीसरे में शकुन्तला शिलातल पर लेटी हुई प्रवेश करती है और इस दृश्य में बाद में दुष्यन्त के सम्मिलित होने पर अनसूया का उससे इसी शिलातल के एक हिस्से पर बैठ जाने को कहना नाटकीय संविधान की दृष्टि से नहीं, उपकरणों की मंच पर किफायत बरतने की दृष्टि से भी उचित है। सम्भवतः सप्तवर्ण-वेदिका के लिए मत्तवारणी तथा शिलातल के लिए रंगपीठ से कुछ ऊँचाई पर बना होने पर रंगशीर्ष काम दे सकता है।

पञ्चम अंक में दुष्यन्त आसन पर बैठा हुआ प्रवेश करता है। बाद में जब वह कण्वाश्रम से आये तपस्वियों से मिलने के लिए अग्निशरण की ओर जाने के निमित्त मंच पर परिक्रमा का अभिनय कर रहा होता है, तो परिजन उसके सिंहासन को उठाकर नेपथ्य में रख आएँगे, क्योंकि कालिदास की योजना के अनुसार राजा आश्रम से आये लोगों से खड़े होकर ही भेंट करता है तथा पञ्चम अंक के पूरे प्रत्याख्यान-दृश्य में उसे या किसी भी पात्र को बैठना नहीं है। यह योजना भरत के रंगविधान की दृष्टि से समीचीन है। आश्रम से आये तपस्वी संख्या में अनेक हैं और उन सबके लिए आसनों की व्यवस्था करना मंच पर उपकरणों की अनावश्यक भीड़ जुटाना ही नहीं, नाट्य के सहज प्रवाह में व्यर्थ का व्याघात भी होगा।

मृच्छकटिक के द्वितीय अंक में वसन्तसेना अपने भवन में जिस एक आसन पर बैठी है, उसके अतिरिक्त इस दृश्य में कोई दूसरा आसन नहीं है। इस स्थिति का नाटककार ने एक बहुत सुन्दर भावपूर्ण संविधान रचने में उपयोग किया है। संवाहक के मुख से यह सुनते ही कि वह चारुदत्त की सेवा में रह चुका है, वसन्तसेना सम्भ्रम और आदर के साथ आसन से उठकर उससे उसी आसन पर बैठ जाने का अनुरोध करती है। संवाहक विनयपूर्वक बार-बार मना करता है। अन्त में वसन्तसेना अपने आसन पर पुनः बैठ जाती है और संवाहक ही खड़ा रहता है। इसी एक आसन का उपयोग चौथे अंक में चारुदत्त के अपने घर में बैठे होने पर किया गया होगा। नवम अंक के अधिकरण-मण्डप के दृश्य में अवश्य एकाधिक आसन की आवश्यकता पड़ जाती है। फिर भी संस्कृत रंग-परम्परा के नाटककार आसनों में किफायत बरतने के प्रति इतने सजग हैं कि यहाँ भी शकार जैसे राजकीय अधिकारी को भूमि पर बैठना पड़ता है। चारुदत्त के मण्डप में आने पर उसके लिए एक आसन मँगवाया जाता है।

(२) दण्डकाष्ठ : भरत ने अपने उपकरणों की सूची में इसे परिगणित किया है। विदूषक इसे अपने हाथ में लिए रहता है। उस समय त्रिवक्र दण्डकाष्ठ के बिना कदाचित् विदूषक की कल्पना भी नहीं की जा सकती थी। **शाकुन्तल, मृच्छकटिक** आदि नाटकों के विदूषक अपने संवादों में अपने दण्डकाष्ठ का उल्लेख भी करते हैं।

(३) उदकपात्र तथा अन्य पात्र : भरत ने उपकरणों में भृंगार का नाम लिया है। सम्भवतः नाटक की कथा में अर्घ्य देने का प्रसंग आने पर इसका उपयोग किया जाता होगा। पूर्वरंग में तो सूत्रधार के हाथ में यह रहता ही है। नाटक के बीच में भी कुछ प्रसंगों में इसकी आवश्यकता हो सकती है। **शाकुन्तल** के दूसरे अंक में गौतमी दर्भोदक से भरा हुआ पात्र लेकर आती है। चौथे अंक में पुष्पावचय करती प्रियंवदा के हाथ में पुष्पभाजन है, जिसके अभाव में आगे चलकर दुर्वासा के शाप के बाद सम्भ्रम में लड़खड़ाने से उसके

हाथ से पुष्पभाजन का गिरना और फूलों का बिखर जाना– जो इस दृश्य में मार्मिक प्रभाव छोड़ता है, वह नहीं बन पाएगा। इसके आगे अनसूया समालम्भन की सामग्री एक मंगलपात्र में सहेज कर ले चलती है। **मालिविकाग्निमित्र** के तीसरे अंक में बकुलावलिका के हाथ में भी इसी तरह का पुष्पभाजन है तथा इसी प्रकार के कुछ पात्र विक्रमोर्वशीय के तीसरे अंक में प्रियप्रसादनव्रत की पूजा करने के लिए उपस्थित हुई रानी भी लेकर आती है। कदाचित् उसके परिजनों के हाथ में थाल, अर्घ्य का पात्र और मोदक-शराव है। मोदक-शराव बाद में विदूषक को दे दिया जाता है। इस नाटक के अंतिम अंक में उर्वशी के द्वारा एक कलश से नारद को अर्घ्य देने का विवरण है।

इसी तरह सामान रखने के लिए हस्तादानयोग्य छोटे उपकरणों में पेट्टालक, समुद्गक, भाण्ड जैसी वस्तुओं का उपयोग संस्कृत नाटकों में कहीं-कहीं अपेक्षित प्रतीत होता है। **मालतीमाधव** के षष्ठ अंक में प्रतीहारी पेट्टालक लिए हुए आती है, जिसमें नववधू का नेपथ्य है। पेट्टालक खोलकर वह उसमें रखे हुए वस्त्र आदि दिखाती भी है। **मालविकाग्निमित्र** के पंचम अंक में कुब्जा सारसिका जतुमुद्रालांछित मंजूषा लेकर आती है।

इसी तरह भरत ने मंच पर युद्ध आदि के दृश्यों में उपयोग के लिए आयुधों की एक लंबी सूची दी है। इनमें से धनुष और बाण का उपयोग करते हुए अपने नायकों को नाटककारों ने दिखाया है। **शाकुन्तल** के प्रथम अंक में दुष्यन्त के हाथ में धनुष और बाण होने का संकेत है। शरसन्धान करते समय तपस्वियों द्वारा निवारित होने पर उसे शर वापस लेता हुआ भी प्रदर्शित किया गया है। छठे अंक में अदृश्य सत्त्व को मारने के लिए वह धनुष और बाण मँगवाता है। यवनी ये हथियार लेकर आती है। यही स्थिति **विक्रमोर्वशीयम्** के पाँचवें अंक में है, जहाँ राजा धनुर्बाण मँगाता है। **उत्तररामचरित** में राम को तलवार हाथ में लिए प्रवेश करते तथा उस तलवार से प्रहार करते हुए भी प्रदर्शित किया गया है। चौथे अंक में लव चन्द्रकेतु की सेना के साथ संग्राम के लिए भी धनुष तथा बाण मँगवाता है।

(४) चित्रफलक तथा लेख : इन दो उपकरणों का भी किन्हीं भौतिक उपादानों के द्वारा प्रदर्शन नाटककारों को अभिमत प्रतीत होता है। **शाकुन्तल** के षष्ठ अंक में चतुरिका चित्रफलक ले कर आती है। **मृच्छकटिक** के चौथे अंक में वसन्तसेना चारुदत्त के चित्र से युक्त फलक देखती है। **मालतीमाधव** के प्रथम अंक में कलहंस को मालती के द्वारा चित्रित चित्रफलक ले कर माधव के समक्ष प्रस्तुत करते हुए बताया गया है।

मालविकाग्निमित्र के प्रथम अंक में अमात्य के हाथ में लेख है, जिसे वह राजा को पढ़ कर सुनाता है। यहीं पर पंचम अंक में कंचुकी वस्त्र में लिपटा हुआ लेख ले कर

आता है, जिसे परिजन उद्घाटित करके राजा को देते हैं। **शाकुन्तल** के षष्ठ अंक में भी प्रतीहारी दुष्यन्त को इसी तरह लेख देती है। तीसरे अंक में शकुन्तला के मदन-लेख के लिए नलिनी पत्र का उपयोग सूचित है।

इन उपकरणों के अतिरिक्त **शाकुन्तल** में मृण्मयूर तथा मृच्छकट जैसे छोटे खिलौने भी मंच पर लाये गये प्रदर्शित हैं। पर इसके साथ ही यह प्रश्न उठता है कि जिन अनेक स्थूल उपादानों को नाटककारों ने अपने-अपने पात्रों को उपयोग करते बताया है, वे किस सीमा तक लोकधर्मी शैली से प्रदर्शित होंगे और किस सीमा तक नाट्यधर्मी शैली से? भरत ने उपकरणों का विस्तृत विवेचन करने के पश्चात् भी यह प्रश्न नाटक करने वालों के विवेक पर छोड़ दिया है। मंच पर उपकरणों के प्रदर्शन की तीन शैलियाँ हो सकती हैं - एक तो यह कि सारे उपकरणों और उनसे जुड़े दृश्यों की यथार्थवादी शैली में हूबहू अनुकृतियाँ काम में लायी जाएँ, दूसरी यह कि कुछ छोटे-छोटे उपकरण मंच पर प्रस्तुत किये जाएँ, भारी-भरकम वस्तुओं या दृश्यबन्धों के स्थान पर सांकेतिक अभिनयपद्धति से प्रदर्शन हो और तीसरी यह कि उपकरणों की उपस्थिति बिल्कुल शून्य हो, अभिनेता अपनी देह को इतना लचीला और गतिशील अभिव्यक्ति-माध्यम बना ले कि मंच पर स्थूल उपादानों के बिना ही विभिन्न उपकरण साकार होते चले जाएँ। संस्कृत रंग-परम्परा का झुकाव दूसरी ओर उससे अधिक कदाचित् तीसरी शैली की ओर है।

परन्तु मंच पर उपकरणों का पूर्ण अभाव न तो भरत को अभीष्ट है, न उनकी परम्परा के संस्कृत नाटककारों को ही। नाटककारों का आग्रह उपकरणों के उपयोग के विषय में मध्यम मार्ग के प्रति प्रतीत होता है, जिसमें हस्तादानयोग्य छोटे-छोटे उपकरण स्थूल रूप में मंच पर लाये जाते हैं, पर दृश्यबन्धों या आकार में बड़े, अधिक स्थान घेरने वाले उपकरणों का स्थान सूक्ष्म अभिव्यंजनापूर्ण सांकेतिक मुद्राएँ ले लेती हैं। कालिदास, भवभूति, शूद्रक आदि के नाटकों में उद्यान, तपोवन, प्रासाद, पर्वत, प्रमदवन, वृक्ष, नदी आदि के भरतनिरूपित पुस्त की विधियों से दृश्यबन्ध बनाने की आवश्यकता का निषेध करते हुए ऐसे दृश्यों की अभिव्यक्ति आहार्य के स्थान पर आंगिक और वाचिक अभिनय से करने की अपेक्षा साफ प्रतीत होती है। प्रस्तुति की प्रभावशालिता की दृष्टि से कई बार नाटककार ने छोटे से उपकरण के लिए भी स्थूल उपादान का प्रयोग न करवा कर नाट्यमुद्रा के उपयोग का ही संकेत दिया है। **मालविकाग्निमित्र** के तीसरे अंक में उद्यान के दृश्य में मधुरिका वृक्ष की शाखा पर लगे बीजपूरक को ले जाने के लिए समाहितिका से कहती है, समाहितिका के द्वारा बीजपूरक का ग्रहण नाट्यमुद्रा से करने का संकेत कालिदास ने दिया है।

भरत के संजीव की विधि का उपयोग भास के **बालचरित** जैसे कुछ संस्कृत

नाटकों में अपेक्षित हो सकता है, पर कालिदास और उनके बाद के क्लासिकी परम्परा के नाटककारों को जीवित पशु-पक्षियों का इस तरह की विधि से मंच पर प्रदर्शन अभीष्ट नहीं लगता। **शाकुन्तल** के पहले और चौथे अंक में हरिण तथा हरिण-शावक, **रत्नावली** के दूसरे और तीसरे अंकों में सारिका और मर्कट, **मालविकाग्निमित्र** में पिंगल वानर – ये सब नाटक की कथा के संविधान पर गहरा प्रभाव छोड़ते हैं, पर नाटककार इनकी मंच पर भौतिक रूप से उपस्थिति का कोई संकेत नहीं देतं। वे इनकी उपस्थिति का अनुभव पात्रों के संवादों तथा उनकी अभिनय-मुद्राओं से ही कराना चाहते हैं। इसी तरह दुष्यन्त के संवाद के अनुसार **शाकुन्तल** के प्रथम अंक में नायिका और उसकी सखियाँ हाथों में स्वप्रमाणानुरूप जलकलश लिये हुए हैं और कालिदास ने यह स्पष्ट नहीं किया है कि कलश का उनके हाथों में होना यथार्थवादी शैली से दिखाया जाएगा या नाट्यमुद्रा से, पर उनके टीकाकार राघवभट्ट **'वृक्षसेचनं रूपयति'** – इस रंग-संकेत की अभिव्यंजनाप्रधान अभिनय शैली की दृष्टि से व्याख्या करते हुए कहते हैं– **'अभिनयतीत्यर्थः। तत्राभिनयः – नलिनीपद्मकोशौ कृत्वा स्कन्धप्रदेशं नीत्वा अवधूतेन शिरसा मनाङ् नमितया देहयष्ट्या च सहाधोमुखौ अवनीताविति।'**

हस्त और शिर की इन विशिष्ट मुद्राओं में शकुन्तला के हाथों में वास्तविक घट होने का कोई प्रश्न ही नहीं उठता।

शाकुन्तल, विक्रमोर्वशीय तथा **उत्तररामचरित** के नायक रथ पर बैठे हुए मंच पर प्रवेश करते हैं। इसी तरह **मृच्छकटिक** में आर्यक और वसन्तसेना दो अलग-अलग प्रवहणों में बैठे हुए गुजरते हैं। ऐसे प्रसंगों में रथ, अश्व, गाड़ी या विमान आदि दिखाने के लिए भरत की दृष्टि से तीन विकल्प हमारे सामने आते हैं। या तो, जैसा भरत ने पुस्त की विधियों में विस्तार से सूचित किया– चर्म, तृण आदि के द्वारा रथ, अश्व आदि की हल्की-फुल्की आकृति बनायी जाय। ऐसी आकृतियों को सूत्र के द्वारा संचालित किये जाने का भी संकेत अभिनवगुप्त ने दिया है। पर रथ आदि को दिखाने के लिए अभिनवगुप्त ने एक दूसरी और अधिक कल्पनापूर्ण सुन्दर विधि सूचित की है। इसके अनुसार सारथि का अभिनय करने वाले पात्र के हाथ में एक छोटी-सी पटी दे देना चाहिए, जिस पर रथ का चित्र अंकित हो। तीसरा विकल्प हर तरह के स्थूल उपकरण का बहिष्कार करके भरत के द्वारा बतायी गयी रथस्थ पात्र की गति, उपयुक्त हस्त तथा पाद की मुद्राओं का प्रयोग करना है। कालिदास के प्राचीन टीकाकारों में **अभिज्ञानशाकुन्तलचर्चा** के लेखक ने इस प्रश्न पर विस्तार से विचार किया है और उसका भी यह कहना है कि यहाँ पर वास्तव में कोई रथ या घोड़े नहीं लाये जाते, केवल उनकी गति का अभिनय किया जाता है। इसके आगे वह कहता है कि चाहे तो चर्म, वस्त्र, तृण आदि से रथ की सांकेतिक आकृति बनायी भी जा सकती है।

मंच पर उपकरणों के प्रयोग को लेकर भरत तथा उनकी परम्परा के संस्कृत नाटककार ऊपर उल्लिखित कई विकल्पों में से कोई भी चुनने के लिए छूट देते हैं। फिर भी जहाँ तक संस्कृत रंगपरम्परा का प्रश्न है, वह उपकरणों के स्थूल प्रयोग को छोड़ कर अभिनवगुप्त द्वारा सुझाये गये उनके सांकेतिक व्यंजनापूर्ण उपयोग तथा उससे आगे उपकरणों को विस्थापित करने वाली सौन्दर्यमूलक अभिव्यंजनाप्रधान अभिनयशैली की ओर बढ़ती लगती है। भरत ने पुस्त की विधि से जटिल दृश्यबन्ध तैयार करने का निर्देश आरभटी वृत्ति प्रधान डिम, समवकार, ईहामृग जैसे रूपकों के लिए ही किया है। ऐसे रूपकों का प्रचलन भरत से पहले और भरत के समय तक ही कदाचित् रहा। भरत के पहले तक बड़ी रंगशालाओं में ऐसे रूपकों के प्रयोग होते होंगे। भरत से लगातार बारहवीं शताब्दी तक, कदाचित् एकमात्र अपवाद अमात्य वत्सराज के रूपकों को छोड़कार कोई डिम, समवकार या ईहामृग लिखा ही नहीं गया। डिम, समवकार जैसे रूपकों की परम्परा का यह अवसान संस्कृत रंगपरम्परा की उस नयी दिशा को इंगित करता है, जिसमें वह बाहरी उपादानों के चमत्कार पर कम से कम निर्भर रहते हुए अभिनेता की सर्जनात्मक प्रतिभा को अधिकाधिक उन्मीलित करता हुआ सौन्दर्यानुभव तथा आस्वाद के उत्कृष्टतर धरातल खोज रहा था।

ग्रन्थ-सूची

(* चिह्नित संस्करण इस ग्रन्थ में सन्दर्भ के लिए प्रयुक्त हैं।)

(क) नाट्यशास्त्रीय संस्कृत ग्रन्थ

अग्निपुराण : वेंकटेश्वर प्रेस, खेतवाड़ी, बम्बई, १९२०

वही : सं. बलदेव उपाध्याय, काशी संस्कृत सीरीज-१७४, १९६६

अभिनयदर्पण : नन्दिकेश्वर, द्वितीय संस्करण, एम.एम. घोष, कलकत्ता, १९५७

* वही : सं. और अनु. वाचस्पति गैरोला, संवर्तिका प्रकाशन, इलाहाबाद

* अभिनवभारती : अभिनवगुप्त, गवर्नमेंट ओरियन्टल सीरीज, बड़ौदा, चार खंड

वही : हिन्दी अनु. अध्याय १-२, ६-७, आचार्य विश्वेश्वर, हिन्दी विभाग, दिल्ली विश्वविद्यालय, १९६०

वही : अनु., म.सू. शास्त्री, हिन्दू विश्वविद्यालय,

वही : बिहार राष्ट्रभाषा परिषद्, पटना, १९५४

दशरूपक : धनञ्जय, सं. जी. सी. ओ. हास, मोतीलाल बनारसीदास, १९६२

* वही : नान्दी टीकासहित, रामजी उपाध्याय, भारतीय संस्कृति संस्थान, इलाहाबाद, १९७७

वही : अवलोकसहित, निर्णयसागर प्रेस, पंचम सं, १९४१

वही : चन्द्रलेखा हिन्दी व्याख्या सहित., भोलाशंकर व्यास, चौखंभा, १९७३

वही : लघुटीका भट्ट नृसिंह, सं. टी. वेंकटाचार्य, अड्यार लाइब्रेरी, १९६८

वही : डॉ. बैद्यनाथ पाण्डेय कृत हिन्दी संस्कृत व्याख्या, मोतीलाल बनारसीदास, दिल्ली, १९७९

वही : अंग्रेजी अनु. टिप्पण स., आचार्य चरणतीर्थ, चौखंभा संस्कृत सीरीज ऑफिस, वाराणसी, १६६६

दशरूपकव्याख्या : बहुरूपमिश्र, गवर्नमेंट-ओरियन्टल मेन्युस्क्रिप्ट लाइब्रेरी, मद्रास

वही : सं. अमरनाथ पाण्डेय, भारतीयविद्या प्र., वाराणसी, १६७४

नञ्जराजयशोभूषण : अभिनव-कालिदास, गायकवाड़ सीरीज, १६३०

नर्तननिर्णय : पुण्डरीक विट्ठल, सं. आर. सत्यनारायण, कलामूल शास्त्रसीरीज, दिल्ली-१६६४।

* नाटकचन्द्रिका : हिन्दी व्याख्या–पं. बाबूलाल शुक्ल, चौखम्भा संस्कृत ग्रन्थमाला–६७, १६६४

नाटकलक्षणरत्नकोश: सागरनन्दी, ऑक्सफोर्ड यूनिवर्सिटी प्रेस, १६३७

* वही : सं. बाबूलाल शुक्ल कृत हिन्दी अनुवाद सहित, चौखम्भा संस्कृत संस्थान, १६७२

वही : माइल्स डिल्लन, ऑक्सफोर्ड यूनिवर्सिटी प्रेस, लन्दन, १६३७ प्रथम भाग में मूलमात्र, द्वितीय भाग में अंग्रेजी अनु. (व्ही. राघवन् के साथ)।

* नाट्यदर्पण : रामचन्द्र और गुणचन्द्र, गायकवाड़ ओरियन्टल सीरीज, १६२६ (प्रथम भाग, सं.—ग. कु. श्रीगोडेंकर तथा ला. भ. गांधी)।

नाट्यशास्त्र : काशी संस्कृत सीरीज, सं. बलदेव उपाध्याय तथा बटुकनाथ शर्मा, चौखंभा विद्या भवन, १६२६

* वही : अभिनव-भारती सहित, चार खंड, गायकवाड़ ओरियन्टल सीरीज १६५६, १६३४, १६५४, १६६४

वही : जे. ग्रोसेट, पेरिस, १८६८

वही : सं.—एम.ए. काशन, वाराणसी

वही : काव्यमाला गुच्छक ४२, निर्णयसागर प्रेस, १६४३, पु.मु. १६८३

वही : अभिनवभारती-सहित, हिन्दी व्याख्या, पं. मधुसूदन शास्त्री हिन्दू-यूनिवर्सिटी, वाराणसी, ३ खंड

वही : भाग १-४, हिन्दी अनुवाद : बाबूलाल शुक्ल, चौखम्भा वाराणसी

वही : गुजराती अनु. १-७, भूपेन्द्र त्रिवेदी, अनसूया त्रिवेदी, ३१८, तारदेव, बम्बई, १६६७

नाट्यशास्त्र-संग्रह : सं.—वसुदेव शास्त्री, गवर्नमेंट ओरियन्टल सीरीज, मद्रास, खंड १-२, १९५३

नाट्यसर्वस्वदीपिका : आदिभरत कृत, सं. आ. रुद्रदेव त्रिपाठी, प्राच्य निकेतन उज्जैन, १९८८

नृत्तरत्नावली : जायसेनापति, मद्रास गवर्नमेंट ओरियण्टल सीरीज, १९६५

नृत्तसङ्ग्रह : अज्ञातकृर्तक, राजस्थान पुरा. मंदिर, जोधपुर, १९५६

नृत्यरत्नकोश : राणा कुम्भ (दो भाग), सं रसिकलाल पारिख, गवर्नमेंट ओरियण्टल इन्स्टीट्यूट, जोधपुर

प्रतापरुद्रीयम् : विद्यानाथ 'रत्नापण' सहित, सं. चन्द्रशेखर शास्त्री, मद्रास १९१४

वही : सं. व्ही. राघवन्, संस्कृत एज्युकेशनल सोसायटी, मद्रास १९७०

भरतभाष्य : नान्यदेव, भण्डारकर ओरियन्टल रिसर्च इन्स्टीट्यूट, पूना १९६९-७०

भरतार्णव : नन्दिकेश्वर, हिन्दी अनु.—वाचस्पति गैरोला, चौखंभा अमर भारती वाराणसी, १९७८

वही : अंग्रेजी तथा तमिल अनु. सहित, संगीत नाटक अकादमी, दिल्ली, १९८१

बृहद्देशी : मतङ्ग, सं. प्रेमलता शर्मा, कलामूलशास्त्र सीरीज-१०, १९९४

बालरामभरतम् : बालराम वर्मा, सं.—के. सांबशिव शास्त्री, त्रिवेंद्रम् सीरीज १९३५

मन्दारमरन्दचम्पू : श्री कृष्ण कवि, काव्य माला, ५२, १९२४

रसगङ्गाधर : जगन्नाथ, का. मा. १८८८ सं.।

रसतरङ्गिणी : भानुदत्त, वेंकटेश्वर प्रेस, बम्बई १९१४

रसप्रदीपिका : प्रभाकर, प्रिंसेज ऑफ वेल्स, सरस्वती भवन, टैक्स्ट १२, वाराणसी १९२५

रसरत्नप्रदीपिका : अल्लराज, सं.—आर. एन. दांडेकर, भारतीय विद्याभवन बम्बई, १९४५

रसमञ्जरी : भानुदत्त, वाराणसी संस्कृत सीरीज, २, १९०४

रसार्णवसुधाकर : सिंह भूपाल (i) त्रिवेंदम् संस्कृत सीरीज, १९७६
(ii) सं. रेवा प्रसाद द्विवेदी, संस्कृत परिषद्, सागर, १९६४

विष्णुधर्मोत्तर-
पुराण : वेंकटेश्वर प्रेस, बम्बई, १६१२
*** वही** : खण्ड ३ सं.—प्रियबाला शाह, गायकवाड़ ओ. सीरीज, बड़ौदा
शृंगारप्रकाश : ४ खंड, सं. यदुगिरि स्वामी जी.; एस. जोसियर।
शृंगारमंजरी : संत अकबर शाह, सं.—व्ही. राघवन्, पुरातत्त्व विभाग, हैदराबाद, १६५१

सङ्क्षिप्त-
नाट्यशास्त्रम् : सं. तथा अनु. राधावल्लभ त्रिपाठी, अक्षयवट प्रकाशन, इलाहाबाद, १६६२
सङ्गीतचन्द्र : विप्रदास, सं.—पी. रामचन्द्रुडु संस्कृत परिषद्; उस्मानिया विश्व विद्यालय, हैदराबाद १६८२
सङ्गीतमकरन्द : नारद, सं. लक्ष्मीनारायण गर्ग, संगीत कार्यालय, हाथरस, १६७८
सङ्गीतदामोदर : शुभङ्कर, सं. गौरीनाथ शास्त्री, कलकत्ता, १६६०
सङ्गीतरत्नाकर : शार्ङ्गदेव, भा. १-४ अड्यार लाइब्रेरी, अड्यार।
वही : मूल तथा मराठी अनु. जी. एच. तारलेकर, मराठी साहित्य संस्कृति मण्डल, बम्बई १६७४
वही : का. मा., १६२५
वही : मद्रास यूनिवर्सिटी, १६३७
वही : व्या. नारायण दण्डनाथ, त्रिवें. सं. सी., १६३५
सङ्गीतोपनिषत्सारोद्धार : **सुधाकलश, सं. उमाकान्त शाह, ओरिएण्टल इंस्टीट्यूट, बडौदा, १६६१**
सरस्वतीकण्ठाभरण : भोज, रत्नेश्वर कृत व्याख्या, जीवानन्द विद्यासागर, कलकत्ता १८६४
सरस्वती कण्ठाभरणव्याख्या : भट्ट नृसिंह, गवर्नमेंट ओरियन्टल, मेन्युस्क्रिप्ट लाइब्रेरी मद्रास
साहित्यदर्पण : विश्वनाथ, सं.—पी. वी. काणे, बम्बई, १६२६
वही : रामचन्द्र तर्कवागीशकृत 'विवृति' तथा दुर्गा प्रसाद द्विवेदीकृत 'विवृतिपूर्तिः सहित, सं.—श्रीनिवास वेंकटराम, निर्णय सागर प्रेस, बम्बई, १६१५

वही : अंग्रेजी अनु. प्रमदादास मित्र, मोतीलाल बनारसीदास, दिल्ली, १९५६

वही : विमला हिन्दी व्याख्या सं.—शालिग्रामशास्त्री, वही, १९५६

वही : कृष्ण मोहन शास्त्रीकृत, 'लक्ष्मी' व्याख्यास., चौखंभा संस्कृत सी.-१४५, वाराणसी, १९५७

* वही : म. म. हरिदास सिद्धान्त वागीशकृत-कुसुम व्याख्यासहित, संस्कृत बुक डिपो, कलकत्ता, पंचम सं. का पुनर्मुद्रण, १९८१।

हस्तमुक्तावली : शुभंकर कवि, सं.—महेश्वर नियोग, आसाम साहित्य सभा, जोरहाट, आसाम, १९८०।

संस्कृतनाटक और उनकी टीकाएँ

अद्भुतदर्पण : महादेव, का. मा.-५५, १९३८,

अनर्घराघव : मुरारी, व्या.—रुचिपति, निर्णयसागर प्रेस, १८९४, पंचम सं. १९३६

वही : जीवानन्द विद्यासागर, कलकत्ता, १९३६

वही : रामचन्द्र मिश्र कृत व्याख्या सहित, चौखम्भा, वाराणसी, १९६०

अभिज्ञान-शाकुन्तलम् : दिङ्मात्रदर्शिनी व्याख्या, अभिराम, सं.—ए. आर. राजवर्मन्, भाषावर्धिनी पुस्तकालय, अनन्तशयनम्, १९१३

वही : राघवभट्ट कृत अर्थद्योतनिकासहित, गोपालनारायण एण्ड कम्पनी, बम्बई, १९३४

वही : व्या.—श्री निवास, लक्ष्मी वेंकटेश्वर प्रेस, बम्बई

वही : विमला 'चन्द्रकला' संस्कृत टीका, टीकाकार श्री कृष्णमणि त्रिपाठी, चौखम्भा विद्याभवन संस्कृत ग्रन्थमाला

वही* : व्या. 'अर्थद्योतनिका'—राघवभट्ट, निर्णयसागर, १९३३

वही : चतुर्थ अंक, टीका, श्री देवदत्त शास्त्री, चौखम्भा विद्याभवन संस्कृत ग्रन्थमाला

वही : सं. आर. डी. करमारकर, पूना, १६३२

वही : अनु.—राजा लक्ष्मणसिंह, सं.—जयशंकर त्रिपाठी, लोकभारती, इलाहाबाद, १६६७

वही : श्री सुबोध चन्द्र पंत कृत संस्कृत-हिन्दी व्याख्या, भूमिका एवं छात्रोपयोगी नोट्स सहित, मोतीलाल बनारसीदास, १६८३

वही : अनु.—मोहन राकेश, राधाकृष्ण प्रकाशन, दिल्ली, १६६५

वही : अनु.—अनन्त मराल शास्त्री, लोकभारती प्रकाशन, इलाहाबाद; १६७७

वही : आचार्य जगदीशलाल शास्त्रीकृत संस्कृत-हिन्दी व्याख्या, मोतीलाल बनारसीदास

वही : हिन्दी अनु.–राधावल्लभ त्रिपाठी, नाट्यम् ६-७ तथा कालिदास प्रकाशन, उज्जैन, १६८५

अभिज्ञान-

शाकुन्तल-चर्चा : अज्ञातकर्तृक व्याख्या, ओरियन्टल मेन्यु. लाइब्रेरी, केरल वि. वि., त्रिवेंद्रम् पु. मु. १६७७

अमृतोदय : गोकुलनाथ, 'प्रकाश', संस्कृत हिन्दी टीका, आचार्य रामचन्द्र मिश्र, चौखम्भा विद्याभवन संस्कृत ग्रन्थमाला

अविमारक : भास, 'प्रकाश' संस्कृत टीका सहित, आचार्य श्री रामचन्द्र मिश्र, चौखम्भा विद्याभवन संस्कृत ग्रन्थमाला

आनंद-सुंदरीसट्टक : घनश्याम; सं.—उपाध्ये, मोतीलाल बनारसीदास, वाराणसी, १६५५

आनन्दराघव : राजचूडामणि दीक्षित (१६वीं श.), सरस्वती महल, तंजौर, १६७१

आश्चर्यचूडामणि : शक्तिभद्र, सं. शंकरराम शास्त्री, मद्रास, बालमनोरमा प्रेस, १६२६

वही : अंग्रेजी अनुवाद, मद्रास १६२७

वही : 'रमा-मालती' संस्कृत-हिन्दी टीका सहित, पं. श्री रमाकान्त झा, चौखम्भा विद्याभवन संस्कृत ग्रन्थमाला

उत्तररामचरितम् : महाकवि भवभूति, व्या.—श्री आनन्दस्वरूप, सं.—पं. जनार्दन शास्त्री पाण्डेय, द्वितीय संस्करण, १९७७, मोतीलाल बनारसीदास।

वही : हिन्दी अनु. सत्यनारायण कविरत्न, राजकमल प्रकाशन, नई दिल्ली, १९८६

वही : सं.—एस. के. वेलवलकर, पूना, १९२१

वही : सं. नारायणराय आचार्य, निर्णयसागर, दशम सं. १९४९

वही : अंग्रेजी अनुवाद (एस. के. बेलवेलकर), हारवर्ड ओरियन्टल सीरीज, १९१५

वही : घनश्यामकृत 'सञ्जीवन'–सहित, सं.—पी. वी. काणे, मोतीलाल बनारसीदास, दिल्ली १९६२

वही : सी. एस. टोनी, कलकत्ता, १८७१

वही* : व्याख्या – रामअवध पाण्डेय, वीरराघवकृत-टीकास., विश्व-विद्यालय प्रकाशन, वाराणसी, १९७७

उन्मत्तराघव : भास्कर कवि, निर्णयसागर प्रेस, १९२५

ऊरुभङ्गम् : भास, 'प्रकाश', संस्कृत-हिन्दी टीका, पं. श्री कपिलदेव गिरि, चौखम्भा विद्याभवन, संस्कृत ग्रन्थमाला

वही : हिन्दी अनुवाद,—श्री श्रीनिवास रथ, कालिदास प्रकाशन, उज्जैन १९८३

वही : नरसिंहदेव शास्त्री कृत संस्कृत-हिन्दी टीका, मोतीलाल बनारसीदास

वही : हिन्दी अनु.–भारतभूषण अग्रवाल, नटरंग २८

उल्लाघराघव : सोमेश्वर, गायकवाड, १९६१

उषानिरुद्ध : रामपाणिवाद, सं. सुब्रह्मण्य तथा कुन्हन राजा, अड्यार लाइब्रेरी, १९४३

उषारागोदय : रुद्रचन्द्रदेव, सं.—पं. बाबूलाल शुक्ल, जबलपुर

कंसवध : शेष श्रीकृष्ण; निर्णयसागर प्रेस, १८९४

वही : रामपाणिवाद, हिन्दी ग्रन्थरत्नाकर, बम्बई, १९४०

कर्णभारम् : भास 'प्रकाश' संस्कृत-हिन्दी टीका, पं. श्री रामजी मिश्र, चौखम्भा संस्कृत ग्रन्थमाला

वही : हिन्दी अनु.–डॉ. इन्द्रमोहन सिंह, संस्कृत परिषद्, विश्वविद्यालय, सागर।

कमलिनीकलहंस : राजचूडामणि दीक्षित, वाणीविलास प्रेस, श्रीरंगम् १६१७

कमलिनीराजहंस : पूर्ण सरस्वती, त्रिवेन्द्रम् सं. सीरीज, १६४७

करुणावज्रायुध : बालचन्द्र, भावनगर सभा आत्मानंद

कर्पूरमञ्जरी : राजशेखर, डॉ. गङ्गासागर रायकृत संस्कृत-हिन्दी व्याख्या एवं टिप्पणियों सहित, प्रथम संस्करण १६७६, मोतीलाल बनारसीदास।

वही : व्या. वासुदेव, निर्णयसागर, १६४६

वही : सं. एम.ए. घोष, कलकत्ता १६४६

वही : बालभारती सहित, श्रीवासुदेवकृत संस्कृत टीका, पाठान्तर आदि, पुनर्मुद्रण १६८३, मोतीलाल बनारसीदास

कल्याणसौगन्धिक : नीलकण्ठ (१०वीं श.), दिल्ली, मेहरचन्द्र लछमनदास

कीचकवधम् : नीतिवर्मन, ढाका यूनिवर्सिटी, ओरियन्टल पब्लिकेशन सीरीज, ढाका, १६२६

कुन्दमाला : सं.—एम.आर. कवि, मद्रास १६२३

वही : सं.—के. के. धवन, भारतीय संस्कृतभवन, जालंधर, १६५५

वही : सं. ध्यानेशनारायण चक्रवर्ती, संस्कृत कालेज, कलकत्ता

वही : हिन्दी अनुवाद—राधावल्लभ त्रिपाठी, सागर, १६८२

वही : अंग्रेजी अनु.–वूलनर; ऑक्सफोर्ड यूनि., प्रेस; १६३५

कुवलयावली : सिंहभूपाल, त्रिवेंद्रम् संस्कृत सी.–१४५, १६४१

कौमुदीमहोत्सव : मद्रास, १६२६

वही : इलाहाबाद, १६५१

कौमुदीमित्रानन्द : रामचन्द्रमुनि, भावनगर, आत्मानंदसभा

वही : भारतीय विद्याभवन, बम्बई

धनञ्जयविजय विलासम् : अज्ञातकर्तृक, गायकवाड़ सीरीज, बड़ौदा

चतुर्भाणी : दक्षिणभारतीसीरीज, शृङ्गारहाट; बम्बई १६२२

चण्डकौशिकम् : क्षेमीश्वर, जीवानन्द विद्यासागर, कलकत्ता

वही : एशियाटिक सोसायटी, कलकत्ता, १६६२

चन्द्रलेखा (सट्टक)	:	रुद्रदास, सिंधी जैन संस्कृत ग्रन्थमाला-६, १९४५
चारुदत्त	:	भास, 'प्रकाश' संस्कृत-हिन्दी टीका सहित, आचार्य श्री कपिलदेव गिरि, चौखम्भा विद्याभवन संस्कृत ग्रन्थमाला
चैतन्यचन्द्रोदयम्	:	कवि कर्णपूर, सं.—पं. केदारनाथ और लक्ष्मणशास्त्री पणसीकर, तुकाराम जावजी, बम्बई, १९१७
जगन्नाथवल्लभ	:	रामानंद राय, वृन्दावन, देवकीनंदन प्रेस, १९०१ (१६वीं शती)
तपतीसंवरणम्	:	कुलशेखर, सं.—टी. गणपति शास्त्री, (त्रिवेन्द्रम् संस्कृत सीरीज—११) त्रिवेन्द्रम्, १९११
त्रिपुरदाह	:	वासुदेव, त्रिवेंद्रम् संस्कृत सीरीज—१८१, त्रिवेंद्रम १९५२
तापसवत्सराज	:	अनङ्गहर्ष, साहित्यभंडार, मेरठ, १९६९
वही	:	सं. यदुगिरि यतिराज, मेलकोट, मैसूर; १९२९
दूतघटोत्कच	:	भास, 'प्रकाश' संस्कृत-हिन्दी टीका, पं. श्री रामजी मिश्र, चौखम्भा विद्याभवन संस्कृत ग्रन्थमाला
वही	:	डॉ. रमाशंकर त्रिपाठीकृत संस्कृत हिन्दी टीका, मोतीलाल बनारसीदास
वही	:	हिन्दी अनु.—डॉ. विन्ध्येश्वरीप्रसाद मिश्र, नाट्यम्-५
दूतवाक्यम्	:	भास, 'प्रकाश', संस्कृत-हिन्दी टीका, पं. श्री रामजी मिश्र, चौखम्भा विद्याभवन संस्कृत ग्रन्थमाला
वही	:	डॉ. रमाशंकर त्रिपाठीकृत संस्कृत-हिन्दी टीका, मोतीलाल बनारसीदास
दूताङ्गद	:	सुभट, सं.—दुर्गाप्रसाद, निर्णयसागर, १९२२
वही	:	अंग्रेजी अनुवाद, एल.एस. ग्रे.
वही	:	अनंतराय शास्त्रीकृतव्याख्या सं, चौखम्भा, वाराणसी, १९५०
धर्माभ्युदय	:	मेघप्रभ, भावनगर, आत्मानंद सभा, भावनगर
धनञ्जयविजय	:	काञ्चनाचार्य, जीवानन्द, कलकत्ता, १८८९
व्यायोग	:	
वही	:	निर्णयसागर प्रेस, १९११
धर्मविजय	:	भूदेवशुक्ल, सरस्वती भवन सी.—३५, १९३०
धूर्तसमागम	:	हिन्दी अनुवाद मात्र—डॉ. इंदुजा अवस्थी, नटरंग ३८-३९

नलविलास : रामचन्द्र मुनि, बड़ौदा, गायकवाड़ ओरियन्टल सीरीज।

नागानन्द : श्री हर्ष, सं. तथा अंग्रेजी अनु.–करंदीकर, न्यू एण्ड सेकेंड हैंड बुक स्टाल, बम्बई, १९५३

वही : सं. वी. आर. नेरुरकर, के. एच. धावले, बम्बई, १९१९

वही : डॉ. संसारचन्द्र कृत संस्कृत-हिन्दी व्याख्या, द्वितीय संस्करण, १९७०, मोतीलाल बनारसीदास

पञ्चरात्रम् : भास 'प्रकाश', संस्कृत टीका सहित, आचार्य रामचन्द्र मिश्र, चौखम्भा विद्याभवन, संस्कृत ग्रन्थमाला

पञ्चायुध प्रपञ्चभाण : त्रिविक्रमपण्डित, सं. श्रीराम मिश्र, गंगानाथ झा केन्द्रीय संस्कृत विद्यापीठ, इलाहाबाद, १९८६

पारिजातमञ्जरी : मदनकवि, संस्कृत-अंग्रेजी टीका सहित—सदाशिव काशीनाथ दीक्षित, भोपाल १९६३

पारिजातहरण : उमापति, साहित्य प्रकाशन, दिल्ली १९६०

पार्वतीपरिणय : वामन भट्टबाण, निर्णयसागर, १९२३

पार्थपाथेयम् : काशीराज ट्रस्ट, रामनगर

उल्लाप्यम्

प्रचण्डपाण्डव : (बाल भारत) राजशेखर

प्रतिज्ञा-यौगन्धरायण : भास, 'प्रकाश', संस्कृत-हिन्दी टीका सहित, पं. श्री कपिलदेव गिरि, चौखम्भा विद्याभवन संस्कृत ग्रन्थमाला

वही : हिन्दी अनु.–डॉ. इन्द्रमोहनसिंह, नाट्यम्-८,

प्रतिमानाटकम् : भास, 'विमला' संस्कृत-हिन्दी व्याख्या, आचार्य जगदीशचन्द्र मिश्र, चौखम्भा सुरभारती प्रकाशन

वही : श्रीधरानन्द शास्त्री कृत संस्कृत-हिन्दी व्याख्या सहित, मोतीलाल बनारसीदास

प्रद्युम्नाभ्युदय : रविवर्मा, सं.—टी. गणपति शास्त्री, त्रिवेंद्रम् सं. सी.–८, १९१०

प्रबुद्धरौहिणेयम् : मुनि रामचन्द्र, आत्मानन्द सभा, भावनगर, १९१४

वही : हिंदी अनु.–राधावल्लभ त्रिपाठी, नाट्यम्-२ तथा संस्कृत परिषद्, विश्वविद्यालय, सागर, १९८४

प्रबोधचन्द्रोदय : कृष्ण मिश्र, चन्द्रिका तथा प्रकाश व्याख्याओं सहित, निर्णय सागर प्रेस, १९३५

वही : रामचन्द्र मिश्र कृत व्याख्या सं., चौखंभा, वाराणसी, १९५५

वही : त्रिवेन्द्रम् संस्कृत सीरीज-१२२

प्रसन्नराघव : जयदेव 'चन्द्रकला' संस्कृत हिन्दी टीका सहित, आचार्य श्री शेषराज शर्मा रेग्मी, चौखम्भा विद्याभवन संस्कृत ग्रन्थमाला

वही : सं.—बी. एल. शास्त्री पणसीकर, निर्णयसागर, बम्बई, १९२२

वही : डॉ. रमाशंकर त्रिपाठी कृत 'रमा' संस्कृत टीका तथा हिन्दी अनुवाद सहित, मोतीलाल बनारसीदास, १९७०

प्रियदर्शिका : हर्ष, सं.—एन.जी. सूरु, पूना, १९२८

वही : चौखंभा, वाराणसी, १९५५

वही : इंडो-ईरानियन सीरीज—१०, कोलंबिया यूनिवर्सिटी प्रेस, १९२३

बालचरितम् : भास, 'प्रकाश'—संस्कृत-हिन्दी टीका, पं. श्री रामजी मिश्र चौखम्भा विद्याभवन संस्कृत ग्रन्थमाला

वही : कमलेशदत्त त्रिपाठी कृत हिन्दी टीका सहित संपादित, मोतीलाल बनारसीदास

प्रभावतीपरिणम् : हरिहर; सं.—रामचन्द्र मिश्र; चौखंभा, वाराणसी, १९६९

बालभारत : कर्पूरमञ्जरी सहित, निर्णयसागर, बम्बई, १९४७

बालरामायण : राजशेखर सं. डॉ. गंगासागर राय, चौखम्बा विद्याभवन संस्कृत ग्रन्थमाला

वही : व्या. जीवानन्द विद्यासागर, कलकत्ता, १८६४

भगवदज्जुकीयम् : सं.—पी. अनुजन् अच्चन्, पालिय मेन्युस्क्रिप्ट लाइब्रेरी, त्रिवेंद्रम् १९४८

वही : जयन्तमङ्गलम्, १९२५

वही : संगमनी प्रकाशन, इलाहाबाद, १९७९

भर्तृहरिनिर्वेद : हरिहर, काव्यमाला—२९, निर्णयसागर, १९३९

वही : हिन्दी अनु.—राधावल्लभ त्रिपाठी, नाट्यम्—३

भासनाटकचक्र : सं.—सी. आर. देवधर, पूना, १९५७

भीमविक्रम-व्यायोग : मोक्षादित्य, गायकवाड़ ओरि. सीरीज-१५१

मत्तविलास-प्रहसन : महेन्द्रविक्रम वर्मा 'प्रकाश' हिन्दी टीका, श्री कपिलदेव गिरि

वही : हिन्दी अनुवाद, नटरंग-२८

वही : अंग्रेजी अनु.–एन.पी उन्नि, मूलसहित, कालेज बुक हाउस त्रिवेंद्रम्, १९७४

वही : त्रिवें. सं. सी. १९१७

मदनकेतुचरितम् : रामपाणिवाद, यूनिवर्सिटी लाइब्रेरी, त्रिवेंद्रम्, १९४८

मध्यमव्यायोग : भास, 'प्रकाश', संस्कृत-हिन्दी टीका, पं. श्री रामजी मिश्र, चौखंभा विद्याभवन संस्कृत ग्रन्थमाला

वही : हिन्दी अनु.–राधावल्लभ त्रिपाठी, नाट्यम्–४

वही : सं.–प्राचार्य मोहनदेव पंत, द्वितीय संस्करण १९८३, मोतीलाल बनारसीदास

मनोनुरंजन : अनंतदेव, सरस्वती भवन सी.–७६

मल्लिकामकरन्द : मुनि रामचन्द्र, लालभाई दलपतभाई भारतीय विद्या संस्थान, अहमदाबाद, १९८५

वही : हिन्दी अनु.–राधावल्लभ त्रिपाठी, नाट्यम्–६

मल्लिकामारुत : उद्दण्ड, जीवानंद विद्यासागर, कलकत्ता, १८७८

महावीरचरित : भवभूति, सं.–टोडरमल, ऑक्सफोर्ड यूनिवर्सिटी प्रेस, लन्दन, १९२८

वही : सं.–आनन्दराम वरुआ, पब्लिकेशन बोर्ड, आसाम, १८७७

वही : वीरराघवकृतटीका सहित, निर्णयसागर १९२६

महानाटक : मधुसूदन मिश्र, जीवानन्द विद्यासागर, कलकत्ता १८९०

मालतीमाधव : सं.–एम.आर. तैलंग, निर्णयसागर, बम्बई, १९२६

वही : पूर्ण सरस्वती कृत टीका सहित, त्रिवेन्द्रम, सं. सीरीज, १९५३

वही : त्रिपुरारि और जगद्धर की व्याख्या, सं.–एम.आर. तैलंग और बी.एल. शास्त्री, पाण्डुरंग जीवाजी, १९२६

वही : अंग्रेजी अनु.–गवर्नमेंट ओरिएण्टल मेन्युस्क्रिप्ट लाइब्रेरी, मद्रास

वही : हिन्दी अनु.–राधावल्लभ त्रिपाठी, नाट्यम्–१०

मालविकाग्निमित्रम् : कालिदास, डॉ. संसारचन्द्र व प्राचार्य मोहनदेव पंत कृत संस्कृत-हिन्दी टीका सहित, पुनर्मुद्रण, १९८१, मोतीलाल बनारसीदास, दिल्ली

वही : काटयवेम की व्याख्या, पाण्डुरंग जीवाजी, १६३५

वही : व्या.—तारानाथ, कलकत्ता, द्वितीय संस्करण १६३८

वही : व्या.—नीलकण्ठ और काटयवेम, श्रीरङ्गम्, वाणीविलास प्रेस, १६०८

वही : संस्कृत-हिन्दी व्याख्या, डॉ. रमाशंकर पाण्डेय, चौखम्बा सुरभारती प्रकाशन

मुदितमदालसानाटकम् : गोकुलनाथ, मिथिला विद्यापीठ, दरभंगा, १६७३

मुद्राराक्षस : विशाखदत्त, अनु.—रमाशंकर त्रिपाठी, विश्वविद्यालय प्रकाशन, वाराणसी, १६७१

वही : व्या.—ढुण्ढिराज, सं.—एम.आर. काले, मोतीलाल बनारसीदास, देहली

वही : सं.—देवधर तथा बेडेकर, केशव भी. धावले, बंबई १६४८

वही : सत्यव्रतसिंह कृत व्याख्या सं. चौखंभा, वाराणसी, १६६६

वही : व्याख्या—वातेश्वर 'मुद्राराक्षसप्रकाश' सरस्वती भवन लाइब्रेरी, वाराणसी (हस्तलिखित)

वही : टीकाकार रामचन्द्र शुक्ल, रामनारायण बेनीमाधव, इलाहाबाद १६७६

मुदितकुमुदचन्द्र : यशश्चन्द्र, यशोविजय जैन पाठशाला, काशी

मृच्छकटिकम् : शूद्रक, 'विमला' संस्कृत-हिन्दी व्याख्या, डॉ. जगदीशचन्द्र जैन, चौखम्भा सुरभारती प्रकाशन, वाराणसी

वही : पृथ्वीधरकृतटीका, निर्णयसागर प्रेस, अष्टम सं. १६५०

वही : व्याख्या-रमाशंकर त्रिपाठी, मोतीलाल बनारसीदास, वाराणसी १६६६

वही : सुवर्णालङ्कार टीका लालादीक्षित तथा 'विवृति' टीका-पृथ्वीधर। सं.—नारायण बालकृष्ण गोडवाले, गवर्नमेंट सेंट्रल बुक डिपो, बम्बई, १८६६

वही : हिन्दी रूपान्तर-मोहन राकेश, राजकमल प्रकाशन, दिल्ली १६६२

ययातिचरितम् : रुद्रदेव, सं.—सी.आर. देवधर, पूना, १६६५

रघुनाथविलासम् : यज्ञनारायण दीक्षित श्रीगोपालन्, १६५८, तंजौर

रत्नावली : श्री हर्ष, सं.—के.पी. परब, बम्बई, १८९५

वही : डॉ. रमाशंकर त्रिपाठीकृत 'रमा'- संस्कृत टीका, हिन्दी अनुवाद, टिप्पणी भूमिकादि सहित, मोतीलाल बनारसीदास

वही : 'सुधा' संस्कृत टीका द्वयोपेता, पं. परमेश्वरदीन पाण्डेय, चौखम्भा सुरभारती प्रकाशन, वाराणसी

वही : डॉ. वैद्यनाथ पाण्डेय, प्रथम संस्करण १९८०, मोतीलाल बनारसीदास

वही : अनुवाद-रामचन्द्रमिश्र, चौखम्भा संस्कृत सीरीज, तृ. सं., १९६६

रत्नेश्वरप्रकाश : गुरुराम (१६वीं शती), मद्रास ओरियन्टल मेनु. सीरीज-५, १९३९

रूपकत्रयम् : कामकुमाराधना—कविन्द्रचन्द्र, विघ्नेशजन्मोदय—गौरीकण्ठ द्विज, शंखचूडवध—दीनद्विज, सं.—सत्येन्द्र नाथ शर्मा, आसाम साहित्य सभा, चन्द्रकान्त हैण्डीक्यू भवन, जोरहाट, १९६२

रूपकषट्कम् : वत्सराजकृत छः रूपक, सं. सी.डी. दलाल, गायकवाड ओरियन्टल सीरीज-८, १९१८
(संकलित रूपक–किरातार्जुनीयव्यायोग, कर्पूरचरित-भाण, रुक्मिणी-परिणय ईहामृग, त्रिपुरदाह डिम, हास्यचूडामणि प्रहसन, समुद्रमन्थन समवकार)।

रम्भामञ्जरी : नयचन्द्र, बम्बई, १८८९

लटकमेलकम्

प्रहसनम्- : शङ्खधर, काव्यमाला-२०, १९२३

वही : कपिलदेवगिरिकृत-'प्रकाश' हिन्दी टीका, सं. चौखम्भा विद्याभवन, वाराणसी, १९६९

ललितमाधवम् : रूपगोस्वामी, सं. बाबूलाल शुक्ल, चौखंभा, वाराणसी, १९६९

वासन्तिकापरिणय : शठकोपयति, मैसूर, १८९२

विद्धशालभञ्जिका : राजशेखर, रमाकान्त त्रिपाठीकृत 'प्रकाश' हिन्दी टीका; चौखम्भा विद्या भवन, १९६५

वही : सं.—भास्कर रामचन्द्र आर्ते, आर्यभूषण प्रेस, पूना, १८८६

वही : जीवानन्द विद्यासागर, कलकत्ता, तृतीय सं., १८८३

वही : सं.—बाबूलाल शुक्ल, चौखंभा संस्कृत सीरीज, वाराणसी

वही : सुन्दरी और कमला तथा घनश्याम की दो संस्कृत टीकाओं स., सं. जतीन्द्रबिमल चौधरी, कलकत्ता ओरि. सीरीज, कलकत्ता, १९३०

विबुधानन्द : शीलाङ्क (नवी-दशवीं शती), हरियाणा बुक डिपो, रेलवे रोड, रोहतक, १९५५

विक्रमोर्वशीयम् : 'प्रकाशिका' व्याख्या, सं. वसुदेव लक्ष्मणशास्त्री, तुकाराम बम्बई

* वही : 'प्रकाशिका-'कोणेश्वरी'-'कुमारगिरिराजीय' व्याख्यात्रय सहित संस्कृत परिषद्, उस्मानिया विश्वविद्यालय, हैदराबाद १९६६

वही : सं.—एम.आर. काले; एम.आर. शेख एण्ड कं. बम्बई, १९६०

वही : एच.आर. कर्णिक तथा देसाई, एस.जी. बुकसेलर्स एण्ड प. कं. बम्बई, १९५९

वही : संस्कृत-हिन्दी-व्याख्या-डॉ. विन्ध्येश्वरी प्रसाद मिश्र, कृष्णदास संस्कृत सीरीज-९०, चौखंभा, वाराणसी, १९८४

विदग्धमाधवम् : रूपगोस्वामी, निर्णयसागर प्रेस, १९०८

वही : चौखंभा, वाराणसी, १९७०

वीणावासवदत्तम् : अज्ञात; सं.-के. व्ही. शर्मा, कुप्पुस्वामी शोधसंस्थान, मद्रास १९६२

वृषभानुजानाटिका : मथुरादास; काव्यमाला—४६, १८९५

वेणीसंहार : भट्टनारायण, हरिदास संस्कृत सीरीज—१२१; वाराणसी, १९६५

वही : सं.—के.एन. द्रविड, ओरि. बुक एजेंसी, पूना, १९२२

वही : सं.—गजेन्द्र गडकर, आर्यभूषण प्रेस, पूना, १९२२-२३

वही : सं. परव तथा माडगाँवकर, जगद्धरकृतटीका स., निर्णयसागर, १८९८.

श्रीदामचरित : सामराजदीक्षित; सं. बाबूलाल शुक्ल, लालबहादुर शास्त्री संस्कृत विद्यापीठ, दिल्ली, १९८०

सत्यहरिश्चन्द्र : रामचन्द्र, निर्णयसागर प्रेस, १९२३

शङ्खपराभवव्यायोग : हरिहर, गायकवाड़ ओरियन्टल सीरीज, बड़ौदा, १९५८

शामामृत : नेमिनाथ, सं. मुनिधर्म विजय, आत्मानन्दसभा, भावनगर

शृङ्गारहट (चतुर्भाणी) : सं-डॉ. मोतीलाल और वासुदेवशरण अग्रवाल, हिन्दी ग्रन्थ रत्नाकर, बम्बई, १९५९

सीताराघवम् : रामपाणिवाद, त्रिवेंद्रम् संस्कृत सीरीज, १९५८

सुभद्राधनञ्जय : कुलशेखरवर्मन्; सं.—टी. गणपति शास्त्री, त्रिवेंद्रम् संस्कृत सीरीज-१३; १९१२

सुभद्राहरण : माधवभट्ट, आचार्यत्रिनाथशर्मकृत 'प्रकाश' हिन्दी टीका-सहित; चौखंभा विद्याभवन संस्कृत ग्रन्थमाला, वाराणसी

वही : काव्यमाला, १८८८

सुभद्रापरिणयन : रामदेव व्यास, सरस्वती भवन टेक्स्ट सीरीज-७७

सौगन्धिकाहरण : श्री विश्वनाथ, 'प्रकाश' हिन्दी टीका, सं.–कपिलदेव गिरि; चौखम्भा विद्याभवन, वाराणसी

स्वप्नवासवदत्तम् : भास, शेषराजशर्मा-कृत-चन्द्रकला-संस्कृत-हिन्दी-व्याख्या, सं चौखम्भा सुरभारती, वाराणसी

वही : जगदीशलाल शास्त्री कृत संस्कृत-हिन्दी-टीका, स. मोतीलाल बनारसीदास, वाराणसी

वही : जयपाल विद्यालंकारकृत हिन्दी अनुवाद तथा संस्कृत टीका सहित, मोतीलाल बनारसीदास, वाराणसी, १९७७

वही : संस्कृत-हिन्दी-व्याख्या,—धर्मेन्द्रनाथगुप्त; मेहरचन्द्र लछमनदास, नई दिल्ली, १९८२

हनुमन्नाटक : वेंकटेश्वर प्रेस, बम्बई, १९०९

वही : विभा संस्कृत-हिन्दी-व्याख्या, सं चौखंभा संस्कृत सीरीज ऑफिस, वाराणसी १९७८

हम्मीरमदमर्दन : जयसिंहसूरि, गायकवाड़ ओरिएन्टल सीरीज, बड़ौदा

हास्यार्णवप्रहसन : जगदीशभट्टाचार्य, 'प्रभा' हिन्दी टीका, सं. चौखम्भा विद्याभवन, वाराणसी

सहायक ग्रन्थ

हिन्दी ग्रन्थ

अज्ञात डॉ. : भारतीय रंगमंच का विवेचनात्मक इतिहास, पुस्तक संस्थान, कानपुर, १९७७

अयोध्याप्रसाद सिंह : भवभूति और उनकी नाट्यकला, मोतीलाल बनारसीदास, वाराणसी, १९६९

इंदुजा अवस्थी : नाटक साहित्य का अध्ययन (ब्रेडर मेथ्यूज की पुस्तक का अनु.), दिल्ली, आत्माराम एण्ड संस, १९६४

वही : रामलीला परंपरा और शैलियाँ, राधाकृष्ण प्रकाशन, दिल्ली, १९७९

कमलिनी मेहता : नाटक और यथार्थवाद, नागरी प्रचारिणी सभा, वाराणसी, सं. २००५

कांतिकिशोर भरतिया : संस्कृत नाटककार, सूचना-प्रकाशन विभाग, उ.प्र., लखनऊ

कृष्णमोहन सक्सेना तथा रवीन्द्रनाथ बहोरे : नाटक और रंगमंच-शोध-सन्दर्भ, रंगभारती प्रकाशन लखनऊ, १९८१

कृष्णसिंहल : हिन्दी गीति नाट्य, भारतीय ज्ञानपीठ, वाराणसी, १९६४

कृष्णाचार्य : हिन्दी नाट्यसाहित्य (हिन्दी नाटक सूची १९६३-१९६५) अनामिका, कलकत्ता, १९६६

कुसुम कुमार : हिन्दी नाट्य चिन्तन, साहित्य भारती, दिल्ली, १९७७

के. शिवराम कारंथ : यक्षगान (हिन्दी अनु.)–ब.व. कारंथ, राधाकृष्ण प्रकाशन, दिल्ली, १९७३

गिरीश रस्तोगी : आधुनिक हिन्दी नाटक, कानपुर, ग्रन्थम्, १९६८

वही : हिन्दी नाटक सिद्धान्त और विवेचन, वही, १९६७

गो.क. भाट : विदूषक, अनु.–चन्दूलाल दूबे, साहित्य भवन, इलाहाबाद, १९७०

गोकुलप्रसाद त्रिपाठी : श्री हर्ष के रूपक, संस्कृत परिषद्, सागर विश्वविद्यालय, सागर, १९८०

गोवर्धनसिंह : भरत और अरस्तू के नाट्यतत्वों की तुलना, चिन्मय प्रकाशन, जयपुर, १६७४

चन्द्रप्रकाशसिंह : हिन्दी नाट्य साहित्य और रंगमंच की मीमांसा, भारती ग्रन्थ भंडार, दिल्ली, १६६४

जगदीशचन्द्र माथुर: परम्पराशील नाट्य, बिहार राष्ट्रभाषा परिषद्, १६६६

वही तथा दशरथ प्राचीन भाषा नाटक, क.मा. मुंशी हिन्दी तथा भाषा विज्ञान

ओझा : विद्यापीठ, आगरा, १६७०, नेशनल पब्लिशिंग हाउस, दिल्ली, १६७५

जयकुमार जलज : संस्कृत और हिन्दी नाटक, राधाकृष्ण प्र.; नई दिल्ली १६८५

त्रिपाठी वशिष्ठ : नाटक के रंगमंचीय प्रतिमान, जगत राम एण्ड संस, दिल्ली, १६६१

नारायण : हिन्दी नाटक–उद्भव और विकास, राजपाल एंड संस, दिल्ली, १६५८

दशरथ ओझा

वही : नाट्य समीक्षा, नेशनल पब्लिशिंग हाउस, दिल्ली

दिनेश नारायण

उपाध्याय : हमारी नाट्य परम्परा, रामनारायण बेनीमाधव, इलाहाबाद, १६५१

दुर्गा दीक्षित : नाटक और नाट्यशैलियाँ, साहित्य भवन, इलाहाबाद, १६७५

देवीलाल सामर : लोकधर्मी प्रदशर्नकारी कलाएँ, भारतीय लोककला मंडल, जयपुर, १६६८

द्विजेन्द्रलाल राय : कालिदास और भवभूति, हिन्दी ग्रन्थ रत्नाकर, १६५६

नगेन्द्र (सं.) : भारतीय नाट्य साहित्य, नई दिल्ली, एस. चांद एंड कंपनी, १६६८

वही : भारतीय सौंदर्यशास्त्र की भूमिका, नई दिल्ली, १६७८

नरनारायण राय : असंगत नाटक और रंगमंच, वाणी प्रकाशन, दिल्ली, १६८१

नेमिचन्द्र जैन : रंगदर्शन, अक्षर प्रकाशन, दिल्ली, १६६८, द्वि. सं.–राधाकृष्ण प्रकाशन, दिल्ली, १६८५

नेमिचन्द्र शास्त्री : महाकवि भास, म.प्र. हिन्दी ग्रन्थ अकादमी, भोपाल, १६७२

बलवन्त गार्गी : रंगमंच, राजकमल प्रकाशन, दिल्ली, १९६८

मनोहर काले : भारतीय नाट्यसौन्दर्य, मेघ प्रकाशन, दिल्ली, १९८२,

महेन्द्र भानावत : लोकनाट्य गवरी : उद्भव और विकास, भारतीय लोककला मंडल, उदयपुर, १९७०

मिश्र विश्वनाथ : नाटक का रंगविधान, कुसुम प्रकाशन, मुजफ्फरनगर, १९६४

मूलचन्द्र पाठक : संस्कृत नाटकों में अतिप्राकृत तत्त्व, देवनागर प्रकाशन, जयपुर, १९६८

रघुवंश : नाट्यकला, नेशनल पब्लिशिंग हाउस, दिल्ली, १९६१

रमाकान्त त्रिपाठी : भारतीय नाट्य सिद्धान्त, चौखंभा, वाराणसी, १९६९

रणधीर उपाध्याय : हिन्दी और गुजराती नाट्यसाहित्य का तुलनात्मक अध्ययन, नेशनल पब्लिशिंग हाउस, दिल्ली, १९६६

राधावल्लभ त्रिपाठी : भारतीय नाट्य : स्वरूप और परंपरा, संस्कृत परिषद्, सागर विश्वविद्यालय सागर, १९८८

वही : अप्राप्त नाट्यशास्त्रीय ग्रंथ, प्र. वही, १९८६

वही : संस्कृत रूपकों में प्रहसन की परम्परा, अक्षयवट प्रकाशन, इलाहाबाद १९९२ (डॉ. नमिता अग्रवाल के सहलेखन में)

राधेश्याम कथावाचक : मेरा नाटककाल, राधेश्याम पुस्तकालय, बरेली, १९५७

रामजी उपाध्याय : प्राचीन संस्कृत नाटक, संस्कृत परिषद्, विश्वविद्यालय, सागर, १९७३

वही : मध्यकालीन संस्कृत नाटक, वही, १९७४

रामनारायण अग्रवाल : संगीत एक लोकनाट्य की परम्परा, राजपाल एंड संस, दिल्ली, १९७६,

रामसागर त्रिपाठी : भारतीय नाट्यशास्त्र और रंगमंच, अशोक प्रकाशन, दिल्ली, १९७१

रामसेवक सिंह : एब्सर्ड नाट्यपरम्परा, अक्षर प्रकाशन, दिल्ली, १९७०

रायगोविन्द चन्द्र : भरत के नाट्यशास्त्र में नाट्यशालाओं के रूप, काशी मुद्रणालय, वाराणसी, १९५८

लक्ष्मीनारायण लाल : रंगमंच और नाटक की भूमिका, नेशनल पब्लिशिंग हाउस, दिल्ली, १९६५

वाचस्पति गैरोला : भारतीय नाट्य-परम्परा और अभिनय-दर्पण, संवर्त्तक प्रकाशन, इलाहाबाद, १९६७

वात्स्यायन, कपिला: पारंपरिक रंगमंच-अनंत धाराएँ, अनु. बदीउज्जमा, नेशनल बुक ट्रस्ट, दिल्ली, १९९५

विश्वेश्वर : हिन्दी नाट्यदर्पण, हिन्दी विभाग, दिल्ली विश्वविद्यालय, दिल्ली, १९६०

विष्णुकान्त शास्त्री : दर्शक और आज का हिन्दी रंगमंच, अनामिका कलासंगम, कलकत्ता, १९६८

वीरबाला शर्मा : संस्कृत में एकांकी रूपक, म.प्र. हिन्दी ग्रन्थ अकादमी, भोपाल, १९७२

वीरेन्द्र नारायण : रंगकर्म, आलेख प्रकाशन, दिल्ली, १९७८

वेदपाल खन्ना : हिन्दी नाटक साहित्य का आलोचनात्मक अध्ययन, भारतभारती, दिल्ली, १९६७

व्ही. राघवन् : भोज का शृङ्गारप्रकाश, अनु.–प्रभुदयालु अग्निहोत्री, म.प्र. हिन्दी ग्रन्थ अकादमी, भोपाल, १९८३

शर्मनलाल अग्रवाल : ब्रज की रासलीला, देशबन्धु पुस्तकालय, मथुरा, १९५९

शिवराम माली तथा सुधाकर गोकाकर : नाटक और रंगमंच, (डॉ. चन्दूलाल दूबे अभिनन्दन ग्रन्थ), नेशनल पब्लिशिंग हाउस, दिल्ली, १९७९

श्रीकृष्णदास : हमारी नाट्यपरम्परा, साहित्यकार संसद, इलाहाबाद, १९५६

वही : रंगमंच, शेल्डन चेनी की पुस्तक का अनु., हिन्दी समिति, लखनऊ, १९६५

श्याम परमार : लोकधर्मी नाट्य परम्परा, हिन्दी प्रचारक पुस्तकालय, वाराणसी, १९५९

श्यामसुन्दरदास : रूपकरहस्य, इंडियन प्रेस, इलाहाबाद

सीताराम चतुर्वेदी : अभिनव नाट्यशास्त्र, अखिल भारतीय विक्रम परिषद्, काशी, १९५२

वही : भारतीय तथा पाश्चात्य रंगमंच, हिन्दी समिति, लखनऊ, १९६४

सुरेन्द्रनाथदीक्षित : भरत और भारतीय नाट्यकला, राजकमल प्रकाशन, दिल्ली, १९७०

सुलेखचन्द्र शर्मा : साधारणीकरण और समानान्तर चिन्तन, देववाणी परिषद, दिल्ली १६८४

हजारीप्रसाद द्विवेदी : नाट्यशास्त्र की भारतीय परम्परा और दशरूपक, राजकमल प्रकाशन, दिल्ली, १६६३

अंग्रेजी

Abercrombie, L : Function of Poetry in Drama, An Essay, Twentieth Century Essays, First Series, World Classics, Oxford University Press.

Acharya, P.K. : Dictionary of Hindu Architechture, Oxford University Press, 1927.

Adyarangacharya : The Indian Theatre, National Book Trust, Delhi, 1982.

Adya Rangacharya : The Natyasastra : English Trans lation and critical Notes, Mushi Ram Manohar Lal II Edn. 1996.

Anand, Mulkaraja: The Indian Theatre, Denni Dobson, London

Appa Rao, Shastri Sri Ram : A Monograph on Bharata's Natyashastra, Natyamala Publishers, Hyderabad 1967.

Artaud Antonin : The Theatre and its Double, Grove Press, Newyork, 1958.

Avasthi, Suresh : Contemporary Playwriting and Play-production, ITA, N.Delhi, 1961.

Ayangar, K.R.S. (Ed) : Drama in Modern India, Pen Centre, Bombay, 1961.

Ayyar, A.S.P. : Bhasa, V. Ramaswami Sastrulu & Sons.

Bak Kun Bae : Sri Harsa's Plays, Asia Publishing House, Bombay 1964.

Banerji, S.C. : Dharmasutras—A Study in Their Heritage, Punthi Pustak Calcutta, 1967.

Barua, B.K. : Ankiya Nat, Gauhati, 1940.

Baumer R. & James R : Sanskrit Drama in Performance, University Press of Hawaii, Honolulu, 1981.

Benegal, Som : Panorama of Indian Theatre, Popular Pub., Bombay, 1968.

Bhata, G.K. : Vidusaka, The New Order Book Co., Ahmedabad, 1959.

do : Natya-manjari Saurabha, BORI, 1981.

do : Bharata-natyamanjari, Ibid, 1975.

do : Tragedy in Sanskrit Drama.

do : Sanskrit Drama : Problems & Perspectives Ajanta Pub. Delhi.

Bhatia, S.C. : Drama in Ancient India, Amrik Book Co. Connaught Circus, New Delhi, 1961.

Bhattacharya, H. : Origin and Development of Assamese Drama, and the Stage, Gauhati, Barua Agency, 1964.

Bhattacharya, Biswanatha : Sanskrit Drama and Dramaturgy, Bharat Manisha, Varanasi, 1974.

Bowers, F. : Theatre in the East, Thomas Nelson & Sons. London, 1956.

: Dance in India, Columbia Univ. Press, New York, 1953.

Brecht, B. : Brecht on Theatre, Reprinting by Radhakrishna Prakashan New Delhi, 1980.

Byrski, M.C. : The Concept of Ancient Indian Theatre, Munshiram Manoharlal, New Delhi, 1971.

Coomarsawamy, A.K. : Dance of Siva, Asia Pub. House, Bombay, 1956.

: Visvakarma, Asia Pub. House, Bombay, 1956.

: Notes on Javanese Theatre, Rupam, Delhi.

. The Mirror of Gesture, Harvard Univ. Press, London, 1917.

Chattopadhyaya, S. : Nāṭakalakṣaṇaratnakośa—A Study, Punthi Pustak, Mohan Bagan Lane, Calcutta, 1974.

Coquelin, C : The Art of the Actor, George Allen & Unwin Ltd. London, 1954.

Craig, Edward

Dandekar, R.K. : Source of Indian Traditions, Newyork, 1958.

Dange, Sadashiv A. : Critiques on Sanskrit Drama, Darshana Printers Moradabad, 1963.

Dasgupta, H.N. : The Indian Stage, Vol I-IV, M.K. Dasgupta, Rassa Road, Kalighat, Calcutta, 1946.

De, S.K. : Some Problems of Sanskrit Poetics, Firma K. L. Mukhopadhayaya, Calcutta, 1959.

: Sanskrit Poetics as an Study of Aesthetics, Oxford Univ. Press, Bombay.

Devi, Ragini : Dances of India, Susil Gupta Pvt. Ltd. Calcutta, 1962.

Dhurye, G.S. : Bharata Natya & its Costume, Popular Book Depot, 1958.

Dikshit Ratnamayi : Women in Sanskrit Drama, Delhi, Meherchand Lachchamandass, 1964.

Dikshit, S.N. : Principles of Sanskrit Dramaturgy.

Dillon, Myles : Nāṭkalakṣaṇaratnakosa of Sāgarnandin, Text, Oxford University Press, London, 1977.

Gargi, Balvant : Folk Theatre of India, Washington Univ. Press, 1966.

Gerow Edwin, D.: Three Kalidasa Plays, Columbia University Press, 1984.
Gitomer, S. Miller :

Ghosh, M.M. : History of Hindu Drama, Calcutta, 1957.

do : Abhinayadarpana, Firma K.L.M. Calcutta.

do : Natyaśastra, Eng-Trans. Calcutta, 1957.

do : Contribution to the History of Hindu Drama, Firma K.L. Mukhopadhyaya, Calcutta, 1953.

Gnoli, R. : The Aesthetic Experience According to Abhinava, Serie Orientale, Rome 1956, Chowkhombha Sanskrit Series, office Varanasi, 1968.

Ghoshal, S.N. : The Inception of Sanskrit Drama, Calcutta Book House, Calcutta, 1977.

Gordon Dalal : On the Art of Theatre, Mercury Books, London, 1962.

Gorton, Anne Marie : Śiva in Dance : Myth and Iconography, Oxford Universuty Press, 1982.

Gupta, C.B. : Indian Theatre, Motilal Banarsidas, Varanasi, 1954.

Hewitt, J.F. : Primitive Traditional History Vol, I, II, London, 1907.

Horrwitz, E.P. : The Indian Theatre, London. Blackie & Sons Ltd., 1912.

Hugei, La meri and Russel, M. : The Gesture Language of the Hindu Dance, Columbia University Press, Newyork, 1941.

Inamdar, V.A. : The Royal Jester : Vidūṣaka in Sanskrit Drama, 1944.

Iyer, S.S. : Sanskrit Drama, Sandeep Prakashan, Delhi.

Jagirdar, R.V. : Drama in Sanskrit literature, Popular Book Depot, Bombay, 1947.

Ibid (Adya Rangacharya) : Introduction to the Study of Natyashastra, Ibid, 1966.

Jone, Clifford R. : The Wonderous Crest Jewel in Performance, Oxford University Press, 1984.

Kale, K.N. : Theatre in Maharashtra, New Delhi, Maharastra Information Centre, 1967.

Kale, Pramod : The Theatric Universe, Popular Prakashan, Bombay,

1974.

Kane, P.V. : History of Sanskrit Poetics, Motilal Banarsidas, Varanasi, IV ed., 1971.

Karmarkar, R.D. : Bhavabhuti, Dharwar, Karnatak University, 1977.

Keith, A.B. : Sanskrit Drama in its Origin, Development : Theory and Practice, Oxford, Univ. Press, 1924; Madras, 1961.

Konow, S. : Sanskrit Drama, Trans., S.N. Ghosal Shastri, Calcutta, General Printers and Publishers, 1969.

Kulkarni, K.P. : Sanskrit Drama and Dramatists, 1927.

Kulkarni R. P. : The Theatre According to the Natyasastra of Bharata, Kanishka Publishers and Distributors, Delhi 1994.

La Meri : The Gesture, Language of Hindu Dance, Columbia University Press, Newyork, 1941.

Lgne Bansat Boudon : Lecturers du Natyasastra, Publications Del 'Ecole Francaise D' Extreme-Orient, Paris, 1992.

Kuiper, F.B.J. : Varuṇa and Vidūṣaka on the Origin of Sanskrit Drama Amsterdem, 1979.

Lidova N. : Drama and Ritual of Early Hinduism, Motilal Banarasidas, Delhi, 1994

Levi. S. : Theatre Indian, Paris, 1890.

Mainkar. T.G. : Studies in Sanskrit Dramatic Criticism, Motilal Banarasidas, Delhi, 1971.

Ibid : The Theory of the Sandhis and Sandhyagas, Joshi and Lokhande Publication, Poona, 1960.

Mankad, D.R. : Ancient Indian Theatre, Charutar Prakashan, Vallabh Vidyanagar, Anand, 1950.

do : Types of Sanskrit Drama, Urmi Prakashan Karachi, 1936.

Mansingh M. : Kalidasa and Shakespeare, Motilal Banarasidass, Delhi, 1969.

Mar singhe E.W. : The Sanskrit Theatre and Stage craft, Satguru Pub. Delhi, 1989.

Mason J.L. & Patvardhan M.V. : Abhinavagupta and Philosophy of Śāntarasa.

do : Aesthetic Rapture, Deccan College, Poona, 1970.

Mathur J.C. : Drama in Rural India, Asia Publishing House, 1964 (For, ICCR.)

Marathi Natya Parishad : The Marathi Theatre, Popular Book Depot, Bombay, 1961.

Mehta Chandra C. : Bibliography of Stagable Plays in Indian languages, M.S. University, Baroda, 1965.

Minakshi, M : Conflict in Sanskrit Drama, Somaiya Pub. Bombay, 1973.

Mishra, H.R. : Theory of Rasa in Sanskrit Drama with a Comparative Study of General Dramatic Literature, Vindhyachal Prakashan, Chhatarpur, 1964.

Milotn, Marx : The Enjoyment of Drama, Appleton Century Crafts, Mc. Newyork, 1940.

Mirashi, V.V. : Bhavabhūti, Motilal Banarasidas, Delhi, 1974.

Naidu, B.B. and Others : Tāṇḍavalakṣaṇam (Trans. of Nāṭyaśāstra V chap); Munshiram Manoharlal, N. Delhi, 1970.

Naidu, M.A. : Kuchipudi : Classical Dance, Andhra Pradesh Sangit Academy, 1975.

Naik, B.S. : Origin of Marathi Theatre, Maharashtra Information Centre, N. Delhi, 1964.

Nicoll, Allardyce : World Drama, London.

Norvin, H. : The Miracle Plays of Mathura, Oxford University Press, 1972.

Panchal G. : Bhavai and its Āhārya, Darpana, Ahmedabad, 1983

do : Kuttampalam and Kudiyattam, N. Delhi, 1984

do : The Theatres of Bharata and Some Aspects of Play Production, Munshi Ram Manoharlal, New Delhi, 1996

Mehta, T. Sanskrit Play Production in Ancient India, Delhi, 1994.

Pandey, K.C. : Comparative Aesthetics, Chowkhambha Sanskrit Series, Varanasi, 1969.

Parikh, J.T. : Vidūṣaka : Theory and Practice, Sarvajanik Education Society, Surat, 1953.

Peacock, Ronald : The Art of Drama, Routledge & Kegan Paul, London, 1960.

Poduval, R. Vasudeva : The Art of Kathakali, Trivendrum, 1925.

Pusalkar A.D. : Bhasa, Bharatiya Vidya Bhavan, Bombay, 1943.

Raghavan V. : Number of Rasas, Adyar Library Adyar, 1940.

do : Some Concepts of Alaṅkāraṣāstra, do-1942.

do : Bhoja's Sṛṇgāraprakāṣa, Punarvasu, 7, Sri Krishnapuram, Roypettah, Madras, 1963.

Raginidevi : Dances of India; Sushil Gupta Pvt. Ltd. Calcutta, 1962.

Raja, Kunjuni : Kutiyattam—An Introduction, Sangit Natak Academy, N. Delhi, 1964.

Ranganath, H.K.: The Karnatak Theatre, Karnatak University, Dharwar, 1960.

Ramaswamy : Indian Aesthetics, Vani Vilas Press, Srirangam, 1928.

Shastri, K.S. : The Art of Nagarjunikonda, Rachna Prakashan, Madras

Rao Ramchandra, P.K.

Richmond, P. : Sanskrit Drama in Performance, Motilal Banarasidas, Delhi.

Shah, Priyabala : Viṣṇudharmottarapurāṇa, (III Khanda) : A Study, Oriental Institute, Baroda. 1961.

Sharatchandra, E.R. : Sinhalese Folk Play and Stage, Ceylone Univ. Press, Colombo.

Sharma, E.R. : Rūpaka-Samīkṣā, Venkateshwar University, 1976.

Shastri, A.C. : Studies in Sanskrit Aesthetics, P. Ghosh & Co. College Street Marksheet, Calcutta.

Shastri, S.N. : Laws and Practice of Sanskrit Drama, Chowkhambha Series, 1961.

Shastri, T. Ganapati : Bhāsa's Plays : A Critical Study, Shridhara Power Press, Trivendrum, 1925.

Shekhar, I. : Shanskrit Drama : It's Origin and Decline, E.G. Brill, Leiden 1960. II Ed. Munshiram Manoharlal, Delhi, 1977.

Schuleyer, M. : Bibliography of Sanskrit Drama, Columbia University, New York, 1906. Rep. Asian Pub. service, New Delhi, 1977.

Singal, R.L. : Aristotle and Bharata, V.V. Research Institute, Hoshiarpur, 1977.

Spingarm : Dramatic Criticism, Oxford University Press, 1931.

Styan, J.L. : The Dramatic Experience, Cambridge University Press, 1975.

Tampy, K.P. : Kathakali, India Publication, Calcutta, 1963.

Padmanabha

Schechner, Richard : Preformative Circumstances, Seagull Books Calcutta, 1983.

Tarlekar, G.H. : Studies in Natyasastra, Motilal Banarsidas. Delhi, 1975.

Tripathi, Radhavallabha : Lectures on Nāṭyaśātra, Poona 1991.

Trivedi, K.H. : Natyadarpana of Ramacandra Gunacandra—A Critical Study; L.D. Institute of Indology, 1966.

Unni, N.P. : New Problems in Bhasa's Plays, College Book House,

Trivendrum, 1978.

do : Sanskrit Dramas of Kulśekhara, Keral Historical Society, Trivendrum, 1977.

Van, Buiteanan : Two Plays of Ancient India, Motilal Banarasidas, Delhi, 1971.

Varma, K.M. : Nātya, Nṛtya and Nrtta, Orient Longmans, 1957.

do : Seven Words in Bharata, Do, 1958

Varadpande, M.L. : Traditions of Indian Theatre, Abhinava Publications, Hauz Khas, N. Delhi, 1979.

do : Ancient Indian and Indo Greek Theatre—Do—1984.

do : The Critique of Indian Theatre, Unique Pub. Delhi, 1981.

do : History of Indian Theatre, Abhinav Pub. Delhi, 1987

Vatsyayana, Kapila : Classical Indian Dance in Literature and Arts, Sangit Natak Academy, N. Delhi, 1968; II Ed. 1977.

do : Traditional Indian Theatre; Multiple Streams; National Book Trust, N. Delhi, 1980.

Wells, H.W. : The Classical Drama, Asia Publishing House, Bombay, 1963.

do : Six Sanskrit Plays, Asia Pub. House, Bombay. 1963.

do : Sanskrit Plays from Epic Sources, Baroda, 1968.

Wilson, H.H. : Theatre of Hindus, Calcutta, 1955.

do : Select Specimens of the Theatre of the Hindus, London, Parbury Allen & Co. 1835, Vol I, II.

do : On the Dramatic System of Hindus, Sanskrit Pustak Bhandar, 38 Bidhan Sarani, Calcutta, 1971.

Do and Others : The Theatre of Hindus, Sushil Gupta Ltd. Calcutta, 1955.

Woolner, A.C. and L. Sarup : Thirteen Trivendrum, Plays, London, 1930-31.

Yajnik, R.K. : The Indian Theatre, Greorge Allen of Unvin Ltd. London, 1933.

१. नटरंग : सं. नेमिचंद्र जैन, आई-४७, जंगपुरा एक्सटेंशन, नई दिल्ली

२. नाट्यम् : सं. राधावल्लभ, नाट्यपरिषद् सागर विश्वविद्यालय, सागर

३. छायानट : उ.प्र. संगीत नाटक अकादेमी लखनऊ।